Federico Condello, Lucia Floridi
Pseudo-Filone di Bisanzio, *Le sette meraviglie del mondo*

# TEXTE UND KOMMENTARE

Eine altertumswissenschaftliche Reihe

Herausgegeben von

Michael Dewar, Karla Pollmann, Ruth Scodel,
Alexander Sens

Band 72

De Gruyter

# Pseudo-Filone di Bisanzio,
## *Le sette meraviglie del mondo*

Introduzione, testo critico, traduzione,
note esegetiche e testuali;
con la traduzione latina di Lukas Holste

di

Federico Condello e Lucia Floridi

De Gruyter

ISBN 978-3-11-221521-0
e-ISBN (PDF) 978-3-11-118390-9
ISSN 0563-3087

Library of Congress Control Number: *2023932792*

*Bibliografische Information der Deutschen Nationalbibliothek*
Die Deutsche Nationalbibliothek verzeichnet diese Publikation in der
Deutschen Nationalbibliografie; detaillierte bibliografische Daten sind im Internet über
http://dnb.dnb.de abrufbar.


© 2025 Walter de Gruyter GmbH, Berlin/Boston
This volume is text- and page-identical with the hardback published in 2023.
Satz: Michael Peschke, Berlin
Druck und Bindung: CPI books GmbH, Leck
www.degruyter.com

# Premessa

Questo volume intende fornire l'edizione di un testo a lungo trascurato, e di fatto mai edito criticamente: il Περὶ ἑπτὰ θεαμάτων attribuito a Filone di Bisanzio; esso mira altresì a ricostruire la tradizione dell'opuscolo, esplorarne il genere, la lingua e lo stile, al fine di proporre un'ipotesi di datazione; evidenziare le peculiarità della prospettiva adottata dallo Pseudo-Filone nella sua descrizione delle sette meraviglie, e individuarne, laddove possibile, i metodi e le fonti; valorizzare il lavoro svolto sul testo fin dal XVII sec., e in particolare la traduzione latina di Lukas Holste, finora inedita.

Il lavoro è frutto di una stretta collaborazione ed espone considerazioni (soffertamente e litigiosamente) condivise. Si specifica tuttavia che a Federico Condello spetta la responsabilità dei paragrafi 1, 3, 6 e 7 dell'introduzione; della traduzione del proemio e dei paragrafi 3 e 5 del testo, con relative note esegetiche e testuali; della trascrizione della traduzione latina di Lukas Holste del proemio e dei paragrafi 1–3. Lucia Floridi ha invece curato i paragrafi 2, 4 e 5 dell'introduzione; la traduzione e le note esegetiche e testuali dei paragrafi 1, 2, 4 e 6; le introduzioni storiche e letterarie alle sette meraviglie; la trascrizione della traduzione latina di Lukas Holste dei paragrafi 4–6; le Appendici.

Grazie all'editore per aver accolto questo volume nella serie TuK, e in particolare a Torben Behm e Katherina Legutke per averci seguito con professionalità e competenza. Grazie ai colleghi e amici che hanno letto in anteprima il lavoro, in tutto o in parte, consentendoci di migliorarlo in più punti: Luciano Bossina, Aldo Corcella, Claudio De Stefani, Massimo Magnani. Grazie anche a Giulia Ecca, Jan Kwapisz, Aglae Pizzone e Simona Russo, che ci hanno aiutato a reperire bibliografia della quale non avremmo altrimenti potuto disporre.

Federico Condello, come lo Pseudo-Filone, si accontenta di guardare le meraviglie dalla finestra; Lucia Floridi, invece, non smetterà di girare il mondo, finché non avrà trovato i giardini pensili di Babilonia.

Firenze–Bologna, 20 marzo 2023

# Indice

Premessa .................................................................................... v

Introduzione. Meraviglie di un mondo ormai lontano ..................... 1
   1. Le sette meraviglie alla finestra ................................................ 1
   2. Fatti storici e antefatti letterari ................................................ 3
   3. Lo Pseudo-Filone tra i geografi. Antiche sorti di un
      oscuro opuscolo ..................................................................... 14
   4. Meravigliarsi e meravigliare: statuto e genere dell'opuscolo ...... 36
   5. Lo stile dello stupore ............................................................... 43
   6. Per un'ipotesi di datazione ...................................................... 55
   7. Bisanzio–Heidelberg–Roma, con successive deviazioni: fortune e
      sfortune dello Pseudo-Filone ................................................. 83

Testo critico e traduzione .............................................................. 99
   Proemio ..................................................................................... 100
   α´ κῆπος κρεμαστός (Giardino pensile) ....................................... 102
   β´ αἱ ἐν Μέμφει πυραμίδες (Le piramidi di Menfi) ...................... 104
   γ´ Ζεὺς Ὀλύμπιος (Zeus Olimpio) ............................................... 106
   δ´ ὁ ἐν Ῥόδῳ κολοσσός (Il Colosso di Rodi) ............................... 108
   ε´ τείχη Βαβυλῶνος (Mura di Babilonia) ..................................... 112
   ϛ´ ὁ ἐν Ἐφέσῳ ναὸς τῆς Ἀρτέμιδος (Il tempio di
      Artemide a Efeso) ................................................................... 114

Note esegetiche e testuali .............................................................. 117
Philonis Byzantii. De Septem mundi miraculis Liber.
   Luca Holstenio Interprete ......................................................... 173
Appendice I ................................................................................... 182
Appendice II .................................................................................. 184
Bibliografia ................................................................................... 186
Index verborum ............................................................................. 209
Index locorum ............................................................................... 214
Index nominum et rerum notabilium ............................................ 216

# Introduzione

## Meraviglie di un mondo ormai lontano

### 1. Le sette meraviglie alla finestra

L'ebbrezza del regesto numerato, la passione compulsiva del catalogo, l'empito collezionistico mirante a un'ideale completezza o a un'esemplare selezione di eccellenze sono cifre fra le più tipiche di ogni epoca *lato sensu* "post-classica", sospesa fra l'orgoglio di un passato irripetibile e l'ansia di un epigonato inevitabile.

Nel mondo greco, queste pulsioni – vivacissime già in seno al Peripato, e variamente diffuse in età ellenistica e romana – hanno prodotto, fra le molte altre cose, biblioteche e *pinakes* di biblioteche; inventari di opere, di autori o di generi, subito assurti a dignità di canone; genealogie più o meno leggendarie di magisteri e discepolati; e in generale liste: liste di ogni sorta[1]. Fra le altre: liste di personaggi eminenti, di invenzioni epocali, di località illustri, di fatti a vario titolo memorabili, ma anche di stramberie e di *mirabilia* che – per la loro esotica stranezza – ancor più intensamente alimentavano e allettavano il gusto del repertorio. In questo novero, la classificazione e celebrazione delle sette meraviglie occupa un posto di riguardo, anche se solo per sprazzi ci è dato coglierne genesi e definizione.

Prese una per una, le sette meraviglie vantano un passato millenario: le prime a essere menzionate – le prime fra quelle che le successive liste canonizzeranno – sono le mura di Babilonia e le piramidi d'Egitto, che già nel V sec. a.C. appassionarono Erodoto e i suoi curiosi ascoltatori. La lista poi si accrebbe e conobbe espansioni e variazioni notevoli, fino al pieno Medioevo orientale e occidentale (cf. § 2). Ma la storia e il caso hanno fatto sì che dall'antichità giungesse fino a noi un solo repertorio di qualche organicità e completezza: l'opuscolo Περὶ ἑπτὰ θεαμάτων, attribuito – nell'unico manoscritto indipendente che ce ne tramandi il testo – a Filone di Bisanzio.

È un'attribuzione di tutto rispetto, che chiama in causa uno fra i più celebri ingegneri del mondo ellenistico, attivo fra la metà e la fine del III sec. a.C.[2],

---

[1] Sui frutti delle pulsioni catalogiche peripatetiche e alessandrine – alle quali dobbiamo ora regesti onnicomprensivi, ora canoni altamente selettivi – si vedano, fra i tanti possibili, Kroehnert 1897; Kleingünther 1933; Pfeiffer 1973, 207–231 e 320–326; Blum 1977; Vegetti 1992; Smith 1995; Shalev 2006.

[2] Della sua influente Μηχανικὴ σύνταξις, che possiamo ritenere divisa in complessivi nove libri, sopravvive in greco il quarto, *Belopoeica*, dedicato a catapulte e tecniche d'assedio; a esso si aggiungono una parte del quinto libro, di tema pneumatico (in tradizione araba e in successiva versione latina), ed estratti dai libri settimo e ottavo. Il materiale filoniano superstite è stato edito, dopo Schöne 1893, da Diels–Schramm 1919 e 1920 (poi in Diels–Schramm 1970), con gli indici di von Arnim 1927; si

ma letto e messo a frutto da molta della successiva tradizione meccanica, pneumatica e poliorcetica, fino all'epoca bizantina[3]. Tale attribuzione non ha mancato di accrescere, fin dal XVII sec., fama e autorità del trattatello, che nelle prossime pagine cercheremo di esplorare nei suoi aspetti salienti.

Come vedremo, tutto indica che il nostro misterioso autore debba essere considerato tardo-antico, se non addirittura proto-bizantino. Egli appare come l'eclettico ed entusiastico erede di una lunga tradizione precedente, i cui dati concreti – tipici della prospettiva più tecnico-scientifica – sono rielaborati con una buona dose di ispirata vaghezza; di tale tradizione egli sintetizza e insieme enfatizza gli aspetti più sensazionalistici, rimaneggiando a suo modo i *topoi* della paradossografia ellenistica e imperiale. In ogni sua evocazione il nostro autore ama indulgere a bellurie di stile e vezzi di ogni sorta che spesso denunciano un volonteroso ma non talentuoso dilettante. E ciò perché i *verba*, non le *res*, sono il suo interesse principale.

Così egli assume talvolta le pose dello scienziato e del tecnologo, ma più spesso e volentieri quelle – a lui più consone – del retore; e non ci nasconde, a questo modo, la sua natura di *armchair traveller*. Con parole alquanto solenni l'autore ci promette, in esordio, il confortevole privilegio di ammirare le sette meraviglie "alla finestra", onde risparmiarci le fatiche di viaggi planetari. Ma di tali viaggi, palesemente, nemmeno lui ha esperienza alcuna; anche lui, come tutto dimostra, ha osservato le sette meraviglie dalla finestra: la finestra di una biblioteca.

È ben curioso che questo peculiare testimone – o piuttosto "non-testimone" – delle sette meraviglie antiche abbia goduto non solo di una certa fortuna presso moderni eruditi e collezionisti di *mirabilia*, animati dalla sua stessa curiosità giocosa, ma anche presso archeologi ed esploratori di *realia*, che in qualche caso – lo vedremo – avrebbero fatto meglio a riflettere sulla specifica natura dell'opuscolo e a ricavarne qualche doverosa ragione di cautela.

---

vedano inoltre le traduzioni commentate di Marsden 1971, 105–184 (*Belopoeica*); Prager 1974 (*Pneumatica*); Garlan 1974, 279–404 (*Parasceuastica* e *Poliorcetica*); Whitehead 2016 (*Parasceuastica* e *Poliorcetica*, con ampio e dotto commento). Contributi rilevanti su Filone e le sue dottrine si troveranno in Drachmann 1948; Marsden 1969, 113–115 e *passim*; Fraser 1972, I 425–434; Garlan 1973 e 1974, 282–288 e *passim* nel ricco commento; Ferrari 1984, 242–275; Fleury 1996; Schiefsky 2015; Roby 2016, 209–216; Whitehead 2016, 20–59 e *passim*. Più in breve, Orinsky *et al.* 1941; Ripellini 1993, 338–343; Rance 2013. Fondamentale per gli aspetti linguistici e stilistici rimane von Arnim 1912: vd. anche *infra*, § 5.

3 Sulla cronologia di Filone Bizantino – la cui opera si ritiene pubblicata intorno alla metà del III sec. a.C. o verso il 225 (cf. *e.g.* Garlan 1974, 10 e 284s.), anche se non mancano proposte di datazione al 200 a.C. ca. – si veda in sintesi Whitehead 2016, 22. Sulla fortuna diretta o indiretta della sua Μηχανικὴ σύνταξις cf. ad es. Staden 1998 e Whitehead 2016, 17–20 (con i testi delle *Appendici*).

Ma accostiamoci all'inventivo Pseudo-Filone[4] partendo proprio dalla tradizione letteraria di cui egli si è generosamente nutrito (§ 2). Ci soffermeremo poi sulle sorti testuali dell'opuscolo, e sull'unico manoscritto che ne ha garantito la sopravvivenza: sarà un modo per intravedere qualcosa della sua più remota tradizione (§ 3). Ci interrogheremo quindi su genere, lingua e stile del trattatello (§§ 4, 5), che ne rivelano chiaramente la matrice paradossografica e l'origine tarda, per cercare di giungere a una verosimile datazione dell'autore (§ 6); infine, sarà utile confrontarsi con alcuni momenti significativi della sua fortuna moderna (§ 7).

## 2. Fatti storici e antefatti letterari

Per lo Pseudo-Filone, come per i suoi eredi moderni, e certo per molti suoi predecessori antichi, le meraviglie del mondo furono sette. Sette come i sette cieli e i sette pianeti, sette come i sette mari maggiori, le sette maggiori isole, le sette stelle di Settentrione (i *septem triones* del Grande Carro) che fra i sette mari e le sette isole orientavano i naviganti. O sette come i re e i colli di Roma, i colli di Costantinopoli, e già le porte di Tebe. O sette come i saggi di età arcaica, le corde della lira terpandrea, le patrie di Omero, i tragici della Pleiade; per non dire poi, sotto altro cielo, dei setti giorni della Creazione, di virtù, vizi e sacramenti cristiani, di doni dello Spirito Santo e di arcangeli maggiori, di sigilli e trombe e coppe dell'*Apocalisse*. E si potrebbe proseguire a lungo, di sette in sette, ben oltre l'antichità classica[5].

Ma prima di stabilizzarsi nel numero di sette, le meraviglie antiche (θεάματα, e poi più platealmente θαύματα[6]) compaiono alla spicciolata nelle

---

4   Ricorriamo, qui e *passim*, alla denominazione "Pseudo-Filone" perché a nostro avviso un'attribuzione pseudoepigrafica è più probabile di una fortuita omonimia; su questo punto editori ed esegeti sono tutt'altro che chiari: cf. *infra*, § 6.

5   Il sette, come noto, rivestì un particolare ruolo nella dottrina pitagorica, che fece di numeri indivisibili quali il tre e il sette – insieme alla loro somma, il dieci – un principio di intelligibilità universale: cf. *e.g.* Aristot. *Met.* 1.6, 987b; Aristox. fr. 23 Wehrli. In particolare, il pitagorico Filolao definiva il sette una παρθένος ἀμήτωρ, come Atena, e lo magnificava quale principio e guida del cosmo: ἔστι γὰρ ἡγεμὼν καὶ ἄρχων ἁπάντων, θεός, εἷς, ἀεὶ ὤν, μόνιμος, ἀκίνητος, αὐτὸς ἑαυτῷ ὅμοιος, ἕτερος τῶν ἄλλων (Philol. *VS* 44 B 20); il pitagorico Proro di Cirene compose un intero trattato sul numero sette (*VS* 54 A 6). Per altre divagazioni numerologiche a base sette cf. ad es. Grilli 1979; Burkert 1992, 106–114; Panchenko 2006; Allison 2009.

6   Θεάματα è l'espressione più antica. Solo in seguito – e non è facile dire quando – l'idea di "spettacolo" (θέαμα) fu sostituita da quella di "opera stupefacente" (θαῦμα); così gli *spectacula*, θεάματα, cominciarono a essere definiti *mirabilia*, θαύματα, complice la vicinanza fra le due forme: cf. *e.g.* Clayton–Price 1989, 6; Pajón Leyra 2011, 187. Lo stesso Pseudo-Filone, peraltro, non risparmia bisticci sulla coppia

nostre fonti. La più antica descrizione di due monumenti poi destinati a figurare nella lista pseudo-filoniana ci è offerta, nella seconda metà del V sec. a.C., da Erodoto[7]: nelle sue *Storie* egli descrive la città di Babilonia (1.178–185), sede di due tra le opere – le mura e il giardino pensile – che meriteranno un ruolo di primo piano nella successiva selezione di capolavori[8]; e le piramidi d'Egitto, in particolare quelle di Giza, attribuite ai maggiori sovrani della Quarta Dinastia: Cheope, Chefren e Micerino (2.124–128, 2.134.1).

Le piramidi, costruite intorno alla metà del III millennio a.C., sono le meraviglie più antiche: si tratta del prodotto di una civiltà alla quale i dotti greci guardarono sempre con interesse, ammirazione, e talvolta con un senso di inferiorità non del tutto insincero[9]. Le mura di Babilonia, e il favoloso giardino pensile, sono a loro volta monumenti di una civiltà "altra", quella babilonese, che per i Greci del V sec. a.C. tendeva a confondersi – in un velo di generico "orientalismo" – con la Persia coeva e con la sua proverbiale ricchezza[10]. Di tutti i cimeli delle civiltà precedenti o concorrenti, ancora visibili nel V sec. a.C., solo le piramidi e la città di Babilonia furono, per Erodoto, degne di ammirazione e di menzione.

Probabilmente nessun'altra potenziale "meraviglia" estera rientrava davvero nell'orizzonte greco, alquanto ristretto, di quel periodo: donde il paradosso di *mirabilia* "mondiali" che, nella successiva codificazione della lista, si trovano circoscritti non solo entro lo «stagno di rane» del Mediterraneo[11]

---

θέαμα/θαῦμα (cf. 3.3.8s. τὰ μὲν ἄλλα τῶν ἑπτὰ θεαμάτων θαυμάζομεν μόνον κτλ.), ed è possibile che nel corrotto passaggio di *Pr.* 3.17s. si celi un gioco analogo: cf. *infra, ad l.* Sulle sette meraviglie la bibliografia è ampia: si vedano almeno Rohden 1875; Schott 1891; Banks 1916; Müller–Ammon 1966; Lanowski 1965 e 1983; Dombart 1970; Ashley 1980; Ekschmitt 1984; Clayton–Price 1989 (con un'appendice di fonti a cura di C. Carena, utile, per quanto le traduzioni «redazionali» – cf. *ibid.*, 158 – non siano sempre accurate, come avremo modo di osservare); Adam–Blanc 1989; Brodersen 1992, 58–156 (che raccoglie testimonianze fino al XVII sec.) e 2012; Bauer 1994; Romer–Romer 1995. Di carattere decisamente più divulgativo (e troppo spesso poco attendibile) è Rossi 1985.

7 Sulla datazione delle *Storie* – che ovviamente dovrebbe fare i conti con la circolazione orale e parziale dei singoli racconti – cf. ad es. Sansone 1985. Una diffusione ampia e significativa dell'opera erodotea è senz'altro da datarsi agli anni '20 del V sec. a.C. Su tempi e traiettorie del soggiorno di Erodoto in Egitto – a volte sommariamente datato fra il 450 e il 430 a.C., a volte sottoposto a forte scetticismo – cf. ad es. Lloyd 1989, XII–XV.

8 Sebbene del giardino pensile, come vedremo, l'autore non faccia parola; d'ora in poi, per i dettagli relativi alle fonti su ciascuna meraviglia, si veda *infra*, nn. intr. ai singoli θεάματα.

9 Sull'egittomania ellenica cf. ad es. Froidefond 1971 e Vasunia 2001; su Erodoto e l'Egitto, in particolare, si vedano i contributi di Vannicelli 2001 e Moyer 2002.

10 Sulla Babilonia di Erodoto cf. ad es. MacGinnis 1986 e Katsifarakis–Avgoloupis 2013 (con bibliografia).

11 Secondo la definizione di Pl. *Phaed.* 109b 2s.

o dell'immediato Medioriente, ma anche in una porzione limitata della già ristretta area, con netta prevalenza di *monumenta* ellenici.

Una così parca selezione dei *mirabilia* extra-greci non si spiegherà, comunque, solo con l'imperante etnocentrismo, o provincialismo, degli intellettuali greci di età classica ed ellenistica. Si tratta, tanto per le piramidi di Giza, quanto per Babilonia, di costruzioni accomunate da una particolare grandiosità e da un particolare sfarzo: due aspetti che giocheranno un ruolo fondamentale anche nella selezione delle future, ulteriori meraviglie canoniche, tutte realizzazioni umane maestose per impatto, ciclopiche per dimensioni, ricchissime per dispendio di risorse economiche e umane, e tali da poter gareggiare, per imponenza, con gli spettacoli della natura, come le montagne[12]. Non è un caso che Erodoto stesso, nel suo *excursus* sulle piramidi, insista sull'enormità della forza-lavoro e delle spese (2.124.3, 2.125.6s.), sui decenni di fatica necessari (2.124.4s.), e naturalmente sulle dimensioni dei monumenti (2.124.5, 2.126.2, 2.127.1, 2.134.1); anche se lo scrupoloso storico preferisce misurare in via assoluta, e commisurare in via relativa, la portata dei singoli monumenti, piuttosto che fornire una generica idea di *grandeur*, come sarà tipico di alcune trattazioni successive, e in particolar modo del nostro Pseudo-Filone.

Le altre meraviglie della lista più antica, che coincide con la selezione dei sette θεάματα descritti dallo Pseudo-Filone, sono tutte prodotti della civiltà greca, specie greco-orientale. La loro realizzazione è collocabile tra la prima metà del VI sec. a.C. e la prima metà del III: il tempio di Artemide a Efeso, la cui costruzione fu verosimilmente avviata intorno al 575–560 a.C.[13]; la statua criselefantina di Zeus a Olimpia, opera di Fidia (ca. metà del V sec. a.C.); l'imponente tomba di Mausolo, satrapo dei Persiani, ad Alicarnasso, fatta costruire dalla moglie, nonché sorella, Artemisia, tra il 353 e il 350 a.C.[14]; infine il Colosso di Rodi, eretto dai cittadini dell'isola in omaggio a Helios, per ringraziarlo dell'aiuto fornito durante il lungo assedio condotto dalle truppe macedoni nel 305 a.C. La statua, verosimilmente completata non prima del

---

12  Cf. *e.g.* Ios. Fl. *AJ* 10.226 = *Ap.* 1.141 τοῖς βασιλείοις τούτοις ἀναλήμματα λίθινα ἀνῳκοδόμησε τὴν ὄψιν ἀποδοὺς ὁμοιοτάτην τοῖς ὄρεσι, dove l'immagine delle pietre ammassate su pietre, che simulano l'aspetto di montagne, è applicata al giardino pensile di Babilonia; la stessa immagine ricorre, non a caso, nello Pseudo-Filone, che pare pressoché ossessionato dall'idea della grandezza, e volentieri insiste sul carattere imponente delle opere dovute all'umana τέχνη: cf. in particolare 2.1.2 (a proposito delle piramidi) e 6.1.4 (a proposito dell'*Artemision* di Efeso).
13  È il cosiddetto "tempio di Creso", al quale principalmente si riferiscono gli autori antichi: cf. *e.g.* Adam–Blanc 1989, 131–138; B.L. Trell in Clayton–Price 1989, 79; Jordan 2014, 96s.
14  Il capitolo, nel manoscritto che tramanda l'opera dello Pseudo-Filone, è caduto, ma che fosse questa la sua settima meraviglia è garantito dalla menzione di Alicarnasso nel proemio.

292 a.C.[15], costituisce il *terminus post quem* per la compilazione della lista che fu canonica nell'antichità. E la distruzione della "meraviglia" rodia, avvenuta 56 o, più verosimilmente, 66 anni più tardi[16], durante il terremoto che si abbatté sull'isola intorno al 227 a.C., ne costituisce il presumibile – ma non sicuro – *terminus ante quem*[17].

Ne consegue che quando lo Pseudo-Filone menziona, nel proemio del suo opuscolo, il lungo ed estenuante viaggio necessario per ammirare i sette monumenti, egli si colloca al di fuori di qualsiasi orizzonte storicamente realistico, e descrive un itinerario che non avrebbe portato, di fatto, a nessuna visione autoptica. Tanto per cominciare, non era probabilmente (più?) visibile il favoloso giardino pensile di Babilonia, che già Erodoto ignora, e del quale non c'è traccia nemmeno nelle fonti in scrittura cuneiforme[18]; il Colosso rodio era già crollato, come dimostra il fatto che l'autore ne parli al passato, anche se i resti del monumento continuarono a essere visibili a Rodi per secoli, forse fino alla conquista araba dell'isola, nel 653 d.C.[19] Altre meraviglie, nella tarda antichità, andarono perdute, o furono rimosse dalla loro sede originaria: l'*Artemision* di Efeso fu distrutto definitivamente all'i-

---

15 Cf. Plin. *NH* 34.41, secondo il quale la costruzione della statua richiese dodici anni.
16 Sempre secondo Plin. *NH* 34.41, dove *LXVI* sembra da preferire alla *v.l. LVI* (cf. Bonniec–Gallet De Santerre 1983[12], 122 e 193s.).
17 Pajón Leyra 2011, 183. Il fatto che il Colosso continuasse ad avere visitatori e ammiratori ben oltre la sua (prima) distruzione rende meno sicuro il *terminus ante quem*, anche se è plausibile che il monumento sia entrato nella lista all'epoca del suo massimo splendore. La data del sisma rodio è discussa (228, 227 o 226 a.C.), ma il 227 pare l'anno più probabile: cf. Holleaux 1923; Walbank 1957, 616; Robert–Robert 1971, in part. 507; Berthold 1984, 92s.; *contra*, *e.g.*, Moreno 1973–1974, 455, con ulteriore bibliografia. Un successivo terremoto, fatale per il Colosso, è registrato dal *Chronicon* di Eusebio–Girolamo per l'anno 107 a.C. (Eus. *Chron.* p. 147 Helm: *Rhodo terrae motu concussa Colossus ruit*). Sulle multiple distruzioni e ricostruzioni del Colosso attestate dai testimoni antichi cf. *infra*, § 6.
18 Esso rappresenta un vero e proprio enigma: sia la sua epoca di costruzione, sia la sua localizzazione continuano a far discutere gli addetti ai lavori (cf. *infra*, n. intr. *ad* θέαμα 1), e forse non è un caso che sia questa la meraviglia più frequentemente sostituita da altre, nei vari cataloghi in nostro possesso (cf. *infra* in questo stesso §).
19 Dopodiché la statua, tagliata in un numero imprecisato di blocchi, sarebbe stata venduta a un mercante ebreo di Edessa o di Emesa, secondo il resoconto che dobbiamo, fra gli altri, a Theophan. *Chron.* p. 345 de Boor (τούτῳ τῷ ἔτει Μαυΐας τὴν Ῥόδου καταλαβὼν καθεῖλε τὸν κολοσσὸν Ῥόδου μετὰ ͵ατξ΄ ἔτη τῆς αὐτοῦ ἱδρύσεως, ὃν Ἰουδαῖός τις ὠνησάμενος ἔμπορος Ἐδεσηνὸς ἐννακοσίας καμήλους ἐφόρτωσεν αὐτοῦ τὸν χαλκόν) e Constant. Porphyr. *De adm. imp.* 21 Moravcsik, che ripropone la notizia pressoché *verbatim*; essa è stata poi ripetuta da numerose fonti antiche e da altrettanti studiosi moderni (cf. *e.g.* Adam–Blanc 1989, 220). Fondati dubbi sulla credibilità della storia ha espresso Conrad 1996; cf. anche *infra*, § 6, e n. intr. *ad* θέαμα 4 n. 69.

## 2. Fatti storici e antefatti letterari

nizio del V sec. d.C.[20], la stessa epoca in cui lo Zeus di Fidia entrò a far parte della collezione di Lauso[21] e trasferito a Costantinopoli, dove andò distrutto nell'incendio del 475 d.C., insieme agli altri capolavori pagani lì esposti[22].

Se fosse possibile ricavare da questi *Realien* elementi utili alla datazione del trattato – *vexata quaestio* sulla quale torneremo al § 6 – si dovrebbe fissare come *terminus post quem* la caduta del Colosso di Rodi, *i.e.* il 227 a.C. ca., e anzi, molto probabilmente, un periodo ancora successivo (ci si aspetterebbe quanto meno un accenno a un evento drammatico come il terremoto che distrusse il monumento, se questo fosse stato recente)[23]; il *terminus ante quem*, a rigore, dovrebbe invece essere collocato intorno all'inizio del V sec. d.C., quando andò definitivamente distrutto l'*Artemision* di Efeso e lo Zeus di Fidia fu trasferito da Olimpia a Costantinopoli. Ma la chiara natura libresca delle descrizioni pseudo-filoniane raccomanda massima prudenza; e c'è anzi un passaggio del testo (3.4.14) che si lascia forse interpretare come un'allusione alla rimozione, dalla loro sede originaria, delle opere d'arte di età classica; in tal caso il viaggio ipotizzato nel proemio sarebbe da intendersi quale pura finzione, e il testo dovrebbe essere datato a un'età successiva a quella del trasferimento dello Zeus Olimpio a Costantinopoli (cf. *infra*, § 6).

Se Erodoto può essere dunque considerato un pioniere nell'individuazione e nella descrizione delle "meraviglie" globali[24], la stesura di una prima lista deve risalire all'età ellenistica, quando vivace fu l'interesse per un'ordinata catalogazione dei *mirabilia* e la paradossografia si costituì come vero e proprio genere letterario, con cui il trattato dello Pseudo-Filone mostra notevoli punti di contatto (cf. § 4). Callimaco di Cirene fu autore di una *Raccolta di meraviglie attraverso tutti i Paesi del mondo* (fr. 407 Pf.), oggi perduta[25]; anche se non è possibile ricostruirne il contenuto, il criterio d'ordinamento geografico, inclusivo di «tutti i Paesi», costituisce senz'altro un importante precedente per il catalogo delle sette meraviglie mondiali. C'è d'altronde

---

20 Una prima distruzione avvenne durante il devastante incendio del 356 a.C. (cf. *infra*, n. intr. *ad* θέαμα 6), ma il tempio fu ricostruito, più imponente di prima; la vera decadenza iniziò nel 262 d.C., con il saccheggio dei Goti; ricostruito anche questa volta, ma ormai sostanzialmente in rovina, l'*Artemision* andò definitivamente distrutto nel 401 d.C. (Jordan 2014, 144).
21 Su questa collezione cf. Guberti Bassett 2000 e Bassett 2004, 98–120.
22 Cf. *e.g.* Adam–Blanc 1989, 167s.; Price in Clayton–Price 1989, 74.
23 La descrizione dei danni del sisma, fornita da Plb. 5.88.1, dà un'idea della sua devastante portata; cf. più estesamente *infra*, § 6.
24 Per Erodoto come ispiratore ultimo dell'idea stessa delle sette meraviglie cf. Clayton–Price 1989, 8s.; vd. anche *infra*, § 5 e n. 201.
25 Sul titolo dell'opera, che, per come è tramandato da *Sud.* α 227 Adler, Θαυμάτων τῶν εἰς ἅπασαν τὴν γῆν κατὰ τόπους ὄντων συναγωγή, presenta qualche elemento di difficoltà, cf. Schepens–Delcroix 1996, 395 e n. 68.

chi ritiene che proprio a Callimaco vada il vanto di aver stilato la prima lista delle meraviglie[26].

Il numero sette stabilito per i θεάματα ricorre in effetti con frequenza, come abbiamo ricordato, anche nei cataloghi alessandrini: sette erano i tragici della Pleiade, sette le patrie di Omero, sette le isole maggiori[27] etc. È un elemento che ha contribuito a far ritenere che il canone sia nato ad Alessandria[28]. D'altro canto, la mancata inclusione, nella lista originaria, del faro eretto in quella città all'epoca di Tolemeo II Filadelfo[29] (solo più tardi il monumento comincerà a essere annoverato tra le sette meraviglie[30]), e la presenza, per converso, di ben quattro monumenti del Vicino Oriente (dove anche il numero sette ha una sua storia ben documentata, tanto che è stata avanzata l'ipotesi che la Grecia lo abbia mutuato dall'antica Mesopotamia[31]), hanno indotto altri studiosi a pensare – forse più verosimilmente – a una genesi orientale[32].

A prescindere dal luogo di origine della lista originaria, la sua fissazione intorno alla seconda metà del III sec. a.C. pare confermata dal fatto che la più antica enumerazione di meraviglie pervenuta fino ai nostri giorni risalga al II sec. a.C. A restituircela è il *P. Berol.* inv. 13044v (LDAB 6897 = MP³ 2099 + 2068), nel quale si legge, dopo un dialogo tra Alessandro Magno e i gimnosofisti, una "lista di liste", *i.e.* dodici elenchi di uomini illustri e *mirabilia* geografici; sono i cosiddetti *Laterculi Alexandrini*, pubblicati da Diels nel 1904. Vi figurano legislatori, pittori, scultori celebri per statue di dèi (tra cui, naturalmente, Fidia) o di uomini, architetti (tra questi, gli ἀρχιτέκτονες

---

26 Su Callimaco quale supposto "inventore" della lista cf. *e.g.* Beschi 1986, 309; Adam–Blanc 1989, 35s.; Pajón Leyra 2011, 183.
27 La cui lista è conservata, tra gli altri, da quegli stessi *Laterculi Alexandrini* a cui, come vedremo tra poco, si deve la più antica elencazione a noi nota di θεάματα (e anche altre liste, tra quelle che si leggono nel papiro, contemplano sette componenti). Su questo elenco di isole maggiori vd. Pajón Leyra 2014.
28 Schott 1891, 18. Propendono per un'origine alessandrina anche Beschi 1986, 309 e Adam–Blanc 1989, 36s.
29 Sulla data di costruzione del faro cf. almeno Adam–Blanc 1989, 235; Clayton in Clayton–Price 1989, 136s.
30 Ne parlano già Strab. 3.1.9 e 17.1.6 e Plin. *NH* 36.83. La presenza del faro nella lista si consoliderà più tardi: nel VI sec. d.C., ad esempio, lo includerà nel proprio catalogo Gregorio di Tours (*De cursu stellarum* 8, *MGH, Script. rer. Merov.*, 1.2.407s.); il monumento compare successivamente anche nel *De septem miraculis huius mundi* attribuito a Beda il Venerabile, *PL* 90.961s., o nel carme sulle sette meraviglie citato da Giorgio Cedreno, *Comp. hist.* 196.20 (1.326 Tartaglia), da attribuire, molto probabilmente, a Costantino di Rodi (cf. Berger 2004, e ora De Stefani–Strano 2023, *Appendix I*), e rimane stabilmente nell'elenco, anche per influsso della canonizzazione rinascimentale; cf. *e.g.* Clayton–Price 1989, 11; Brodersen 1993; Pajón Leyra 2011, 184s.; Jordan 2014, 10s.
31 Burkert 1992, 106–114; Dalley 2013, 6.
32 Lanowski 1965, 1025s.

responsabili dell'*Artemision* efesino[33] e del Mausoleo), ingegneri, nonché le liste delle sette meraviglie, delle isole più grandi, delle montagne più alte, dei fiumi più imponenti, delle fonti più belle, dei laghi maggiori. La lista delle sette meraviglie si legge alle coll. VIII 12–IX 6, ed è purtroppo frammentaria: vi si riconosce però la menzione di tre opere, l'*Artemision* di Efeso, le piramidi d'Egitto e il Mausoleo di Alicarnasso.

La prima lista completa si trova invece in un epigramma di Antipatro (probabilmente il Sidonio, 170–100 a.C. ca.), *AP* 9.58 = *GPh* 583–590[34]. Il carme enumera le mura di Babilonia, lo Zeus di Fidia, il giardino pensile, il Colosso di Rodi, il memoriale di Mausolo e il grande tempio di Artemide, che oscura, con la sua imponenza, tutti gli altri monumenti:

καὶ κραναᾶς Βαβυλῶνος ἐπίδρομον ἅρμασι τεῖχος
   καὶ τὸν ἐπ' Ἀλφειῷ Ζᾶνα κατηυγασάμην
κάπων τ' αἰώρημα καὶ Ἠελίοιο κολοσσὸν
   καὶ μέγαν αἰπεινᾶν πυραμίδων κάματον
μνᾶμά τε Μαυσώλοιο πελώριον· ἀλλ' ὅτ' ἐσεῖδον     5
   Ἀρτέμιδος νεφέων ἄχρι θέοντα δόμον,
κεῖνα μὲν ἠμαύρωτο, †δὲ κ' ἦν· ἴδε,†[35] νόσφιν Ὀλύμπου
   Ἅλιος οὐδέν πω τοῖον ἐπηυγάσατο.

Della pietrosa Babilonia ho visto
   la muraglia carraia, e ho visto il Giove
dell'Alfeo, e l'orto pensile, e il Colosso
   del Sole, e delle ripide piramidi
l'impresa smisurata, e il gigantesco     5
   memoriale di Mausolo. Ma quando
vidi il tempio di Artemide levarsi
   fino alle nubi, a un tratto tutte quelle
bellezze impallidirono †...† non vide
   cosa più bella – Olimpo a parte – il Sole.

L'ordine seguito da Antipatro non coincide con quello dello Pseudo-Filone, la cui sequenza di meraviglie, almeno nel nostro unico testimone indipen-

---

33 Nel papiro (col. VII 11) si legge Χειρίσοφος, probabilmente un errore per Χερσίφρων: cf. Strab. 14.1.22 τὸν δὲ νεὼν τῆς Ἀρτέμιδος πρῶτος μὲν Χερσίφρων ἠρχιτεκτόνησεν; cf. *infra*, n. intr. *ad* θέαμα 6.
34 Il nome dell'autore è tramandato senza etnico, e il testo è attribuito da Gow–Page ad Antipatro di Tessalonica, attivo nel I sec. a.C. (cf. Gow–Page 1968, II 20s.); propende invece per l'attribuzione al Sidonio – e quindi per una datazione al II sec. a.C. – Argentieri 2003, 124–126, 143s., sulla base di alcuni elementi formali; lo studioso nota altresì che la probabile origine orientale del catalogo potrebbe deporre ulteriormente a favore dell'attribuzione dell'epigramma al primo Antipatro.
35 Il guasto è stato variamente sanato; Beckby 1965–1967², III 42, ad es., accoglie καὶ ἦν· ἴδε di Harberton. Preferiamo mantenere, con Gow–Page 1968, I 68, le croci.

dente[36], comprende in ordine il giardino pensile, le piramidi di Menfi, lo Zeus Olimpio, il Colosso di Rodi, le mura di Babilonia, il tempio di Artemide a Efeso (a cui seguiva la descrizione del Mausoleo di Alicarnasso, oggi perduta); e in effetti un ordine canonico non sembra essere mai esistito. Ma le sette opere incluse nell'elenco sono esattamente le stesse. Si è ipotizzato che lo Pseudo-Filone attingesse a un catalogo redatto nello stesso ambiente storico e geografico di quello a cui attinge Antipatro[37], ma non sappiamo per quante e quali fonti intermedie possa essere passata la lista, e non è certo prudente – entro un dominio così variabile – prospettare affiliazioni dirette.

Certo è che a partire da questo momento le testimonianze superstiti si fanno piuttosto numerose, anche se raramente concordano *in toto* fra loro. C'è anzi motivo di pensare che il catalogo fosse sostanzialmente fluido, e che non mancassero discussioni sulle opere da includervi: del resto, la stessa creazione di liste canoniche non può che suscitare rivalità, contestazioni e reattive contro-liste, come numerosi casi analoghi dimostrano[38]. Nel I sec. a.C., ad esempio, Diod. Sic. 2.11.5 descrive l'obelisco di Semiramide a Babilonia dichiarando che alcuni lo annoverano tra le sette meraviglie del mondo[39]. E all'esistenza di discussioni sul tema fa pensare anche un'espressione come quella utilizzata, qualche decennio più tardi, da Strab. 14.2.5 a proposito dello Zeus di Fidia, τῶν γοῦν ἑπτὰ θεαμάτων ὁμολογεῖται: la precisazione ὁμολογεῖται implica che su altre voci della lista non vi fosse pieno accordo.

Come che sia, è evidente che alla fine dell'era volgare una qualche stabilizzazione dell'elenco si è compiuta; e cinque dei sette monumenti elencati da Antipatro – piramidi, mura di Babilonia, *Artemision*, Mausoleo, statua di Zeus a Olimpia – continuano a comparire più o meno stabilmente nei cataloghi successivi.

Liste di sette meraviglie, realizzate a scopi – si direbbe – eruditi e/o didascalici, si leggono ad esempio nelle *Favole* di Igino (*fab.* 223) e nel *Liber*

---

36 Ci si può chiedere se l'attuale ordinamento dei θεάματα sia originario, o se abbia subito modifiche nel corso della trasmissione: data l'autonomia delle singole descrizioni, un perturbamento dell'ordine non può essere a rigore escluso, come accade di frequente nelle opere composte di (brevi) testi compiuti (epigrammi, epistole etc.), anche se forse, in questo caso, non è particolarmente probabile. Colpisce, a tale proposito, la discrasia tra l'ordine in cui vengono menzionate, nel proemio del trattato, le sedi delle meraviglie, e il loro effettivo ordine di presentazione nel seguito dell'opuscolo. Per una discussione del problema cf. *infra, ad l.*
37 Così Pajón Leyra 2011, 184.
38 Si pensi – se non altro per uniformità numerologica – alla lista dei Sette Saggi: sette, *immo* diciassette, stando alle diatribe di cui dà conto Diog. Laert. 1.13.41s.; cf. *e.g.* Mosshammer 1976; Santoni 1983; più di recente – sui dissensi in seno al Peripato – Dorandi 2014.
39 Dopo aver definito l'obelisco παράδοξον θέαμα τοῖς παριοῦσιν, l'autore aggiunge ὄν τινες ὀνομάζουσιν ἀπὸ τοῦ σχήματος ὀβελίσκον, ὃν ἐν τοῖς ἑπτὰ τοῖς κατονομαζομένοις ἔργοις καταριθμοῦσι.

*Memorialis* di Lucio Ampelio (cap. 8); siamo fra II e III sec. d.C., e in entrambe le liste figurano pressoché le stesse opere menzionate da Antipatro e poi dallo Pseudo-Filone; una sola eccezione: in luogo del giardino pensile di Babilonia si trova la *domus Cyri regis* a Ecbatana. Esattamente gli stessi monumenti selezionati da Antipatro e poi dallo Pseudo-Filone sono citati invece, in pieno IV sec., da Greg. Naz. *AP* 8.177.1s., che ne offre un'enumerazione estremamente sintetica (ἑπτὰ βίοιο πέλει τάδε θαύματα· τεῖχος, ἄγαλμα, / κῆποι, πυραμίδες, νηός, ἄγαλμα, τάφος), a testimonianza di quanto la lista fosse ancora canonica (anche se non mancavano alternative: nell'*Or.* 43.63.9-15 Bernardi [*PG* 36.580] dello stesso Gregorio, per Basilio il Grande, Tebe d'Egitto prende il posto del giardino pensile).

Coincide in buona misura con il catalogo di Antipatro anche Strabone. Nella sua opera geografica l'Amaseo non stila una vera e propria lista, ma cita tutti e sette i monumenti antipatrei (più il faro di Alessandria: 3.1.9 e 17.1.6): lo Zeus Olimpio (8.3.30), il Colosso di Rodi (14.2.5), il Mausoleo (14.2.16), le mura e il giardino pensile di Babilonia (16.1.5), l'*Artemision* di Efeso (14.1.22s., 14.2.2), le due maggiori piramidi d'Egitto (17.1.33), specificando, per ben cinque di essi (Colosso, Mausoleo, mura e giardino pensile, piramidi), l'attestata appartenenza al novero delle sette meraviglie[40].

La fissazione di un nucleo canonico relativamente stabile è testimoniata, d'altronde, anche dall'evocazione di una o più "meraviglie" in funzione paradigmatica: Prop. 3.2.18–26, ad esempio, menziona le piramidi, lo Zeus di Fidia e il Mausoleo per opporre a queste opere d'arte grandiose, ma caduche, l'immortalità della fama[41]; un atteggiamento che trova un ovvio modello e termine di confronto in Hor. *carm.* 3.30.1s. (*exegi monumentum aere perennius / regalique situ pyramidum altius*), dove le piramidi – per quanto non si ricorra al concetto di "meraviglia" – sono citate come *exemplum* antonomastico di una monumentalità imponente[42]. In modo non troppo diverso,

---

40 Il fatto che, per l'*Artemision*, Strabone non parli esplicitamente delle sette meraviglie è stato interpretato da alcuni come una dimenticanza, visto che la sua descrizione dipende qui dall'efesino Artemidoro, dal quale è lecito aspettarsi che magnificasse le meraviglie della sua terra: cf. Biffi 2009, 227. Artemidoro, in effetti, fu con ogni probabilità personalmente legato al culto efesino della sua città (cf. Canfora 2010, 25–62), ma Strabone – che con Artemidoro è spesso critico, specie in virtù della mediazione posidoniana – può averne trattato con scetticismo, e comunque con estrema libertà, i giudizi: cf. Schiano 2010, 15–27.

41 *Carmina erunt formae tot monumenta tuae. / nam neque Pyramidum sumptus ad sidera ducti, / nec Iovis Elei caelum imitata domus, / nec Mausolei dives fortuna sepulcri / mortis ab extrema condicione vacant. / aut illis flamma aut imber subducet honores, / annorum aut ictu, pondere victa, ruent. / at non ingenio quaesitum nomen ab aevo / excidet: ingenio stat sine morte decus.* Si veda, per un'esegesi dettagliata, e per la successiva fortuna del motivo, Fedeli 1985, 103–108.

42 Fin da Erodoto, come abbiamo visto, almeno le piramidi sono una certezza incrollabile, entro la variabile cernita dei *mirabilia*; Orazio ha voluto attenersi a un nocciolo

Seneca, nella *Consolatio ad Polybium*, 1.1, evoca genericamente i sette *miracula* (celeberrimi, *illa*, e dunque di superflua menzione) per sostenere che i mortali non hanno mai realizzato alcunché di immortale: anche i più alti prodotti dell'ingegno umano sono destinati a perire[43]. Per parte sua, Marziale (*spect.* 1) può celebrare la costruzione del Colosseo, in un omaggio al suo costruttore, Tito, affermando che esso supera, da solo, le meraviglie architettoniche – piramidi, mura di Babilonia, *Artemision*, Mausoleo, a cui si aggiunge, per l'occasione, l'altare che Apollo costruì a Delo con le corna delle capre cacciate da Artemide (cf. Call. *Hymn. Ap.* 58–64): la sua inclusione nella lista permette di paragonare indirettamente l'imperatore al dio che ha "inventato" l'architettura. Si coglie qui un *topos* nel *topos* destinato a una certa fortuna: il catalogo dei *mirabilia* più classici serve innanzitutto quale termine di paragone per *mirabilia* attuali di pari o superiore importanza; in altri termini, serve soprattutto per essere integrato, variato, e volto a lode del presente (o dell'occasionale patrono-mecenate). Una lista di meraviglie romane è fornita, in analoga visuale comparativa, da Plin. *NH* 36.101–118[44], mentre nel V–VI sec. Cassiodoro (*Variae* 7.15.4s.) elenca sette meraviglie canoniche (*Artemision*, Mausoleo, Colosso rodio, Zeus di Fidia, palazzo di Ciro, mura di Babilonia e piramidi) per affermare che Roma, da sola, contiene tutto ciò che di più ammirevole esiste al mondo.

Alterazioni e variazioni della lista continuano a registrarsi nei cataloghi successivi, dove si infilano discretamente meraviglie diverse e più recenti, non senza finalità ideologiche vistose[45], che portano via via a includere monumenti romani come il Campidoglio (Beda il Venerabile, *PL* 90.961), o giudaico-cristiani, come l'Arca di Noè e il tempio di Salomone a Gerusalemme, annoverati tra le sette meraviglie da Gregorio di Tours (*De cursu stellarum* 2 e 4, *MGH, Script. rer. Merov.*, 1.2.407s.)[46]. È significativo che una riproposizione

---

duro di non discutibile esemplarità? Più probabile che il paragone – inusitato nella tradizione anteriore – abbia semplici venature patriottiche, all'indomani della conquista romana dell'Egitto: cf. Nisbet–Rudd 2004, 365s.

43 *Quid enim inmortale manus mortales fecerunt? septem illa miracula et si qua his multo mirabiliora sequentium annorum extruxit ambitio aliquando solo aequata visentur. ita est: nihil perpetuum, pauca diuturna sunt; aliud alio modo fragile est, rerum exitus variantur, ceterum quidquid coepit et desinet.*

44 Sulla relazione tra Plinio e la tradizione delle sette meraviglie cf. Isager 1991, 190–199.

45 Sulle ragioni patriottiche che possono aver favorito l'introduzione di varianti nella lista o nelle liste più canoniche cf. *e.g.* Sassi 1993, 461.

46 E al di fuori delle liste, più o meno dettagliate o più o meno asettiche, sopravvivono descrizioni di singoli *mirabilia* in vari autori: Erodoto, Diodoro Siculo, Strabone, Plinio, Solino, solo per citarne alcuni. Per un ricco *dossier* di testi cf. Brodersen 1992, 74–157 e 1996; si vedano anche almeno Lanowski 1983; Clayton–Price 1989, 151–156 e 205–210 e *infra*, nn. intr. ai singoli θεάματα. Per i cataloghi medievali fornisce un'ottima sintesi Omont 1882.

## 2. Fatti storici e antefatti letterari

di questo *topos* – che prevede una costante prospettiva di confronto, e un costante aggiornamento della lista canonica a maggior gloria del presente – si registri anche nell'*editio princeps* dello Pseudo-Filone, in pieno XVII sec. (cf. *infra*, § 7).

Il testo dello Pseudo-Filone – verosimilmente composto non prima del IV sec. d.C.: cf. *infra*, § 6 – si inserisce dunque in una tradizione consolidata, anche se è paradossalmente questa l'unica trattazione sistematica del soggetto che ci sia pervenuta. Le altre testimonianze, come si è visto, consistono in nude liste, sostanzialmente prive di elementi descrittivi, o in descrizioni di singole opere, collocate in scritti di vario genere – storico, geografico, enciclopedico-scientifico etc. – dove la menzione della "meraviglia" è subordinata ad altri scopi[47]. I θεάματα selezionati dallo Pseudo-Filone sono quelli della lista più antica, quale è testimoniata da Antipatro e recepita ancora, nel IV sec. d.C., da Gregorio di Nazianzo[48]. Si è ipotizzato che il nostro autore l'abbia scelta per garantire una patina di antichità alla propria trattazione[49]; semmai si potrà pensare a un deliberato passatismo, alimentato dalla volontà di rivendicare la propria appartenenza alla grande civiltà classica; ma non si può escludere che tale lista, semplicemente, fosse la più ovvia ancora nella tarda antichità. Certo è che si percepisce chiara, nella prospettiva dello Pseudo-Filone, la volontà di rendere omaggio a un passato glorioso e irripetibile; un passato lontano nel tempo, evidentemente, e circonfuso di struggente idealità; un passato ormai vivo soltanto di vita libresca. È certo sintomatico che per lui nessun aggiornamento sia possibile o prospettabile: non c'è spazio, nelle sue pagine, per tacite o esplicite lodi di *mirabilia* attuali e additizi. La gloria vera appartiene integralmente al passato; o a un presente atemporale, fatto di parole, non di pietra o di metallo.

Per comprendere meglio la posizione del nostro autore nei confronti di tale passato, o eterno presente, e i modi in cui egli tentò di sintetizzare le notizie anteriori, inoltriamoci – per quanto ci è possibile – nella più remota tradizione del trattatello.

---

47  Su questo punto cf. anche Adam–Blanc 1989, 40.
48  Secondo Argentieri 2003, 125 n. 60, Gregorio conosceva l'epigramma di Antipatro: a provarlo sarebbe, oltre all'ordine assai simile secondo cui le meraviglie sono citate in *AP* 8.177.1s., un altro componimento del Nazianzieno, *AP* 8.184, dove ricorre, al v. 1, l'espressione Μαυσωλοῦ τάφος ἐστὶ πελώριον, assai vicina ad Antip. *AP* 9.58.5 = *GPh* 587 μνᾶμά τε Μαυσώλοιο πελώριον (a questo proposito, vale forse la pena notare anche l'uso del medesimo aggettivo, πελώριος, in riferimento al τύμβος definito, in *AP* 8.177.3, ottava meraviglia, dopo l'elencazione delle canoniche sette).
49  Jordan 2014, 10: «the fourth century impersonator of Philo may simply have been giving himself historical credibility by reproducing old Antipater's list». Ciò presuppone l'ipotesi di una falsificazione consapevole, che non si può in astratto escludere, ma che non pare affatto probabile: cf. *infra*, § 6 e n. 296.

Lo faremo muovendo, come è logico, dall'unico manoscritto che ne ha fortuitamente garantito la sopravvivenza; un manoscritto la cui storia dimostra che il nostro Pseudo-Filone ebbe lettori indulgenti, e forse plaudenti, fin dalla tarda antichità, come ne ebbe nell'Europa del Seicento, che lo riportò alla luce. E forse proprio a quei lettori tardo-antichi il nostro anonimo dovette il nome onorevole e autorevole con cui è ancora oggi noto.

## 3. Lo Pseudo-Filone tra i geografi. Antiche sorti di un oscuro opuscolo

È l'estate del 1623 quando, in seguito alla conquista cattolica del Palatinato e al lascito di Massimiliano I di Baviera, giunge nella Roma dei Barberini, con il resto del prezioso bottino prelevato alla Biblioteca di Heidelberg[50], il manoscritto oggi segnato *Pal. Gr.* 398 (sec. IX$^{3/4}$, d'ora in poi P).

Pur nella vastità di quello strabiliante carico librario – che riempì quasi 200 casse, impegnò oltre 200 muli e arricchì la Vaticana di circa 15.000 nuovi pezzi, fra codici e testi a stampa – il nostro manoscritto si impose subito all'attenzione dei dotti attivi nell'ambiente barberiniano: *in primis* il chiota Leone Allacci (1586 ca.–1669), che su incarico di papa Gregorio XV aveva sorvegliato cernita e trasporto del tesoro palatino[51], e nel 1640 sarà editore principe del recuperato Pseudo-Filone[52]; quindi l'amburghese Lukas Holste

---

50 Della nota vicenda si troverà la ricostruzione più documentata in Montuschi 2014b. In Germania il manoscritto era giunto da Costantinopoli, negli anni '30 del XV sec., tramite Johannes Stoicovič da Ragusa: cf. Diller 1952, 9; Lanowski 1985, 32–34; Marcotte 2000, XCVIIIs. e 2014a, 158; Cataldi Palau 2008, 235–280, e in part. 241–243 e 245; all'epoca il volume doveva essere ancora piuttosto malconcio, e sprovvisto di coperta: cf. Bianconi 2008, 97.

51 Su Leone Allacci, dal 1638 bibliotecario del cardinale Barberini, dal 1661 primo custode della Biblioteca Vaticana, poligrafo calcenterico e poeta non meno prolifico, la bibliografia è assai ricca, anche se molto rimane da editare e da studiare: cf. almeno Musti 1960; Jacono 1962; Rotolo 1966 (*ibid.*, 9 n. una cospicua bibliografia anteriore); Cerbu 1986 e 2014; Lipari 1990, 5–36 e *passim*; Sojer 2006; Surace 2014; Condello–Magnani 2019. Il *dossier* delle carte e dei carteggi concernenti il trasporto del tesoro palatino – che impegnò Allacci a partire dall'ottobre del 1622 – è conservato nel Fondo Allacci della Biblioteca Vallicelliana (*Vallicell.* B 38 I; ai ff. 177r–183r la relazione autografa del dotto). Le istruzioni a lui impartite da Gregorio XV, per il tramite del camerlengo Ludovico Ludovisi, sono in Olschki 1900. Sulla missione di Allacci a Heidelberg vd. anche Canfora 2003.

52 Allacci 1640. Su questa importante ma frettolosa edizione qualche dettaglio ulteriore forniremo più in là, § 7. Una copia calligrafica della *princeps* è nel ms. *Barb. Gr.* 134, vergato dallo stesso Allacci per la parte greca (cf. Capocci 1958, 230; Surace 2014, 201). Iperbolico quanto prevedibile l'artificio retorico della dedica a Francesco Barberini (Allacci 1640, 3s.): a chi offrire questo antico libello *de miraculis* se non al generoso creatore di un nuovo *miraculum*, la Biblioteca Barberina? Come si

## 3. Lo Pseudo-Filone tra i geografi. Antiche sorti di un oscuro opuscolo

(1596–1661), che – come vedremo nel dettaglio – lavorò su P e sullo Pseudo-Filone negli stessi anni di Allacci, e assai meglio di Allacci[53]. Prima che a loro, l'antichità e la rilevanza di P non erano sfuggite a Claude Saumaise (1588–1653), che nel gennaio del 1608 ne aveva scritto a Isaac Casaubon[54].

Su questa prima stagione di studi pseudo-filoniani avremo modo di indugiare in seguito (§ 7). Restiamo, per ora, al manoscritto P, sulla cui genesi e caratteristiche siamo oggi assai meglio informati rispetto ai suoi riscopritori seicenteschi; il prestigio del codice ne risulta, ai nostri occhi, addirittura accresciuto, e la sua centralità negli studi, dagli anni '50 del Novecento a oggi, lo dimostra ampiamente[55].

Quanto all'età del manoscritto, se Holste – non correttamente ma perspicacemente – collegò P con il *milieu* di Costantino VII Porfirogenito (905–959)[56], oggi sappiamo che esso risale alla seconda metà del secolo precedente. Non solo: il testimone ci pare ora di primario interesse per la sua riconosciuta appartenenza alla cosiddetta "collezione filosofica"[57]. Entro

---

    vede, la lista delle "meraviglie" continua a provocare retoriche variazioni e integrazioni, secondo una tendenza ben riconoscibile già nell'antichità (cf. *supra*, § 2).

53  Sulla notevolissima figura di Holste – a Roma dal 1627, custode della Biblioteca Barberina dal 1636, secondo custode della Vaticana dal 1641 e primo custode dal 1653 – l'interesse della critica è oggi particolarmente intenso; fra i lavori più recenti si vedano Rietbergen 1987 e 2006, 256–294; Folliet 1992; Guiso 1997; Mirto 1999; Serrai 2000; Häfner 2003, 84–93; Stork 2008; Sojer–Gastgeber 2013; Varani 2014. Circa la forma, latina e non, del nome, che in letteratura è variabilissima (Holste, Holsten, Holstein, Holsteinius, Holstenius, con oscillazioni significative già nel suo primo biografo, Wilckens 1723), ci atterremmo per comodità al diffuso Holste.

54  Cf. Diller 1952, 52.

55  In generale su P, o sulle sue principali sezioni, si vedano almeno Diller 1952, 3–10 (e *passim*) e 1954, 33, 46s., 49s.; Dain 1954, 41; Young 1955, 281–283; Papathômopoulos 1968, XXIII–XXV; Musso 1976 (che crede ancora a una datazione di X sec.); Calderón Dorda 1986, 93–98 e 1988, XXX–XLII; più di recente, fra i molti altri, soprattutto Perria 1991a, 63s.; Sicherl 1991, 114–116; Stramaglia 1997, 191–196; Marcotte 2000, LXXXVIII–C e CXXXV–CXLIV, 2007 e 2014a, 153, 2014b, 183–185; Orsini 2005, 296; Cavallo 2005, 254 e 257s. = 2007, 156 e 158s.; Ronconi 2007, 33–75; Leroy 2013, 37s.; Losacco 2017, 110s. Un primo segno della fortuna di P e del *corpus* geografico in esso contenuto è stato individuato da Brillante 2017: un'erudita postilla ad Ael. Arist. 36.93 K., contenuta nel ms. *Par. Gr.* 2951 + *Laur. Plut.* LX 3 e plausibilmente attribuibile ad Areta, sembra presupporre la conoscenza dell'Annone (o pseudo-Annone) trādito da P.

56  Si veda la lettera a Peiresc del 4 febbraio 1628, in Boissonade 1817, 41–51, in part. 43. La datazione al X sec. fu canonizzata da Bast 1805, 3 = 1809, 2s. La prima ipotesi di retrodatazione si deve a Bekker 1823, IX, ed è oggi da tutti condivisa.

57  Sul frastagliato arcipelago della "collezione filosofica", sui suoi confini e sulle sue possibili origini (ambiente foziano? Leone Filosofo? Areta? Un formidabile anonimo di IX sec.?), ci limitiamo a ricordare – nell'ormai folta bibliografia a disposizione – alcuni dei contributi più recenti: Perria 1991a, 46–56 e *passim*, e 1991b; Orsini 2005, 295–299; Cavallo 2005 = 2007; Marcotte 2007; Cataldi Palau 2008, 69–100; Ronconi 2007, 72–75 e 2008; decise le critiche di Ronconi 2012 e 2013 all'ipotesi

questo cospicuo novero di codici (a oggi ne conosciamo 17), che sembra testimoniare l'attività e i variegati interessi di un circolo dotto attivo a Costantinopoli nella seconda metà del IX sec., P è unanimemente attribuito al copista principale della "collezione" (siglato I), cioè al probabile *leader* della cerchia che la produsse[58]. Il lavoro di tale cerchia, spesso chiaramente ispirato a orientamenti neoplatonici, mirò a radunare e salvaguardare, trasferendoli in nuova forma, sia capolavori della filosofia platonica e aristotelica, con relativi commenti, sia rarità librarie di età imperiale e tardo-antica. Non stupisce dunque che P si sia rivelato cruciale, fra le altre cose, nella tradizione dei geografi greci minori, dei quali è spesso *testis unicus* o *optimus*[59].

Questa sua ultima specificità, come fra poco vedremo meglio, spiega perfettamente perché la sopravvivenza del nostro Pseudo-Filone si debba proprio a P. A P e soltanto a P, dal momento che il codice di Heidelberg è dimostrabilmente il padre dell'unico altro testimone che ce ne offra il testo, ovvero il *Lond. Add.* 19391 (sec. XIV, d'ora in poi L). Quest'ultimo manoscritto, o meglio scampolo di manoscritto, altro non è che la manciata di fogli (21) che il famigerato Costantino Simonidis, oggi tornato agli onori delle cronache, sottrasse nel 1851 o 1852 a un codice del monte Athos, il *Vatoped.* 655, per rivenderli l'anno successivo al British Museum[60]. Come già capì

---

di un'unitaria "collezione filosofica" di IX sec. (nella sua ricostruzione alternativa, il nostro ms. rientrerebbe nel "gruppo B" della collezione, riconducibile a Leone Filosofo), ma ferme le repliche di Marcotte 2014a e 2014b.

58 Sul "copista I" cf. Perria 1991a, 56–71, e quindi ad es. Orsini 2005, 296s.; Cavallo 2005, 254 = 2007, 156; Marcotte 2007, 168; Ronconi 2007, 41s.; Cataldi Palau 2008, 73s.; non si esclude, peraltro, che nel codice siano al lavoro due mani distinte (cf. Diller 1952, 5; Perria 1991a, 63; Marcotte 2000, XCI, 2007, 168 e 2014, 150 n. 26; Cavallo 2005, 254 = 2007, 156); sull'unità della mano è invece netto Ronconi 2007, 41–46.

59 Su questo punto, i lavori di riferimento con cui ci confronteremo costantemente nelle pagine a seguire sono Diller 1952, 1954, 1975a e 1975b; Marcotte 2000, 2007, 2014b; si vedano, poi, Canfora *et al.* 2008, 5–15, 69–86, 221–275 e *passim*; Schiano 2010, 9–33 e *passim*; Belfiore 2011 (da usarsi tuttavia con cautela); Altomare 2013. Utili, anche come repertori bibliografici e dossografici, alcuni recenti contributi del *Brill New Jacoby*: cf. in part., fra i più ricchi, González Ponce 2011; Belfiore 2013; Shipley 2017; Leroy 2018.

60 Sulla vicenda si vedano Diller 1952, 14; Munby 1956, 116–118; Marcotte 2000, CVII; Pinto 2017, 112; ricchi dettagli in Canfora *et al.* 2008, 448–456 e in Canfora 2010, 186–194; cf. anche *infra*, § 7. L'anno del furto (1851 più che 1852) non è certo: cf. Canfora 2010, 167 e 186s., nonché la sinossi biografica fornita da Diamantopoulou 2017b, 317s. Un'ulteriore sezione distaccata del Vatopediano è l'attuale *Par. Suppl. Gr.* 443A. Non sembra invece appartenere al codice un singolo foglio a San Pietroburgo, talora ricondotto al nostro smembrato testimone (cf. Marcotte 2000, C n. 101). La migliore descrizione di L, e di tutto il *Vatoped.* 655, è in Burri 2013, 239–255 (per quanto concerne Tolemeo, il ms. dell'Athos è comprovata copia del *Vat. Urb. Gr.* 82: cf. *ibid.*, 250s.); si vedano inoltre Diller 1937 e 1952, 10–14; Marcotte 2000, C–CIX.

Karl Müller, e come ha definitivamente dimostrato Aubrey Diller, il codice vatopediano serve solo laddove P viene meno per le meccaniche mutilazioni che ne hanno fatto smarrire i fascicoli iniziali: per il resto, in quanto manifesto *descriptus* di P, esso è inutile all'editore[61]. A dimostrare definitivamente la filiazione, peraltro, è proprio il nostro opuscolo: visibilmente incompleto in entrambi i codici, in P esso si interrompe alla fine del f. 59v, mentre in L la lacuna (che il copista marca lasciando vuota quasi metà della pagina) cade nel mezzo del f. 13v[62].

Dunque, almeno sotto il profilo ecdotico, non ci troviamo in una situazione migliore di quella in cui operarono Allacci e Holste: un solo manoscritto, un testo inverosimilmente attribuito, e nessuna testimonianza esterna che ne illumini genesi e tradizione. A ciò si aggiunga che P attinse – come l'analisi testuale mostrerà – a un esemplare che doveva essere già sfigurato da diversi guasti, sicché in più punti l'esatta *constitutio textus* appare estremamente difficoltosa. E tuttavia, il fatto stesso che il nostro Pseudo-Filone sia compreso nel *corpus* trasmesso da P impone ulteriori riflessioni.

Ricordiamo, per prima cosa, che la peculiare fattura e i peculiari paratesti del codice denunciano che P fu confezionato in una cerchia di dotti particolarmente attenti alla qualità dei testi trascritti. Non solo: alcuni di quei paratesti lasciano intravedere, a monte del manoscritto, esemplari molto antichi, che ancora attingevano – plausibilmente – a rotoli di papiro[63]; dunque, non

---

61 Le sezioni perdute in P, ma recuperabili grazie all'apporto di L, ammontano complessivamente a cinque quaternioni per ca. 40 ff.: cf. Diller 1952, 8 e Ronconi 2007, 34s. Diller 1952, 13 ipotizzava che L derivasse *recta via* da P, senza altri *interpositi*. Si veda anche Marcotte 2000, XCIIIs. n. 70, XCVIIIs., CVII. È da ritenere, in ogni caso, che lo scriba di L abbia operato con l'esplicita o spontanea intenzione di correggere il suo modello: se ne troveranno le lezioni raccolte *infra*, *Appendice I*.

62 Ciò basta a mostrare che in P la lacuna fu meccanica (distacco dei fogli seguenti), in L derivata: lo suffraga la complessiva analisi codicologica (cf. Diller 1952, 12s.; Marcotte 2000, XCVIIs.; Ronconi 2007, 35 n. 10; e già Müller 1870, XVI–XIX). In P la lacuna ha inghiottito i ff. 2–8 del XII fascicolo, ed è imputabile alla volontà di eliminare i fogli del quaternione lasciati in bianco, ciò che ha esposto al distacco anche il singolo foglio contenente la chiusa dell'opuscolo. Il ms. L fornisce ovviamente un *terminus ante quem* per il danno subito da P in questa sezione.

63 In particolare gli elaborati titoli finali posti in calce ad alcune delle opere, e la *subscriptio* διώρθωται οὐ πρὸς (πάνυ) σπουδαῖον ἀντίγραφον che, sempre in *explicit*, contrassegna Dionigi di Bisanzio, l'Arriano del *Periplo del Ponto Eusino* e lo Pseudo-Arriano del *Periplo del Mar Rosso* (cf. Diller 1952, 6), nonché l'indicazione di un *desideratum* al termine delle *Lettere di Ippocrate* (ζητητέον τὸ λεῖπον τῆς ἐπιστολῆς καὶ τὴν πρὸς Πτολεμαίου Ὁλόκληρον, f. 282r): sono relitti che presuppongono il trattamento della singola opera come unità a sé (se non come *volumen* a sé), talvolta ancora in formazione; e certo non possono essere imputati a P, che li avrà piuttosto ereditati; cf. Ronconi 2007, 48s., 57. Si noterà di passaggio che la probabile dipendenza da antichi, e realisticamente malconci, testimoni può spiegare assai bene lo stato in più punti corrotto – e in particolare, a nostro avviso, in più punti lacunoso – del nostro testo.

c'è da stupirsi se in molti casi, compreso il nostro, siamo di fronte a veri e propri "unicismi" della tradizione: chi confezionò P ebbe accesso, direttamente o indirettamente, a cimeli librari di notevole rarità[64].

Chiara, nel suo insieme, l'organizzazione di questo mirabile codice "pluriblocco": esso contiene una compatta serie di *geographoumena* in due "blocchi" codicologici giustapposti (ff. 11r–59v + 60r–156r), nella quale trova posto il nostro Pseudo-Filone (ff. 56v–59v)[65]; quindi un'altrettanto compatta serie di operette taumatologiche e paradossografiche, in tre "blocchi" (ff. 157r–208v + 209r–215r + 216r–261v): operette che – pur nella loro natura sensazionalistica – si ambientano perfettamente nell'ambito del platonismo e dell'aristotelismo tardo-antichi[66]; infine – sezione difforme rispetto alle altre, ma in sé coerente – un corpuscolo epistolografico (ff. 262r–331v). Chi mise insieme tali sezioni, dunque, aveva predilezioni chiare, e un chiaro piano in mente.

In effetti, un «plan éditorial précis»[67] si riconosce non solo nelle tre macrosezioni globalmente considerate, ma anche nella loro organizzazione interna. Concentriamoci sulla parte che più ci interessa, la macrosezione geografica iniziale, costituita dal "blocco" codicologico (mutilo dell'esordio) degli attuali ff. 11r–59v, con i suoi geografi minori e minimi[68], e dalla *Crestomazia* straboniana che segue ai ff. 60r–156r.

---

64  Va comunque rilevato che gli errori riscontrabili in P, per la sezione dello Pseudo-Filone, sembrano presupporre fraintendimenti di grafia sia maiuscola, sia minuscola. Per i primi, cf. 4.3.19 δὲ ἀεί *pro* δ' ἔδει (Holste), e forse *Pr.* 3.18 βλεπόμενα μὲν ὁμοίως, θαυμαζόμενα δ' ἀνομοίως, se colgono nel giusto le correzioni βλέπομεν μὲν e θαυμάζομεν δ' (Orelli; cf. *infra, ad l.*), nonché 4.5.29 οὔπω *pro* οὔτω, sulla base della nostra emendazione (cf. *infra, ad l.*). Per i secondi, cf. *Pr.* 1.3 καλοῖς *pro* Ἠλείοις (Holste), e forse 4.1.4 μόνοις *pro* βολαῖς, se è corretta la nostra proposta (cf. *infra, ad l.*). La presenza di almeno un sicuro errore da minuscola può suggerire che – almeno per lo Pseudo-Filone – P non sia un traslitterato diretto. L'esiguità del campione, tuttavia, sconsiglia conclusioni perentorie, sia perché la *ratio corruptelae* potrebbe non essere, anche nel caso di *Pr.* 1.3, puramente paleografica (l'idea di "bellezza" permea tutto il proemio), sia perché nulla impedisce di credere che la copia "pulita" di P si fondata su minute di trascrizione imputabili allo stesso copista o allo stesso ambiente. Solo un riesame a tappeto delle tipologie d'errore attestate nell'intero primo blocco del codice potrebbe dare risposte più sicure.

65  Questi interessi geografico-scientifici sono ben rappresentati da altri manoscritti della "collezione filosofica", per es. il *Vat. Gr.* 1594, con la *Syntaxis mathematica* di Tolemeo, o il *Vindob. Phil. Gr.* 100, con gli scritti fisici e metereologici di Aristotele.

66  Sui rapporti fra neoplatonismo e paradossografia cf. per es. Stramaglia 1997, 193–198; Ronconi 2007, 71s.; Marcotte 2014b, 185–193.

67  Marcotte 2001, XCV.

68  L'indice completo del "blocco", ricostruibile sulla base del *pinax* e dei contenuti del Vatopediano, è il seguente: *hypotyposis* anonima (perduta in P; edizione in Müller 1861, 495–509 e ora in Mittenhuber 2011); *hypotyposis* attribuita ad Agatemero (Agathem.; perduta in P; edizione in Diller 1975b = 1983, 69–86, dopo Müller 1861, 471–485; ora in Leroy 2018); estratto aristotelico *De ventis* (perduto in P; Arist. fr.

## 3. Lo Pseudo-Filone tra i geografi. Antiche sorti di un oscuro opuscolo 19

Come è noto, specie grazie agli studi di Diller e di Marcotte, i ff. 11r–156r, e particolarmente 11r–59v, costituiscono uno dei due preziosi *corpora* di geografi greci minori giunti fino a noi: è il cosiddetto "*corpus* A" o "*corpus* di Heidelberg", accanto al quale sta il "*corpus* D" o "*corpus* di Marciano", riflesso nel *Par. Suppl. Gr.* 443 (XIII sec.)[69]. Se non ci sono dubbi sul fatto che quest'ultimo rimonti a una raccolta periplografica tardo-antica realizzata da Marciano di Eraclea, in una data non determinabile fra IV e VI sec. d.C.[70], più misteriosa è l'origine del "*corpus* di Heidelberg". È da avvisare subito, a ogni modo, che i destini dei due *corpora* furono precocemente – se non *ab origine* – intrecciati: non solo perché essi riflettono palesemente interessi comuni, e tutt'altro che banali, ma anche perché i testi di entrambe le raccolte furono messi congiuntamente a frutto almeno dal VI sec. (da Stefano

---

250 Rose = 363 Gigon; ulteriore edizione di V. D'Avella in Sider–Brunschön 2007, 221–225); Dionigi di Bisanzio (Dion. Byz.; perduto in P; edizione in Güngerich 1958², dopo Wescher 1874); Pseudo-Arriano, *Periplo del Ponto Eusino* ([Arr.] *Eux.*; parzialmente conservato in P ai ff. 11r–16v; edizione in Diller 1952, 102–146 e ora in Podossinov 2011); *Cinegetico* di Arriano (Arr. *Cyn.*; in P ai ff. 17r–30v; edizione in Roos–Wirth 1968, 74–102); *Periplo del Ponto Eusino*, ovvero *Epistola ad Adriano*, di Arriano (Arr. *Eux.*; in P ai ff. 30v–40r; edizione in Roos–Wirth 1968, 103–128 e quindi in Silberman 1995; cf. anche Marenghi 1958); Pseudo-Arriano, *Periplo del Mar Rosso* ([Arr.] *Erythr.*; in P ai ff. 40v–54v; edizione in Frisk 1927, quindi in Casson 1989 e ora in Belfiore 2013); *Periplo* di Annone (Hanno *Peripl.*; in P ai ff. 55r–56r; edizione in Müller 1855, 1–14, e ora in González Ponce 2008, 117–150 e 2011); infine, il nostro Pseudo-Filone (ff. 56v–59v).

69 Sui due *corpora* si vedano soprattutto Diller 1952, 45s. (con lo *stemma* a p. 47) e *passim*; Marcotte 2000, XIX–XLV, CXVII–CXXII e *passim*; Marcotte 2007; Ronconi 2007, 46–49, 67.

70 La datazione di Marciano di Eraclea (Pontica) è notoriamente discussa: con certezza possiamo dire soltanto che egli fu «postérieur à Ptolémée, à qui il se réfère, et antérieur à la publication des *Ethniques* d'Étienne [*scil.* St. Byz.], où il est fréquemment cité» (Marcotte 2000, XXXVII). Tradizionale fin dal XVII sec., ma non incontestata, è l'identificazione del geografo con il Μαρκιανός elogiato da Sinesio (*Epist.* 101 Garzya; cf. anche *Epist.* 119 Garzya) quale *leader* di un dotto circolo costantinopolitano specializzato, fra l'altro, in antiche e recenti διηγήσεις: ciò collocherebbe Marciano a cavallo fra IV e V sec. Su questa identificazione e datazione – che risale a Holste: cf. Boissonade 1817, 10–22 – concordano ora, ad es., Altomare 2013, 10–18 e Brillante 2020, 189s., e non si può negare che essa resti fra le più suggestive e le meglio fondate. Tuttavia non si possono escludere altre cronologie: di IV sec. o poco oltre (è l'opinione che sembra cautamente preferire Belfiore 2011, 21–23), o di VI sec., con piena contemporaneità fra Marciano e Stefano di Bisanzio (Fabricius 1843; cf. Diller 1952, 46; Marcotte 2000, XXXVII); si vedano inoltre Müller 1855, CXXIX; Gisinger 1935, 272; Canfora *et al.* 2008, 78–86 e *passim*. La tendenza a enunciare seccamente datazioni certe (per es. Podossinov 2011: «5ᵗʰ century AD») non è da encomiare.

di Bisanzio, da Prisciano[71]), e perché alcune parti del "*corpus* di Heidelberg" presuppongono la conoscenza di Marciano e del "*corpus* D" (cf. *infra*).

Basta una semplice panoramica del "blocco" costituito dai ff. 11r–59v per rivelare una *ratio* d'ordinamento alquanto chiara, e un progetto redazionale meditato: precedono (o meglio precedevano, prima che P fosse mutilato dell'esordio) le opere più sintetiche e panoramiche, ovvero l'*hypotyposis* geografica anonima, quella di Agatemero, lo *sketch* anemologico dello Pseudo-Aristotele; seguono peripli parziali, che costituiscono, nella loro sequenza, una complessiva perlustrazione dei mari "periferici" circostanti il Mediterraneo[72]; infine si colloca – prima del testo geografico più robusto, la *Crestomazia* straboniana del secondo "blocco" – il nostro Pseudo-Filone. Si dovrà giudicarlo un caso? Non pare, se si tengono presenti le prime righe dell'opuscolo (*Pr.* 1.2–5):

δεῖ γὰρ εἰς Πέρσας ἀποδημῆσαι καὶ διαπλεῦσαι τὸν Εὐφράτην καὶ τὴν Αἴγυπτον ἐπελθεῖν καὶ τοῖς Ἠλείοις τῆς Ἑλλάδος ἐνεπιδημῆσαι καὶ τῆς Καρίας εἰς Ἁλικαρνασσὸν ἐλθεῖν καὶ Ῥόδῳ προσπλεῦσαι καὶ τῆς Ἰωνίας τὴν Ἔφεσον θεάσασθαι.

Occorre [*scil.* per vedere le sette meraviglie] andarsene fino in Persia, e varcare l'Eufrate, e raggiungere l'Egitto, e in Grecia soggiornare fra gli Elei, e in Caria giungere ad Alicarnasso, e fare rotta a Rodi, e in Ionia visitare Efeso.

Sono righe che, se non disegnano un metodico periplo, evocano almeno un *grand tour* fra le maggiori località del Mediterraneo greco-orientale. Intuiamo, dunque, perché lo Pseudo-Filone trovi posto nel codice: non perché paradossografo[73] – quale egli in sostanza è: cf. *infra*, § 4 – ma perché assimilabile, in qualche modo, a un geografo o periplografo. È una conclusione che altri dettagli – su cui ci soffermeremo a breve – possono suffragare.

Una stratigrafia più precisa del *corpus* giunto a P, che comprenda un'identificazione dei diversi nuclei di cui esso rappresenta il finale aggregato, non è impresa agevole. Vi si sono meritoriamente dedicati – con esiti in parte convergenti, in parte divergenti – Aubrey Diller, e più di recente Didier

---

71 Cf. *e.g.* Marcotte 2000, CXLI–CXLIV e 2014b; Ronconi 2007, 66–72; Billerbeck 2008; Canfora *et al.* 2008, 239–241; Billerbeck–Neumann-Hartmann 2017, 157. Su Prisciano, si veda in particolare Marcotte 2014b.

72 Fa eccezione, in questa sequenza, il *Cinegetico* di Arriano, totalmente fuori tema: si è pensato a una mera «inerzia di trasmissione» (Ronconi 2007, 55 n. 114), dal momento che *Cinegetico* e *Periplo del Ponto Eusino* viaggerebbero spesso uniti nella tradizione arrianea (su questa linea già Marcotte 2000, XXXII). Ma la tradizione più antica del *Cinegetico* e del *Periplo* si riduce al solo P, e l'«inerzia» dell'abbinamento è tutta della tradizione successiva, da P derivata: cf. Roos–Wirth 1968, XI. Il primo a percepire l'estraneità dell'opuscolo fu il copista di L, che lo omise nella sua copia di P. Sul problema, si veda *infra*.

73 Così invece Marcotte 2000, XCV. Su questa linea già Wescher 1874, XVIII.

Marcotte e Filippo Ronconi[74]. Riprendiamo i punti più utili a gettare qualche luce sui *fata* antichi del nostro libretto, e proviamo ad aggiungere qualche ulteriore considerazione.

Innanzitutto, la stessa brevità di alcune, e non poche, fra le opere comprese nel *corpus*, invita a prospettare unità testuali originarie alquanto antiche – compresi i papiri, si è giustamente sospettato: cf. *supra* e n. 63 – che tuttavia devono essere state aggregate per tempo in unità più ampie: ben difficilmente, in caso contrario, se ne spiegherebbe l'isolata sopravvivenza fino a ridosso di P[75]. Marcotte ha supposto che nella prima sezione di P sia confluito, *inter alia*, un corpuscolo periplografico realizzato da Arriano in persona, nel II sec. d.C.[76]; Ronconi ha invece riconosciuto «quasi un *corpus* nel *corpus*» nelle tre operette che recano, in calce, i segni di un'antica *diorthosis*[77]. Entrambi gli studiosi ritengono che, a partire da un nucleo antico, nuovi ingressi si siano registrati almeno fino al VI sec. d.C.[78] e che un ruolo fondamentale abbia giocato il *corpus* geografico costituito (nel V–VI sec. d.C.?) da Marciano di Eraclea[79], ciò che del resto appare indiscutibile; essi, tuttavia, dissentono sulla sistemazione finale, che Marcotte attribuirebbe a

---

74  Diller 1952, *passim*; Marcotte 2000, CXVII–CXLIV; Ronconi 2007, 46–75.
75  In taluni casi – specie di fronte a operette brevissime come Hanno *Peripl.* – non va dimenticata un'altra possibilità, già suggerita da Müller 1855, XXXIVs.: che siamo di fronte a "estratti" originariamente conservati all'interno di altre opere, sotto forma di lunghe citazioni digressive; cf. anche Germain 1957, 237.
76  Esso sarebbe stato costituito tramite l'aggregazione di opere proprie (Arr. *Eux.*) e altrui ([Arr.] *Erythr.*, Hanno *Peripl.*); di fatto, il corpuscolo corrisponderebbe ai ff. 40v–56r di P; cf. Marcotte 2000, CXXXVIII–CXLI. Non si vede tuttavia come l'intrusione del *Cinegetico* possa costituire quasi un dato a favore (cf. Marcotte 2000, CXXXVIII), piuttosto che contro un *corpus* in cui autore principale (Arriano) e redattore-editore dovrebbero coincidere; cf. *infra*.
77  Si tratterebbe dunque di Dion. Byz. (oggi perduto in P), Arr. *Eux.* e [Arr.] *Erythr.*; cf. Ronconi 2007, 53–56. La presenza di notazioni relative alla *diorthosis* – espresse peraltro nei medesimi termini – è un egregio elemento congiuntivo. Ci si dovrà chiedere, tuttavia, se l'assenza di tali notazioni sia un elemento separativo di qualche significato, e ci pare che non possa esserlo, sicché il nucleo originario potrebbe essere anche più ampio; si potranno forse valorizzare, in questa prospettiva, notazioni d'altro tipo: cf. *infra*.
78  Marcotte 2000, CXXXIIs., che è incline a prospettare addizioni fino all'età di P; Ronconi 2007, 55 («all'origine del *corpus* [...] pare insomma porsi un nucleo di opere geografiche il quale, sottoposto a specifiche cure editoriali in età imperiale o proto-bizantina, sarebbe stato (forse intorno al VI secolo) ampliato con l'aggiunta del *Periplo del Ponto Eusino*»); lo studioso, *ibid.*, imputa a una «fase ancora successiva» l'addizione dei tre testi iniziali e, forse, dello Pseudo-Filone.
79  È il *corpus* riflesso nel citato *Par. Suppl. Gr.* 443, del XIII sec., che a Marciano sembra dovere buona parte della sua materia; cf. Marcotte 2000, CXVII–CXXII; Ronconi 2007, 46–49, 67. Sul *corpus* marcianeo (il cd. "*corpus* D") e sul manoscritto parigino, fondamentale Diller 1952, 19–22, 45–47. Ne fornisce ora un inquadramento generale – non sempre affidabile nei dettagli – Belfiore 2011.

Fozio – e farebbe coincidere con la stessa confezione di P, nato appunto in ambiente foziano – e Ronconi riterrebbe invece anteriore a P, e da P semplicemente ereditata[80].

Al di là delle concorrenti ipotesi, una questione più generale può essere posta: se non sappiamo quando tale *corpus* sia stato inizialmente costituito, né sappiamo quando sia stato definitivamente chiuso per assumere la forma che esso mostra in P, possiamo almeno divinare per quanto tempo esso sia stato aperto e ricettivo, cioè capace di attrarre e aggregare opere nuove? Questo può suggerirci qualcosa sull'età in cui il nostro Pseudo-Filone ha fatto il suo ingresso nel *corpus*; o almeno può indicarci un plausibile arco temporale, per quanto di una certa larghezza.

Riepiloghiamo, innanzitutto, le datazioni certe o probabili delle operette incluse nella raccolta. L'*hypotyposis* anonima, che fungeva da proemio a tutto il blocco, è senz'altro successiva a Marciano di Eraclea[81], anche se questo lascia aperta una forchetta cronologica molto ampia (dal IV fino al IX sec. d.C.); di I o II sec. d.C. è presumibilmente l'*hypotyposis* che segue, attribuita all'altrimenti ignoto Agatemero[82]; antico solo all'apparenza è l'estratto *De ventis* attribuito ad Aristotele (fr. 250 Rose = 363 Gigon)[83]: a pre-

---

80  Cf. Marcotte 2000, specialmente CXXXVIs. (per il possibile ruolo di Fozio cf. già Diller 1952, 5 e 1954); Ronconi 2007, 56. Gli argomenti di quest'ultimo (*ibid.*, 51–53), miranti a sottolineare la relativa scarsità delle prove che mostrerebbero un coinvolgimento di Fozio, ci sembrano nel complesso condivisibili. Ma la questione va considerata del tutto aperta, e concerne – del resto – l'intera "collezione filosofica" (cf. *supra*).

81  Sul testo cf. Müller 1861, XLIs. e Marcotte 2000, XLs. Esso deve molto a Strabone e Tolemeo, ma in un caso almeno mostra di dipendere dal Marciano del *Mare esterno* (Marcotte 2000, CXXXIVs.). Per l'oscura datazione di Marciano – fra IV e VI sec. – cf. *supra*, n. 70. Il *New Jacoby* sembra rinunciare a ogni datazione: Mittenhuber 2011 si limita a riportare la data del Palatino e del Vatopediano. Vi è implicita una datazione di IX sec.? Era la datazione cui pensava Diller 1975b, 72 = 1983, 82 (cf. anche Diller 1952, 101 e 1975a, 40s.). Marcotte 2000, CXXXV identifica – piuttosto audacemente – l'autore dell'*hypotyposis* con quello, altrettanto anonimo, di [Arr.] *Eux.*: ma il fatto che entrambi mettano a frutto Marciano non basta, ci pare, per sostenere la pur suggestiva ipotesi; per il Ponto Eusino, peraltro, l'anonimo dell'*hypotyposis* mostra un interesse del tutto cursorio (§ 46, *GGM* 2.507).

82  Cf. Diller 1983, 69s. (prima età imperiale); Marcotte 2000, XXXIX e n. 94, che si limita a indicare il IV sec. d.C. quale «*terme non plus ultra*». Senz'altro la dottrina è pre-tolemaica; Artemidoro e Menippo sono le uniche *auctoritates* espressamente menzionate (Agath. 20). Tutto depone a favore di una datazione primo-imperiale; cf. anche Canfora *et al.* 2008, 76s.; Leroy 2018.

83  Rose lo trasse dal *Marc. Gr.* IV 58 (tardo XII sec. [Wilson 2000, 6 n. 12] o seconda metà del XIII sec. [Sider–Brunschön 2007]; Diller 1952, 40, fondandosi sulla datazione del ms. al XIV sec., riteneva che sua fonte potessero essere tanto P quanto il Vatopediano, ma esistono altre possibilità: cf. Sider–Brunschön 2007, 44). Nel Marciano, come nei suoi numerosi apografi, l'estratto *De ventis* segue il *De signis*, anch'esso attribuito ad Aristotele. Le sorti editoriali dei due testi sono curiose. Solo

scindere dalla (remota) paternità tanto del frammento, quanto del *De signis* da cui i mss. stessi lo dichiarano tratto[84], rimane il fatto – vistoso – che siamo di fronte a un raffazzonato *excerptum*, potenzialmente attribuibile a ogni epoca, e in ogni epoca fungibile quale comodo *nomenclator* anemologico; senza dire che esso reca in calce un'affabile *subscriptio* rivolta al lettore-discente, segno chiaro del suo riuso didattico[85]. Nel seguito della serie, Dion. Byz. ci riconduce probabilmente al II sec. d.C.[86], mentre assai più tardo è [Arr.] *Eux.*, che – sulla base delle realtà geopolitiche presupposte – si giudica di norma «not earlier than the latter half of sixth century», e forse addirittura posteriore[87] (ma cf. *infra*); ancora fra I e II sec. d.C. ruota il resto della sequenza arrianea e pseudo-arrianea (Arr. *Cyn.*; Arr. *Eux.*; [Arr.] *Erythr.*, con quest'ultimo datato alla seconda metà del I sec. d.C.[88]). Problematico è notoriamente Hanno *Peripl.*, per il quale sono state proposte datazioni elle-

---

a partire dal XVI sec. «the two pieces united in the MSS. were separated in the editions» (Diller 1952, 42), e così è tuttora: il *De signis* è preferibilmente ascritto a Teofrasto (per la prima volta da Grineo nel 1541; nell'Aristotele aldino del 1497 esso è ancora anonimo, ma segue opere teofrastee) e il *De ventis*, invece, vivacchia fra i lacerti aristotelici; tutto l'essenziale è in Rose 1863, 243–245; cf. quindi Sider–Brunschön 2007, 40.

84 Sull'effettiva paternità teofrastea del *De signis* (cf. n. prec.) la discussione è tuttora aperta: cf. Sider–Brunschön 2007, 42s., a favore dell'attribuzione, anche se giudicano il testo superstite una «carcass» dell'opera originaria; Becchi 2010 e 2011, 21–24, contrario, su basi d'ordine tematico e dottrinario.

85 La *subscriptio* (ὑπογέγραφα δέ σοι καὶ τὰς θέσεις αὐτῶν, ὡς κεῖνται καὶ πνέουσιν, ὑπογράψας τὸν τῆς γῆς κύκλον, ἵνα καὶ πρὸ ὀφθαλμῶν σοι τεθῶσιν) si legge al f. 34r del *Marc. Gr.* IV 58 (cf. *supra*, n. 83) e al f. 2r del *Par. Suppl. Gr.* 443A (cioè la sezione parigina del Vatopediano); Gigon la omette in tronco; per converso, essa è edita da V. D'Avella, in Sider–Brunschön 2007, 224, come se fosse parte integrante del frammento: purtroppo D'Avella non impiega il Vatopediano, ma solo i codici contenenti anche il *De signis*, e omette di precisare che, fra questi ultimi, la *subscriptio* è solo nel Marciano e nei suoi *descripti* (manca cioè, con tutto l'estratto sui venti, nel *Vat. Gr.* 2231 [prima metà del XIV sec.], che per il *De signis* è un sub-ramo a sé, indipendente dal Marciano: cf. Sider–Brunschön 2007, 46). Non possiamo essere certi, a rigore, che si trovasse in P. Ma la sua presenza nel Vatopediano è un forte elemento a favore.

86 Güngerich 1958², XLIIIs.; Marcotte 2000, XXXVIII. Ma sempre utile è Wescher 1874, XXIs. Tutto induce a riconoscere in Dionigi di Bisanzio – noto e sfruttato ancora dal conterraneo Stefano – un autore attivo prima della (parziale) distruzione di Bisanzio a opera di Settimio Severo (196 d.C.); cf. anche *infra*.

87 Diller 1952, 112s.; cf. anche Marcotte 2000, XXXIIs. e 2014b, 183.

88 Marcotte 2000, XXXI; cf. anche Casson 1989, 6s. (fra 40 e 70 d.C., sulla base di Malichas, re dei Nabatei, menzionato in [Arr.] *Erythr.* 19 e identificato con Malichus II); Groom 1995; Bongrani Fanfoni 1997; Belfiore 2013. Si vedano anche i saggi raccolti in Bussac *et al.* 2012.

nistiche, se non addirittura classiche: il caso è più che mai aperto, e l'esilità del testo rende ardue le indagini stilometriche[89].

All'indietro, dunque, il nostro *corpus* potrebbe risalire fino all'età ellenistica, o anche oltre, se fiduciosamente si crede al *pedigree* del cartaginese Annone. In avanti, esso potrebbe spingersi ben al di là del VI sec., che – se si accetta la datazione di [Arr.] *Eux.* proposta da Diller – andrebbe considerato solo il *terminus post quem*, non il *terminus ad quem*[90]. Ce n'è abbastanza per prospettare un *corpus* concresciuto in dieci o più secoli di tradizione geografica. Alcuni dati d'ordine "strutturale", tuttavia, possono favorire qualche passo avanti, permettendo fra l'altro di individuare chiarissimi e sintomatici tratti di comunanza fra "*corpus* A" e "*corpus* D".

Soffermiamoci sulla triade iniziale di P, formata da *hypotyposis* anonima, Agatemero, escerto anemologico "aristotelico". Dal punto di vista tematico e funzionale la triade mostra un'indubbia solidarietà: vi si concentrano i *generalia* geografici a più spiccata funzione introduttiva. Ma essi sembrano accomunati anche da una certa, diciamo così, gestione degli aspetti "autoriali". In un *corpus* geografico che esibisce tante *auctoritates* pseudoepigrafiche (su ciò fra un attimo), lo stesso anonimato dell'iniziale *hypotyposis* è un dato vistoso su cui riflettere: il compilatore non ha voluto fingere, intitolando ad autorità passate la propria raccolta d'appunti, né ha cercato proemi autorevoli presso geografi canonici; egli ha voluto solo fornire un testo scolasticamente nozionistico, scolasticamente ordinato; anche delle sue fonti – *in primis* Strabone e Tolemeo, poi Marciano – egli ha taciuto sistematicamente i nomi: il trattatello è puramente "impersonale", e puramente "di servizio"[91]. Significativo che segua Agatemero, scelto evidentemente per il suo carattere di comoda *summa*: *summa* non solo di nomenclature e *stadiasmoí*, ma anche di storia della geografia[92]; e Agatemero – totalmente ignoto per altre vie, e privo finanche di un etnico – non risulta *auctoritas* insigne, individuata sulla base del suo prestigio: anch'esso, evidentemente, ha un primario scopo "di servizio". Peraltro, l'autore dell'*hypotyposis* anonima pare conoscerlo, e ta-

---

89 Cf. in sintesi Marcotte 2000, XXV. Fra i lavori d'insieme più completi sono ancora importanti Aly 1927, 324–328 e Blomqvist 1979. Una recente messa a punto – con ricca bibliografia – in González Ponce 2011. Beninteso, i dubbi di una falsificazione tardiva – nata come pura esercitazione retorica – sono tutt'altro che fugati: cf. *infra*, n. 97.

90 Invece si parla spesso, piuttosto spontaneamente, di un opuscolo di VI sec.: cf. da ultimo Podossinov 2011. Così, pur con maggior prudenza, Ronconi 2007, 55.

91 La sobria scrittura, intonata alla massima asciuttezza tecnica, non permette – ci pare – datazioni su base stilistica; né le permettono i *realia* geografici presupposti dall'autore. Osserviamo *en passant* che per l'anonimo è dottrina dei παλαιοί (*GGM* 2.495) l'unificazione, in un solo continente, di Europa e Africa: idea che pare piuttosto di età romana e imperiale (cf. Müller 1861, 495).

92 È, nel suo esordio, uno dei più compiuti e insieme sintetici esempi del "canone dei geografi", sulle cui forme e funzioni si veda Nicolai 1986.

citamente aggiornarlo[93]; e forse dal titolo di Agatemero ha tratto il proprio, tutt'altro che usuale[94]. Considerazioni analoghe valgono per lo (Pseudo-) Aristotele che chiude la triade: testo autorevole, certo, ma soprattutto testo giovevole quale *vademecum* terminologico; anch'esso pare sistemato qui per la sua utilità più che per la sua "autorità". Si noti peraltro il sensato ordinamento: prima l'esaustiva, aggiornata e (relativamente) lunga *hypotyposis* anonima; poi il più datato e più breve Agatemero, che tuttavia integra dati importanti, anche di ordine storico-dossografico; infine, la schedina anemologica. L'*accessus* è autonomo, e costituisce davvero un "*corpus* nel *corpus*"; si può pensare che esso sia stato costruito *ad hoc* per introdurre tutto il blocco geografico di P; ma si può anche pensare che sia stato ereditato da P, e ivi rifunzionalizzato quale ideale proemio; il fatto che esso incorpori un testo come Agatemero, evidentemente raro, e troppo breve per aver goduto a lungo di una circolazione autonoma, può orientare preferibilmente alla seconda possibilità. Certo, lo stesso anonimato della prima *hypotyposis* la dice nata a una con questa serie proemiale, senza che si debba scegliere fra i due scenari possibili: creazione di IX sec., o anteriore (e comunque posteriore a Marciano).

Quanto a gestione di *authorship* e ostentazione di *auctoritas*, il quadro cambia totalmente con la sezione periplografica. Anch'essa è compatta per tema e genere, e anch'essa – nel suo insieme – razionalmente ordinata: si va dal Bosforo (Dion. Byz.) al Ponto Eusino ([Arr.] *Eux.*, Arr. *Eux.*), poi al Mar Rosso ([Arr.] *Erythr.*) e alle coste africane (Hanno *Peripl.*), in un moto circolare destrorso ovest-est, nord-sud. Ma qui tutte le "autorità" radunate – reali o putative – sono in genere gloriose per autorevolezza (Arriano) o per supposta antichità ed esibita titolatura (Annone, «re di Cartagine»). Di contro a una prima sezione in cui si predilige il modesto anonimato (*hypotyposis* proemiale) o si trasceglie un testo in quanto utile per scopi didattico-propedeutici (Agatemero, senza etnico alcuno, ed estratto anemologico "aristotelico"), qui la volontà di raccogliere autorità o rarità d'effetto appare prioritaria, e

---

93 Si paragonino Agath. 3 (ὅροι ἠπείρων· Εὐρώπης μὲν καὶ Λιβύης αἱ Ἡρακλέους στῆλαι· Λιβύης δὲ καὶ Ἀσίας ὁ Νεῖλος, οἱ δὲ ἰσθμὸν τὸν ἀπὸ Σερβωνίδος λίμνης καὶ Ἀραβίου κόλπου· Ἀσίας δὲ καὶ Εὐρώπης οἱ μὲν ἀρχαῖοι Φᾶσιν ποταμὸν καὶ τὸν ἕως Κασπίας ἰσθμόν, οἱ δὲ ὕστερον νεώτεροι Μαιῶτιν λίμνην καὶ Τάναϊν ποταμὸν) e l'*hypotyposis* anonima, *GGM* 2.494s. (καί εἰσιν ὅροι τῶν ἠπείρων, τῆς μὲν Εὐρώπης πρὸς τὴν Λιβύην Στῆλαι τε καὶ πορθμὸς Ἡράκλειος, δι' οὗ ἡ καθ' ἡμᾶς εἰσχεῖται θάλασσα· τῆς δὲ Ἀσίας πρὸς τὴν Εὐρώπην ἰσθμός, ὃς ἀπὸ τοῦ μυχοῦ τῆς Μαιώτιδος λίμνης ἐπὶ τὴν πρὸς ἄρκτους θάλασσαν διήκει· διαρρεῖ δὲ τὸν ἰσθμὸν τοῦτον ποταμὸς Τάναϊς. χωρίζεται δὲ καὶ ἡ Ἀσία τῆς Λιβύης ἰσθμῷ πάλιν στενῷ· τοῦτον δὲ ἡ ἀπὸ τῆς κατὰ τὸ Πηλούσιον θαλάσσης ἐπὶ τὸν μυχὸν ἀνιοῦσα τοῦ Ἀραβίου κόλπου γραμμή).

94 È quanto ritiene Diller 1975b, 72 = 1983, 82, che – come abbiamo ricordato – collocava l'opuscolo nel IX sec.: cf. *supra*, n. 81. Sull'atipico termine cf. Marcotte 2000, XXXIX; ulteriori dati in Leroy 2018.

la pseudoepigrafia sembra elevata a cifra dominante della serie[95]. Senz'altro pseudo-arrianei, come sappiamo, sono *Eux.* ed *Erythr.*[96]. Di *authorship* almeno dubbia, per essere bonari, è il misterioso ed esotico Annone[97]. Di attribuzione autorevole ma insostenibile è naturalmente – come abbiamo accennato e vedremo nei dettagli – il nostro "Filone"[98]. Bene ricordare che la pseudoepigrafia è una cifra dominante anche nel "*corpus D*" o "*corpus di Marciano*" del *Par. Suppl. Gr.* 443. Esso, quando integro, comprendeva al principio le due epitomi marcianee di Artemidoro e Menippo, entrambe poste ambiguamente sotto il nome dei rispettivi autori; una mossa di cui Marciano si vanta, e che gli consente di evitare la taccia di plagiario, ma gli fa guadagnare d'ufficio quella di falsario, o almeno ce lo mostra quale promotore di un'ambigua pseudo-attribuzione (Marc. *Men. Peripl.* 4 [*GGM* 1.567])[99]:

τὴν ἔκδοσιν τῶν τριῶν βιβλίων ἐποιησάμην, οὐκ ἀφελόμενος τῆς προσηγορίας τὸν πατέρα τούτων, οὐδὲ εἰς ἐμαυτὸν μεταστήσας τοὺς ἀλλοτρίους πόνους, ὥσπερ οὐδὲ τοῦ πᾶσι πεφροντισμένως ἐπεξελθόντος Ἀρτεμιδώρου, ἀλλὰ τὰς μὲν ἐκείνων προσηγορίας ἐπιγράψας τοῖς βιβλίοις, ὡς ἂν μηδὲν εἰς τοὺς λογίους ἁμαρτάνειν δοκοίην θεούς, τὰς δὲ τούτων ἐπιτομὰς καὶ διορθώσεις τῶν ἐμαυτοῦ ποιησάμενος πόνων ἐναργὲς γνώρισμα, ὥστε τοὺς ἐντυγχάνοντας μηδὲν μήτε τῶν παρ' ἐκείνων συγγραφέντων, μήτε τῶν παρ' ἡμῶν προστεθέντων ἢ διορθώσεως ἐπιμελοῦς ἀξιωθέντων ἀγνοῆσαι.

Ho realizzato l'edizione dei tre libri [*scil.* del *Periplo* menippeo] senza negare la menzione nominale al loro autore, e senza attribuire a me stesso le fatiche altrui, come non l'ho fatto per il sempre accurato Artemidoro; anzi, a loro ho intestato i libri, per non macchiarmi di colpa alcuna agli occhi degli dèi patroni della cultura; ho invece fatto sì che la mia opera di epitomazione e revisione del loro lavoro costituisse un chiaro

---

95 Il primo a osservare questo macroscopico dato fu l'anonimo commentatore (XV sec.?) che postillò il manoscritto, denunciando la natura pseudoepigrafica di [Plut.] *Fluv.* (f. 157r) e respingendo, *ad abundantiam*, anche la paternità arrianea di *Cyn.* (cf. *supra*, n. 72); si veda Diller 1952, 9s. Su P come collezione di falsi insiste particolarmente – con più di un eccesso – Musso 1976.
96 In passato non sono mancati dubbi nemmeno sull'autentico Arr. *Eux.* (cf. *e.g.* Marenghi 1958, 9–23, con ampia sintesi del dibattito); i dubbi sono oggi accantonati.
97 Nonostante la *vulgata* critica odierna, per lo più benevola o conciliante (cf. *supra* e n. 89), restano di una certa forza alcuni argomenti del brillante Germain 1957, che attribuiva l'opuscoletto a una tarda e svagata esercitazione, in gran parte debitrice di Erodoto; e si impone comunque, nella sua vistosità, un dato: siamo di fronte a un testo che si autopresenta quale traduzione greca di un non meglio precisato – ma pomposamente presentato – «Annone re di Cartagine» (ΑΝΝΩΝΟΣ ΚΑΡΧΗΔΟΝΙΩΝ ΒΑΣΙΛΕΩΣ); la volontà di esibire un'*auctoritas* di peso è plateale.
98 E c'è da dubitare anche – si sottolineerà a breve – di Dion. Byz.
99 Sui fuorvianti esiti di questa mossa pseudoepigrafica, candidamente teorizzata (e praticata!) da Marciano, cf. Canfora *et al.* 2008, 83–86; Canfora 2010, 79–101. Ne attenua o fraintende gli effetti Belfiore 2011, 167.

## 3. Lo Pseudo-Filone tra i geografi. Antiche sorti di un oscuro opuscolo 27

segno del mio contributo, di modo che i lettori non ignorassero né quel che hanno scritto loro, né quel che io ho aggiunto o ritenuto di dover attentamente rivedere.

Dopo un Artemidoro quasi Pseudo- (cioè un Artemidoro epitomato, ma chiamato *tout court* "Artemidoro")[100] e un Menippo quasi Pseudo- a sua volta (per analoghe ragioni), seguono, nel "*corpus* D", altri pseudoepigrafi sicuri come lo Pseudo-Scilace[101] e l'*Anagraphé* della Grecia attribuita a Dicearco, certo a partire dalla dedica iniziale a un "Teofrasto"[102]. Si noti che lo Pseudo-Scilace del "*corpus* D" è preceduto, nel *Par. Suppl. Gr.* 443, da un paratesto – a volte detto impropriamente "scolio" – che magnifica l'antichità dell'autore e di fatto motiva l'attribuzione[103]: segno che la pseudoepigrafia dominante nel *corpus* di Marciano non fu evento accidentale, ma procedura a qualche titolo meditata.

Questa propensione per la pseudoepigrafia – o diciamo, più bonariamente, per l'attribuzione azzardata ad autorità illustri – accomuna in maniera evidente il "*corpus* D" e la sezione periplografica del "*corpus* A". A proposito di quest'ultima, sia consentita almeno un'osservazione sul periplo di Dion. Byz. che la apre. Motivi per parlare espressamente di falsa attribuzione qui non si danno, e – per quanto ne sappiamo – Dionigi di Bisanzio può essere fededegno intestatario del periplo a lui attribuito; ma il più importante testimone indiretto moderno del suo Ἀνάπλους Βοσπόρου, cioè Pierre Gilles (Petrus Gillius, 1490–1555), autore del *De topographia Constantinopoleos et de illius antiquitatibus*, che conobbe e sfruttò un manoscritto oggi perduto,

---

100 Sulla greve operazione di scorciamento e aggiornamento compiuta da Marciano, e sulla probabile fisionomia dell'Artemidoro autentico, è fondamentale Schiano 2010, 27–33 e *passim*.
101 Su cui vd. Shipley 2017; Brillante 2020 (entrambi con ampia bibliografia anteriore); essenziale ma utile Shipley 2011, 13–23. Cf. inoltre, fra i contributi più recenti, Matijašić 2016.
102 Cf. Müller 1855, LII; Marcotte 2000, XXVIII; Verhasselt 2018, 43s. Sul centone in cui consiste l'opuscolo, e sulle sue ormai riconosciute fonti (denunciate, *inter alia*, da un acrostico nella sezione metrica), cf. Müller 1855, LI–LIII; Diller 1952, 20; Marcotte 2000, XXVIII–XXX; Arenz 2006; Verhasselt 2018, 41–44. Solo per il cosiddetto "Pseudo-Scimno" non si può imputare al "*corpus* D" l'ascrizione pseudoepigrafica: la denominazione, come si sa, è moderna, e dovuta a un'ipotesi di Holste (Scimno), poi smentita da Meineke (donde l'aggiunto Pseudo-); ma nel *Par. Suppl. Gr.* 443 il poemetto è mutilo e non sappiamo come ne trattasse l'attribuzione il suo più antico "editore": cf. Marcotte 2000, 1s.; e ora Korenjak 2011.
103 Per il testo cf. Müller 1855, XXXIII; si veda ora Belfiore 2011, 271. Lo si attribuisce volentieri – non immotivatamente – allo stesso Marciano: cf. *e.g.* Diller 1952, 46; Marcotte 1986, 166; Counillon 2004, 24s.; Belfiore, *l.c.*; Shipley 2011, 4; Matijašić 2016, 12s.; Brillante 2020, 190–192 (eccessivo, tuttavia, parlare *tout court* di Marciano quale responsabile dell'operazione pseudoepigrafica).

ma senz'altro diverso dalla linea del Palatino e del Vatopediano[104], leggeva un "Dionigi di Bisanzio" anonimo, o almeno genericamente designato (solo "Dionigi"?), al punto che egli doveva pervenire di testa propria, sulla base di una citazione in Stefano di Bisanzio, a identificare il suo "Dionigi" – o il suo anonimo – con "Dionigi di Bisanzio"[105]; è un indizio chiaro del fatto che un'attribuzione esplicita e univoca doveva essere proposta solo nel ramo di tradizione cui appartiene il "*corpus* A"[106]. Attribuzione sensata e fondata? Poco importa: qui importa solo mettere in evidenza la singolare smania attributiva che sembra caratterizzare, in maniera strutturale, ampie parti del "*corpus* A", come peraltro del "*corpus* D".

E questo ci offre il destro per sottolineare un ulteriore elemento di comunanza fra i due *corpora* geografici; un elemento al quale non è stata riservata, per quanto ci consta, alcuna attenzione. Quasi tutti i fin qui menzionati pseudoepigrafi – o, se preferiamo, le incaute attribuzioni di cui P e il *Par. Suppl. Gr.* 443 sono portatori – rispondono a una marcata predilezione campanilistica[107]. È facile notare, tanto nel "*corpus* D", quanto nel *syntagma* periplografico di P, una decisa preferenza per autori dell'area pontico-bosporitana, bitinica e bizantina, e/o a quell'area interessati. Ciò vale, nel "*corpus* D", per Menippo (di Pergamo) compendiato da Marciano (di Eraclea Pontica)[108], per il medesimo Marciano del *Periplo del Mare Esterno*, e per lo Pseudo-Scimno, autore di un periplo non solo indirizzato a Nicomede di Bitinia[109], ma anche generoso di informazioni su quella precisa area dell'ecumene; vale ancor più vistosamente, nella sezione periplografica di P, per il testé ricordato Dionigi, detto "di Bisanzio", e dedito alle meraviglie del Bosforo, ma anche – ovviamente – per Arriano di Nicomedia (bitinio, governatore in Cappadocia, e dedito *inter alia* al Ponto Eusino[110]), e per Strabone di Ama-

---

104 Per Gilles e per il suo ruolo nella ricostruzione del periplo dionigiano cf. Müller 1861, I–XIV; Jacoby 1928; Diller 1952, 32–34; Güngerich 1958², VI–XXVII e *passim*; Marcotte 2000, XXXVIII e CVIs.
105 L'acuta osservazione è di Müller 1861, IV, e non ci pare che essa sia stata valorizzata quanto merita.
106 E proprio da quel *corpus* o da una sua forma embrionale potrebbe dipendere, non dimentichiamolo, Stefano di Bisanzio, che mostra una così ampia conoscenza delle raccolte "A" e "D". In tal caso l'attribuzione di Gilles si fonderebbe su una sostanziale petizione di principio. Ma tralasciamo qui la pur interessante questione.
107 Che "localismo" e pseudoepigrafia vadano spesso insieme è ben noto, ed era noto anche ai critici antichi, a partire da Alessandria: cf. *e.g.* Virgilio 1980.
108 Nel *Periplo* di Menippo, peraltro, l'area del Ponto e del Bosforo era oggetto di una sorta di "periplo nel periplo", come testimonia Marciano (*Epit. Per. Men.* 6), e comunque la zona costituiva inizio e fine della descrizione (antioraria) fornita dal Pergameno: cf. Belfiore 2011, 29s.
109 Il dedicatario è probabilmente Nicomede III: cf. Marcotte 2000, 3–16.
110 Se poi identifichiamo Marciano con il dotto che Sinesio conosceva anche come *corrector* della Cappadocia (*Epist.* 119 Garzya: cf. *supra*, n. 70), il nesso fra Marciano e

sea. In questa cernita di campioni epicorici trova il suo degno posto, va da sé, il nostro supposto "Filone", supposto "di Bisanzio".

In sintesi, i geografi minori dei due *corpora* "A" e "D" risultano apparentati, in lungo e in largo, da almeno tre caratteristiche: sono testi preferibilmente attribuiti ad autorità canoniche o almeno ad autorità antiche e di indubbia rarità; sono testi attribuiti, con buona dose di leggerezza, ad autori precisi; sono testi attribuiti preferibilmente ad autori di area pontica e luoghi circonvicini. Ce n'è abbastanza, ci sembra, per immaginare un fondo librario relativamente coerente, sorto per impulso, o nella cerchia, o fra gli allievi e i prosecutori, di un geografo pontico come Marciano, e messo a frutto da un geografo bizantino come Stefano, che peraltro da Marciano potrebbe non distare troppo per cronologia e ambiente[111], e che certo con Marciano si accorda per gusti e fonti, ivi compreso l'accesso a rarità librarie bizantine[112]. Dettagliare gli scenari che si potrebbero prospettare entro questo ampio quadro, o azzardare ipotesi ulteriori, ci pare impossibile: certo, il "*corpus* D" e il "*corpus* A" – e in particolare il "blocco" codicologico costituito dai ff. 11r–59v di P – mostrano notevoli marche di parentela.

Soffermiamoci su un altro elemento. Nel "*corpus* A", come sappiamo, c'è un intruso: Arr. *Cyn.*, insinuato fra [Arr.] *Eux.* e Arr. *Eux.* Questo dato, se rende molto arduo ipotizzare una raccolta di peripli confezionata dallo stesso Arriano[113], è una prova fra le migliori del carattere ereditario di questa sezione, evidentemente arrivata già pronta a P, e in P travasata come tale. Caratterizzano tale sezione, come abbiamo ricordato, anche le sottoscrizioni relative ad antiche *diorthoseis*, cui si può aggiungere proprio la *subscriptio* che chiude il *Cinegetico* arrianeo (f. 30r: πλήρης ὁ Ἀρριανοῦ Κυνηγετικός[114]) e il *pinax* che lo precede (ff. 17r–v, anch'esso un *unicum* fra i paratesti del codice). Come abbiamo visto, l'ipotesi di un abbinamento meccanico di Arr. *Cyn.* e Arr. *Eux.*, riprodotto come tale da P o dai suoi esemplari, non ha salde basi, perché Arr. *Cyn.* e Arr. *Eux.* fanno coppia fissa,

---

Arriano apparirebbe ancora più stretto. In generale sulla geografia pontica, e sui suoi sviluppi in età romana, è utile Olshausen 2016.
111 Cf. Diller 1952, 46.
112 Come abbiamo ricordato, Stefano di Bisanzio conobbe e mise a frutto – oltre a Marciano e al suo "*corpus* D" – l'altrimenti dimenticato Dionigi di Bisanzio (St. Byz. *s.v.* Χρυσόπολις, pp. 697s. Meineke = χ 59 Billerbeck–Neumann-Hartmann = Dion. Byz. 109, p. 33 Güngerich); cf. Diller 1952, 46 n. 110.
113 Cf. *supra* e n. 76. Dovremmo pensare o a un'incongrua scelta dello stesso Arriano (il che pare da escludere totalmente), o a una successiva intrusione sulla base della mera paternità arrianea (così pensava ad es. Wescher 1874, XVIII): ma quale zelante o divagante interpolatore si sarebbe preso la briga di cercare e includere un'operetta di nessuna pertinenza in un *corpus* di peripli arrianei già costituito?
114 Così *ante correctionem*: una mano recente, di XV sec., ha sovrascritto Ξενοφῶντος Ἀθηναίου τοῦ δευτέρου, qui come nella titolatura incipitaria dell'opera (f. 18r; cf. Diller 1952, 10; Roos–Wirth 1968, 12; Marcotte 2000, XCVIII).

in tradizione, solo dopo P e in conseguenza di P (cf. *supra*, n. 72). Certo, si potrebbe osservare che all'operetta non sono del tutto estranei interessi *lato sensu* geografici[115], ma questo basterà a fatica per spiegare un genuino interesse da parte di collezionisti di peripli. Ci si può chiedere, allora, se l'Arriano del *Cinegetico* – lungi dall'essere un intruso – non appartenga al nucleo più antico del nostro *corpus*, nel quale egli rappresenterebbe una sorta di "superstite". Come abbiamo visto, una forte attenzione per scrittori dell'area pontica e bitinica caratterizza gran parte dei *corpora* "A" e "D"; si potrebbe forse ipotizzare un originario nucleo di scritti arrianei – comprensivo di una probabile rarità fra le rarità, come il *Cinegetico*[116] – intorno al quale sia successivamente concresciuto un *corpus* periplografico. O si potrebbe pensare a un solidale abbinamento (compattato in un unico rotolo?) di due opere arrianee minori, destinate quindi a saldarsi nella tradizione successiva. In ogni caso, la presenza del *Cinegetico* – decisamente fuori tema – rinforza l'ipotesi di un movente campanilistico all'origine del "fondo" librario riflesso in questa sezione del "*corpus* A".

Un problema a parte – e un punto capitale per tutta la questione cronologica – è costituito da [Arr.] *Eux.*: un testo che di fatto duplica l'autentico Arr. *Eux.*, e che unanimemente si considera il più recente della serie. La sua presenza può dirci qualcosa sul periodo entro il quale si può sommariamente datare la costituzione del nostro corpuscolo? Sarà bene interrogarsi, innanzitutto, sulle ragioni che inducono a riconoscere in [Arr.] *Eux.* un testo seriore, e dunque fanno preferibilmente ipotizzare un *corpus* "aperto", e ancora ricettivo, ben oltre l'età di Marciano, potenzialmente fino al IX sec. d.C., età di P[117]. Ci limiteremo qui ad alcuni accenni per un tema che meriterebbe ben altro spazio.

Sul piano delle fonti, innanzitutto, qualche punto può dirsi assodato: l'autore di [Arr.] *Eux.* conosce a menadito Arriano e il *Periplo di Menippo*, e ricorre anche a Pseudo-Scimno e Pseudo-Dicearco, inclusi nel "*corpus*

---

115 Essa nasce espressamente per integrare, in prospettiva "planetaria", la visione ellenocentrica dell'illustre predecessore, Senofonte, che non conobbe né cani celtici né cavalli scitici e libici; è il concetto su cui Arriano, "Senofonte *alter*" (cf. ad es. Marenghi 1958, 13–15; Stadter 1967 e 1976), insiste all'esordio del suo scritto (§§ 1.1–2.1).

116 Ricordiamo che P ne è *testis unicus*. Come si sa, anche la folta tradizione dell'*Anabasi* è riducibile – per drastica *eliminatio descriptorum* – a un solo testimone (cf. Roos–Wirth 1967, V–XI), in tal caso di fine XII–inizio XIII sec. (*Vindob. Hist. Gr.* 4 [*olim* 14]). È chiaro che la sopravvivenza di tutto l'Arriano a noi giunto è stata appesa a un filo.

117 Ronconi 2007, 50 pensa al VI sec., la data (più alta) supponibile per la genesi della compilazione: cf. *supra.* Marcotte 2000, CXXXII–CXXXV, pensa invece a un'inclusione pressoché concomitante con il confezionamento di P: cf. *supra.*

D" di Marciano¹¹⁸. In questo centone di fonti («a compilation, or rather a tessellation»¹¹⁹) il modello principale rimane senz'altro l'autentico Arriano (Arr. *Eux.*), che l'autore segue pedissequamente anche quando dati più precisi o completi dovrebbero indurlo a correggerne gli errori; ma un modello strutturale vistoso è anche Menippo¹²⁰. Che fra gli ipotesti certi del trattatello si registrino ben tre autori "editi" da Marciano (Menippo, Pseudo-Scimno, Pseudo-Dicearco) induce a postulare una genesi post-marcianea: su ciò, dopo Diller, si concorda¹²¹. Si noti, tuttavia, che non esistono argomenti per negare *a priori* una conoscenza di Pseudo-Scimno e Pseudo-Dicearco del tutto indipendente dal "*corpus* D"¹²²; e che non c'è prova sicura nemmeno di un ricorso a Menippo *via* Marciano, ciò che fornirebbe almeno una salda cronologia relativa: ma gli specifici contributi a Menippo dell'epitomatore-revisore Marciano non sono chiaramente discernibili, né sembrano cospicui¹²³. Anche Menippo – senz'altro anteriore ad Arriano, e da Arriano sfruttato – può essere stato a disposizione dell'anonimo a prescindere dalla riedizione marcianea.

Non sembrano del tutto dirimenti nemmeno i dati ricavabili dai *realia* geografici dell'opuscolo. Il fatto che molti dei suoi espliciti aggiornamenti (i «νῦν names» o «νῦν data», come li chiama Diller) trovino rispondenza in autori di VI sec., e specialmente in Procopio, non significa che l'autore di [Arr.] *Eux.* sia contemporaneo o successivo a Procopio: significa solo che entrambi presuppongono un analogo quadro geografico e geopolitico. A ben vedere, nessuno dei «νῦν data» valorizzati da Diller restituisce con certezza un *terminus post quem* assoluto di VI sec.¹²⁴; non solo: alcune delle sincro-

---

118 Cf. già Müller 1855, CXVIs., e quindi Roos–Wirth 1968, XVI e XVIII; Diller 1952, 102–109; Marcotte 2000, XXXII–XXXIV. Per un quadro sistematico delle fonti è di qualche utilità Podossinov 2011.
119 Così, giustamente, lo definisce Diller 1952, 102. Il primo a riconoscere il lavoro di *bricolage* compiuto dall'anonimo fu Holste: cf. Boissonade 1817, 43–46, 65s., con l'ulteriore sinossi dei contributi holsteniani fornita da Diller 1952, 54–58; cf. anche *infra*, § 7.
120 Su questo punto cf. specialmente Diller 1952, 103–105.
121 Cf. *e.g.* Marcotte 2000, XXXII.
122 Sui localizzati ricorsi a queste fonti, e specie allo Pseudo-Scimno, si vedano Müller 1855, CXVII, e soprattutto Diller 1952, 107–109.
123 Cf. Diller 1952, 149.
124 Non le menzioni delle città di Acra, Sozopolis, Sosthenes, Cherson, del λιμήν Σουσάρμενα, del fiume «ora chiamato» Βρούχων, del vento Tanaites, o la doppia denominazione del Boristene-Danapris (Diller 1952, 110s.). Non dà termini cronologici assoluti nemmeno l'identificazione di Colchi e Lazi, che secondo Diller 1952, 111 presuppone la guerra lazica iniziata nel 541 d.C. A dire il vero, non si vede perché: ovviamente l'invasione di Cosroe I impose all'attenzione degli storici coevi e successivi la Λαζική e la "questione lazica", ma i Lazi sono noti come abitanti della Colchide fin da Ptol. *Geogr.* 5.10.5 (cf. poi St. Byz. *s.v.* Λαζοί, p. 406 Meineke = λ 16 Billerbeck, che dipende dall'autentico Arr. *Eux.* 18.4); si aggiunga che l'autore

nie stabilite in proprio dall'autore di *Eux*. rimandano all'età di Arriano, e questi νῦν aggiunti alla sua principale fonte possono far dedurre – ammette lo stesso Diller (1952, 109) – «that the data from Arr. were still true of his own time, and it would imply that he lived not long after Arr.». Lo studioso ha buon gioco nell'avvisare che questi specifici «νῦν data» possono essere anacronismi imputabili a un uso meccanico delle fonti; ciò è in astratto plausibile, ma un fatto rimane: nessuno dei *realia* geografici presupposti dallo Pseudo-Arriano dà incrollabili certezze cronologiche, e peraltro non si può escludere che singoli «νῦν names» e «νῦν data» derivino da sporadici ritocchi successivi alla prima stesura del trattato.

Si dovrà essere molto cauti, insomma, nell'assegnare [Arr.] *Eux*. al VI sec. o a un'età successiva. Questa è un'eventualità – plausibile – ma non una certezza assodata, quale si tende per lo più a considerarla. In un'età anteriore a Marciano, o fra Marciano e Stefano di Bisanzio, l'opuscolo pseudo-arrianeo poteva senz'altro essere in circolazione. E non dimentichiamo che «ce périple n'est pas anonyme: il s'agit d'un *pseudoepigraphon*», come ha ben scritto Marcotte (2000, XXXII). È esplicita, cioè, da parte del suo autore, la volontà di presentare l'opuscolo come arrianeo, fin dalla sua prima riga, tolta di peso all'Arriano autentico: αὐτοκράτορι Καίσαρι Τραϊανῷ Ἀδριανῷ Σεβαστῷ Ἀρριανός ([Arr.] *Eux*. 8r17 [p. 118 Diller] = Arr. *Eux* 1). «The retention of Arrian's name and salutation must be regarded as a deception intended to enhance the value of the work», ritiene Diller (1952, 138). Più che possibile, se non probabile; anche se non va esclusa del tutto un'altra eventualità: potremmo anche trovarci di fronte a una gestione piuttosto disinvolta dell'*authorship* arrianea, non diversa da quella che attuò Marciano nei confronti di Artemidoro e Menippo (cf. *supra*); e in tal caso l'intestazione potrebbe appartenere a chi ha felicemente riconosciuto per arrianea l'operetta, e ne ha voluto aggiornare dettagli e paratesti. Ma a prescindere dalle motivazioni – candide o truffaldine – dello Pseudo-Arriano così come noi lo leggiamo, è chiaro che una marca di paternità così esibita poteva costituire un titolo più che sufficiente per l'inclusione dell'opuscolo in una collezione

---

di *Eux*. non conosce località strategiche della Lazica ben note, invece, a Procopio e a scrittori successivi, a partire dalla fortezza di Petra, che fu il *casus belli* del ventennale conflitto (lo riconosce Diller 1952, 113, che tuttavia nega si possa trarre un *terminus ante quem* dalle semplici omissioni; il che è in astratto condivisibile: e tuttavia questa specifica omissione diviene problematica se si vuol ricavare per forza, dalla menzione dei Lazi, uno scenario di pieno VI sec.). Non è più illuminante, sotto il profilo cronologico, la menzione del Βαγᾶ κάστρον sulla costa caucasica, non lontano da Nicopsis ([Arr.] *Eux*. 10r5, p. 109 Diller). Diller 1952, 112, mette in relazione il toponimo con il Βώχανος (Bogha-kahn?) che guidò l'invasione turca della Crimea nel 576 d.C. Si vede bene quanto ciò sia incerto. Ancor meno dirimente il fatto che il nostro autore usi la *ratio* $7^{1/2}$ : 1 per il rapporto fra stadi e miglia. Essa è tipicamente bizantina (Diller 1952, 106), ma in uso almeno dal II sec. d.C., come lo stesso Diller ammette: cf. Lehmann-Haupt 1929, 1946s.

di illustri scrittori pontico-bizantini. È dunque legittimo ipotizzare che l'attribuzione ad Arriano non sia un posteriore effetto, ma una causa preliminare – o la causa principale – per l'inclusione dell'opuscolo nel nostro *corpus*[125].

Fin qui, dunque, abbiamo intravisto – a monte dei *corpora* "A" e "D" – i contorni di una collezione libraria costituita preferibilmente da illustri o rari autori di peripli, preferibilmente di area pontico-bosporitana, frutto e/o oggetto di un'attività attributiva per lo meno disinvolta, che – certo alimentata dal campanilismo – favorì la credula ricezione, se non la deliberata creazione, di pseudoepigrafi.

E il nostro Pseudo-Filone, in tutto questo? Gli studiosi dei geografi minori tendono per lo più a ignorarlo e ad astenersi da specifiche ipotesi circa i suoi rapporti con il "*corpus* A"; oppure lo considerano un tardivo intruso, spiegabile sulla base degli interessi paradossografici di chi confezionò P[126]. Quest'ultima possibilità appare a prima vista la più sensata, ma è senz'altro la meno probabile: se la presenza dello Pseudo-Filone andasse imputata al redattore ultimo di P, e alla sua indubbia passione per le raccolte di *mirabilia*, perché mai – stante il preciso "piano editoriale" che regola il codice – lo Pseudo-Filone sarebbe stato collocato fra il *corpus* periplografico e la Crestomazia straboniana? P, come sappiamo, comprende una compatta sezione deputata a paradossografi e taumatografi: se l'intrusione risalisse all'età (e al progetto) di P, è proprio lì che ci attenderemmo di trovare l'opuscolo[127]. La sua stessa posizione, dunque, parla a favore di una presenza ereditaria, certo anteriore al confezionamento di P. Ma quanto anteriore?

Come abbiamo visto, le prime righe del trattatello – di taglio *lato sensu* periplografico – ne rendono la collocazione tutt'altro che sorprendente. Come abbiamo ugualmente visto, la stessa attribuzione a un illustre autore di Bisanzio risponde a un movente che caratterizza una cospicua parte del "*corpus* A" (e del "*corpus* D"), e anche questo parla contro una tardiva e casuale addizione. Possiamo ora aggiungere che il tema della "meraviglia"

---

125 È interessante che preceda l'*incipit* pseudo-arrianeo una sorta di *pinax*, probabilmente imputabile a chi decise di includere l'opuscolo nella raccolta: Ἀρριανοῦ περίπλους Εὐξείνου Πόντου, ἑκατέρων τῶν ἠπείρων, τῶν τε παρὰ τὴν Ἀσίαν τῶν τε παρὰ τὴν Εὐρώπην τόπων, οὕτως· αʹ Βιθυνίας τῆς πρὸς τῷ Πόντῳ περίπλους· βʹ Παφλαγονίας περίπλους· γʹ Πόντων τῶν δύο περίπλους· δʹ τῶν ἐν τῇ Εὐρώπῃ μερῶν τοῦ Πόντου περίπλους· εʹ Θρᾴκης τῆς πρὸς τῷ Πόντῳ περίπλους.
126 Cf. per es. Marcotte 2000, XXI (senza ipotesi esplicite), XCV («la présence [...] de Philon dans la même section se laisse moins facilement justifier, mais, paradoxographique par nature, le traité *Sur les sept merveilles* avait vocation à trouver place dans le manuscrit»); Ronconi 2007, 55 (contempla ogni possibilità: prima, dopo o insieme ai testi geografici introduttivi del primo "blocco").
127 Specie se – con Diller 1954, *passim*, e in part. pp. 44–50 – si fa coincidere l'autore della *Crestomazia* con l'autore degli *scholia* A a Strabone, cioè Fozio, cioè il redattore finale di P. In tal caso la collocazione dello Pseudo-Filone sarebbe stata particolarmente incongrua.

– imperante nello Pseudo-Filone – contrassegna anche l'*incipit* dell'operetta su cui si apre l'intera serie del "*corpus* A", cioè l'Ἀνάπλους Βοσπόρου attribuito a Dionigi, anch'egli "di Bisanzio" (Dion. Byz. 1, p. 1 Güngerich):

> εἰ μόνην συνέβαινε τοῖς ἀναπλέουσιν εἰς τὸν Εὔξεινον Πόντον κατὰ τὸ καλούμενον αὐτοῦ Στόμα τερπνὴν ἅμα καὶ θαυμαστὴν εἶναι τὴν ὄψιν, δυσχερὴς ἦν ἄλλως ἐπὶ τοῖς ὁρωμένοις ὁ λόγος· ἀπείργαστο γὰρ δὴ τὸ σύμπαν ὑπὸ τῆς ὄψεως, ἀξιοθαύμαστον ἑαυτὴν παρεχομένης κτλ.

> Se, per chi risale via mare al Ponto Eusino attraverso la sua cosiddetta "Bocca", la visione da sola risultasse tanto piacevole quanto meravigliosa, sarebbe fastidioso aggiungere inutili parole a quel che si vede: farebbe tutto la vista, che si mostra spettacolare etc.[128]

Di lì a poche righe, Dionigi motiva la propria opera facendo appello alla polarità della "vista" (conoscenza autoptica) e dell'"udito" (resoconto indiretto):

> ἐπεὶ δ' οὐκ ἐλάττω παρέχεται τῆς ὄψεως τὴν ἀκρόασιν, ἀναγκαῖον ἔδοξέ μοι συγγράψαι περὶ τούτων, ὡς τοῖς μὲν ἰδοῦσι μηδὲν ἐνδέοι τῆς ὁλοκλήρου καὶ τελειοτάτης ἱστορίας, οἱ δὲ μὴ θεασάμενοι τὸ γοῦν ἀκηκοέναι περὶ αὐτῶν ἔχοιεν.

> E tuttavia, poiché [il luogo] offre materia d'ascolto non meno che di vista, mi è parso indispensabile scrivere di questi argomenti, cosicché a chi ha visto nulla mancasse di un completo ed esaustivo rendiconto, e a chi non ha visto fosse almeno possibile sentirne parlare.

È una polarità, come abbiamo accennato, centrale nel proemio dello Pseudo-Filone, che sull'autosufficiente potenza del λόγος fonda – come Dionigi – il senso della sua narrazione[129]. Insomma: se lo Pseudo-Filone appare un taumatografo non alieno da tratti periplografici, il suo supposto conterraneo Dionigi appare un periplografo non alieno da interessi taumatografici; se poi si osserva quanto spazio occupino, nelle sue pagine, i monumenti dell'area[130], tanto più stretti risulteranno i nessi fra i due "Bizantini" che rispetti-

---

128 Ma θαυμαστός, θαυμάσιος e consimili non mancano di punteggiare l'opera: cf. Dion. Byz. 9, p. 5 Güngherich, 15, p. 7 Güngerich, 109, p. 33 Güngerich, 111, p. 35 Güngerich.
129 Dionigi concede alla "vista" più di quanto faccia lo Pseudo-Filone. Tuttavia, nell'immediato seguito del suo proemio il λόγος finisce per identificarsi con la realtà fisica dell'area: Dion. Byz. 2, p. 1 Güngerich ἀρχὴ δέ – αὕτη τοῦ τε λόγου καὶ τῆς τῶν χωρίων φύσεως – πέλαγός ἐστιν ὁ Πόντος ὁ Εὔξεινος κτλ.
130 Monumenti – specie templi e luoghi di culto – menzionati con la stessa frequenza e precisione che spetta ai dettagli orografici o idrografici, al punto che l'autore sembra spesso, più che un geografo o periplografo, un periegeta animato da gusto artistico-antiquario: cf. *e.g.* Dion. Byz. 8–10, pp. 4s. Güngerich (altare di Atena, tempio di Poseidone), 12–14, pp. 5–7 Güngerich (*temenos* di Gea, templi di Demetra e Core,

## 3. Lo Pseudo-Filone tra i geografi. Antiche sorti di un oscuro opuscolo 35

vamente aprono e chiudono la raccolta. Stretti, e difficilmente casuali. Qui tutto principia con la "meraviglia", e sulla "meraviglia" tutto termina.

Proviamo a tirare le somme. Tanto per attribuzione (autorevolissima, "bizantina", e a dir poco azzardata), quanto per tema e contenuti, lo Pseudo-Filone apparirà tutt'altro che fuori posto, o tardivamente aggregato al "blocco" iniziale di P. Quest'ultimo è stato plausibilmente recepito da P così com'era: una collezione precostituita, complessivamente coerente, dove anche l'unico intruso – Arr. *Cyn.* – suggerisce il carattere ereditario del *syntagma*. Il "fondo" librario da cui questo fu tratto è stato costituito sulla base degli interessi e degli intenti che caratterizzano anche il "corpus D": taglio periplografico, spiccato campanilismo, singolare inclinazione alla pseudoepigrafia, o alla pacifica accoglienza di attribuzioni pseudoepigrafiche anteriori, ben poco verosimili, ma allettanti sotto il profilo culturale (e in prospettiva parrocchiale). Non c'è bisogno, naturalmente, di pensare a un "fondo" costituito unitariamente nella stessa epoca, magari quella – peraltro incerta – di Marciano, magari su impulso dello stesso Marciano; è possibile che questa collezione abbia inglobato e arricchito il *corpus* di Marciano. Quanto si ricava da [Arr.] *Eux.*, a ogni modo, non costringe affatto a pensare a un "fondo" aperto fino al IX sec., o preferibilmente chiuso fra VII e IX sec. d.C. Il "*corpus* A", Pseudo-Filone compreso, poteva benissimo essere chiuso – e costituito così come giunto fino a noi – entro il VI sec. d.C., o nello stesso VI sec. d.C.

Questo ipotetico quadro è ciò che possiamo ricavare, con tutta la cautela del caso, da una stratigrafia del "*corpus* A". Se non se ne trae un sicuro *terminus ante quem* per lo Pseudo-Filone, esso ci fornisce almeno un generale orientamento; e ci rassicura sul fatto che i suoi destini dovettero essere legati *ab origine* a quelli dei *corpora* "A" e "D". Dunque, lo Pseudo-Filone si trovò verosimilmente accasato, fin da subito, fra i geografi.

Forse all'autore dell'opuscolo ciò non sarebbe dispiaciuto. Certo è che, fin dal suo esordio, egli non manca di pagare il suo tributo ai modi e ai temi del genere "paradossografico"; un genere che del resto, con la "geografia", ha sempre condiviso molto, nonostante gli sforzi di emancipazione e autonomizzazione compiuti dalla geografia a più rigorosa impostazione scientifico-matematica[131]. In un certo senso, chi incluse lo Pseudo-Filone

---

Era e Plutone), 24, pp. 12s. Güngerich (altare della ninfa Semystra), 28, p. 14 Güngerich (altare dell'eroe Niceo), 32s., p. 15 Güngerich (tomba dell'eroe Ippostene), 41, p. 17 Güngerich (tempio di Tolemeo Filadelfo), 51, p. 21 Güngerich (*temenos* della Madre degli Dèi), 56, p. 23 Güngerich (tempio di Artemide Dictinna), 111, p. 35 Güngerich (*temenos* dell'eroe Eurosto) etc.

131 Per queste tensioni fra diverse forme e specialità del campo geografico antico, che ne segnano l'interna dialettica fin dalla piena età ellenistica, se non già dall'età classica, cf. ad es. Aujac 1966, 49–112; Corcella 1992; Jacob 1993; Dueck 2012, 20–98; Cataudella 2016; Bianchetti 2016; Geus 2016.

nel "*corpus* A" tornò a unire – implicitamente – ciò che altri avevano diviso. Anche se, "tra scienza e meraviglia"[132], il nostro Pseudo-Filone sembra inclinare decisamente verso il secondo polo.

Dopo questo lungo *détour* dedicato al contesto del nostro trattatello, inoltriamoci nel suo concreto testo. Questo consentirà forse di precisare, su base interna, quanto finora abbiamo cercato di desumere, o almeno di escludere, su base esterna.

## 4. Meravigliarsi e meravigliare: statuto e genere dell'opuscolo

Il nostro trattatello non cela affatto la propria affiliazione di genere. Anzi, fin dal proemio esso si presenta – o si autopresenta – come un prodotto retorico ascrivibile al genere dell'*ekphrasis*: ovvero, secondo la definizione antica, un «discorso descrittivo» finalizzato a «porre efficacemente dinanzi agli occhi l'oggetto mostrato»[133]. L'immagine degli "occhi dell'anima", non a caso, ricorre per ben due volte nella sezione introduttiva (*Pr.* 2.9 ὄμματα τῇ ψυχῇ προσδιδοῦσα, 2.14 τῇ ψυχῇ ... ἑώρακεν), dove è esplicitamente dichiarata la volontà di porre l'ascoltatore nelle condizioni di visualizzare mentalmente, per il tramite di un discorso efficace, tutto ciò che verrà descritto.

Sono invocate, subito dopo, alcune qualità che il discorso ecfrastico, a norma di manualistica, deve possedere: innanzitutto l'ἐνάργεια[134] (*Pr.* 3.14–17 ὃ δὲ λέγω φανήσεται πιστόν, ἐὰν τῶν ἑπτὰ θεαμάτων ἕκαστον ἐναργῶς ὁ λόγος ἐφοδεύσας πείσῃ τὸν ἀκροατὴν ἐπινεῦσαι τὴν τῆς θεωρίας κομισάμενον δόξαν[135], ma si veda anche, in 3.4.16s., l'affermazione della

---

132 Secondo l'efficace titolo di Pajón Leyra 2011.
133 Così suona la definizione di Theon *Prog. Rhet. Gr.* 2.118 Spengel (= p. 66 Patillon) ἔκφρασις ἐστὶ λόγος περιηγηματικὸς ἐναργῶς ὑπ' ὄψιν ἄγων τὸ δηλούμενον. Essa torna pressoché identica in [Hermogen.] *Prog.* 10.1, Aphth. *Prog.* 12.1 (= *Rhet. Gr.* 10.36 Rabe), Nicol. *Prog.* 68.8s. Felten. Sull'*ekphrasis*, e specialmente sulle differenze tra le definizioni antiche e la teoria moderna, cf. Webb 2009, in part. 1–11. Sulla "technical *ekphrasis*", di cui lo Pseudo-Filone può essere considerato a suo modo un rappresentante, si veda Roby 2016.
134 Per questa qualità del discorso, centrale nella definizione stessa di ἔκφρασις, cf. Webb 2009, 87–106.
135 Per il potere persuasivo dell'ἐνάργεια, che induce l'ascoltatore a credere in quanto gli viene raccontato e a visualizzarlo (anche se in relazione a un diverso genere letterario come la storiografia), cf. *e.g.* Luc. *Hist. conscr.* 51 τοιοῦτο δή τι καὶ τὸ τοῦ συγγραφέως ἔργον – εἰς καλὸν διαθέσθαι τὰ πεπραγμένα καὶ εἰς δύναμιν ἐναργέστατα ἐπιδεῖξαι αὐτά. καὶ ὅταν τις ἀκροώμενος οἴηται μετὰ ταῦτα ὁρᾶν τὰ λεγόμενα καὶ μετὰ τοῦτο ἐπαινῇ, τότε δὴ τότε ἀπηκρίβωται καὶ τὸν οἰκεῖον ἔπαινον ἀπείληφε τὸ ἔργον τῷ τῆς ἱστορίας Φειδίᾳ (dove è da notare anche la menzione di Fidia quale insuperabile termine di paragone, che trova confronto nella sezione dedicata allo Zeus Olimpio del θέαμα 3).

superiorità dell'ἐνάργεια rispetto all'ὑπόνοια), preceduta dalla menzione, poco sopra, della correlata nozione di ἐνέργεια (Pr. 2.12 τὰς ἐξεργασίας τῆς ἐνεργείας), uno degli strumenti della *mimesis*, secondo Aristotele[136]; e poi, se pure indirettamente, l'ἀκρίβεια (Pr. 2.10s. τὸ γὰρ ἀκριβὲς τῶν ἔργων λανθάνει, dove τὸ ἀκριβές indica il "dettaglio" delle opere d'arte, presto dimenticato da chi le ha viste con i propri occhi, ma una volta soltanto)[137].

Il senso della vista, che si intende qui sostituire con l'ascolto[138], è più volte invocato, a partire dal titolo: le sette meraviglie sono θεάματα, secondo la loro denominazione "tecnica" (cf. *supra*, § 2 e n. 6), e, tra le prime parole dello scritto, compare, subito dopo il termine-chiave θεαμάτων, ὄψις, che tornerà più volte nei successivi capitoli (2.5.19; 3.4.14 e 16; vd. anche 2.5.19s. προσόψεως e, se la nostra congettura coglie nel segno, 1.3.11 κατὰ πρόσοψιν[139]); seguono termini quali θεάσασθαι, ὄμματα, ἰδεν, ἑώρακεν, di nuovo θεαμάτων, θεωρίας, βλεπόμενα[140], θεωρεῖν (e tutto il trattato è costellato di forme analoghe: 2.5.19 καταθεωρούντων e 4.2.12 θεωρούντων; 3.1.3, 3.4.14, 6.1.2 θεασάμενος; 4.2.12 βλεπομένων).

Vi sono, d'altro canto, alcune parole-chiave della paradossografia, a partire – ovviamente – da τὸ παράδοξον e τὰ παράδοξα (Pr. 2.9 e 14), e, nei capitoli successivi (2.1.2 e 3.3.9), παράδοξον[141]; da notare anche l'espressione τὴν τῆς θεωρίας ... δόξαν (Pr. 3.16s.). Si passa poi ai termini afferenti all'area semantica della meraviglia, suscitata appunto da ciò che va contro la δόξα, l'aspettativa comune: cf. Pr. 2.7 θαυμαστόν, Pr. 2.12 τὸ θαυμαζόμενον, Pr. 3.18 θαυμαζόμενα[142]; nei capitoli successivi, 2.4.17 τῷ ... θαυμαστῷ; 3.3.8 θαυμάζομεν; 5.1.4 τὸ θαυμαστόν; interessante, in que-

---

136 Cf. Arist. *Rhet.* 3.11, 1411b 28; ἐνέργεια, "attività", "energia", "vigore", "(impressione del) movimento", è – sembra – quanto si deve leggere nel passo, anche se parte della tradizione ha ἐνάργεια: cf. Otto 2009, 71–76; Linant de Bellefonds–Prioux 2017, 36s.

137 Per la valenza retorica dell'ἀκρίβεια, "accuratezza", "precisione", cf. almeno Kurz 1970; Prioux 2007, 33s.; come categoria della critica d'arte, Pollitt 1974, 117–125; su ἐνάργεια e ἀκρίβεια in relazione alla σαφήνεια, Vatri 2017, 101–136. Nel passo citato lo Pseudo-Filone parrebbe per l'appunto giocare con la doppia valenza del termine: l'ἀκρίβεια dell'opera d'arte, che presto sfugge alla memoria di chi ha avuto modo di vederla con i propri occhi, ma per un tempo limitato, può essere paradossalmente trattenuta dall'ascoltatore, grazie a una descrizione efficace.

138 Anche se in 3.4.16s., con palese incongruenza, lo Pseudo-Filone dichiara la vista superiore all'udito: ὄψις δ' ἀκοῆς ἐστιν βελτίων. Si tratta evidentemente di un meccanico ricorso a *clichés* in conflitto.

139 Il testo tràdito è κατὰ πρόσω, che non dà senso: cf. *infra, ad l.*

140 Per i problemi posti dal participio cf. *infra, ad l.*

141 Il termine sembra impiegato – fin dal proemio – in senso ambiguo o plurivoco: esso indica ora le qualità intrinseche dei θεάματα, ora la narrazione che ne descrive le inaudite peculiarità, ora il fatto stesso di poterne riprodurre a parole il carattere stupefacente: cf. *infra, ad Pr.* 2.9.

142 Anche in tal caso, per i problemi posti dal participio, cf. *infra, ad l.*

sto quadro, 4.2.12 θαυμαστής, nella peculiare espressione ὁ θαυμαστὴς[143] τῶν θεωρούντων, quasi a isolare, tra gli spettatori, l'"esperto" di θαύματα, lo "specialista" dello stupore. Non manca neanche la terminologia afferente al campo semantico della "credibilità" (πιστόν, Pr. 3.15), anch'essa tipica degli scritti paradossografici, dove si registra la tendenza a rassicurare il destinatario che ciò che viene descritto, per quanto incredibile (ἄπιστος), è vero[144]. Frequente, infine, il termine ἔργον (Pr. 2.11; 2.13; 2.1.4; 2.1.7; 2.3.9; 2.5.23; 3.3.9; 4.3.20; 4.5.26; 4.6.34; 6.2.9), utilizzato, fin da Erodoto[145], a proposito di opere architettoniche e prodotti dell'ingegno umano e con una sua precisa collocazione nell'ambito della letteratura sui *mirabilia*[146].

Alcuni tratti tipici del genere paradossografico sono poi effettivamente ravvisabili nel trattato: ad esempio, la cura del dettaglio descrittivo, che talora include l'attenzione per dimensioni e misure, anche – parrebbe – con aggettivi coniati *ad hoc* per esprimerle, come δεκάβαθμον, "di dieci gradini", in 6.2.11[147]; è questo un artificio con cui, negli scritti paradossografici, da un lato si tiene vivo il senso della meraviglia e, dall'altro, si aggiunge credibilità alla descrizione. Significativa e tipica anche la tendenza a "isolare geograficamente" il "prodigio", per sottolineare l'eccezionalità di ciò che si sta descrivendo: qualcosa che è solo lì, e non altrove[148].

Nel caso delle sette meraviglie, il dettaglio geografico è connaturato al soggetto: sono selezionate le sette opere d'arte ritenute i capolavori del mondo, dislocate in luoghi specifici, e tra loro lontani, come l'autore sottolinea all'inizio del proemio, quando descrive il lungo e faticoso tragitto dal quale dispenserà, grazie alla propria arte retorica, il pubblico, che potrà "vedere" comodamente da casa (οἴκοι) ciò che altrimenti richiederebbe lunghi ed estenuanti viaggi[149]. Come abbiamo visto (§ 3), questo tratto è così spiccato

---

143 Palmare correzione di Allacci 1640, 12 per il tràdito θαυμαστός (tutta l'espressione è da lui tradotta «admirator, simul ac spectator»); si tenga conto, comunque, che la correzione potrebbe anche essere di Holste: cf. *infra*, § 7 n. 340.
144 Per il lessico della "meraviglia", si vedano Schepens–Delcroix 1996, 380–382 e Pajón Leyra 2011, 41–50.
145 Dove è contrapposto a θῶμα e derivati, riservati invece ai fenomeni naturali di carattere straordinario, come ben evidenziato da Immerwahr 1960, 264s.
146 Cf. Pajón Leyra 2011, 175–182.
147 Per quanto non necessariamente questo, e altri dettagli numerici, siano da prendersi alla lettera: su questo punto cf. quanto si osserverà poco oltre e *infra*, nn. intr. *ad* θέαμα 4 e *ad* θέαμα 6.
148 Sui caratteri salienti del genere paradossografico cf. Schepens–Delcroix 1996, in part. 380–398.
149 Per una situazione analoga cf. Chor. Gaz. 6.34, dove si parla di un tale che, desideroso di ascoltare di città e luoghi, «vide le città di molti uomini» (*Od.* 1.3) standosene seduto a casa (καθήμενος οἴκοι), senza incorrere negli errori di Odisseo. Il passo – come ci segnala Aldo Corcella – contiene forse l'allusione a un potenziale autore di sillogi geografiche, o un *identikit* del pubblico per cui esse erano create.

## 4. Meravigliarsi e meravigliare: statuto e genere dell'opuscolo 39

da spiegare – con ogni verosimiglianza – l'inclusione dello Pseudo-Filone fra i geografi del "*corpus* A".

Va notato, d'altro canto, che l'autore rinuncia a qualsiasi esplicita dichiarazione di autopsia[150]: l'enfasi sulla παιδεία (*Pr.* 2.7s.), acquisizione meravigliosa e munifica (θαυμαστὸν ... καὶ μεγαλόδωρον), chiarisce fin dal principio che, a dispetto di una superficiale adesione ai moduli del resoconto di viaggio, secondo la tradizione periplografica, le conoscenze di cui egli fa sfoggio sono state acquisite grazie alla lettura di libri; né sarebbe potuto essere diversamente, almeno in alcuni casi: per ragioni diverse, non tutti i θεάματα descritti sarebbero stati effettivamente disponibili alla vista, e le sette meraviglie della lista più antica coesistettero per appena qualche decennio (cf. *supra*, § 2). Può essere indicativa, in tal senso, anche un'espressione come τῇ κοινῇ τῶν ἐπαίνων προσηγορίᾳ, in *Pr.* 3.17, dove «l'unanime titolo d'elogio» sembrerebbe alludere a un genere di ἔπαινος eminentemente "libresco". Né meno significativa, in quest'ottica, la paradossale espressione che si legge in *Pr.* 2.11s. ὁ δὲ λόγῳ τὸ θαυμαζόμενον ἱστορήσας καὶ τὰς ἐξεργασίας τῆς ἐνεργείας κτλ. Chi compie l'indagine – espressa da un verbo pregnante come ἱστορεῖν – è qui il destinatario dell'opera e non il suo autore: è il λόγος, e non l'ispezione autoptica, a garantire la conoscenza delle sette meraviglie[151].

Che cosa lo Pseudo-Filone leggesse, purtroppo, non è dato sapere, se non in minima parte: l'autore, a differenza dei paradossografi propriamente detti, non denuncia mai esplicitamente le sue fonti[152], anche se un'espressione come ὥς φασι, in 2.3.13, indica, per quanto genericamente, la natura deriva-

---

150 Cf., per converso, Antip. Sid. *AP* 9.58.2 = *GPh* 584, cit. *supra*, § 2, dove l'autore asserisce esplicitamente di aver visto tutti i monumenti che menziona (ma, per dirla con Gow–Page 1968, II 92, «there is no need to take seriousely A.'s claim to have seen them all», ed è in effetti difficile credere all'affermazione del poeta almeno per quanto riguarda il giardino di Babilonia, di cui appare assai problematica l'ubicazione, tanto che si è messo in discussione che esso sia mai effettivamente esistito: cf. *supra*, § 2, e soprattutto *infra*, n. intr. *ad* θέαμα 1).
151 Su questo contrasto tra la natura effimera dell'impressione visiva e la durevolezza del λόγος ecfrastico, vd. anche Goldhill 2012, 89–91 (in part. *ibid.*, 91: «the visitor's momentary gaze misses details and cannot provide the attention which leads to lasting impressions; the reader in his armchair [*oikoi*], however, has the attention of a researcher and thanks to the vividness of the rhetorician's ecphrastic mastery, receives lasting impressions. Narrative is better than seeing; it produces images that last in time»). L'efficacia del testo scritto – che ben più del resoconto orale sa restituire l'impressione della vista – è riconosciuta, in relazione all'*ekphrasis*, anche da Chor. Gaz. 1.16 (che pur rivendica la superiorità della visione autoptica rispetto a qualsiasi descrizione verbale).
152 L'esplicita menzione delle fonti è un elemento che accomuna molti scritti paradossografici: la cura dell'allegata documentazione "bibliografica" è strettamente connessa all'esigenza di provare la veridicità e l'attendibilità delle proprie affermazioni (cf. Schepens–Delcroix 1996, 383–386).

tiva dell'informazione; è tuttavia ragionevole ipotizzare, anche in base alla già citata espressione τῇ κοινῇ τῶν ἐπαίνων προσηγορίᾳ (*Pr.* 3.17), che egli avesse a disposizione una pluralità di testi. Certe concomitanze con alcune delle descrizioni giunte fino a noi, che saranno di volta in volta evidenziate nel corso delle note di commento ai singoli θεάματα, possono d'altronde far pensare che lo Pseudo-Filone abbia presenti fonti come le *Storie* di Erodoto, o l'opera di Diodoro Siculo (cf. in part. il θέαμα 5, che sembra seguire da vicino la descrizione diodorea delle mura di Babilonia: *infra*, n. intr. *ad l.*).

Come che sia, l'informazione geografica di seconda mano, e una rielaborazione non troppo accurata delle fonti, lasciano qualche traccia laddove la descrizione non corrisponde del tutto alla reale conformazione dei luoghi: in relazione al giardino pensile di Babilonia, ad es., l'autore si concede un'affermazione che sembra contrastare con la topografia della città e della pianura in cui la città si colloca, quando menziona sorgenti genericamente "poste in alto", da cui sarebbero state attinte le acque di irrigazione (1.4.16 ἐξ ὑπερδεξίων ... τόπων; cf. *infra*, n. intr. *ad* θέαμα 1); né trova riscontri nella realtà la descrizione delle piramidi quali conglomerati di pietre variegate per natura e colore (cf. *infra*, e n. intr. *ad* θέαμα 2). Altre volte, la descrizione risulta così evasiva che il lettore ne ricava ben poco, in termini di caratteristiche fisiche (così è per lo Zeus di Fidia, che lo Pseudo-Filone sostanzialmente non descrive: cf. *infra*, n. intr. *ad* θέαμα 3). Non mancano, tuttavia, casi in cui il resoconto fornito dall'autore suona attendibile, almeno a grandi linee (tale sembrerebbe la descrizione della tecnica adottata per costruire il Colosso di Rodi: oltre a ciò che si dirà a breve, cf. *infra*, n. intr. *ad* θέαμα 4). Pare doversene dedurre che l'autore avesse a disposizione fonti diverse, e probabilmente di diversa qualità, che egli non si preoccupò né di verificare, né, tanto meno, di amalgamare[153].

D'altro canto, non va escluso che l'operetta, nella sua brevità, fosse stata originariamente concepita anche o prioritariamente per una pubblica lettura: può suggerirlo un'espressione come τὸν ἀκροατήν, con cui l'autore si riferisce al suo pubblico (*Pr.* 3.16)[154]. Occorre, naturalmente, essere molto cauti nel dedurre, da terminologia di questo tipo – che appare spesso puramente cristallizzata – un'effettiva o preminente destinazione performativa[155]: l'auspicato ἀκροατής può ben essere un semplice "lettore". In ogni caso, non siamo di

---

153 Cf. anche Adam–Blanc 1989, 43: «il faut [...] penser au caractère éclectique et disparate des sources qui ont inspiré l'ouvrage, qu'il les ait lui-même rassemblées sans grand souci d'homogénéité ou qu'il n'ait fait que reprendre un ouvrage qui présentait ces mêmes défauts».

154 Adam–Blanc 1989, 45.

155 Cf. ad es. Schenkeveld 1992. A un'eventuale fruizione orale non osta la complessiva strutturazione sintattica dell'opuscolo, centrata su "rilanci" ipotattici alquanto semplici e su una piana concatenazione delle subordinate (cf. *infra*, § 5); e, se applicassimo allo Pseudo-Filone i criteri di *processability* elaborati da Vatri 2017, la sua prosa

## 4. Meravigliarsi e meravigliare: statuto e genere dell'opuscolo 41

fronte a una trattazione "scientifica" delle sette meraviglie, né a una trattazione con pretese di esaustività, bensì a un esercizio retorico intonato a uno stile a effetto, volto a impressionare i lettori, o forse gli uditori.

Per questo si mostrano imprudenti quegli storici, archeologi e studiosi della tecnologia antica che pretendono di estorcere allo Pseudo-Filone dati certi, o almeno indizi illuminanti, circa la concreta realtà dei documenti da lui descritti: se quasi nessuno sembra ormai più disposto a credere, con Peiresc e Holste[156], che la descrizione pseudo-filoniana delle piramidi multicolori (2.3–4) possa riflettere una fase antica, in cui gli edifici erano rivestiti di pietre variegate in seguito rimosse[157], continua però ad apparire decisamente ottimista Stephanie Dalley quando afferma che lo Pseudo-Filone «was a writer who described marvels throughtout the known world, but did so with a considerable understanding of construction and materials»[158], e lo ritiene, di conseguenza, fonte fededegna per ricostruire alcune delle caratteristiche del giardino pen-

---

apparirebbe senz'altro idonea alla *performance*. Ma nulla di certo si può ricavare da dati così generali, né è indicativa l'euritmia dell'opuscolo (su cui vd. *infra*, § 6).
156 Su queste due figure vd. *infra*, § 7.
157 Si vedano le lettere di Nicolas-Claude de Peiresc a Holste, risalenti al settembre del 1633 (in Tamizey de Larroque 1894, 413 e 415s.), dove il dotto francese registra con fastidio lo scetticismo manifestato da alcuni suoi interlocutori, inclini a considerare la trovata pseudo-filoniana «un traict d'ampliation de Rheteur», e ipotizza che le «précieuses incrustations» delle piramidi siano state asportate per essere reimpiegate altrove; e si veda l'accondiscendente risposta di Holste in Boissonade 1817, 469: «de marmorea Pyramidum incrustatione curiosa sane observatio tua est; conjectura autem verissima mihi videtur qua lapides postea sublatos et in alium studium conversos suspicari: nimis enim securus, ne dicam supinus, auctor ille fuisset, si tam clara in re tam turpiter errasset». Cf. oggi, per converso, *e.g.* Adam–Blanc 1989, 43: «on ne peut ajouter foi à sa description du riche revêtement polychrome dont elles se seraient adornées et dont il détaille complaisamment la composition, toute des pierres rares ou semi-précieuses». Ma che l'autore, a proposito delle piramidi, fosse poco informato fu presto chiaro già a Letronne 1848, 504s., dopo una prima fase di credulità, in seguito rinnegata: «lorque j'ai écrit mon commentaire sur Dicuil, encore peu versé dans la critique et dans l'étude des monuments égyptiens, j'ai eu tort d'attacher de l'importance à cette description fantastique peu instruit du véritable état des choses pour ne faire aucune distinction entre les trois pyramides» (*ibid.*, 504; l'opera giovanile a cui il dotto francese fa riferimento è il suo commento al *De mensura orbis terrae* del monaco irlandese Dicuil, nel quale in effetti il nostro autore è considerato un testimone attendibile per le misure che fornisce e per la descrizione delle pietre di rivestimento delle piramidi – edifici da immaginare, secondo Letronne 1814, 107, con «l'aspect varié du *Campanile* de Florence»; si veda anche, in part., *ibid.* 91, 101s., 106s., 119); cf. anche *infra*, n. intr. *ad* θέαμα 2. Tanto più stupisce quindi leggere, in un lavoro recente, un'affermazione come quella che segue: «Philo, whether in the second century BCE or the fourth century CE, acknowledged that the pyramids were scarcely buildable in his world as well as witnessing to the still smoothly-faced exteriors of the Giza group in his time» (Jordan 2014, 218).
158 Dalley 2013, 39.

sile[159]. La descrizione «technical, if rather poetic»[160] del Colosso di Rodi, che la studiosa cita come prova della generale attendibilità dello Pseudo-Filone, è l'eccezione, non la regola, e neanche questa è del tutto esente da incongruenze e oscurità. È quindi decisamente sovradimensionata la fiducia nelle competenze tecniche del nostro autore espressa da quanti sono intervenuti nel dibattito archeologico sul Colosso, da Albert Gabriel[161] a Herbert Maryon[162] e oltre, cercando nel testo dello Pseudo-Filone (spesso letto, peraltro, in traduzioni parziali e fuorvianti[163]) una coerenza che esso, per sua natura, non può avere. Un esempio fra gli altri: la teoria di Maryon secondo cui il Colosso sarebbe stato fatto di lastre di bronzo battuto, perché i 500 talenti di bronzo menzionati dallo Pseudo-Filone sono troppo pochi per ipotizzare una lavorazione in bronzo fuso per una statua così mastodontica, non tiene conto non solo e non tanto del fatto che «figures are notoriously liable to corruption», come prontamente obiettava già Denys Eyre Lankester Haynes[164], ma, più nello specifico, che i dati numerici, nell'operetta, sono spesso approssimativi, imprecisi, quasi sempre inaffidabili[165]. Né appare più sensato il tentativo di Paul Jordan di con-

---

159 Un paio di esempi: la descrizione pseudo-filoniana delle colonne di pietra a sostegno del giardino terrazzato – pressoché un *nonsense*, in termini ingegneristici (cf. *infra*, n. intr. *ad* θέαμα 1) – è confrontata con documenti iconografici provenienti dall'antica Ninive («his extraordinary detail of stone columns roofed with trees on top matches details preserved in a drawing made of a lost group of panels found in the mid 19th century at Nineveh»: p. 41; cf. anche *ibid.*, 51); il silenzio dello Pseudo-Filone circa l'invenzione della vite idraulica da parte di Archimede è interpretato come un dato a supporto dell'opportunità di retrodatare l'invenzione stessa di qualche millennio («neither Strabo nor Philo gives the name of Archimedes in connection with the screw, an omission which may imply that their readers would not have associated the man with the invention. Both authors would have known that the garden, if built by Nebuchadnezzar or by one of those Assyrian kings who ruled Babylon, was created long before the lifetime of Archimedes, a well-known historical character of the 3rd century BC, who flourished two centuries before Strabo»: p. 54; cf. anche *ibid.*, 57).
160 Dalley 2013, 40.
161 «Le passage de Philon demeure le point de départ de toute étude relative au Colosse de Rhodes: bien que ce texte présente certaines obscurités, il tire de son caractère technique une réelle valeur documentaire» (Gabriel 1932, 332s.).
162 Che difende peraltro, sulla sola base delle presunte competenze tecniche dello Pseudo-Filone, la sua identificazione con il Meccanico: «though slightly rhetorical in style, the writer's evident interest in practical technical problems is just what might have been expected from a man with his mathematical and technical bent of mind» (Maryon 1956, 66).
163 Un errore nella traduzione utilizzata da Maryon 1956, 69 (ἐπιχωνεύειν, "to cast upon", confuso con ἐπιχωννύειν, "to fill up") è ad es. segnalato da Haynes 1957, 311 (altri errori presenti nelle traduzioni dell'operetta saranno cursoriamente indicati *infra*, nelle note esegetiche e testuali).
164 Haynes 1957, 312.
165 Per i dettagli, vd. *infra*, n. intr. *ad* θέαμα 4.

ciliare il numero tràdito con altri dettagli della descrizione pseudo-filoniana, come l'armatura di ferro interna, costituita da barre orizzontali e da blocchi di pietra[166]. Mostra di prendere troppo alla lettera lo Pseudo-Filone anche Paolo Moreno, quando lo eleva a testimone di una «crisi di metallo nelle officine dell'isola»[167] in base al riferimento, in 4.1.4s., allo "svuotamento" delle miniere – una chiara espressione iperbolica per indicare la quantità smisurata del bronzo necessario alla costruzione del Colosso (che trova peraltro confronto altrove nel trattato, a proposito delle cave di pietra "svuotate" per costruire l'*Artemision*, 6.2.8). E non si può sfuggire al sospetto che l'aggettivo δεκάβαθμον, "tondo" *hapax* usato dallo Pseudo-Filone per indicare la maestosità della gradinata monumentale del tempio di Artemide a Efeso (6.2.11), sia alla base della prassi, invalsa in varie ricostruzioni grafiche dell'*Artemision*, di rappresentare la crepidine con dieci gradini[168].

Allo Pseudo-Filone, insomma, si è spesso chiesto, e si continua a chiedere, ciò che l'autore palesemente non può dare: informazioni tecniche, chiare e precise, su "meraviglie" per lo più perdute, che tali erano già per lui, come lo sono per noi.

## 5. Lo stile dello stupore

In linea con il suo proposito di fornire una descrizione retoricamente efficace dei sette θεάματα, l'autore ricorre a uno stile ricercato e prezioso, che mira innanzitutto a meravigliare, e talvolta a stordire, il lettore-ascoltatore.

Partiamo dal piano lessicale, che mostra una cospicua presenza di termini rari e *hapax* assoluti (per lo più composti), combinati, o qua e là coincidenti, con il lessico architettonico-ingegneristico che tema e contesto esigono.

Tra i termini attestati solo qui cf. *e.g.* στυλογλύφων (1.1.4), sostantivo o aggettivo riferito a non ben precisabili *realia* architettonici (cf. *infra*, ad *l.*); δροσοπαγῆ (1.4.22), "denso di rugiada", esemplato su composti poetici come δορυπαγής (Aesch. *Suppl.* 743), μελαμπαγής (Aesch. *Ag.* 392, *Sept.* 737), o – per maggiore affinità semantica – χαλκοπαγής (Antip. Sid. *AP* 6.46.3 = *HE* 176), σαρκοπαγής (Mel. *API* 134.12 = *HE* 4721[169]) ο γαλακτοπαγής (Ru-

---

166 Jordan 2014, 26: «if 500 talents represent about 13 tonnes of bronze, this quantity might seem to run to a rather thin outer skin for such a large statue, which might help explain the weighting with stones inside and the relatively large amount of iron used for the armature».
167 Moreno 1973–1974, 460.
168 A partire già da Bammer–Muss 1996, 55 e 57, e nonostante le prudenti osservazioni dello stesso Bammer 1972, 9 e 44s. n. 42; cf. *infra*, n. intr. *ad* θέαμα 6.
169 Questa la lezione tràdita; Gow–Page 1965, I 252 correggono in σαρκοτακής (Page), "with wasting flesh" (*ibid.*, II 678), perché giudicano inelegante e poco meleagrea la ripetizione -παγὴς ... πέπηγε.

fin. *AP* 5.60.2 = 21.2 Page; Strat. *AP* 12.204.4 = 45.4 Floridi); κοχλιοειδῶς (1.4.18), unica attestazione dell'avverbio, da κοχλιοειδής, aggettivo tardo e a sua volta raro[170]; ἀνατροχάζουσιν (1.4.18), forse equivalente ad ἀνατρέχουσιν; μηλοβαφές (2.4.14s.), "giallo mela", con la seconda componente del composto desemantizzata (l'aggettivo equivale, di fatto, a μήλινον, "of a quince-yellow": cf. LSJ⁹, *s.v.*): cf. e.g. ἰοβαφές, "color violetto", in Democr. Ephes. *ap.* Athen. 2.42e (detto di acqua) e soprattutto λευκοβαφές, usato per glossare λευκανθές in *schol. rec.* Soph. *OT* 742 (p. 49 Longo), dove appare chiaro che l'aggettivo è ormai utilizzato come puro termine di colore. *Hapax* di analoga formazione, poco oltre nello stesso capitolo, è θαλασσοβαφούμενος, "immerso nel mare", *i.e.* "colore del mare", allotropo dell'aggettivo θαλασσοβαφής, a sua volta di tarda e sporadica attestazione (cf. *infra*, n. 259). Attestati solo nel nostro opuscolo sono anche κεραυνοῦχον come epiteto di Zeus (3.1.4), variazione preziosa su altri epiteti del dio, di analogo significato e analoga composizione (*e.g.* κεραύνειος, κεραύνιος, κεραυνοβόλος κεραυνοβρόντης, κεραυνοφόρος); ῥαιστηροκοπίαν (4.2.11), per un lavoro fabrile di grandezza "ciclopica"; πολύστατοι (5.2.9), "standing thick" (LSJ⁹, *s.v.*), detto di torri[171]; δεκάβαθμον (6.2.11) quale termine di misura; μετεωροφανές (6.2.11) utilizzato nel significato concreto di "appearing in the air" (LSJ⁹, *s.v.*), a indicare una precisa collocazione nello spazio, ma con richiamo a vari composti in μετεωρο- di valenza traslata (cf. *infra*, ad l.).

Tra i lessemi di rara attestazione meritano di essere menzionati ἐγκατοπτρισάμενος (*Pr.* 2.13), "guardarsi (come) in uno specchio"[172], attestato, oltre che nel nostro trattato, solo in *IG* IV² 1, 121.64 (Epidauro, IV sec. a.C.)[173] e in Artem. Dald. 3.30; μοσχεία (1.3.12), "planting of a sucker or layer" (LSJ⁹, *s.v.*), solo qui e in *schol.* Theoc. 1.48b (p. 47 Wendel); εὐθύδρομον (1.4.17), a qualificare la direzione imposta a un flusso d'acqua dalle condutture (ἀγωγαί), aggettivo che trova confronto, ad es., in Strab. 1.2.17[174]; δυσεπινόητον (2.1.3), per indicare la difficoltà di comprendere il prodigio ingegneristico descritto (la sollevazione delle mastodontiche pietre utilizzate per costruire le piramidi di Menfi), quindi "hard to understand"

---

170 Ma significativamente utilizzato, dai lessici, per glossare termini evidentemente sentiti come ancor più desueti: cf. *e.g.* Hesych. π 2828 Hansen †πολύδοτος†· κοχλιοειδής, o anche Hesych. λ 33 Latte = *Sud.* λ 11 Adler λαβύρινθος· κοχλιοειδὴς τόπος. Il termine si diffonde in età bizantina: cf. Trapp, *LBG, s.v.*
171 Hercher correggeva in un più banale πολύστεγοι, "with many ceilings or stories", LSJ⁹, *s.v.*; vd. *infra, ad l.*
172 Cf. *DGE, s.v.*, 1 e 2, che distingue tra il significato proprio di "mirarse, contemplar su reflejo" e quello figurato, attestato nel solo Pseudo-Filone, di "contemplar como en un espejo".
173 La prima delle quattro stele rinvenute a Epidauro e contenenti i racconti delle guarigioni miracolose di Asclepio, ora riedita da Gregis 2017.
174 Più diffusi sono εὐθυδρομία e soprattutto εὐθυδρομέω, specie nella letteratura tardoantica e bizantina: cf. LSJ⁹, *s.v.*; Sophokles, *s.v.*

(LSJ⁹, s.v.; Sophokles, s.v.), "difícil de entender, difícil de imaginar" (*DGE*, s.v.)[175]; θεμελίωσιν (2.2.5; 5.1.3; 6.2.8), "basamento" (cf. *LXX Esd*23.11); σύναρμον (2.3.8), "joined or framed together" (LSJ⁹, s.v.), che trova confronto in Phil. Byz. *Bel.* 64.14 Diels–Schramm[176]; μαρμαρῖτις (2.3.11 e 4.3.15), "simile al marmo", detto di pietra, che è sostanzialmente un *hapax* semantico (in Diosc. Ped. 4.109 è un fitonimo: cf. *DELG*, s.v. μάρμαρος, 668); διάχλωρος (2.3.13), verosimilmente "verdastro", di attestazione rara e tarda (cf. *infra*, ad l.); διάπηγες (4.2.10), utilizzato come aggettivo (nell'unica altra ricorrenza, Apollod. Mech. p. 172 Wescher [= p. 34 Schneider], è un sostantivo); ἐπιχωνεύειν (4.3.19), "fondere sopra", attestato, oltre che nello Pseudo-Filone, solo nel trattato alchemico preservato da *P.Leid.* 10 (20, p. 90 Halleux, e 83 [*bis*], p. 103 Halleux), e χωνεία (4.5.26 e 31), "fusione" (che è però meno sporadico: cf. e.g. Diod. Sic. 5.13.6, 5.27.2; Plb. 34.10.12); l'aggettivo ἡμεροδρόμου (5.1.4), utilizzato da Hdt. 9.12.1, Pl. *Prot.* 335e 4 e altri come sostantivo ("corriere"), ma qui con il valore di "percorribile in un giorno", come in Timoth. *PMG* 791.41 (nella forma ἀμεροδρ-); Ἄτλαντα (6.2.9) nel significato tecnico di "supporto (architettonico)" (vd. *infra*, n. intr. ad θέαμα 6); ἐπαπερείδεσθαι (6.2.10) per ἀπερείδεσθαι.

Sono degni di nota anche gli usi seguenti, che ben mostrano una sorta di instabile compromesso fra precisione tecnica e vaghezza retorica: ἀναθλιβόμεναι (1.4.17) è impiegato tecnicamente a proposito delle acque incanalate o irregimentate, come in Strab. 3.5.7 (dove compare però all'attivo)[177], ma lo Pseudo-Filone parrebbe valorizzare fortemente il preverbio ἀνα- (ribadito dal limitrofo ἀνατροχάζουσιν) per indicare acque che sono forzosamente tratte verso l'alto; σπανίζειν (4.1.5) ha un valore transitivo che sembrerebbe privo di paralleli (cf. *infra*, ad l.); in 4.2.9s. e 4.5.27 σχεδία assume il significato tecnico, attestato tuttavia solo qui, di "cramp, holdfast" (LSJ⁹, s.v.), mentre ὀβελίσκων, nello stesso capitolo, parrebbe utilizzato, non senza forzatura semantica, per indicare mastodontiche sbarre di ferro (cf. *infra*, ad l.), in linea con la ricerca dell'immagine a effetto che caratterizza tutta l'operetta.

Sul piano morfologico, da segnalare il nom. pl. κατώρυγες (2.2.5) per κατώρυχες, attestato solo qui (ma cf. Thphr. *CP* 5.9.11 [p. 90 Einarson–Link] κἀποκατώρυχες, con la v.l. -ώρυγες), e l'acc. κατώρυγα (6.2.7) per

---

[175] Per alcune attestazioni di questo composto cf. *infra*, § 6 n. 246.
[176] Ma le coincidenze lessicali con Filone Meccanico sono tutto sommato poco significative: cf. *infra*, n. 191.
[177] Per il medio-passivo cf. Antip. Sid. *AP* 7.23.3 = *HE* 248 πηγαὶ δ' ἀργινόεντος ἀναθλίβοιντο γάλακτος, dove veicola l'auspicio che fontane di latte possano sgorgare spontaneamente dalla terra (il valore è quello di «be extruded, well up», secondo Gow–Page 1965, I 44).

κατώρυχα, che trova un unico confronto in Strab. 15.1.21[178]; si notano forme rare di perfetto: cf. e.g. παρύφαγκεν (2.5.21), non documentato altrove, o il pf. di (ἐπι)δωμάω, per il quale il nostro autore mostra una speciale predilezione (2.1.2; 2.3.10s.; 4.4.24; 5.1.6): esso è una buona marca di recenziorità (cf. infra, § 6).

L'espressione tende a essere elaborata e ridondante, con frequente ricorso a perifrasi meramente esornative del tipo φύσεις ἀνθέων (1.3.10), λίθων φύσεις (2.3.10)[179], τὴν φυὴν τῶν δένδρων (1.5.25)[180], di fatto equivalenti al sostantivo semplice dipendente ("fiori", "pietre", "alberi"); oppure βάρη τῶν ἔργων (2.1.4), βάρη τῶν ὀβελίσκων (4.2.14), βάθη τῶν ὀρυγμάτων (6.2.7), βάρεσι τῶν μελλόντων (6.2.10), di fatto equivalenti a una qualificazione aggettivale dei sostantivi dipendenti ("gravose opere", "gravosi obelischi", "profondi fossati", "gravosi elementi additivi"). La passione per l'iperonimo φύσις ispira anche costrutti come δροσοπαγῆ καὶ διήνεμον ἔχει τὴν φύσιν (1.4.22s.) e αἱ χρόαι κυαναυγῆ τὴν φύσιν ἔχουσαι (2.4.14), dove lo stilema "ἔχειν φύσιν + agg." – una sorta di enallage per via perifrastica[181] – equivale sostanzialmente a una semplice predicazione nominale "copula + agg.", o a una semplice qualificazione aggettivale. Su questa linea, con ἔχω perifrastico in luogo di εἰμί e con fraseggio particolarmente lambiccato, spiccano costrutti come i seguenti: 2.1.2s. καὶ τὰ μεγέθη τῶν τετραπέδων κύβων δυσεπινόητον ἔχει τὴν ἀναγωγήν; 2.5.18 καὶ τὸ μὲν τῆς ἀναβάσεως μέγεθος ὁδοιπορίας ἔχει κόπον; 5.1.3s. ὥστε τὴν περίμετρον τῆς πόλεως ἡμεροδρόμου κόπον ἔχειν). Questa particolare strutturazione della frase meriterà qualche considerazione infra, § 6.

Al gusto perifrastico dell'autore risponde anche la sua preferenza per strutture qualificative come quelle di Pr. 2.11 περὶ τὰ κατὰ μέρος, 1.4.20 τὰς κατὰ βάθους ῥίζας[182]. Talvolta la perifrasi è ulteriormente impreziosita dalla figura etymologica o dal bisticcio fonico: cf. Pr. 2.12 τὰς ἐξεργασίας τῆς

---

178 Le forme in -ωρυγ- erano invise all'atticismo (cf. ad es. von Arnim 1912, 37), ma Pseudo-Filone non atticizza oltre lo *standard* di una media *koiné*: cf. infra, § 6 n. 244.
179 Con cui si possono confrontare e.g. Orph. lith. kerygm. 16.8 Halleux–Schamp ὅσα γάρ φασι τὰς ῥίζας τῶν βοτανῶν δύνασθαι, τοσαῦτα καὶ τὰς τῶν λίθων φύσεις; Plot. Enn. 4.4.35 καὶ ἐν τοῖς παρ' ἡμῖν εἰσι πολλαί, ἃς οὐ θερμὰ ἢ ψυχρὰ παρέχεται, ἀλλὰ γενόμενα ποιότησι διαφόροις καὶ λόγοις εἰδοποιηθέντα καὶ φύσεως δυνάμεως μεταλαβόντα, οἷον καὶ λίθων φύσεις καὶ βοτανῶν ἐνέργειαι θαυμαστὰ πολλὰ παρέχονται etc.
180 Se φυή, come sembra, ha qui il valore di φύσις: cf. infra, ad l.
181 Non tuttavia nel senso, ristretto e rigoroso, seguito da Bers 1974, che al fenomeno dell'enallage ritiene pressoché estranea la prosa (cf. ibid., 73s.).
182 Per queste perifrasi con preposizione cf. anche, al di fuori delle *iuncturae* a funzione attributiva, 5.1.4–6 ἔστι ... τὸ θαυμαστόν ... περὶ τὴν ἀσφάλειαν τῆς οἰκοδομίας καὶ περὶ τὰ πλάτη τῶν μέσων τόπων.

## 5. Lo stile dello stupore

ἐνεργείας, 4.2.12 ὁ θαυμαστὴς τῶν θεωρούντων[183]. Segnalabili, in questa prospettiva, altre espressioni ridondanti come *Pr.* 1.6s. τοῖς ἔτεσι τοῦ ζῆν ὁ βίος παρῴχηκεν, dove βίος avrà presumibilmente il senso di "lifetime" (LSJ[9], s.v.), e il nesso τοῦ ζῆν ὁ βίος verrà a significare "arco della vita"[184], e forse anche 4.1.1 πελαγία νῆσος[185]. Si registra poi una certa inclinazione a similitudini di carattere alquanto generico, ma pomposamente espresse: si veda lo stilema παραπλησίως + dat. in *Pr.* 3.18s. ἡλίῳ παραπλησίως e 1.3.12s. τῇ χέρσῳ παραπλησίως (cf. e.g. Isocr. 5.51; Philostrat. *Ap.* 4.16)[186].

Va osservato che le espressioni più compiaciute si concentrano soprattutto a fine capitolo: cf. *Pr.* 3.18s., con il paragone fra gli effetti accecanti della bellezza e del sole; 1.5.26s., sul prodigio, prossimo all'*adynaton*, del lavoro agricolo sospeso a mezz'aria; 2.5.22s., con la concettosa immagine delle piramidi quale tramite fra uomini e dèi; 3.4.14–17, sulla natura divina di Fidia, espressa attraverso un triplice paragone di eccellenza; 4.6.34, sul Colosso di Rodi, donato dall'artista al mondo come un secondo Sole. Ma le immagini ardite non mancano nemmeno altrove: cf. e.g. 3.1.2s., le mani di Fidia "partoriscono" dèi (Φειδίου χεῖρες μόναι δυνάμεναι θεοὺς τίκτειν), secondo un'originale variazione sul *topos* dell'artista "padre" dell'opera, qui combinato con l'elogio delle χεῖρες, metonimia tipica per indicare il τεχνίτης. Segue l'affermazione, non inedita in contesti ecfrastici, secondo cui Fidia avrebbe avuto il privilegio di vedere il dio che raffigura (per i paralleli cf.

---

[183] Cf. anche 5.1.2 θεάματος θησαυρόν, dove l'allitterante *iunctura* corrisponde di fatto a "un ricco θέαμα", *vel quid simile*. Per altri giochi fonici – allitterazioni e assortiti bisticci – cf. e.g. 1.1.1 ὁ καλούμενος κῆπος κρεμαστός; 1.4.17s. ἀναθλιβόμεναι ... ἀνατροχάζουσιν, ἀνάγκαις; 1.4.21 νοτερὰν τηροῦσιν τὴν ἄρουραν; 2.3.10 ποικίλαι δὲ καὶ πορφυραῖ; 3.3.8 θεαμάτων θαυμάζομεν; 5.1.1 ἐπλούτησεν ἐπίνοιαν; 5.2.7s. πλέον ἢ πεντήκοντα πήχεων, τὰ δὲ πλάτη τῶν παραδρομίδων κτλ.; 6.2.9 τὴν ἀσφάλειαν ἀσάλευτον.

[184] Cf. e.g. Hdt. 6.109 ἐς τὸν ἅπαντα ἀνθρώπων βίον; Pl. *Phaedr.* 242a 8 τῶν ἐπὶ τοῦ σοῦ βίου γεγονότων λόγων. Ma un interessante *locus similis* per il nesso pseudofiloniano è nel tardo [Clem.] *Hom.* 12.14.4 Rehm–Strecker ὅπως ἀβασανίστως τοῦ ζῆν τὸν βίον μεταλλάξαι δυνηθῇς; cf. *infra*, § 6 n. 253.

[185] L'aggettivo πελάγιος potrebbe indicare qui un'isola "in alto mare", data la distanza di Rodi dalla terraferma (circa 17 km dalle coste della Turchia; cf. Smith, *DGRG*, II 713; così Holste: «alto in mari»); per simili usi cf. ad es. Diod. Sic. 3.39.4 παρακομισθέντι δὲ τοὺς τόπους τούτους κεῖται νῆσος πελαγία μὲν τῷ διαστήματι, τὸ δὲ μῆκος εἰς ὀγδοήκοντα σταδίους παρεκτείνουσα, 5.23.1 τῆς Σκυθίας τῆς ὑπὲρ τὴν Γαλατίαν κατ' ἀντικρὺ νῆσός ἐστι πελαγία κατὰ τὸν ὠκεανὸν ἡ προσαγορευομένη Βασίλεια; Strab. 4.4.6 (= Posid. fr. 34 Theiler) ἐν δὲ τῷ ὠκεανῷ φησιν εἶναι νῆσον μικρὰν οὐ πάνυ πελαγίαν, προκειμένην τῆς ἐκβολῆς τοῦ Λίγηρος ποταμοῦ etc. Ma può trattarsi anche – nella prospettiva di un autore ben poco attento ai *realia* geografici – di un epiteto puramente esornativo.

[186] Degna di nota anche l'espressione in 2.4.14s. ὡσεὶ μηλοβαφές ἐστιν, dove l'immagine coloristica è attenuata da ὡσεί (poetismo diffuso a partire dalla *koiné*: cf. von Arnim 1912, 129).

*infra*, n. intr. *ad* θέαμα 3). Il *topos* dell'artista "genitore" dell'opera è ancora rinnovato – e in qualche modo corretto o trasceso – poco oltre: in 3.2.4s. è la τέχνη stessa – non più il τεχνίτης – la "madre" di Zeus (εἰ δ' αἰσχύνεται Ζεὺς Φειδίου καλεῖσθαι, τῆς μὲν εἰκόνος αὐτοῦ γέγονεν ἡ τέχνη μήτηρ)[187].

Al di là dei compiaciuti giochi verbali e delle immagini spesso audaci, l'opera non è priva di una certa ripetitività concettuale e lessicale. Quest'ultima è anzi spesso elevata a vezzo stilistico: colpisce la tendenza a riutilizzare, a breve distanza, termini di analoga derivazione, in una sorta di *figura etymologica* protratta, che induce a riprendere più volte lo stesso nucleo lessicale, con lievi variazioni composizionali, nel corso di una circoscritta pericope. Si vedano – per limitarsi ad alcuni esempi – *Pr.* 1.2–4 ἀποδημῆσαι e ἐνεπιδημῆσαι, διαπλεῦσαι e προσπλεῦσαι, ἐπελθεῖν ed ἐλθεῖν; 1.1.1–3 ὑπέργειον e κατάγειος e 1.5.24 καταγείοις; 1.2.7s. διαφύσεις e σύμφυσιν; 1.3.14–1.4.14 περιπατούντων. πατουμένης; 1.4.18–1.5.23s. ἀνατροχάζουσιν, περιτροχάζουσαι e παρατροχάζουσαν; νοτεράν e νοτίαν; 2.2.7 e 2.3.9 τὸ πᾶν ἔργον (*bis*)[188]; 2.3.10 πέτρας συμφυίαν e λίθων φύσεις; 3.1.4 e 3.4.13 δεῖξαι δυνηθείς (*bis*), e 3.4.14 δυνηθείη; 4.1.5s. χαλκόν e χαλκούργημα; 4.5.26 e 29 προτετελεσμένων e συντελεσθεῖσιν; 5.2.11–5.3.14 τὴν οἰκουμένην, χώραν ... οἰκουμένην e κατοικοῦντες. Il fenomeno è capillare. Esso mette in evidenza, peraltro, il peculiare gusto dello Pseudo-Filone per i composti verbali, ma anche nominali e aggettivali, normalmente preferiti alle corrispondenti forme semplici (cf. *e.g. Pr.* 1.3 ἐνεπιδημῆσαι; *Pr.* 2.10 ἐπιλέληται; *Pr.* 3.19 διαλάμψῃ; 1.2.5 ἀπολείπουσαι; 1.2.7s. διαφύσεις, σύμφυσιν; 1.3.10s. ἐπιπέφυκε, ἐπιτερπέστατον; 1.5.26 συμφυλάσσει; 2.1.3 δυσεπινόητον e διαποροῦντος; 2.3.8s. κατεξεσμένον; 2.4.16 ἐξομοιοῦνται; 4.2.10 διησφαλίσατο)[189]. Non mancano nemmeno casi in cui è dato riconoscere una sorta di "formularità" espressiva e concettuale che induce a ripetere, variati, moduli sostanzialmente identici: cf. 2.1.3s. ἑκάστου διαποροῦντος τίσι βίαις τὰ τηλικαῦτα βάρη τῶν ἔργων ἐμοχλεύθη ~ 4.2.12–14 ἐπαπορεῖ γὰρ ὁ θαυμαστὴς τῶν θεωρούντων ποίαις πυράγραις ἢ πηλίκαις ὑποστάσεσιν ἀκμόνων ἢ ποταπαῖς ὑπηρετῶν ῥώμαις τὰ τηλικαῦτα βάρη τῶν

---

187 Per un'idea simile cf. Geminus *APl* 205.5s. = *GPh* 2388s. ταρβεῖ δ' οὐκέτι που τὸν Κύπριδος, ἀλλὰ τὸν ἐκ σοῦ, / Πραξίτελες, τέχνην μητέρ' ἐπισταμένη (a proposito dell'Eros di Tespie realizzato da Prassitele).
188 L'espressione ricorre poi anche in 4.3.20.
189 In alcuni casi si colgono le ragioni semantiche per la preferenza, in altri il composto è usitato (*e.g.* ἐπιλανθάνομαι), ma spesso sulle scelte avranno agito motivazioni ritmiche (cf. *infra*, § 6), e talvolta la volontà di evitare iati (il composto per il semplice è, a tale scopo, un vecchio e comodo trucco: cf. *e.g.* Schmid 1887, 168 e 1896, 471; von Arnim 1912, 160s.). Il composto con duplice preposizione è tipico a partire dalla *koiné*, ivi compreso Filone Meccanico: cf. *e.g.* Schmid 1896, 708–712; von Arnim 1912, 148s.

## 5. Lo stile dello stupore

ὀβελίσκων ἐχαλκεύθη; 2.3.11 ἡ πέτρα λευκὴ καὶ μαρμαρῖτις ~ 4.3.15 ἐκ λευκῆς καὶ μαρμαρίτιδος πέτρας[190].

Interessante, sotto il profilo stilistico, ma più in generale sotto il profilo logico-argomentativo, l'articolazione del dettato, che alterna periodi brevi – non di rado bimembri e strutturati per antitesi – a campate sintattiche di più ampia gittata, costruite però, in molti casi, per agglutinazione progressiva di subordinate alquanto semplici, non di rado implicite (frequente è l'accumulo dei participi a funzione causale, temporale, circostanziale, o semplicemente attributiva[191]).

Il periodo breve e antitetico, articolato per *cola* o per *commata* contrapposti, è prediletto ad attacco e chiusa delle singole sezioni: cf. *Pr.* 1.1s. τῶν ἑπτὰ θεαμάτων ἕκαστον φήμῃ μὲν γινώσκεται πᾶσιν, ὄψει δὲ σπανίοις ὁρᾶται; 2.1.1s. τὰς ἐν Μέμφει πυραμίδας κατασκευάσαι μὲν ἀδύνατον, ἱστορῆσαι δὲ παράδοξον (con la chiusa di 2.4.22s. ἢ ... ἄνθρωποι ... ἀναβαίνουσι πρὸς θεούς, ἢ θεοὶ καταβαίνουσι πρὸς ἀνθρώπους); 3.1.1 Διὸς Κρόνος μὲν ἐν οὐρανῷ, Φειδίας δ' ἐν Ἤλιδι πατήρ ἐστιν (con la chiusa di 3.4.15–17 τοσοῦτον ὅσον ὑπονοίας μὲν ἐνάργεια, ἱστορίας δὲ γνῶσις, ὄψις δ' ἀκοῆς ἐστιν βελτίων)[192]. A esso, tuttavia, Filone ricorre anche in momenti di particolare enfasi: cf. e.g. *Pr.* 3.18 †βλεπόμενα μὲν ὁμοίως, θαυμαζόμενα δ' ἀνομοίως†[193]; 2.4.16s. πρόσεστι δὲ τῷ μὲν καταπληκτικῷ τὸ τερπνόν, τῷ δὲ θαυμαστῷ τὸ φιλότεχνον, τῷ δὲ πλουσίῳ τὸ μεγαλεῖον; 3.3.8s. τὰ μὲν ἄλλα τῶν ἑπτὰ θεαμάτων θαυμάζομεν μόνον, τοῦτο δὲ καὶ προσκυνοῦμεν[194]; 6.1.5s. ὥστε τῆς μὲν ἐπιβολῆς τολμηρότερον εἶναι τὸν πόνον, τοῦ πόνου δὲ τὴν τέχνην). Altrove la strutturazione antitetica cede all'*agudeza* ossimorica (cf. 5.3.14 ἐντὸς τοῦ τείχους ἀποδημοῦσιν κατοικοῦντες). Per quanto concerne il frequente ricorso al participio – non di rado posposto, spesso in accumulo – si vedano passi come i seguenti, che ben esemplificano l'andamento giustappositivo, quasi per agglutinazione, del nostro autore: *Pr.* 2.8s. τῆς ὁδοιπορίας ἀπολύσασα ... ὄμματα τῇ ψυχῇ προσδιδοῦσα; 1.1.1–3 ἔχων τὴν φυτείαν ... ὠροφωκὼς τὴν ἄρουραν; 1.2.4s. στενὴν παντάπασιν

---

190 Altri esempi del fenomeno saranno citati *infra*, nelle note esegetiche e testuali.
191 Una caratteristica – una fra le non molte, a dire il vero – che accomuna lo Pseudo-Filone al Filone autentico: «Philo immodice frequentat participia et causae et temporis nec raro dictio Philoniana maxima e parte participiis est composita» (von Arnim 1912, 90s.). In generale, tuttavia, l'ipotassi del Meccanico appare ben più variata e movimentata: cf. *ibid.*, 94–100.
192 La frase breve e a effetto è comunque tendenzialmente preferita – pur senza antitesi – in *incipit* e in *explicit*: cf. e.g. 4.6.34 Ἥλιον γὰρ δεύτερον ἀντέθηκεν τῷ κόσμῳ; 5.1.1 Σεμίραμις ἐς βασιλικὴν ἐπλούτησεν ἐπίνοιαν.
193 Sul corrotto passo – al momento non sanabile, a nostro giudizio – cf. *infra*, ad l. L'antitesi pare comunque certa.
194 E a seguire, con ulteriore, compiaciuta antitesi, 3.3.9s. ὡς μὲν γὰρ ἔργον τέχνης παράδοξον, ὡς δὲ μίμημα Διὸς ὅσιον. ἔχει τοίνυν ὁ μὲν πόνος ἔπαινον, ἡ δ' ἀθανασία τιμήν.

τὴν ἀνάμεσον ἀλλήλων χώραν ἀπολείπουσαι; 1.4.16–20 αἱ δὲ τῶν ὑδάτων ἀγωγαὶ ... ἔχουσαι ... ἀναθλιβόμεναι ... περιτροχάζουσαι ... ἐξαιρόμεναι ... μεθύσκουσαι[195]; 2.4.14 ἔχουσαι (a chiusa d'enunciato); 4.2.9 ἀναβιβάζοντες (*idem*); 4.3.14–16 ὑποθεὶς ... νοῶν (a principio e chiusa di periodo); 4.6.31–33 ἀναβὰς ... δαπανήσας ... βαστάσας.

Per il resto, fra le congiunzioni sono particolarmente frequenti γάρ (talvolta con una debole o ellittica funzione esplicativa: l'impressione è che spesso le frasi si affastellino e ci si sforzi di dare coesione al testo attraverso un nesso causale-esplicativo che non è sempre pienamente giustificato sul piano logico)[196] e, in misura minore, τοιγαροῦν. Talvolta i γάρ sono impiegati in sequenza (cf. *e.g.* Pr. 2.9s. ὁ μὲν γὰρ ἐπὶ τοὺς τόπους ἐλθών ... τὸ γὰρ ἀκριβές, dove il secondo γάρ, oltre a creare una ripetizione piuttosto involuta, a una distanza tanto ravvicinata rispetto al primo, non appare strettamente necessario; Pr. 3.17s. καὶ γὰρ δὴ μόνον ταῦτα ... τὸ γὰρ καλόν, 6.1.1–3 πεισθήσεται γὰρ ὁ θεασάμενος ... Γίγαντες γάρ). Altrove, si prediligono nessi pronominali alquanto semplici (cf. *e.g.* 1.3.8 ἐπὶ τούτων, 4.1.2s. ἐν ταύτῃ), agganci ovvi come διὰ τοῦτο ... ὅτι (Pr. 2.7s.), διὰ τοῦθ' ... ἵνα (3.2.5s.), διὰ τοῦτο ... ἵνα (4.2.7)[197], o espressioni esclamative in asindeto (cf. *e.g.* 1.5.26s. σπάταλον καὶ βασιλικὸν τὸ φιλοτέχνημα καὶ τὸ πλεῖστον βίαιον; 3.1.3 μακάριος ὁ καὶ θεασάμενος τὸν βασιλέα τοῦ κόσμου μόνος; 3.4.11 ὦ καιρὲ τῆς Ἑλλάδος; forse anche 2.5.21, καυχάσθω τύχη πιστεύουσα, pur in un contesto corrotto su cui cf. *infra, ad l.*). Insomma, anche quando scandito da nessi espliciti, il dettato avanza preferibilmente per agglutinazione ed espansione additiva, fra ripetizioni enfatiche e rilanci retorici. Questi e altri aspetti stilistici dell'opuscolo sembrano additare un autore non troppo ricco di mezzi, ma generoso di variazioni, e piuttosto volenteroso nel dar fondo alle risorse che la sua cultura retorica gli mette a disposizione.

È notevole, infine, per non dire maniacale, la sua cura nell'evitare lo iato; ciò fu già notato da Hercher 1858, LXX, e poi, più sistematicamente,

---

195 A r. 21, non senza ragione Holste considerava la possibilità di correggere τηροῦσιν in τηροῦσαι: cf. *infra, ad l.*

196 Per esempi di γάρ causale-esplicativo dove «the connexion of thought is sometimes lacking in logical precision», vd. Denniston, *GP*$^2$, 61s.

197 Un isolato διὰ τοῦτο analettico – non prolettico – è in 4.4.20. L'aggancio διὰ τοῦτο ... ἵνα è fra i più usitati nella prosa greca di tutti i tempi, dall'età classica (*e.g.* Isae. 9.35; Andoc. *Myst.* 137; Lys. 1.35, 8.12, 32.22; Dem. *Ol.* 3.3, *Or.* 47.75, 50.21) all'epistolografia cristiana (*NT Rom.* 4.16, *Cor2* 13.10, *Eph.* 6.13, *Tim1* 1.16, *Tim2* 2.10, *Phil.* 15), e su su fino alla tarda antichità. Lo è anche, pur in misura minore, διὰ τοῦτο ... ὅτι (cf. *e.g.* Isocr. *De big.* 22, *Hel.* 54, *Arch.* 16; Andoc. *Myst.* 99; Xen. *Mem.* 1.3.13 e 2.6.31; Pl. *Phaedr.* 262e 3; Lys. 4.14; Dem. *Cor.* 113). Si può solo osservare, negli impieghi dello Pseudo-Filone, una certa scolastica meccanicità: egli utilizza i due nessi in passi che parrebbero di particolare enfasi, senza la naturalezza che sembra invece caratterizzare gran parte degli usi classici (e cristiani).

## 5. Lo stile dello stupore

da Rohden 1875, 33–43[198]. Lo iato, che Filone scansa anche dopo articolo e dopo καί, è tollerato solamente dopo un forte segno di interpunzione (e – potremmo aggiungere – nella quasi totalità dei casi di fronte a vocale con spirito aspro): cf. *Pr.* 2.11 μνῆμαι· ὁ; *Pr.* 2.15–3.15 παράδοξα. ὅ; *Pr.* 3.19–1.1.1 διαλάμψῃ. ὁ; 1.4.16 γῆ. αἱ e 1.4.19 περιτροχάζουσαι· εἰς; 2.5.22 ἐφάψασθαι. ἤ; 3.4.16 ἐνάργεια, ἱστορίας; 4.2.14–3.14 ἐχαλκεύθη. ὑποθείς; 4.5.28 σήκωμα. ἵνα (che però non è del tutto esente da sospetto: cf. *infra*, *ad l.*)[199]. Si giustificano verosimilmente anche in quest'ottica – oltre che per ragioni ritmiche – alcuni tratti di apparente "ipercorrettismo": è spesso utilizzato il -ν efelcistico anche di fronte a termine che inizia per consonante, tanto che L è sistematico nell'eliminarlo (cf. *infra*, Appendice I).

Se guardiamo alla cultura storico-letteraria che emerge dalle pagine pseudo-filoniane, non ci si stupirà di scoprirle qua e là memori di alcuni modelli sempiterni, quali Omero ed Erodoto, oggetto privilegiato di insegnamento nelle scuole, come noto, per tutta l'età imperiale e la tarda antichità. Ad es., nel capitolo dedicato al Colosso, la straordinaria ricchezza concessa da Zeus ai Rodiesi è evocata attraverso una chiara reminiscenza omerica: cf. 4.2.7 θεσπέσιον κατέχευε πλοῦτον, da confrontare con *Il.* 2.667–670 (cit. *infra*, n. intr. *ad* θέαμα 4). Sembrano risentire di *Od.* 11.315s. (Ὄσσαν ἐπ' Οὐλύμπῳ μέμασαν θέμεν, αὐτὰρ ἐπ' Ὄσσῃ / Πήλιον εἰνοσίφυλλον, ἵν' οὐρανὸς ἀμβατὸς εἴη) tanto 2.1.2 ὄρη γὰρ ὄρεσιν ἐπιδεδώμηται, quanto 6.1.3–5 Γίγαντες γὰρ ἢ τῶν Ἀλωέως παίδων, οἳ τὴν εἰς οὐρανὸν ἀνάβασιν εἰργάσαντο ὄρεσι, χωννύοντες τὸν οὐ ναὸν ἀλλ' Ὄλυμπον[200]. Nella descrizione delle mura di Babilonia, l'autore sembra invece riecheggiare – oltre a Diodoro Siculo – Erodoto (autore notoriamente importante per la tradizione paradossografica[201]): cf. *infra*, n. intr. *ad* θέαμα 5. E ancora Erodoto, o più in generale la prosa storico-geografica, sembra aver influenzato alcuni tratti stilistici: cf. *Pr.* 1.4s. τῆς Καρίας εἰς Ἁλικαρνασσὸν ... τῆς Ἰωνίας τὴν Ἔφεσον, dove compaiono due esempi di genitivo "corografico" (Schwyzer *GG* II 113s.), attestato negli scritti storico-geografici a partire dal

---

[198] Rohden ne fa un argomento per datare l'opera a cavallo tra V e VI sec.: cf. *infra*, § 6; vd. anche Kroll 1941, col. 55; Adam–Blanc 1989, 29–32.
[199] P attesta lo iato anche in altri punti, che appaiono però problematici sul piano testuale e sono molto probabilmente corrotti: 6.1.4 εἰργάσαντο, ὄρεσι, dove Hercher 1858, LXX postula, giustamente, lacuna (cf. *infra*, *ad l.*); 1.3.13 τε ἀρόσιμον, 2.3.11 δὲ Αἰθιοπική e 4.2.7 τοῦτο ὁ, dove è facile intervenire per evitare lo iato, rispettivamente ripristinando l'elisione ed eliminando l'articolo (cf. *infra*, *ad ll.*); 5.1.6 πλίνθῳ ἀσφάλτῳ, dove il guasto è indicato, oltre che dallo iato, dall'asindeto (cf. *infra*, *ad l.*).
[200] Anche se il passo è corrotto: vd. *infra*, *ad l.*
[201] Su Erodoto precursore del genere paradossografico cf. Pajón Leyra 2011, 173–208; Priestley 2014, 51–108; vd. anche *supra*, § 2 e n. 24.

V sec. a.C.²⁰². In un passo almeno, è evidente il debito dello Pseudo-Filone verso Senofonte: cf. 1.2.5s. τὸ δὲ ξύλον τοῦτο [scil. quello dei φοίνικες] μόνον τῶν ἄλλων οὐ σήπεται, βρεχόμενον δὲ καὶ τοῖς βάρεσι θλιβόμενον ἄνω κυρτοῦται e Xen. Cyr. 7.5.11s. καὶ γὰρ δὴ πιεζόμενοι οἱ φοίνικες ὑπὸ βάρους ἄνω κυρτοῦνται, ὥσπερ οἱ ὄνοι οἱ κανθήλιοι²⁰³. Altre reminiscenze di questo tipo saranno segnalate nelle note introduttive ai singoli θεάματα, ma si può dire che la "biblioteca" dello Pseudo-Filone appare, nel complesso, scolasticamente prevedibile²⁰⁴.

---

202 Esso è generalmente preceduto, come qui, da articolo: cf. *e.g.* Hdt. 5.67.14 πέμψας ἐς Θήβας τὰς Βοιωτίας; Xen. *An.* 2.2.6 ἦλθον ἐξ Ἐφέσου τῆς Ἰωνίας; Diod. Sic. 1.23.2, 10.11.2; Plut. *Them.* 1.2.4 Νεάνθης [*FGrHist* 84 F 2 b] δὲ καὶ πόλιν αὐτῇ τῆς Καρίας Ἁλικαρνασσὸν προστίθησι.

203 Ci si può chiedere, pur con prudenza, se la descrizione delle speciali intelaiature arboree che sostengono il giardino pensile (cf. specialmente 1.5.23–26 ἄδιψος γὰρ ἡ ῥίζα ... ῥεμβομένη καταγείοις ταῖς δι' ἀλλήλων ἐμπλοκαῖς, ὀχόν καὶ βεβηκυῖαν ἀσφαλῶς τὴν φυὴν τῶν δένδρων συμφυλάσσει) non debba qualcosa a Plb. 18.18, dove lo storico si concede un'ampia sinossi fra le diverse tecniche impiegate da Greci e Romani per la costruzione delle palizzate: cf. 18.18.10–12 πρῶτον μέν ἐστιν [*scil.* il palo abitualmente impiegato dai Greci] εὐδιάσπαστος· ὅταν γὰρ τὸ μὲν κρατοῦν καὶ πιεζούμενον ὑπὸ τῆς γῆς ἓν ὑπάρχῃ μόνον, αἱ δ' ἀποφύσεις ἐκ τούτου πολλαὶ καὶ μεγάλαι, κἄπειτα δύο παραστάντες ἢ τρεῖς ἐκ τῶν ἀποφύσεων ἐπισπάσωνται τὸν αὐτὸν χάρακα, ῥᾳδίως ἐκσπᾶται. τούτου δὲ συμβάντος εὐθέως πύλη γίνεται διὰ τὸ μέγεθος καὶ τὰ παρακείμενα λέλυται, τῷ βραχείας τὰς εἰς ἀλλήλους ἐμπλοκὰς καὶ τὰς ἐπαλλάξεις γίνεσθαι τοῦ τοιούτου χάρακος. Il nesso τὰς εἰς ἀλλήλους ἐμπλοκάς ritorna, variato, poche righe sotto (18.18.15 διὰ τὴν εἰς ἀλλήλους ἐμπλοκήν), ed è il miglior parallelo attestato per lo pseudo-filoniano ταῖς δι' ἀλλήλων ἐμπλοκαῖς. Altre analogie – lessicali e concettuali – nella pagina polibiana non mancano, a partire dalle ἀποφύσεις dei tronchi (nello Pseudo-Filone, διαφύσεις e sinonimi).

204 Come ci fa notare Luciano Bossina, il proemio dello Pseudo-Filone presenta qualche analogia con il proemio straboniano: cf. in part. Ps.-Filone, *Pr.* 2.9–14 ὁ μὲν γὰρ ἐπὶ τοὺς τόπους ἐλθὼν ἅπαξ εἶδεν καὶ παρελθὼν ἐπιλέλησται· τὸ γὰρ ἀκριβὲς τῶν ἔργων λανθάνει καὶ περὶ τὰ κατὰ μέρος φεύγουσιν αἱ μνῆμαι· ὁ δὲ λόγῳ τὸ θαυμαζόμενον ἱστορήσας καὶ τὰς ἐξεργασίας τῆς ἐνεργείας, ὅλον ἐγκατοπτρισάμενος τὸ τῆς τέχνης ἔργον ἀνεξαλείπτους φυλάσσει τοὺς ἐφ' ἑκάστου τῶν εἰδώλων τύπους· τῇ ψυχῇ γὰρ ἑώρακεν τὰ παράδοξα e Strab. 1.1.23 ἔτι δὲ τὸν αὐτὸν τρόπον, ὅνπερ ἐκεῖ τὰ περὶ τοὺς ἐπιφανεῖς ἄνδρας καὶ βίους τυγχάνει μνήμης, τὰ δὲ μικρὰ καὶ ἄδοξα παραλείπεται, κἀνταῦθα δεῖ τὰ μικρὰ καὶ τὰ ἀφανῆ παραπέμπειν, ἐν δὲ τοῖς ἐνδόξοις καὶ μεγάλοις καὶ ἐν οἷς τὸ πραγματικὸν καὶ εὐμνημόνευτον καὶ ἡδὺ διατρίβειν. καθάπερ τε καὶ ἐν τοῖς κολοσσικοῖς ἔργοις οὐ τὸ καθ' ἕκαστον ἀκριβὲς ζητοῦμεν, ἀλλὰ τοῖς καθόλου προσέχομεν μᾶλλον εἰ καλῶς τὸ ὅλον, οὕτως κἂν τούτοις δεῖ ποιεῖσθαι τὴν κρίσιν. κολοσσουργία γάρ τις καὶ αὕτη, τὰ μεγάλα φράζουσα πῶς ἔχει καὶ τὰ ὅλα, πλὴν εἴ τι κινεῖν δύναται καὶ τῶν μικρῶν τὸν φιλειδήμονα καὶ τὸν πραγματικόν. Sul piano espressivo, colpiscono soprattutto le seguenti somiglianze: οὐ τὸ καθ' ἕκαστον ἀκριβὲς ζητοῦμεν (Strab.) ~ τὸ γὰρ ἀκριβὲς τῶν ἔργων λανθάνει καὶ περὶ τὰ κατὰ μέρος φεύγουσιν αἱ μνῆμαι (Ps.-Filone); ἀλλὰ τοῖς καθόλου προσέχομεν μᾶλλον εἰ καλῶς τὸ ὅλον (Strab.) ~ ὅλον ἐγκατοπτρισάμενος τὸ τῆς τέχνης ἔργον (Ps.-Filone). Sul piano concettuale, da rilevare come entrambi gli autori giustifichino la propria opera ricorrendo alla contrapposizione dettaglio/intero e alla riflessione intorno a

## 5. Lo stile dello stupore

Nel complesso, dunque, tutto suggerisce che siamo di fronte a una pura esercitazione retorica, sostenuta da una media cultura e da una certa pretenziosità stilistica. Ciò è confermato dalla concezione storico-estetica che soggiace all'opera, ovvero l'idealizzazione passatistica di un'*âge d'or* coincidente con l'età classica e primo-ellenistica. Fidia vi assurge a emblema di vette artistiche non più eguagliate né eguagliabili, e la "favolosa" Semiramide è invocata come esempio di generoso, quasi missionario mecenatismo. Congiuntamente, tutto il trattato è un'esaltazione della τέχνη e del suo soprannaturale potere. Colpisce, ad esempio, un'espressione come 1.5.26s. σπάταλον καὶ βασιλικὸν τὸ φιλοτέχνημα καὶ τὸ πλεῖστον βίαιον, dove βίαιον indica una forza irresistibile, contraria alla natura (cf. *e.g.* Arist. *Ph.* 8.3, 253b 34 κινοῦνται δὲ βιαίως; in relazione alla magia in Philostr. *VA* 1.33.50 βιαίῳ τέχνῃ; vd. LSJ⁹, *s.v.*), ma in senso indiscutibilmente positivo, a significare l'incontrastabile vittoria della τέχνη sulla φύσις, secondo un *topos* sfruttato in contesti ecfrastici[205]. A un analogo ambito concettuale riconduce, poco sopra nello stesso capitolo, un'espressione come ἀνάγκαις ὀργανικαῖς (1.4.18), dove, attraverso la nozione di ἀνάγκη, si evoca la forza

---

ciò che agisce o non agisce nella memoria (μνήμη); entrambi, inoltre, si soffermano sul contrasto tra l'avvicinarsi fisicamente a un'opera d'arte e il parlarne per iscritto. Per di più, Strabone paragona la propria opera geografica a un colosso, mentre lo Pseudo-Filone descrive il Colosso. Ovviamente non si può escludere che le analogie derivino dalla comune adesione a *topoi* retorici; tuttavia, altre concomitanze con Strabone non mancano: cf. *e.g.* 3.1.3s. μακάριος ὁ καὶ θεασάμενος τὸν βασιλέα τοῦ κόσμου μόνος καὶ δεῖξαι δυνηθεὶς ἄλλοις τὸν κεραυνοῦχον e Strab. 8.3.30 ὁ τὰς τῶν θεῶν εἰκόνας ἢ μόνος ἰδὼν ἢ μόνος δείξας, segnalato *infra*, n. intr. *ad* θέαμα 3.

205 Cf. l'analogo uso di βιάζομαι in Christod. *AP* 2.121–123 Πυθαγόρης, Σάμιος σοφός, ἀλλ' ἐν Ὀλύμπῳ / ἐνδιάειν ἐδόκευε, φύσιν δ' ἐβιάζετο χαλκοῦ / πλημμύρων νοερῇσι μελῃδόσιν e in Proc. *Hist. arc.* 8.7–10 πολλὰ δὲ ῥίπτειν καὶ ἐς θαλαττίους οἰκοδομίας τινὰς ἠξίου, βιαζόμενος τὸ τῶν κυμάτων ἐς ἀεὶ ῥόθιον. ἐκ γὰρ τῆς ἠιόνος ταῖς τῶν λίθων ἐπιβολαῖς ἐπίπροσθεν ᾔει φιλονείκως ταῖς ἐκ τοῦ πόντου ἐπιρροαῖς <ἔχων> καὶ καθάπερ ἐξουσίᾳ πλού<του> πρὸς τὴν τῆς θαλάσσης ἀντιφιλοτιμούμενος δύναμιν, dove sono da rilevare anche altri punti di contatto con lo Pseudo-Filone: l'idea che la ricchezza possa forzare la natura, cara al nostro autore (cf. *infra*, n. intr. *ad* θέαμα 2), e l'uso dell'espressione ταῖς ... ἐπιβολαῖς, da confrontare con 4.2.8 (cf. *infra*, *ad l.*); la prospettiva di Procopio, tuttavia, è opposta rispetto a quella del nostro. Per l'esaltazione della vittoria "violenta" conseguita dalla τέχνη vd. anche Iul. Aeg. *AP* 9.738.3 δερκομένοις μὲν γὰρ Φύσιος κράτος ἥρπασε Τέχνα, dove il concetto è veicolato da ἥρπασε. Per l'idea antitetica dei limiti imposti dalla φύσις anche alla τέχνη più eccellente, vd. invece Iul. Aeg. *AP* 9.798 τλῆθι, Μύρων· τέχνη σε βιάζεται· ἄπνοον ἔργον. / ἐκ φύσεως τέχνη, οὐ γὰρ φύσιν εὕρετο τέχνη. Ma ancora una volta, forse, l'ispirazione del nostro autore va cercata in Diodoro Siculo: si veda l'elogio di Demetrio Poliorcete in 20.92.1s. οὐ μόνον γὰρ τὰ μεγέθη τῶν μηχανῶν καὶ τὸ πλῆθος τῆς ἠθροισμένης δυνάμεως ἐξέπληττεν αὐτούς [*scil.* i Rodiesi], ἀλλὰ καὶ τὸ τοῦ βασιλέως βίαιον καὶ φιλότεχνον ἐν ταῖς πολιορκίαις. Oltre al citato φιλοτέχνημα ... βίαιον di 1.5.26s., cf. τὰ μεγέθη + gen. in 2.1.2 e στρατοπέδου πλῆθος in 5.2.10.

ineludibile esercitata dalla tecnica[206]. E si veda 3.2.5–8, dove la φύσις è dichiarata al servizio di Fidia e delle sue creazioni (per quanto il testo sia problematico: cf. *infra, ad l.*), o ancora i passi in cui l'esaltazione della statuaria, dell'ingegneria o dell'architettura rasenta toni superomistici, perché la τέχνη – vi sostiene il nostro autore – può far sì che i mortali competano con gli dèi (e.g. 2.5.22s. ἢ γὰρ ἄνθρωποι διὰ τῶν τοιούτων ἔργων ἀναβαίνουσι πρὸς θεούς, ἢ θεοὶ καταβαίνουσι πρὸς ἀνθρώπους; 3.3.10 ἔχει τοίνυν ὁ μὲν πόνος ἔπαινον, ἡ δ' ἀθανασία τιμήν e 3.4.12 τεχνίτην ... δημιουργὸν ἀθανασίας; il pur corrotto 6.1.3–5 Γίγαντες γὰρ ... οὐ ναὸν ἀλλ' Ὄλυμπον, con n. *ad l.*)[207]. Tra i termini più ricorrenti nel trattato si trovano, non a caso, oltre a τέχνη (*Pr.* 2.13; 3.2.5 e 3.3.9; 6.1.6) e ai suoi derivati (1.5.26 φιλοτέχνημα; 3.4.12 e *passim* τεχνίτης), parole come ἔργον (*Pr.* 2.11 e 13; 2.1.4 e *passim*), ἐργασία (1.3.12; 4.4.25 e 4.5.28), κόπος (*Pr.* 1.5; 2.5.18; 5.1.4 [correzione palmare di Holste: cf. *infra, Appendice II*]), πόνος (1.5.27; 3.3.10; 4.2.11; 6.1.5 [*bis*]), o ancora μέγεθος (2.1.2 e 2.5.18; 5.1.4; cf. anche 2.4.17 μεγαλεῖον) e ὕψος (2.2.6 e 2.3.7; 5.2.7), a rimarcare variamente sia lo sforzo del lavoro artistico, sia la sua grandiosità.

A fronte di tutto ciò, risalta e colpisce il pressoché completo disinteresse dello Pseudo-Filone per ogni sorta di documentazione storica o antiquaria: nessun tentativo, ad esempio, di dare un nome al τεχνίτης che progettò il Colosso di Rodi (eppure la questione appassionava ancora, nel X sec., l'*équipe* di Costantino VII Porfirogenito, *De adm. imp.* 21 Moravcsik[208]), né, parrebbe, all'architetto o agli architetti dell'*Artemision* efesino[209]. Il capitolo dedicato allo Zeus Olimpio – l'abbiamo accennato – manca di qualsiasi dettaglio non solo tecnico-artistico, ma anche storico. Le piramidi, agli occhi dello Pseudo-Filone, sono un indistinto insieme senza tempo, descritto con un'adesione ai moduli retorici dell'*ekphrasis* tardoantica che comporta il

---

206 Cf., all'opposto, Xen. *Mem.* 1.1.11 τίσιν ἀνάγκαις ἕκαστα γίγνεται τῶν οὐρανίων, dove il termine è utilizzato in relazione alle "leggi della natura". Per espressioni paragonabili a quella pseudo-filoniana cf. Apollon. Med. *In Hippocr. de artic.* 5 (p. 22 Kollesch–Kudlien) μηδεμιᾶς ὀργανικῆς ἀνάγκης παρούσης, 6 (p. 24 Kollesch–Kudlien) διά τινος ὀργανικῆς ἀνάγκης.

207 Impossibile, a questo proposito, concordare con Adam–Blanc 1989, 44s., secondo cui Filone sarebbe un moralizzatore, impegnato a mettere in guardia contro i pericoli della *hybris* che spinge l'essere umano a gareggiare con gli dèi e la natura. Il giudizio va pressoché ribaltato: l'autore, tramite le sette meraviglie, esalta insistentemente la capacità dell'uomo di vincere i propri limiti grazie all'esercizio della τέχνη. Si paragoni, per antitesi, il tema della τέχνη contro-natura nei *Problemi meccanici* pseudo-aristotelici, su cui ad es. Ripellini 1993, 335s.

208 Secondo il quale a realizzare il Colosso sarebbe stato Lachete di Lindo, e non Carete, come ritenuto di solito: cf. *infra*, n. intr. *ad* θέαμα 4.

209 Il capitolo, come sappiamo, è pervenuto mutilo, ma quanto ancora si legge sembra escludere che potesse contenere informazioni di ordine storico. Cf. *infra*, n. intr. *ad* θέαμα 6.

sacrificio di qualsiasi verosimiglianza archeologica, con il suo catalogo "di repertorio" delle pietre multicolori di cui le piramidi sarebbero rivestite (cf. *infra*, n. intr. *ad l.*); e Semiramide, al principio del θέαμα 5, è evocata come un nome quasi leggendario.

Questa – nel suo insieme – è la *facies* stilistica e culturale del nostro opuscolo. Ineludibile, a questo punto, la domanda: possiamo trarre, da questi e da altri aspetti del testo, indizi utili per datare l'anonimo o pseudonimo autore?

## 6. Per un'ipotesi di datazione

Insomma: chi è lo Pseudo-Filone? O – per non pretendere troppo – chi senz'altro non è? E quando visse e scrisse, almeno indicativamente, questo curioso opuscolo? E quanto è legittimo chiamarlo Pseudo-Filone – nonché "di Bisanzio" – e considerarlo un mero omonimo dell'antico ingegnere?

Il primo ad affrontare tali quesiti fu naturalmente Leone Allacci, editore principe dell'opuscolo (cf. *supra*, § 3, e *infra*, § 7). A partire dall'*inscriptio* di P (Φίλωνος Βιζαντίου, f. 56v), Allacci volle mettere ordine fra i tanti Filoni dell'antichità, e – consapevole erede dell'antica trattatistica περὶ ὁμωνύμων[210] – a una con la *princeps* compilò una ricca e tuttora utile *Diatriba de Philonibus*[211]. Alla paternità del Filone ingegnere egli mostrò di credere senza remora alcuna[212]: troppo allettante, c'è da sospettare, fu l'idea di aver messo le mani su un capolavoro della dottrina tecnico-scientifica ellenistica, che nella Roma dei Barberini – un ambiente dove passione per la letteratura e passione per la scienza raggiunsero un equilibrio raramente pareggiato – doveva essere accolto con entusiasmo.

È notevole che a conclusioni simili giungesse contemporaneamente Lukas Holste. Egli lavorò su P negli stessi anni di Allacci, verosimilmente

---

210 A partire da Demetrio di Magnesia, su cui cf. Mejer 1981 e ora Zaccaria 2021, 167–406.
211 Nell'*e.p.* Allacci dà per conosciuta la sua *Diatriba*, che in effetti deve essere stata composta entro il 1637, quando la menziona con cognizione di causa, nel suo *Syntagma de studio militari*, uno dei più attivi collaboratori e agenti librari dei Barberini, Gabriel Naudé (1600–1653; cf. Naudé 1637, 519). Ma l'opera resterà inedita a lungo: non comparirà nei *Symmicta* allacciani in due volumi (Allacci 1653), sarà vanamente prevista per l'edizione in dieci volumi che Allacci progetta nel 1656 – e che tuttavia non uscirà mai – e infine vedrà la luce solo nel 1853, grazie ad Angelo Mai (cf. Mai 1853, 40–71); per ulteriori dettagli cf. Condello–Magnani 2019, 76–78.
212 Filone il Meccanico è il nr. XLV della *Diatriba* allacciana (in Mai 1853, 56–63), e merita la scheda più lunga e dettagliata; qui Allacci (p. 63) così si esprime: «scripsit [*scil.* Phil. Byz.] praeterea libellum cultissimum et elegantissimum de septem orbis spectaculis, quem nos latine loquentem primi omnium, notisque nostris illustratum publicamus».

in dialogo con lui, e sicuramente meglio di lui (cf. § 7); e tuttavia, per quel che concerne l'attribuzione a Filone Meccanico, Holste si mostrò altrettanto credulo, e anzi ancor più incauto: egli fantasticò addirittura di una drastica retrodatazione dello Pseudo-Filone all'età di Aristotele[213].

È inevitabile che un'epoca di testi riscoperti e di edizioni principi – e tale fu il primo Seicento, trascurata ma non trascurabile propaggine della stagione umanistico-rinascimentale – sia segnata da qualche ingenuità. Così fu per il nostro Pseudo-Filone nella Roma di Allacci e di Holste, e nell'Europa dotta di cui entrambi erano insigni esponenti: la paternità pseudoepigrafica dell'opuscolo, ingenuamente accolta, giovò non poco alla sua fortuna. È del resto difficile immaginare un'età più fertile e ricettiva per la rinascita moderna del nostro Pseudo-Filone: il Seicento, già in sé incline al gusto del *paradoxon*, poteva contare su una tradizione erudita che al tema dei *mirabilia* architettonici dell'antichità aveva dedicato un'attenzione intensa[214]. La congiuntura, dunque, risultò più che mai favorevole. Anche all'accettazione di una paternità inverosimile.

Dell'attribuzione tràdita non dubitarono né il successivo editore e traduttore pseudo-filoniano[215], cioè Dénis de Salvaing de Boissieu (su di lui cf. *infra*, § 7)[216], né Claude-François Ménestrier (1631–1715), «Ceimeliothecae Barberinae Praefectus», che nel suo *Symbolica Dianae Ephesiae statua* (1657, 1688²) mise parzialmente a frutto l'inedita traduzione di Holste, e con essa, evidentemente, anche le sue ipotesi d'attribuzione e di cronologia: Ménestrier, infatti, giudica il nostro autore un «antiquissimus scriptor»[217]. Ben altra sensibilità e vigilanza critica mostrò invece Johann Albert Fabri-

---

213 Si veda la lettera di Holste (14 febbraio 1634) a Nicolas-Claude de Peiresc, in Boissonade 1817, 468–482, in part. 468s. Qui l'Amburghese si spinge a individuare un *terminus ante quem*, per la stesura dell'opuscolo, nel primo incendio dell'Artemisio efesino (356 a.C.). Curioso che Holste non ponesse mente al poderoso ostacolo che, per una simile proposta di datazione, è costituito dal capitolo sul Colosso di Rodi, opera non anteriore all'inizio del III sec. a.C. (cf. *supra*, § 2, e *infra* in questo stesso §). Va detto che i suoi materiali di lavoro su Filone e sui Filoni, ancora leggibili, denunciano una certa provvisorietà dell'indagine storica: cf. *infra*.

214 Sulla fortuna cinquecentesca delle sette meraviglie si veda la bibliografia citata *supra*, § 2.

215 In realtà spudorato plagiario di Holste: ne parleremo al § 7.

216 Cf. de Boissieu 1661, 5, dove si proclama l'identificazione dell'autore con l'ingegnere ellenistico, e piuttosto confusamente si soggiunge: «alicubi vero memini me legere, Philonem Byzantium Ἀριστοτέλους γνώριμον fuisse, sed excidit memoria Authoris»; il riferimento è ad Athen. 13.610f, e naturalmente non si tratta né dell'ingegnere né del nostro, ma di un non meglio precisato Filone (nr. 67, p. 343 Baiter–Sauppe) che impugnò per illegalità il decreto contro i filosofi promosso, nel 306 a.C., da Sofocle di Sunio.

217 Ménestrier 1657, 58s. = 1688, 46s. La sua dissertazione fu riprodotta nel *Thesaurus Graecarum antiquitatum* di Gronovius (Gronov 1699, 359–400, in part. coll. 389s. per il passo citato).

## 6. Per un'ipotesi di datazione

cius, toccando del nostro Pseudo-Filone nel terzo volume della sua *Bibliotheca Graeca*: l'autore del Περὶ ἑπτὰ θεαμάτων – scrisse il dotto tedesco – «mihi vix ac ne vix quidem videtur ille Mechanicus [...], sed potius aliquis e Rhetorum numero non contemnendae aetatis»[218]. Difficile dire a quale epoca pensasse Fabricius: certo non all'antichità classica, né all'età ellenistica[219]. Nella *editio nova* curata da Gottlob Ch. Harles l'affermazione si arricchì di una timida ipotesi: «Philo forte Heracleotes»[220]; all'ipotesi guidava evidentemente il soggetto taumatologico, ma del paradossografo Filone di Eraclea (menzionato da Porfirio *ap.* Stob. 1.49.52) la cronologia è ignota a noi, come lo era a Fabricius e Harles[221]. In ogni caso, l'identificazione del nostro Pseudo-Filone con l'autore della Μηχανικὴ σύνταξις era ormai messa in seria crisi.

A Fabricius si riallacciava infatti, con pieno plauso, Johann Conrad Orelli (1770–1826), cui si deve quello che resta, a oggi, il miglior commento al nostro opuscolo; il suo autore, secondo Orelli, era un retore o sofista «incertae aetatis», i cui artifici linguistici («flores orationis») «recentioris aevi vestigia produnt»[222]. Pur senza ulteriori e più precise ipotesi, Orelli escludeva definitivamente lo Pseudo-Filone dal novero degli autori ellenistici.

Il passo successivo fu compiuto, nel 1875, da Hermann von Rohden, il primo a tentare una precisa datazione su base stilistica. Lo studioso, in particolare, ha valorizzato la maniacale intolleranza allo iato, che è una spiccata caratteristica della prosa pseudo-filoniana (cf. *supra*, § 5); essa troverebbe un riscontro – secondo Rohden – solo negli autori della scuola di Gaza; perciò egli ha proposto di collocare l'opera tra la fine del V e l'inizio del VI sec.[223].

---

218 Fabricius 1707, 590.
219 Suona immotivato il parere di Adam–Blanc 1989, 29, secondo cui Fabricius «ne remet pas en cause la date du traité». La prudente espressione del dotto tedesco («non contemnendae aetatis») lascia percepire consistenti dubbi.
220 Fabricius–Harles 1795, 233. Il giudizio è riprodotto anche in Orelli 1816, XX. L'identificazione del nostro Pseudo-Filone con Filone di Eraclea perdura fino a Susemihl 1891, 477. Dell'ipotesi fa ancora menzione Marcotte 2000, XCV n. 79.
221 Cf. Fabricius–Harles 1790, 196. Per il pochissimo che resta di Filone Eracleota cf. Giannini 1966, 110s. Per ipotesi sulla sua datazione (III sec. a.C.?) cf. Laquer 1941, che peraltro esplicitamente nega l'identificazione con il nostro Pseudo-Filone. In realtà possiamo solo dedurre un amplissimo *terminus ante quem* dalla menzione – l'unica esplicita in nostro possesso – che ne fa Porfirio *ap.* Stob. 1.49.52 (= test. 1 = fr. 1 Giannini). Se è lui il Filone menzionato da Ael. *NA* 12.37 (= *fr. 3 Giannini), il *terminus ante quem* può scendere un po'. Impossibile dire se sia lui il Filone menzionato da *Sud.* π 71 Adler, autore di una Περὶ παραδόξου ἱστορίας, come ritiene Laquer 1941, 50.
222 Orelli 1816, VIIIs.
223 Rohden 1875, 41–43, a oggi il più puntuale tentativo di datare lo Pseudo-Filone. La tesi dello studioso, tuttavia, è poco convincente: cf. *infra*. La datazione al VI sec. d.C. è recepita – forse sulla base di Rohden – dal *GI*³, p. 50.

Una datazione all'età tardo-antica divenne ben presto canonica[224], e nella pertinente voce della Pauly–Wissowa Wilhelm Kroll la consacrò in via definitiva, sostenendo perentoriamente che lo Pseudo-Filone non potesse essere anteriore al IV sec. d.C. («in keinem Falle wird man hin vor dem 4 Jhdt. n. Chr. ansetzen»), e non escludendo affatto una datazione al secolo successivo[225]. Oggi questa è diventata la *communis opinio*[226]; in controtendenza, e alquanto sorprendente, l'affermazione di Dilke 1993, 179: «there seems no reason to attribute his account of the seven wonders to a later writer»[227].

Le ragioni, in realtà, sono molte e ottime. I tratti di stile, e la stessa concezione estetica che sta alla base del trattato, con la sua nostalgica esaltazione di una perduta "età d'oro", denunciano chiaramente un prodotto retorico tardo. Varrà la pena, tuttavia, dettagliare meglio il giudizio, senza dimenticare che il trattatello mostra d'essere penetrato alquanto precocemente nel *corpus* testuale sopravvissuto in P (cf. *supra*, § 3).

Muoviamo, per cominciare, dai dati fattuali che l'opuscolo – pur avaro di dettagli – non manca di far trapelare. È degno di nota, ad es., l'uso dei tempi verbali nella descrizione del Colosso di Rodi (4.1.3 κολοσσὸς ἔστη e 4.1.4 ἡ γὰρ εἰκὼν ... ἐγινώσκετο): ciò rivela che la statua, quando l'autore scrive, era già crollata, e certo non di recente; del Colosso si parla al passato senza mai alludere al terremoto che ne determinò la distruzione intorno al 227 a.C. La sua caduta, dunque, è un dato acquisito. Questo *terminus post quem* già basterebbe a rendere poco verosimile l'attribuzione a Filone di Bisanzio, la cui datazione è tendenzialmente collocata tra il 270 e il 200 a.C. (o poco oltre)[228]: anche ammettendo che l'autore possa aver scritto il quarto θέαμα

---

224 L'opuscolo è addirittura collocato tra VI e VII sec. d.C. da Christ–Schmid–Stählin 1924, II/2, 1044.
225 Kroll 1941, 55.
226 Cf. ad es. Musso 1976, 5 (che parla *tout court* di età bizantina); Adam–Blanc 1989, 31; Kazhdan 1991, 1583; Brodersen 1992, 14s., 1996, 19s., 2000, 2012; Marcotte 2000, XXI («VIᵉ s.?»); Pajón Leyra 2011, 184; Rance 2013; Zimmermann–Rengakos 2014, 602 n. 53; Jordan 2014, 10; Roby 2016, 122.
227 Confusamente possibilisti circa l'attribuzione del trattato al Filone ellenistico anche Polinger Foster 2004, 207 («"On the Seven Wonders", a text preserved solely in a ninth-century Byzantine codex whose Hellenistic source, often doubted, may be Philo of Byzantium, Alexandrian author of engineering treatises about 250 BC») e Rossi 1985, 13–15 (della cui generale inaffidabilità si è già detto; cf. *supra*, § 2 n. 6). Difendeva convintamente l'attribuzione a Filone di Bisanzio, contro lo scetticismo di molti, anche Maryon 1956, 68, sulla base di un presunto «practical grasp of the many problems to be faced» dell'autore, che avrebbe mostrato di essere «in touch with a living tradition» (Maryon si riferiva alla descrizione del Colosso di Rodi, l'unica a non apparire del tutto fantasiosa; ma si tratta dell'eccezione, non della regola, e neanche in questo caso mancano le incongruenze: cf. *supra*, § 4 e *infra*, n. intr. *ad* θέαμα 4).
228 Per la problematica collocazione cronologica di Filone Meccanico cf. *supra*, § 1 n. 3.

## 6. Per un'ipotesi di datazione

negli ultimissimi anni della sua vita, sarebbe a dir poco sospetta la totale assenza di riferimenti a un evento contemporaneo così traumatico e così drammatico, verificatosi, per di più, in una terra a lui cara[229].

Si noti peraltro che in 4.2.10–12, nel descrivere il Colosso, lo Pseudo-Filone trascorre d'improvviso al tempo verbale presente: οἱ διάπηγες μοχλοὶ κυκλώπιον ἐμφαίνουσι ῥαιστηροκοπίαν, καὶ τὸ κεκρυμμένον τοῦ πόνου τῶν βλεπομένων μεῖζόν ἐστιν· ἐπαπορεῖ γὰρ ὁ θαυμαστὴς τῶν θεωρούντων κτλ. Lungi dal costituire un'incongruenza, il dato collima con quanto si è appena osservato: qui si sta analizzando la struttura interna del Colosso, e cioè la parte normalmente non visibile (τὸ κεκρυμμένον τοῦ πόνου); dunque, lo Pseudo-Filone spontaneamente esprime il punto di vista di uno spettatore-tipo per il quale è normale contemplare – e ammirare – i relitti dell'antica statua, che furono a lungo un'attrattiva turistica dell'isola. Un simile punto di vista – usuale, ad es., ai tempi di Plin. *NH* 34.41, con cui la descrizione pseudo-filoniana mostra evidenti punti di contatto (cf. *infra*, n. intr. *ad* θέαμα 4) – è concepibile solo a lunga distanza dal catastrofico sisma del 227 a.C.[230]. D'altronde, il canone stesso delle sette meraviglie non pare essersi fissato se non in tarda età ellenistica: la prima sicura attestazione del tema, costituita dai cosiddetti *Laterculi Alexandrini*, risale, come si è visto, al II sec. a.C. (cf. *supra*, § 2); per il nostro autore, invece, notorietà e numero dei θεάματα sono semplicemente uno scontato punto di partenza (*Pr.* 1.1 τῶν ἑπτὰ θεαμάτων ἕκαστον φήμῃ μὲν γινώσκεται πᾶσιν, ὄψει δὲ σπανίοις ὁρᾶται). Chi si esprime in tal modo ha già alle spalle una lunga e consolidata tradizione, durante la quale gli ἔπαινοι delle meraviglie sono diventati

---

229 A Rodi Filone trascorse alcuni anni, come si desume dai *Belopoeica* (51.15–23 Diels–Schramm ἱστορήσομεν οὖν σοι, καθότι καὶ αὐτοὶ παρειλήφαμεν ἔν τε Ἀλεξανδρείᾳ συσταθέντες ἐπὶ πλεῖον τοῖς περὶ τὰ τοιαῦτα καταγινομένοις τεχνίταις, καὶ ἐν Ῥόδῳ γνωσθέντες οὐκ ὀλίγοις ἀρχιτέκτοσι καὶ παρὰ τούτοις κατανοήσαντες τὰ μάλιστα τῶν ὀργάνων εὐδοκιμοῦντα σύνεγγυς πίπτοντα τῇ μελλούσῃ μεθόδῳ λέγεσθαι οὕτως): cf. *e.g.* Garlan 1974, 284; Whithead 2016, 22 e 159. Si è peraltro ipotizzato, sulla base dei riferimenti alle peculiari fortificazioni rodie, che Filone Meccanico fosse al corrente delle novità architettoniche introdotte dopo il sisma: su ciò si veda soprattutto Winter 1992, 191 e 206s., con la (prudente) discussione dei dati in Whithead 2016, 159s. Se così fosse, ancora più strana suonerebbe la svagata indifferenza del nostro Pseudo-Filone per il sensazionale (e recentissimo) disastro. Un ulteriore elemento merita d'essere sottolineato, per quanto anch'esso costituisca un *argumentum ex silentio*: sappiamo che per l'erezione dell'immensa statua furono impiegati i "resti" (pietre, metallo) del fallimentare ma spettacolare assedio condotto contro Rodi da Demetrio Poliorcete (cf. *e.g.* Pimouguet-Pedarros 2003; Durvye 2010). È difficile credere che il dettaglio sarebbe stato ignorato proprio da Filone, specialista in poliorcetica e balistica.

230 A Maryon 1956 si deve un tentativo di ricostruire il Colosso come esso poteva apparire ai visitatori di età tardo-ellenistica e imperiale (ma sulla mal riposta fiducia dello studioso nella testimonianza offerta dallo Pseudo-Filone cf. *supra*, § 4 e n. intr. *ad* θέαμα 4; vd. anche *supra*, n. 227).

materia ovvia (cf. *Pr.* 3.17 καὶ γὰρ δὴ μόνον ταῦτα τῇ κοινῇ τῶν ἐπαίνων προσηγορίᾳ καλεῖται κτλ.²³¹). Del resto – lo abbiamo accennato (cf. *supra*, § 5) e torneremo a vederlo *infra*, nelle note introduttive ai singoli θεάματα – lo Pseudo-Filone sembra tener conto di autori successivi al Meccanico, come Diodoro Siculo e forse Strabone: a meno di non voler ipotizzare una loro sistematica dipendenza dal nostro opuscolo, ciò liquida l'attribuzione all'ingegnere ellenistico.

Più confusi i dati che si possono ricavare dalle vicende occorse al Colosso dopo il sisma del 227 a.C. Come abbiamo già accennato, siamo al corrente di un ulteriore terremoto che nel 107 a.C. inferse nuovi danni alla statua (Eus. *Chron.* p. 147 Helm); ma sappiamo anche di una ricostruzione – chissà quanto estesa – avvenuta sotto il regno di Vespasiano o di Adriano²³²: con un restauro dell'opera può ben quadrare la notizia relativa a Commodo, che avrebbe sostituito la testa dell'Helios rodio con la propria (Eus. *Chron.* p. 209 Helm, *Chron. Pasch.* p. 492 Dindorf)²³³. In teoria, il fatto che lo Pseudo-Filone conosca un Colosso evidentemente già atterrato, e ispezionabile fin nei suoi più intimi recessi (4.2.11 τὸ κεκρυμμένον τοῦ πόνου), potrebbe

---

231 La frase è corrotta (cf. *infra, ad l.*), ma il senso generale non è in dubbio.
232 A Vespasiano guida Eus. *Chron.* p. 188 Helm (= p. 117 Karst per la versione armena), che però offre uno scarno *colossus erectus habens altitudinis pedes CVII*. Che si tratti del Colosso rodio conferma Giovanni Malala, che però attribuisce il restauro – con ricchi dettagli – ad Adriano: *Chron.* p. 279 Dindorf ἐν δὲ τῇ αὐτοῦ βασιλείᾳ ὁ αὐτὸς Ἀδριανὸς ἀνήγειρε καὶ τὸν κολοσσὸν Ῥόδου, πεσόντα ὑπὸ σεισμοῦ θεομηνίας ὅτε καὶ ἡ πόλις Ῥόδος νῆσος ἔπαθεν ἐν τοῖς πρῴην χρόνοις, κείμενον χαμαὶ ἔτη τιβ΄, μὴ ἀπολομένου ἐξ αὐτοῦ τινος, ἀναλώσας εἰς τὸ ἀναστῆσαι καὶ στῆσαι εἰς τὸν ἴδιον τόπον εἰς μηχανὰς καὶ σχοῖνα καὶ τεχνίτας κεντηνάρια γ΄, ὡς ὑποκάτω ἔγραψε τὸν χρόνον καὶ τὰ δαπανήματα. Cf. anche *Chron. Pasch.* p. 464 Dindorf ἐπὶ τούτων τῶν ὑπάτων [*scil.* Vespasiano e Tito] ἐν Ῥόδῳ ὁ κολοσσὸς ἀνεστάθη, μῆκος ἔχων ποδῶν ρζ΄, e p. 476 Dindorf ὁ ἐν Ῥόδῳ κολοσσὸς ἐπὶ τῆς ἀρχῆς Ἀδριανοῦ πρῶτος ἐκινήθη (con allusione a uno spostamento della statua, o a una sua ricollocazione in posizione eretta?). Le notizie sono evidentemente alquanto confuse, e i 312 anni durante i quali, secondo Malala, il Colosso sarebbe rimasto atterrato (κείμενον χαμαὶ ἔτη τιβ΄) non collimano né con Adriano né con Vespasiano, se il punto di partenza è il sisma del 227 a.C.; né il conto torna se si muove dal sisma del 107 a.C. Si ipotizza che la ricostruzione adrianea – se avvenuta – sia da collocare nel 123 d.C. (cf. *e.g.* Conrad 1996, 177), quando Adriano visitò Rodi. Ma certo essa non avrà richiesto poco sforzo e poco tempo, e il 123 d.C. si potrebbe considerare – al massimo – un punto d'arrivo o un punto di partenza.
233 Per contro, è difficile credere che – fra Adriano e Commodo – il Colosso non abbia sofferto danni dal terremoto di cui dà notizia Pausania (2.7.1 e 8.43.4). Per l'identificazione dei due eventi sismici evocati dal Periegeta, e per la collocazione negli anni fra il 142 e il 144 d.C., sotto il regno di Antonino Pio, cf. Musti–Torelli 1986, 238 e Moggi–Osanna 2003, 493. Potremmo avere, dunque, una sequenza costituita da un restauro adrianeo, quindi da un nuovo danneggiamento e un nuovo restauro sotto Antonino (sul pronto intervento dell'imperatore insiste Paus. 8.43.4), e infine dall'atto vandalico di Commodo. Si veda in proposito anche Conrad 1996, 179.

## 6. Per un'ipotesi di datazione

suggerirci una datazione fra il 227 (o il 107) a.C. e l'età di Vespasiano o di Adriano, che parrebbero aver rimesso la statua sulle proprie gambe (*colossus erectus*, dice Eusebio–Girolamo; ὁ αὐτὸς Ἀδριανὸς ἀνήγειρε καὶ τὸν κολοσσὸν Ῥόδου, rincara Malala: cf. n. 232); e tuttavia non possiamo essere certi che i restauri siano stati davvero tanto radicali, né possiamo escludere ulteriori danni inferti in seguito al monumento, durante la lunga storia sismica dell'isola[234]; più in generale, non possiamo escludere che lo Pseudo-Filone testimoni non uno stato dei fatti a lui coevo, ma quanto poteva ricavare dalle sue fonti, senza alcuna verifica – autoptica o meno – dei dati attuali. Semmai, il fatto che egli parli di un'opera non più immediatamente riconoscibile quale statua del dio Helios (4.1.4 ἡ γὰρ εἰκὼν τοῦ θεοῦ βολαῖς ἐγινώσκετο ταῖς ἐξ ἐκείνου)[235] potrebbe suggerire un'età posteriore a Commodo, quando la testa del Colosso fu oggetto – se crediamo al citato aneddoto – di un rude trapianto; ma l'iconografia di Commodo–Helios è ben nota, e non è affatto detto che il trapianto abbia snaturato le fattezze solari della statua. Nulla di conclusivo, come si vede. Al massimo, se ipotizziamo – con Conrad 1996, 179 – che colpi mortali siano stati assestati al Colosso, ben prima della conquista araba, dai sismi verificatisi sotto i regni di Zenone e di Anastasio, potremmo supporre un *terminus ante quem* di tardo V sec. d.C.: ma resteremmo, va da sé, nel campo delle congetture.

Per il resto, i dati cronologici ricavabili dalla storia delle sette meraviglie indurrebbero a fissare, per il nostro opuscolo, un *terminus ante quem* ancora anteriore, intorno all'inizio del V sec. d.C., quando fu distrutto definitivamente il tempio di Artemide a Efeso[236] e lo Zeus Olimpio fu rimosso dalla sua sede per essere trasferito a Costantinopoli (cf. *supra*, § 2). Tuttavia, è bene ribadire che la natura fortemente libresca delle descrizioni non ci permette di determinare con sicurezza se lo Pseudo-Filone stesse descrivendo monumenti ancora visibili alla sua epoca – come lascerebbe intendere, a rigore, il periplo evocato in *Pr.* 1 – o se stesse piuttosto rendendo omaggio a una tradizione consolidata, senza riguardo alcuno per lo *status quo* coevo.

Vale però la pena notare che una frase come quella che si legge nel capitolo dedicato allo Zeus Olimpio, 3.4.11–14 ὦ καιρὲ τῆς Ἑλλάδος ... δεῖξαι δυνηθεὶς ἀνθρώποις θεῶν ὄψεις ἃς ὁ μὴ παρὰ σοὶ θεασάμενος παρ' ἄλλοις ἰδεῖν οὐκ ἂν δυνηθείη[237], parrebbe alludere al fatto che la statua – insieme ad altri capolavori dell'arte classica – non si trovava più in Grecia. Lo Zeus Olimpio, in particolare, fu trasferito a Costantinopoli, nel *Lauseion*, verso

---

234 Un dettaglio, quest'ultimo, su cui insiste giustamente Conrad 1996, 177–180.
235 Il testo qui è frutto di nostro emendamento (cf. *infra, ad l.*), ma il senso complessivo della frase ci sembra sicuro.
236 Del quale si parla al presente: cf. 6.1.1 ὁ τῆς Ἀρτέμιδος ναὸς ἐν Ἐφέσῳ μόνος ἐστὶν θεῶν οἶκος.
237 In tale passo μή è nostra correzione per il tràdito μέν: cf. *infra, ad l.*

l'inizio del V sec. d.C. (cf. *supra*, § 2); ed è tentante cogliere un'ulteriore allusione a tale evento nella frase che chiude il capitolo: 3.4.14–17 καὶ γὰρ δὴ τὸν μὲν Ὄλυμπον πλεῖστον χρόνον Φειδίας νενίκηκεν, τοσοῦτον ὅσον ὑπονοίας μὲν ἐνάργεια, ἱστορίας δὲ γνῶσις, ὄψις δ' ἀκοῆς ἐστιν βελτίων. Perché πλεῖστον χρόνον ... νενίκηκεν? Perché, cioè, una vittoria "a termine", benché computata in un "lunghissimo tempo"? Lo Pseudo-Filone sembra presupporre un'epoca in cui un diretto confronto tra Fidia e l'Olimpo – cioè, come il seguito suggerisce, tra l'immagine rivelata di Zeus e le leggende concernenti il remoto Olimpo – ha ormai cessato di aver luogo: un'epoca, insomma, in cui la statua non si trovava più a Olimpia. In questo caso, si dovrebbe pensare a una datazione successiva all'inizio del V sec. Dalla descrizione dello Zeus Olimpio si sarebbe tentati di ricavare un indizio cronologico in più: il nostro autore ignora la fattura criselefantina della statua; egli si sofferma solo sull'impiego dell'avorio (cf. 3.2.5s. διὰ τοῦθ' ἡ φύσις ἤνεγκεν ἐλέφαντας, ἵνα Φειδίας τεμὼν τοὺς τῶν θηρίων ὀδόντας χορηγήσῃ κτλ.), ma dell'oro non fa parola alcuna. Lo stesso silenzio caratterizza la menzione che di Fidia e del suo Zeus, nell'inoltrato IV sec. d.C., fa Epifanio di Salamina[238], nonché il tardo testimone – Giorgio Cedreno – che più dettagliatamente descrive la collezione del *Lauseion*[239]. Se ne è ricavata l'ipotesi che lo Zeus di Fidia fosse stato da tempo – forse dall'età di Costantino – spogliato delle sue parti auree[240]. In tal caso, lo Pseudo-Filone testimonierebbe, *ex silentio*, uno stato dei fatti non anteriore al IV sec. d.C. Va tuttavia rilevato che lo stesso silenzio caratterizza un ristretto manipolo di testi di I sec. a.C./I sec. d.C., epoca in cui la statua, come ci assicurano altre testimonianze, aveva ancora la sua componente aurea[241]. Lo Pseudo-Filone potrebbe limitarsi dunque a menzionare il solo avorio perché questo materiale colpiva di più la sua fantasia, o per banale ignoranza, o per dipendenza da una fonte dove l'oro non compariva. Più in generale, pesa su queste e consimili deduzioni il

---

238 Cf. Epiph. *Haer.* 64.27.7 (2.444 Holl–Dummer) οὗτος (*scil.* Fidia) γὰρ μετὰ τὸ κατασκευάσαι τὸ Πισαῖον εἴδωλον (ἐξ ἐλέφαντος δὲ τοῦτο ἦν) ἔλαιον ἐκχεῖσθαι προσέταξεν ἀμφὶ τοὺς πόδας ἔμπροσθεν τοῦ ἀγάλματος, ἀθάνατον εἰς δύναμιν φυλάσσων αὐτό. Il *Panarion* o *Adversus haereses* di Epifanio si data agli anni '70 del IV sec., ed è senz'altro successivo alla morte di Atanasio di Alessandria (373 d.C.).
239 Cf. Georg. Cedr. *Comp. hist.* 344.6 (2.557 Tartaglia) καὶ ὁ Φειδίου ἐλεφάντινος Ζεύς, ὃν Περικλῆς ἀνέθηκεν εἰς νεὼν Ὀλυμπίων. Nessuna esplicita menzione dello Zeus fidiaco, invece, in Georg. Cedr. *Comp. hist.* 384.3 (2.601 Tartaglia) e in Io. Zon. *Epit. hist.* 14.2.24 (3.131 Büttner–Wobst = 3.257 Dindorf), che si limitano a ricordare alcuni degli altri capolavori distrutti nell'incendio del *Lauseion*.
240 Cf. Mango–Vickers–Francis 1992, 94s.; Guberti Bassett 2000, 7 e 9 (= Bassett 2004, 238).
241 Vd. *infra*, n. intr. *ad* θέαμα 3.

carattere retorico, spesso astorico e quasi sempre evasivo della trattazione[242]. Vale la pena segnalare, se mai, come una descrizione come quella delle piramidi, con la sua incongrua elencazione delle pietre multicolori che, stando allo Pseudo-Filone, ne rivesterebbero la superficie, appare debitrice di una tradizione ecfrastica che trova confronto in autori come Paolo Silenziario e Procopio di Cesarea (cf. *infra*, n. intr. ad θέαμα 2): un elemento che già di per sé potrebbe orientare verso una datazione tardoantica.

Altri dati si ricavano dall'analisi stilistica, già esperita, si è visto, da Rohden 1875, 41–43; lo studioso – sulla base della sistematica avversione pseudo-filoniana per lo iato – accostava l'autore ai retori della scuola di Gaza. Il dato non è trascurabile, ma va rilevato che le affinità tra lo Pseudo-Filone e autori quali Coricio o Procopio di Gaza si fermano qui: la prosa di Filone è abissalmente lontana dall'atticismo che caratterizza, in varia misura, i prosatori gazei[243]; essa privilegia piuttosto, come si è mostrato, l'espressione fiorita e ridondante; vi abbondano i composti e le perifrasi; e tale è il gusto per la frase a effetto che l'espressione, non di rado, finisce per risultare tortuosa, se non del tutto oscura.

Per valorizzare, a finalità glottocronometriche, la lingua dello Pseudo-Filone, gioverà inquadrarla da almeno quattro punti di vista: lessicale, morfologico, sintattico, e *lato sensu* stilistico[244]. Da ciascuna di queste prospettive si possono trarre elementi utili, o almeno orientativi.

---

242 Allo stesso modo, ci si può chiedere se la naturalezza con cui l'autore nomina "i Persiani", in *Pr.* 1.2, per indicare l'area babilonese (cf. anche 5.2.10, su Babilonia come Περσίδος προτείχισμα), non presupponga il pieno consolidamento dell'impero sasanide, e dunque un *terminus post quem* di III sec. d.C. E tuttavia, anche in tal caso, la designazione può essere generica e tradizionale, ovvero meccanicamente e anacronisticamente ereditata da fonti anteriori.

243 Per un'introduzione generale alla scuola di Gaza cf. *e.g.* Ciccolella 2000, 120–126; Penella 2009, 1–8; i contributi raccolti in Amato–Corcella–Lauritzen 2017 (con ulteriore bibliografia).

244 Non ci pare che possa essere seriamente valorizzato, ai nostri fini, l'aspetto fonologico o fonomorfologico. Se è da credere alla *facies* linguistica cristallizzata in P, lo Pseudo-Filone non mostra spiccati atticismi (non si danno forme in -ττ-, né in ξυν-, né οὐθείς etc.); egli ammette con naturalezza casi come ἀνθέων (1.3.10) o κυαναυγῆ (2.4.14), usa sempre γινώσκω (*Pr.* 1.1; 4.1.4); e così via: siamo di fronte, insomma, a un insieme di moderati "ionismi" da *koiné*, che anche fra gli scrittori atticisti convivono con le forme attiche almeno dai tempi di Eliano (cf. *e.g.* Schmid 1893, 15–45). Ma da ciò non si possono trarre deduzioni d'ordine cronologico, perché – anche al di là del modestissimo campione testuale di cui disponiamo – questi dati potrebbero indicare semplicemente l'estraneità del nostro autore a forme rigorose di purismo atticistico (per Dione di Prusa cf. *e.g.* Schmid 1887, 84–86). Altri fonetismi dialettali spiccati nello Pseudo-Filone non si danno, e la sua lingua appare – sotto l'aspetto fonologico – complessivamente incolore, o complessivamente mediana; cf. anche *infra*.

Cominciamo dal lessico. Pur nella sua brevità, l'opuscolo registra lessemi che non appaiono attestati – o almeno non risultano usuali – prima dell'inizio dell'età imperiale, o addirittura prima del II–III sec. d.C.: ad es. l'avverbio ὑπεράνωθεν (1.1.2)[245]; l'aggettivo δυσεπινόητος (2.1.3)[246], ma anche il poetico κυαναυγής (2.4.14)[247]; il participio sostantivato τὰ οἰκοδομούμενα per indicare "case" o generalmente "edifici" (4.3.19s.)[248]. Il verbo ὑαλίζω (2.4.13s.), a sua volta, è inattestato prima del I sec. d.C.[249], e anche il ricorso a διιππεύω (5.2.8) può costituire una marca di età recente[250]. Del resto, l'immagine proemiale degli ψυχῆς ὄμματα (*Pr.* 2.9 ὄμματα τῇ ψυχῇ προσδιδοῦσα) non trova attestazioni prima di Filone Alessandrino e, più diffusamente, dell'età imperiale avanzata[251]. Interessante anche l'espressione ἀκίνητος καὶ παρθένος ... μένει γῆ (1.4.15s.), applicata al giardino pensile: παρθένος γῆ è terminologia "edenica" (cf. *e.g.* Io. Chrys. *De mut. nom.* PG 51.129 τὸ γὰρ Ἐδὲμ τὴν παρθένον σημαίνει γῆν), e in generale non si diffonde che in epoca imperiale[252]. Anche l'espressione καυχάσθω (2.5.21 καυχάσθω τύχη πιστεύουσα κτλ.) è di qualche rilevanza, perché sembra orecchiare, forse non per caso *a contrario*, le litanie bibliche del μὴ καυχάσθω (*LXX Reg1* 2.10; *Od.* 3.10; *Ger.* 9.22s.), con relative riprese paoline (*Cor1* 1.31 e 3.21; *Cor2* 10.17); la *iunctura* μὴ καυχάσθω diventerà diffusissima in età imperiale e patristica. Anche *iuncturae* come τοῦ ζῆν ὁ βίος (*Pr.* 1.7) o τέρμα

---

245 Esso entra nella letteratura greca a noi nota con *LXX Ps.* 77(78).23, *Ez.* 1.25, e si diffonde solo in età imperiale: cf. *e.g.* [Ignat.] *Epist.* 5.8.3 Funk–Diekamp; [Iustin.] *Cohort.* p. 30b Morel = 31.1.9, p. 242 Prouderon; Greg. Nyss. *Refut. confess. Eun.* 48 (*GNO* 2.232); Eus. *In Ps. PG* 23.917. In Esichio è *interpretamentum* di poetismi più rari (Hesych. ε 755 e κ 195 Latte, υ 400 Hansen–Cunningham).
246 Stando alla nostra documentazione, non anteriore al II sec. d.C.: cf. *e.g.* M. Aur. 6.17.1; Iambl. *VP* 29.161; Iul. *Or.* 1.9 Bidez; Syrian. *In Aristot. Met. CAG* 6/1.160.
247 Esso è già – sporadicamente – in poesia classica (Eur. *Alc.* 261; Ar. *Av.* 1389), ma nella prosa penetra, quale preziosismo, solo nel II sec. d.C.: cf. Luc. *Dom.* 11; Ael. *NA* 16.2; Poll. 1.49; Alciphr. 1.11.2, e in seguito – fra gli altri – Cyrill. Al. *De ador. et cultu PG* 68.736; Proc. *Aed.* 1.10.20.
248 Usi in qualche modo paragonabili – dopo una sporadica attestazione in Arist. *GA* 730b 8 – si registrano solo a partire dal II–III sec. d.C.: cf. *e.g.* Soran. *Gyn.* 1.47.2 Ilberg; D.C. 56.46.3, 62.25.3; Orig. *De princ.* 3.1.19 Koetschau; Liban. 21.32 Foerster.
249 Cf. *e.g.* Diosc. Ped. 5.82.1; Moses Alch. 2.314 Berthelot–Ruelle; Orib. *Coll. med.* 12.p.4.
250 Dopo Diod. Sic. 19.30.9, cf. *e.g.* Ael. *Tact.* 19.6; App. *Hann.* 131 e 161; D.C. 55.1.5, 59.17.1; Polyaen. *Strat.* 7.14.3.
251 Cf. Phil. Al. *Migr.* 165, *Sac.* 69 etc., e quindi *e.g.* Ach. Tat. 5.19.6; Orig. *in Ev. Jo.* fr. 94 Preuschen (*bis*: τοῖς ψυχικοῖς ... ὄμμασι, τὰ τῆς ψυχῆς ὄμματα); Porph. *VP* 47; Iul. *Or.* 8.4 Rochefort; Greg. Nyss. *Contra Eun.* 2.22 (*GNO* 1.233), *In Cant. Cant. Or. 10* (*GNO* 6.295 Langerbeck).
252 Dopo Phil. Al. *Cher.* 50, cf. *e.g.* Ios. Fl. *AJ* 1.34; *Cyran.* 2.14; Io. Chrys. *In natal. Chr. diem PG* 56.389; Cosm. Ind. 5.192 (2.291 Wolska–Conus).

τῆς ἐλπίδος (4.6.32) trovano riscontro solo in età piuttosto tarda²⁵³; il nesso ἁπαλοῖς τοῖς ἀκρεμόσιν (1.4.22), pur nel suo apparente lirismo, sembra riecheggiare lessico medico-botanico di epoca imperiale²⁵⁴; infine, un termine tecnico come πυράγρα (4.2.13 ποίαις πυράγραις) è sì già omerico, e usitato quale omerismo nella poesia successiva²⁵⁵, ma solo a partire dal II sec. d.C. diviene designazione comune per la "tenaglia" o per il "forcipe"²⁵⁶.

E veniamo alla morfologia, che offre dati non numerosi, ma piuttosto coerenti. A un'età imperiale piena, se non inoltrata, guidano almeno: il perfetto di (ἐπι)δωμάω, che ha nello Pseudo-Filone ben quattro occorrenze (2.1.2; 2.3.10s.; 4.4.24; 5.1.6) ed è registrato, oltre che qui, solamente in Antyll. (II sec. d.C.) *ap.* Orib. *Coll. med.* 9.13.7 δεδωμημένοι²⁵⁷ (vd. anche *supra*, § 5, e *infra*, n. *ad* 2.3.10s.); il participio perfetto κατεξεσμένος (2.3.8s.), che non ha riscontri prima del II sec. d.C.²⁵⁸; un participio sostantivato come τοῖς ... θαλασσοβαφουμένοις (2.4.16), dove l'*hapax* denominale θαλασσοβαφέω presuppone θαλασσοβαφής, che è in realtà assai raro e non documentabile prima del IV sec. d.C.²⁵⁹; il perfetto medio-passivo di ἐπιπλάσσω (4.4.23),

---

253 La prima in [Clem.] *Hom.* 12.14.4 Rehm–Strecker, la seconda in *Chr. pat.* 1006.
254 Cf. *e.g.* Diosc. Ped. *Eupor.* 1.112.1 ἀκρεμόνες ἁπαλαί; [Diosc. Ped.] *De ven.* 1 ἀμπέλου ἀκρέμονες ἁπαλοί; Archig. p. 11.33 Brescia τῶν ἁπαλῶν ἀκρεμόνων; Gal. 6.616 Kühn τοὺς δ' ἁπαλοὺς ἀκρέμονας, 13.741 Kühn ἀκρεμόνων ἁπαλῶν; Orib. *Ecl. med.* 115.2 τοὺς ἁπαλωτάτους ἀκρέμονας; Aet. Med. 12.42 οἱ ἁπαλοὶ ἀκρεμόνες καὶ ὁ καρπός. L'espressione non sembra trovare riscontro al di fuori della letteratura medica; unica eccezione, quanto a genere ed età, Diod. Sic. 3.24.2 τοὺς ἁπαλοὺς τῶν ἀκρεμόνων.
255 Dopo *Il.* 18.477 e *Od.* 3.434, cf. *e.g.* Call. *Hymn. Del.* 144; Nic. *Alex.* 50; Opp. *Hal.* 2.342; ancora omerizzante è Luc. *D. Deor.* 8.4, 11.2.
256 Cf. *e.g.* Gal. 2.635 e 3.5 Kühn; Poll. 7.106 e 10.147; Alex. Aphr. *In Aristot. Met. CAG* 1.557; Greg. Nyss. *Contra Eun.* 3.2.33 (*GNO* 2.62); Io. Chrys. *De Laz. PG* 48.993. Accenti *lato sensu* omerici, a ogni modo, nella sezione del Colosso non mancano: cf. *supra*.
257 Il perfetto di δωμάω, inoltre, è stato introdotto per via congetturale nel carme coliambico di *Hist. Alex. Magni* [*recensio* α] 1.46a.8, v. 4 ὁρᾷς τὰ τείχη ταῦθ', ἅπερ δεδώμηνται (Sitzler, rec. post Kroll Bergson : ταῦτα δεδομημένα cod.); per la questione cf. Braccini 2004, 54s., che alla congettura – pur rifiutandola a testo – guarda con favore.
258 Cf. [Arist.] *Mir.* 838b 15; [Plut.] *V. Hom.* 2.72.744 Kindstrand; Io. Chrys. *Adv. Iud. PG* 48.865. Il *De mirabilibus auscultationibus* pseudo-aristotelico può difficilmente risalire a prima del II sec. d.C. (cf. da ultimo Giacomelli 2021, 18–21); alla stessa età – se non al III sec. d.C. – si data il *De Homero* pseudo-plutarcheo: cf. Hillgruber 1994, 74–76.
259 Le scarse attestazioni dell'aggettivo comprendono *CAAG* 2.351 Berthelot–Ruelle; Epiph. *De XII gemmis* 1.11 (2/1.197 de Mély–Ruelle), quindi *schol. Od.* 6.53 (3.159 Pontani: è *interpretamentum*) e *schol.* Ar. *Ach.* 856a (p. 111 Wilson) = *Sud.* π 1064 Adler (è parte dell'*interpretamentum*). I pur sporadici usi bastano a suggerire che il termine non avesse – o avesse ormai perduto – la caratura poetica alla quale fanno pensare tanti composti aggettivali in -βαφής a partire dai tragici (*e.g.* κροκοβαφής in Aesch. *Ag.* 1121, αἱμοβαφής in Soph. *Ai.* 219). Altri derivati verba-

che – dopo [Arist.] *Probl.* 875a 31 – è solo di IV sec. d.C.[260], e quello di προτελέω (4.5.26), inattestato prima del II sec. d.C.[261]. Anche il perfetto di ἐπιφύω, che lo Pseudo-Filone impiega due volte (1.3.10 e 1.4.22), è attestato – pur sporadicamente – già nella prosa d'età classica[262], ma ricorre con crescente frequenza e naturalezza d'uso, specie al participio, a partire dal I–II sec. d.C.

Dati meno coerenti, ma non inutili, si ricavano dall'analisi delle movenze sintattiche più care al nostro autore. Ad es., la struttura "aggettivo o participio sostantivato + gen.", del tipo τὸ γὰρ ἀκριβὲς τῶν ἔργων (*Pr.* 2.10s.); τὸ κεκρυμμένον τοῦ πόνου (4.2.11); εἰς τὰ κατὰ γῆν καλυπτόμενα τῶν ἔργων (6.2.8s.). Simili impieghi del participio o dell'aggettivo neutro in luogo del sostantivo astratto appartengono ai vezzi della prosa attica fin dagli ultimi decenni del V sec. a.C.[263], e se ne possono reperire esempi, anche in strutture assai simili a quelle citate, per tutta la prosa di età imperiale[264]; è significativo, tuttavia, che analoghe espressioni comprendenti κρύπτω, καλύπτω e sinonimi si registrino soltanto – e con frequenza non trascurabile – a partire

---

li in -βαφέω risultano totalmente inattestati. Si noti, comunque, che i composti in -βαφής sembrano particolarmente diffusi nella letteratura tardoantica e bizantina: cf. *e.g.* ἀκροβαφής in Paul. Sil. *AP* 6.66.6 e Nonn. *D.* 1.65, 48.339; ἐρυθροβαφής in Eust. *ad Il.* 1.9.22 van der Valk (e *passim*) e poi in Man. Phil. *Carm.* 1.281.1s., 2.206.76 (e *passim*); λυθροβαφεῖς in Man. Phil. *Carm.* 2.44.27; μελεμβαφής ("incorrect for μελαμβαφές, secondo Sophokles, *s.v.*) in Steph. Diac. *PG* 100.1169 e Georg. Cedr. *Comp. hist.* 436.3.40 (2.687 Tartaglia); οἰνοβαφής in Nonn. *D.* 7.15; χαλκοβαφής in Man. Phil. *Carm.* 5.11.59.

260 Cf. Greg. Nyss. *De virg.* 10. (*GNO* 8/1.289) ed Eus. *HE* 1.4.4. I *Problemata* pseudo-aristotelici non forniscono, notoriamente, termini cronologici certi: cf. in sintesi Louis 1991, XXV–XXXIX.

261 Cf. *e.g.* [Gal.] 19.220 Kühn; *Pap. Gr. Mag.* 7.873 Preisendanz; Alb. 5 (p. 149 Hermann); Cyrill. *In Ev. Jo.* 4.46 (1.301 Pusey), *Hom. pasch. PG* 77.517.

262 Si vedano, fra i pochi altri casi documentabili, Hdt. 4.34; Pl. *Leg.* 937d 7; Hippocr. *De loc. in hom.* 6, *De mul. aff.* 223; Arist. *HA* 632a 25.

263 Cf. *e.g.* Kühner–Gerth, *AGGS* I 267s.; Schwyzer, *GG* II 409; Denniston 1952, 19 e 36s.; per la *koiné*, e poi per l'atticismo di età imperiale, cf. *e.g.* Schmid 1887, 49, 196 e 233, 1889, 34, 1893, 45; Blass–Debrunner, §§ 263.5, 413.7 e 8 (= 1982, 340 e 501); von Arnim 1912, 71s., 92; Palm 1955, 171s., 183s.; Moulton–Turner 1963, 150s. Nello Pseudo-Filone la sostantivizzazione di participi e aggettivi è usitata: cf. *e.g.* τὸ θαυμαζόμενον (*Pr.* 2.12); πρόσεστι δὲ τῷ μὲν καταπληκτικῷ τὸ τερπνόν, τῷ δὲ θαυμαστῷ τὸ φιλότεχνον, τῷ δὲ πλουσίῳ τὸ μεγαλεῖον (2.4.16s.); κρύπτων τὸ πεπονημένον (4.5.30); τὴν τῶν ἐχομένων … χωνείαν (4.5.30s.).

264 Si vedano, del tutto *e.g.*, Phil. Al. *Som.* 2.294 τὸ κεχαλασμένον τῶν ἡνιῶν; Diod. Sic. 13.9.5 τὸ λειπόμενον τῶν φρουρίων; Corn. 34 (p. 73 Lang = p. 60 Torres) λύουσαν [*scil.* Ilizia] τὸ ἐσφιγμένον τῶν κόλπων; Herenn. Philo *FrGrHist* 790 F 3b τὸ ἠγαπημένον τῶν τέκνων; Aristid. *Panath.* 264 (1/1.100 Lenz–Behr) τὸ προφαινόμενον τῶν ἔργων; [Aristid.] *Rh.* 1.11 (= *Rhet. Gr.* 5.7 Schmid = p. 106 Patillon) τὸ συνημμένον τῶν ἐννοημάτων; Hld. 9.11.5 τὸ θυμούμενον τῶν Αἰθιόπων; Iul. *Epist.* 82.446a Bidez τὸ τῆς ψυχῆς ἄγριον καὶ τὸ μαινόμενον τῶν φρενῶν καὶ τὸ παρακεκινηκὸς ἐν πᾶσιν.

dal IV sec. d.C.²⁶⁵, e siano pressoché assenti nella prosa anteriore. Per il resto, molti usi pseudo-filoniani rimandano a caratteristiche ben note della *koiné*²⁶⁶; in particolare, le perifrasi mediate dal verbo ἔχω, su cui ci siamo già soffermati *supra*, § 5, hanno fitti riscontri già nella prosa tardo-ellenistica, e specialmente in Diodoro Siculo²⁶⁷; allo stesso ambito e periodo rinviano le

---

265 Cf. *e.g.* Iul. *Or.* 7.11 Rochefort τὸ ἀποκεκρυμμένον τῆς τῶν θεῶν οὐσίας; Greg. Nyss. *De vita Mos.* 2.182 Daniélou (= *GNO* 7/1.94) τοῦ Ἀποστόλου τὸ κεκρυμμένον; Herm. Al. *In Plat. Phaedr.* p. 39 Couvreur (*ad* 234d) τὸ δόλιον καὶ κεκρυμμένον τοῦ σοφιστοῦ, p. 188 Couvreur (*ad* 252b) τὸ ἀποκεκρυμμένον καὶ θεῖον τοῦ λόγου καὶ ἀπόρρητον; Niceph. Patr. Const. *Refut. et evers. def. synod. anni 815* 7.6s., p. 13 Featherstone τοῦ δόλου τὸ κεκρυμμένον καὶ τοῦ τρόπου τὸ ἀγεννὲς καὶ ἀλλόκοτον; Mich. Psell. *Opusc. theol.* 10, p. 38 Gautier τὸ παροιμιῶδες καὶ κεκρυμμένον τοῦ λόγου. Interessante in tutto il suo contesto, per la sistematica ricorrenza della struttura sintattica che ci concerne, Georg. Mon. *Chron.* pp. 781s. de Boor (su Leone l'Armeno) λέων μὲν τὴν προσηγορίαν, λέοντος δὲ τὸ μὲν ἁρπακτικὸν εἰς τὸ ἀσφαλὲς κεκτημένος, τὸ δὲ ἐλευθέριον οὐδαμῶς προϊέμενος, χαμαιλέων δὲ ὥσπερ οὖν τὸ εἶδος οὕτω δὴ καὶ τῆς ψυχῆς τὸ πολύμορφον διὰ τὸ τοῦ γένους ὕπουλόν τε καὶ ὕφαλον, ἐξ ὧν ἐμεγαλαύχει τῆς δυστροπίας καὶ τοῦ δόλου τὸ κεκρυμμένον καὶ ἀνεξαγόρευτον. καὶ γὰρ ἐμηχανᾶτο λανθάνειν τὸ ἐνδόμυχον τῆς γνώμης σκοτεινὸν καὶ παλίμβολον καὶ πρὸς τὸ βλάπτον ἐπιρρεπὲς κτλ.

266 Ad es. l'uso delle preposizioni in frasi come περὶ τὰ κατὰ μέρος φεύγουσιν αἱ μνῆμαι (*Pr.* 2.11); ἔστι ... τὸ θαυμαστόν ... καὶ περὶ τὴν ἀσφάλειαν τῆς οἰκοδομίας καὶ περὶ τὰ πλάτη τῶν μέσων τόπων (5.1.4–6): cf. *e.g.* Mayser, *GGPP* II/1 11 e II/2 343; Blass–Debrunner, §§ 224.1 e 228 (= 1982, 296s. e 299); von Arnim 1912, 79 e 118; Moulton–Turner 1963, 251–253; Debrunner–Scherer 1969, 111s. Lo stesso può dirsi per le perifrasi con ποιέω quali εὐθύδρομον καὶ κατάντη ποιοῦνται τὴν ῥύσιν (1.4.17); τὴν τῶν ἐχομένων ἐπίπεδον ἐποιεῖτο χωνείαν (4.5.30s.): cf. *e.g.* Thumb 1901, 133; von Arnim 1912, 154; Palm 1955, 172s., 177–179 (per le anticipazioni classiche, Denniston 1952, 24s.); oppure per l'uso di ἀνάμεσον *vel* ἀνὰ μέσον (1.2.5 τὴν ἀνάμεσον ἀλλήλων χώραν): cf. Blass–Debrunner, §§ 204 e 205.5 (= 1982, 277 e 287s.). Tutto sommato poco rivelatorio anche l'uso del τε καί giustapposto (per la cui ineguale diffusione postclassica cf. Blomqvist 1974), cui lo Pseudo-Filone ricorre solo in 1.3.10 ποικίλαι τε καὶ παντοῖαι; il nostro autore non disprezza il semplice τε quale *cheville* tra frasi o membri di frasi (1.2.7 τρέφει τε τὰς διαφύσεις τῶν ῥιζῶν), ma anche questo è un uso ben assodato in età ellenistica e imperiale (cf. *e.g.* Schmid 1887, 178 e 1889, 309). Come è ovvio, certe marche tardo-ellenistiche, riproposte poi dal nostro Pseudo-Filone, si riscontrano anche nell'autentico Filone Bizantino: cf. *e.g. Bel.* 73.34–38 Diels–Schramm τὸν καλούμενον πολυβόλον καταπάλτην ἰδίαν τινὰ καὶ πάνυ ποικίλην ἔχοντα κατασκευήν, περὶ ἧς σοι γράψομεν ἐμφανίζοντες τὰ κατὰ μέρος μετὰ τῆς ἐνδεχομένης ἀκριβείας.

267 Per limitarci a qualche caso tratto dai primi libri cf. *e.g.* Diod. Sic. 1.10.2 τὸ δὲ λοιπὸν τοῦ σώματος ἔχειν ἀδιατύπωτον; 1.12.9 τοῦ τὸν ἀέρα τὴν πρόσοψιν ἔχειν ἔγγλαυκον; 1.31.2 τὸ Αἰγύπτιον πέλαγος, ὃ τὸν μὲν παράπλουν ἔχει μακρότατον, τὴν δ' ἀπόβασιν τὴν ἐπὶ τὴν χώραν δυσπροσόρμιστον; 1.81.5 πάντα τὰ τοῖς πολλοῖς ἀδύνατον ἔχειν δοκοῦντα τὴν ἐπίγνωσιν; 2.53.6 τὰ δὲ στελέχη τῶν φοινίκων τὸ μὲν μῆκος ἀέριον ἔχει, τὴν δὲ περιφέρειαν ψιλὴν πανταχόθεν μέχρι τῆς κορυφῆς; 3.3.2 ὅτι δ' ἐστὶν αὐτῶν ἡ χώρα πᾶσα ποταμόχωστος ἐναργεστάτην ἔχειν ἀπόδειξιν τὴν γινομένην κατὰ τὰς ἐκβολὰς τοῦ Νείλου; 3.9.1.4 ὑπολαμβάνουσι γὰρ τοὺς μὲν αὐτῶν αἰώνιον ἔχειν καὶ ἄφθαρτον τὴν φύσιν, οἷον ἥλιον καὶ σελήνην καὶ τὸν σύμπαντα

perifrasi con φύσιν + agg. (cf. *supra*, § 5)²⁶⁸. È tuttavia innegabile che, mentre in molti dei casi riscontrabili fra I sec. a.C. e II sec. d.C. φύσις conserva spesso il senso di "conformazione fisica", "natura corporea", *vel simm.*, tale senso appare affievolito negli usi pseudo-filoniani di 1.4.22s. δροσοπαγῆ καὶ διήνεμον ἔχει τὴν φύσιν e 2.4.14 αἱ χρόαι κυαναυγῆ τὴν φύσιν ἔχουσαι, dove il termine indica piuttosto una generica qualità contingente o un generico aspetto esteriore. È altrettanto innegabile che perifrasi come 2.5.18 καὶ τὸ μὲν τῆς ἀναβάσεως μέγεθος ὁδοιπορίας ἔχει κόπον e 5.1.3s. ὥστε τὴν περίμετρον τῆς πόλεως ἡμεροδρόμου κόπον ἔχειν appaiono più complicate e lambiccate delle strutture che troviamo in Diodoro e altrove, normalmente limitate alla sequenza "agg. predicativo + ἔχω + sost." (o in ordine inverso; cf. *supra*, nn. 267 e 268); qui non solo lo Pseudo-Filone dissolve in perifrasi anche il soggetto della frase (τὸ μὲν τῆς ἀναβάσεως μέγεθος, τὴν περίμετρον τῆς πόλεως), ma complica il dettato tramite l'ulteriore perifrasi ἔχω κόπον + gen. (di pertinenza: ὁδοιπορίας ἔχει κόπον, ἡμεροδρόμου κόπον ἔχειν); e si noti che la *iunctura* κόπον ἔχειν compare nel I/II sec. d.C., e si infittisce solo a partire dal IV sec. d.C.²⁶⁹: è dunque significativo trovarne – in così breve

---

κόσμον; 3.14.5 ὁ χρυσὸς γένεσιν μὲν ἐπίπονον ἔχει, φυλακὴν δὲ χαλεπήν, σπουδὴν δὲ μεγίστην, χρῆσιν δὲ ἀνὰ μέσον ἡδονῆς τε καὶ λύπης; 3.47.4 τὸ γὰρ καλὸν ... ἀνόνητον ἔχει τὴν δωρεάν; 4.1.1 ἡ ποικιλία καὶ τὸ πλῆθος τῶν γενεαλογουμένων ἡρώων τε καὶ ἡμιθέων καὶ τῶν ἄλλων ἀνδρῶν δυσέφικτον ἔχει τὴν ἀπαγγελίαν; 4.69.5–70.1 τέλος δὲ μυθολογοῦσι τὸν Ἰξίονα ... τελευτήσαντα τὴν τιμωρίαν ἔχειν αἰώνιον. Che Diodoro fosse autore ben noto allo Pseudo-Filone sembra assodato: cf. *supra*, § 4, e *infra*, n. intr. *ad* θέαμα 5. Ovviamente strutture simili si trovano anche in autori tardi o molto tardi: cf. *e.g.* Georg. Mon. *Chron.* p. 190 de Boor ὁ τοῖχος κοχλιοειδῆ τὴν ἀνάβασιν εἶχεν, dove si noterà anche la presenza di κοχλιοειδῆ, da confrontare con κοχλιοειδῶς, 1.4.18, per cui cf. *supra*, § 5.

268 Cf. *e.g.* Diod. Sic. 1.11.5 ταύτας [*scil.* le stagioni dell'anno] δ' ἐναντιωτάτην ἀλλήλαις τὴν φύσιν ἐχούσας; 3.19.5 οὗτος ὑπὸ τῆς συνεχοῦς τοῦ κύματος πληγῆς πεπιλημένος τὴν φύσιν ἔχει στερέμνιον καὶ συμπεπλεγμένην ἄμμῳ; 3.46.2 καὶ κασία καὶ πόα τις ἄλλη ἰδιάζουσαν φύσιν ἔχουσα; 4.6.5 τὴν τοῦ σώματος φύσιν ἔχοντα μεμιγμένην ἐξ ἀνδρὸς καὶ γυναικός; 22.10.3 Ἐρυκίνης ... φύσιν ἐχούσης ὀχυρὰν καὶ δυσπολιόρκητον; Phil. Al. *Abr.* 105 καίτοι τῆς ἀρετῆς εἰρηνικωτάτην φύσιν ἐχούσης, e quindi *e.g.* Plut. *Quaest. conv.* 733e πνεύματα καὶ τὰ νάματα γηγενῆ φύσιν ἔχοντα, *De vit. aer. al.* 829e ἡ γὰρ κεραμῖτις φύσιν ἔχουσα λιπαρὰν καὶ πυκνὴν στέγει παραλαβοῦσα τὸ ὑγρὸν καὶ οὐ διίησι. Frequenti i casi in Galeno (*e.g. De anat. adm.* 2.548 Kühn τῶν ζῴων, ὅσα μὴ πολὺ διεστῶσαν ἀνθρώπων ἔχει τὴν φύσιν, *De alim. fac.* 6.460 Kühn ἅπαντα τὰ ὀστρακόδερμα καλούμενα σύνθετον ἔχει τὴν φύσιν ἐξ ἐναντίων δυνάμεων, *In Hippocr. de nat. hom. comm.* 15.46 Kühn ὅσα δ' ἐπὶ πολὺ διεστῶσαν ἀλλήλων ἔχει τὴν φύσιν).

269 Cf. *e.g.* Plut. *Aet. Rom. et Gr.* 270b ἐκείνης μὲν ἀσχολίαν καὶ κόπον ἐχούσης πολύν; Epict. *Diss.* 2.14.2. εὑρεῖν τὰ ἑξῆς κόπον ἔχει; Io. Chrys. *In Matth.* PG 57.432 ἡ ἁμαρτία κόπον ἔχει, καὶ φορτίον βαρὺ καὶ δυσβάστακτον; [Macar.] *Serm.* 56.1.7 (p. 175.15–16 Berthold) οὐδὲ μέριμναν καὶ ἀγῶνα καὶ κόπον ἔχει; Ephr. Syr. *Serm.* 9, p. 57 Phrantzoles ἀλλὰ πολλάκις μέλλεις λέγειν, ὅτι τὸ πρᾶγμα κόπον ἔχει, 22, p. 100 Phrantzoles τοσαῦτα ἔτη ἐργάζομαι ἐν τῷ εὐλογημένῳ ἔργῳ τούτῳ, καὶ οὔτε

spazio – ben due occorrenze, per di più inserite in sequenze perifrastiche già di per sé così elaborate.

E con ciò possiamo venire al piano dello stile. Ovviamente, in tale ambito poco ci diranno gli σχήματα λέξεως ai quali il nostro scrittore con piacere indulge, come si è visto, specialmente in punti strategici delle sue trattazioni: parallelismi, antitesi, chiasmi, epifrasi e altre figure d'*ordo verborum*[270] costituiscono, per così dire, una "patina asiana" diffusa; è l'armamentario che tutta la retorica imperiale – per usare le parole di Schmid – «si porta nel sangue», a partire dalla sua origine gorgiana[271]. Semmai, di tale "patina" è sintomatica proprio la diversa distribuzione nel complesso del trattatello. Ad es., l'incidenza di figure *lato sensu* "gorgiane" risulta assai densa nel proemio, nel terzo capitolo (dedicato allo Zeus Olimpio), in certe parti del quarto e del quinto capitolo (specialmente 4.6; 5.3), cioè laddove i dati e i dettagli tecnici sono più ridotti, o pressoché assenti, ed è dunque maggiore lo spazio riservato, per amore o per forza, ai virtuosismi retorici. Laddove, invece, prevalgono dati concreti, misure numeriche, e assortiti particolari

---

μισθωμάτιον ἔχει, καθὼς ὀφείλει, πλὴν ὅτι κόπον ἔχει ἄμετρον; [Mauric.] 4.5 (p. 206 Dennis) ἀλλ' οἱ λογισμοὶ τῶν αἰτιῶν ἐμήκυναν τὸν λόγον, καὶ μᾶλλον κόπον ἔχει τὸ ἐντυχεῖν αὐτοῖς ἢ τὸ ποιῆσαι αὐτά; Io. Dam. In epist. Pauli PG 95.817 ὁ σαρκικὸς ἄπορος ... καὶ ἐν τῷ ἀμητῷ πολὺν ἔχει κόπον.

270 Può giovare un campionario essenziale, a complemento di quanto osservato *supra*, § 5. Parallelismi: 1.3.11 τὸ κατὰ πρόσοψιν ἐπιτερπέστατον καὶ πρὸς ἀπόλαυσιν ἥδιστον; 2.1.1s. κατασκευάσαι μὲν ἀδύνατον, ἱστορῆσαι δὲ παράδοξον; 2.3.11s. καὶ τῇ μέν ἐστιν ἡ πέτρα λευκὴ καὶ μαρμαρῖτις, τῇ δ' Αἰθιοπικὴ καὶ μέλαινα; 3.3.9s. ὡς μὲν γὰρ ἔργον τέχνης παράδοξον, ὡς δὲ μίμημα Διὸς ὅσιον. ἔχει τοίνυν ὁ μὲν πόνος ἔπαινον, ἡ δ' ἀθανασία τιμήν; 4.1.5s. τὸ γὰρ χώνευμα τοῦ κατασκευάσματος ἐγένετο χαλκούργημα τοῦ κόσμου; 6.1.5s. ὥστε τῆς μὲν ἐπιβολῆς τολμηρότερον εἶναι τὸν πόνον, τοῦ πόνου δὲ τὴν τέχνην. Parallelismi con *variatio* nell'estensione dei membri: Pr. 2.10s. ἐλθὼν ἅπαξ εἶδεν καὶ παρελθὼν ἐπιλέλησται; 5.1.5s. περὶ τὴν ἀσφάλειαν τῆς οἰκοδομίας καὶ περὶ τὰ πλάτη τῶν μέσων τόπων; 5.3.12s. τηλικαύτην δὲ δυσκόλως ἄλλη χώραν γεωργοῦσιν, ἡλίκην Βαβυλὼν οἰκουμένην ἔχει; 6.1.2s. τὸν τόπον ἐνηλλάχθαι καὶ τὸν οὐράνιον τῆς ἀθανασίας κόσμον ἐπὶ γῆς ἀπηρεῖσθαι. Parallelismi antitetici: Pr. 3.18 †βλεπόμενα μὲν ὁμοίως, θαυμαζόμενα δ' ἀνομοίως† (il problema testuale è qui secondario: cf. *infra, ad l.*); 2.5.22s. ἢ γὰρ ἄνθρωποι ... ἀναβαίνουσι πρὸς θεούς, ἢ θεοὶ καταβαίνουσι πρὸς ἀνθρώπους; 3.1.1s. Διὸς Κρόνος μὲν ἐν οὐρανῷ, Φειδίας δ' ἐν Ἤλιδι πατήρ ἐστιν· ὃν μὲν γὰρ ἀθάνατος φύσις ἐγέννησεν, ὃν δὲ Φειδίου χεῖρες. Parallelismi con *variatio* in chiasmo: 3.4.15– 17 τοσοῦτον ὅσον ὑπονοίας μὲν ἐνάργεια, ἱστορίας δὲ γνῶσις, ὄψις δ' ἀκοῆς ἐστιν βελτίων; 4.5.26–28 αἵ τε διαιρέσεις τῶν μοχλῶν καὶ τὸ πῆγμα τῆς σχεδίας ἐτηρεῖτο καὶ τῶν ἐντιθεμένων πετρῶν ἠσφαλίζετο τὸ σήκωμα. Chiasmi: Pr. 1.1s. φήμη μὲν γινώσκεται πᾶσιν, ὄψει δὲ σπανίοις ὁρᾶται; Pr. 1.5s. πλανηθέντα δὲ τὸν κόσμον καὶ τῷ κόπῳ τῆς ἀποδημίας ἐκλυθέντα. Epifrasi: Pr. 2.7s. διὰ τοῦτο θαυμαστὸν παιδεία καὶ μεγαλόδωρον; 2.11s. ὁ δὲ λόγῳ τὸ θαυμαζόμενον ἱστορήσας καὶ τὰς ἐξεργασίας τῆς ἐνεργείας.

271 Schmid 1893, 17; cf. anche Schmid 1887, 63–65, 170–176, 416–420 e 1889, 271–287.

più o meno intonati a una prospettiva scientifica (fra le altre sezioni: 2.2; 2.3; 4.2–4.5; 5.2; 6.2), si diradano o vengono meno i parallelismi, le antitesi e ogni altra specie di "metatassi". È plausibile desumerne che in tali casi il peso delle fonti messe a frutto abbia oscurato o fortemente condizionato lo spontaneo *usus* del nostro retore; *usus* che, tuttavia, nulla può suggerire in termini di datazione (anche se costituisce un dato macroscopico, fra i tanti altri, contro la paternità di Filone Meccanico[272]).

Più interessanti le deduzioni che si possono trarre dalla prassi ritmico-prosodica del nostro autore. Abbiamo già detto, sulla scorta di Rohden, del suo sistematico *horror hiatus*, che si spinge ben oltre *standard* mediamente "isocratei", ben oltre le norme seguite, in pieno ellenismo, dall'autentico Filone di Bisanzio[273], e anche ben oltre le regole cui si mostrano ligi molti prosatori successivi: ad es., le eccezioni consuetamente ammesse dai romanzieri greci – compresi i più tardi, come Eliodoro – sono lussi che lo Pseudo-Filone si concede solo in rarissimi casi[274]. Ma la scrupolosa *Hiatusvermeidung* del nostro scrittore non può suggerire – lo abbiamo visto – improbabili apparentamenti con i retori di Gaza, e solo con molta prudenza può essere annoverata fra gli indizi della sua seriorità: avversari acerrimi dello iato – severi quanto lo Pseudo-Filone, o quasi – non mancano nella tarda età ellenistica[275].

---

272 Chiasmi, parallelismi e consimili artifici gli sono pressoché estranei: cf. von Arnim 1912, 157s.

273 Su cui si veda von Arnim 1912, 160–164. Lo stato testuale degli escerti filoniani non sempre consente deduzioni sicure, ma – salvo sospettare sistematiche corruzioni – si può sposare la conclusione dello stesso von Arnim, *ibid.*, 164: «videmus igitur Philonem in hiatus vitandi studio rationem secutum esse Polybianam minus severam neque ubique certa firmaque regula se constrinxisse»; cf. *e.g. Parasc. et poliorc.* 81.47s. Diels–Schramm μὴ ἐλάσσω δὲ τῷ ὕψει οἰκοδομείσθω ἢ εἰκοσιπήχη, ἵνα αἱ πρὸς αὐτὰ κλίμακες προσαγόμεναι μὴ ἐξικνῶνται [τοῖς τείχεσιν], 84.21 Diels–Schramm οὐχὶ αἱ αὐταὶ ἐνδέσεις. Queste, e altre analoghe, sono licenze inconcepibili per il nostro Pseudo-Filone.

274 Si vedano le fondamentali pagine di Reeve 1971, 516s. e *passim*. Le notorie "eccezioni" comprendono il καί, l'articolo, lo stacco netto tra frasi diverse, ma anche certi snodi avversativi o correlativi evidentemente marcati da pause d'enfasi (con ἀλλά, con οὐδέ, con ἤ, con εἴτε e simili), gli incisi in vocativo etc. Cf. anche Dilts 1994, 368 e *passim*. Per i pochissimi iati ammessi dallo Pseudo-Filone si veda *supra*, § 5.

275 Ad es. l'autore di *IG* 5/2.268 (= *SIG*³ 783), da Mantinea, fine del I sec. a.C., egregio rappresentante dell'asianesimo tardo-ellenistico (cf. Papanikolaou 2012, 145), ma anche l'autore dell'epigrafe di Antioco I di Commagene (cf. Waldis 1920, 62s.), che data alla stessa epoca, e l'encomio epigrafico di Isis, da Maronea (cf. Papanikolaou 2009, 63), situabile fra II e I sec. a.C. Il campione testuale è in tutti i casi piuttosto circoscritto, e il trito stile encomiastico spesso può facilitare le misure anti-iato. Nel complesso, tuttavia, i retori autori delle tre iscrizioni si mostrano di poco meno rigidi dello Pseudo-Filone, e ciò costituisce un salutare invito alla prudenza. Gli spogli di riferimento, a partire da classici come Benseler 1841 fino ai lavori più recenti, sconsigliano – ci pare – di intendere la maggiore o minore tolleranza allo iato quale

## 6. Per un'ipotesi di datazione

Non c'è da stupirsi che all'avversione per lo iato si accompagni una meticolosa cura per l'assetto ritmico del dettato[276]. Non ci risulta che sotto questo profilo il nostro Pseudo-Filone sia mai stato oggetto d'indagine, e tuttavia la materia merita qualche attenzione: non si dovrà esitare, crediamo, a riconoscere nell'opuscolo un interessante esempio di prosa ritmica.

Qualche dato d'insieme renderà subito l'idea. Nel trattatello si possono isolare – con stima intenzionalmente generosa – 155 pause di una certa consistenza sotto il profilo semantico e/o sintattico[277]. Le clausole determinate da tali pause sono in larga maggioranza riconducibili ai più normali modelli delle clausole quantitative di età tardo-ellenistica e imperiale, a base cretica (– ⏑ – – ⏑ –, – – – – ⏑ –, – ⏑ – ⏑ –, – ⏑ – – –, – ⏑ – ⏑ –), con relative soluzioni (e.g. ⏖ ⏑ – – – –, ⏖ ⏑ – –, – ⏑ ⏖ –, ⏖ ⏑ – – –, – ⏑ ⏖ – –)[278]. Per la precisione: su 155 clausole certe o assai probabili, ben 73 (= 47%) rispondono ai modelli canonici nella forma più regolare, senza soluzione alcuna[279]; altre 48

---

marca d'epoca, piuttosto che quale marca di scuola; senza contare il fenomeno dello iato deliberato, a scopi espressivi e performativi, su cui cf. ad es. Pearson 1975 e 1978; McCabe 1981.

276 È vero che a volte «the wish to produce rhythms can override the wish to avoid hiatus» (Hutchinson 2018, 63; cf. *ibid.*, 63–66), ma nello Pseudo-Filone le due tendenze appaiono per lo più armoniche, come c'è da attendersi.

277 Intendiamo, come è ovvio, pause naturalmente marcate dalla punteggiatura (virgola, punto in alto, punto fermo), ma anche *Sinnespausen* dove la punteggiatura – specie la virgola – si può considerare puramente facoltativa, e non è in genere segnata dagli editori moderni: dunque, accanto a casi palmari come *Pr.* 1.1s. τῶν ἑπτὰ θεαμάτων ἕκαστον φήμῃ μὲν γινώσκεται πᾶσιν, ὄψει δὲ σπανίοις ὁρᾶται (due pause), computiamo anche sequenze come *Pr.* 1.5–7 καὶ τῷ κόπῳ τῆς ἀποδημίας ἐκλυθέντα τότε πληρῶσαι τὴν ἐπιθυμίαν, ὅτε καὶ τοῖς ἔτεσι τοῦ ζῆν ὁ βίος παρῴχηκεν (tre pause, compresa quella dopo ἐκλυθέντα), oppure 2.2.4s. τετραγώνου δὲ τῆς βάσεως ὑφεστώσης, οἱ μὲν κατώρυγες λίθοι κτλ. (con una pausa dopo ὑφεστώσης che Brodersen 1992, ad es., non contrassegna). Di fronte a passi corrotti o plausibilmente lacunosi (*e.g.* 6.1.3–5 οἳ τὴν εἰς οὐρανὸν ἀνάβασιν εἰργάσαντο <...> ὄρεσι χωννύοντες τὸν οὐ ναὸν ἀλλ' Ὄλυμπον) ci limitiamo a considerare la chiusa della sequenza testuale, se al riparo da ogni sospetto di danno.

278 Questi canonici tipi ritmici sono stati riconosciuti come tali, benché variamente interpretati, almeno dalle classiche indagini di Norden 1915³, 909–952 (= 1986, 913–958) o de Groot 1919, 26–39, 44–58, 93–97, 117s., 197–199 (e *passim*), fino al recente e non meno importante Hutchinson 2018. Per qualche analisi odierna di particolare rilevanza cf. *e.g.* Hutchinson 1995 e 2015; Diggle 2005; Papanikolaou 2009 e 2012; Usher 2010 (sulla circoscritta incidenza delle clausole ritmiche in Isocrate); Håkanson 2014 (fra i più poderosi e capillari spogli fin qui realizzati a scopi di datazione); Filippo 2016; Keeline–Kirby 2019 (un esteso esperimento di computazione informatica, che promette interessanti sviluppi). Nei citati lavori si troverà almeno parte della sconfinata bibliografia anteriore, di cui qui facciamo grazia a chi legge.

279 Basti qui una cernita esemplare ricavata dal proemio e dai §§ 1–3 (segneremo con un tratto verticale [|] l'attacco della clausola, secondo l'uso di Diggle 2005, e secondo lo stesso Diggle 2005, 29 n. 4 considereremo lunga *by default* l'ultima sillaba della clausola; cf. Cic. *Or.* 214 e Hutchinson 2018, 17s.): *Pr.* 1.1s. ἕκαστον φήμῃ μὲν

(= 30,9%) riproducono tali modelli tramite le poche e consuete soluzioni dei *longa* (quasi sempre di un solo *longum*) in due *brevia*, per lo più entro l'elemento cretico (favorite le forme ⏑ ⏑ – – –, – ⏑ ⏑ – –)²⁸⁰. Ne risultano 121 clausole (= ca. 78%) rispondenti ai tipi più diffusi nella prosa ritmica di età imperiale²⁸¹. Si aggiunga che molte delle restanti clausole si possono considerare mere variazioni dei modelli ritmici più comuni: ad es., in luogo della successione di molosso e cretico (– – – – ⏑ –), la successione inversa di cretico e molosso (– ⏑ – – – –, nella forma prediletta – ⏑ ⏑ ⏑ – –)²⁸²; o

---

γιν|ώσκεται πᾶσιν (– ⏑ – –), ὄψει δὲ σπανί|οις ὁρᾶται (– ⏑ – –); *Pr.* 1.5 τὴν Ἔφε|σον θεάσασθαι (– ⏑ – –); *Pr.* 1.7 ὁ βί|ος παρῴχηκεν (– ⏑ – –); *Pr.* 2.11 φεύ|γουσιν αἱ μνῆμαι (– ⏑ – –); *Pr.* 2.13s. τοὺς ἐφ' ἑκάστου| τῶν εἰδώλων τύπους (– – – – ⏑ –); 1.2.6 τῶν| ἄλλων οὐ σήπεται (– – – – ⏑ –); 1.2.8 τὴν| ἔξωθεν σύμφυσιν (– – – – ⏑ –); 1.3.11 πρὸς ἀπό|λαυσιν ἥδιστον (– ⏑ – –); 1.4.17 καὶ κατάντη| ποιοῦνται τὴν ῥύσιν (– – – – ⏑ –); 1.5.24s. ταῖς δι'| ἀλλήλων ἐμπλοκαῖς (– – – – –); 2.2.7 εἰς πυραμίδα καὶ| γνώμονος σχῆμα (– ⏑ – – –); 2.3.8s. σύναρμον δὲ καὶ κατεξεσμέ|νον τὸ πᾶν ἔργον (– ⏑ – – –); 2.5.22 καὶ τῶν ἄσ|τρων ἐφάψασθαι (– ⏑ – –); 2.5.23 ἀναβαί|νουσι πρὸς θεούς (– ⏑ – –); 3.1.2s. χεῖρες μόναι δυνάμε|ναι θεοὺς τίκτειν (– ⏑ – – –: precede cretico in forma – ⏑ ⏑ ⏑); 3.1.3s. καὶ δεῖξαι δυνηθεὶς ἄλλοις| τὸν κεραυνοῦχον (– ⏑ – –); 3.2.4s. Φειδί|ου καλεῖσθαι (– ⏑ – –); 3.2.7s. ἡ Λιβύη| δαψιλεύσεται (– ⏑ – – –: precede coriambo; il segmento non è da espungere: cf. *infra, ad l.*); 3.3.8s. θαυ|μάζομεν μόνον (– ⏑ ⏑ –); 3.3.9 τοῦτο δὲ καὶ| προσκυνοῦμεν (– ⏑ – –: precede coriambo); 3.4.11 ὦ| καιρὲ τῆς Ἑλλάδος (– ⏑ – – –); 3.4.15 Φειδί|ας νενίκηκεν (– ⏑ – – –); 3.4.16 ἱστορί|ας δὲ γνῶσις (– ⏑ – –); 3.4.16s. ὄψις δ' ἀκο|ῆς ἐστιν βελτίων (– – – – ⏑ –).

280 Anche in tal caso basti una selezione dal proemio e dai §§ 1–3: *Pr.* 1.6 τότε πληρῶ|σαι τὴν ἐπιθυμίαν (– – – ⏑ ⏑ –); *Pr.* 2.7s. θαυμαστὸν παιδεία| καὶ μεγαλόδωρον (– ⏑ ⏑ – –); *Pr.* 2.10 καὶ παρελ|θὼν ἐπιλέληται (– ⏑ ⏑ ⏑ –: precede cretico); *Pr.* 3.14 τῇ ψυχῇ γὰρ ἑώρα|κεν τὰ παράδοξα (– ⏑ ⏑ ⏑ –); 1.2.4 φοίνικες| ἰδίᾳ κεῖνται δοκοί (⏑ – – – ⏑ –); 1.3.9s. καὶ μάλιστα κηπευόμενα τῶν δέν|δρων ἐπιπέφυκε (– ⏑ ⏑ ⏑ –); 1.3.13s. τῶν ἐπὶ τοῖς ὑποστύ|λοις περιπατούντων (– ⏑ ⏑ ⏑ –); 1.4.14 τῆς ἄνωθεν| ἐπιφανείας (⏑ ⏑ ⏑ –); 1.4.22s. δροσοπαγῆ καὶ διή|νεμον ἔχει τὴν φύσιν (⏑ ⏑ ⏑ ⏑ – ⏑ –); 1.5.24 τῶν ὑδάτων νοτίαν ἀναθλάζει (⏑ ⏑ ⏑ – –); 2.1.1s. τὰς ἐν Μέμφει πυραμίδες κατασκευά|σαι μὲν ἀδύνατον (– ⏑ ⏑ ⏑ –), ἱστορῆ|σαι δὲ παράδοξον (– ⏑ ⏑ ⏑ –); 2.2.6 τοῦ κατασκευ|άσματος ἑκάστου (– ⏑ ⏑ ⏑ –); 2.4.14s. αἱ χρόαι κυαναυγῆ| τὴν φύσιν ἔχουσαι (– ⏑ ⏑ ⏑ –), καὶ μετὰ τούτους ὡσεὶ| μηλοβαφές ἐστιν (– ⏑ ⏑ – –: si noti il parallelismo delle due clausole contigue); 2.4.17 τῷ δὲ θαυμασ|τῷ τὸ φιλότεχνον (– ⏑ ⏑ – –), τῷ δὲ πλουσί|ῳ τὸ μεγαλεῖον (– ⏑ ⏑ – –: anche in tal caso, si noti la successione di due clausole identiche); 3.1.2 ἀθάνατος φύσις ἐγέννησεν (⏑ ⏑ ⏑ ⏑ – –); 3.2.5s. διὰ τοῦθ' ἡ φύσις ἤ|νεγκεν ἐλέφαντας (– ⏑ ⏑ ⏑ –: precede coriambo); 3.3.10 ἔχει τοίνυν ὁ μὲν| πόνος ἔπαινον (⏑ ⏑ ⏑ – –: precede coriambo); 3.4.11s. οὐδεὶς ὕ|στερον ἐπλούτησεν (⏑ ⏑ – –).

281 Se includessimo lo Pseudo-Filone nel quadro statistico elaborato da Hutchinson 2018, 17–23, 28–31, già per questi primi e ancora sommari dati numerici egli si collocherebbe entro il percentile più alto, che sta fra Plutarco (ca. 77%) e Caritone (ca. 89%).

282 Cf. *e.g.* 1.1.1s. ἐν| ἀέρι γεωργεῖται (– ⏑ ⏑ ⏑ – –); 1.5.26 σπάταλον καὶ βασιλι|κὸν τὸ φιλοτέχνημα (– ⏑ ⏑ ⏑ – –); 2.3.10s. λίθων φύσεις ἀλλή|λαις ἐπιδεδώμηνται (– ⏑ ⏑ ⏑ – – –); 2.5.19 τῶν εἰς τὰ βά|θη καταθεωρούντων (– ⏑ ⏑ ⏑ – –: precede, con clau-

il doppio molosso (– – – – – –), con relative soluzioni, probabilmente meglio interpretabili come clausole a base coriambica, che di cretico e molosso sono ovvi surrogati e/o corredi, e che al nostro Pseudo-Filone sembrano piacere in maniera particolare[283].

Dunque, possiamo stimare che gran parte delle clausole pseudo-filoniane siano, se non sempre studiatamente calibrate, almeno coerenti per impronta ritmica complessiva. Chi scrive a questo modo obbedisce, consapevolmente o meno, a cadenze saldamente interiorizzate, che lo inducono a strutturare *cola* e *commata* secondo ritmi che non di rado si riecheggiano vicendevolmente[284], e nei quali – di quando in quando – non è forse improprio cogliere qualche effetto "fonosimbolico"[285]. Il carattere regolare delle clausole – an-

---

sola parallela ma in apparente assenza di pausa, 2.5.19 στά|σις σκοτοῖ τὰς ὄψεις, – ˘ – – – –); 3.1.1 Φειδίας δ' ἐν| Ἤλιδι πατήρ ἐστιν (– ˘ ˘ ˘ – – –); 3.2.5 τῆς μὲν εἰκόνος αὐτοῦ| γέγονεν ἡ τέχνη μήτηρ (– ˘ ˘ – – – –); 4.1.4s. ὁ τεχνίτης ἐδαπά|νησεν χαλκόν (– ˘ ˘ – – – –); 5.2.11 τὴν οἰκουμέ|νην κατακεκλεικυῖα (– ˘ ˘ – – –).

283 Cf. *e.g.* 1.2.5 τὴν ἀνάμεσον ἀλλήλων| χώραν ἀπολείπουσαι (– – ˘ ˘ – – – –, *2mol*, ovvero χώ|ραν ἀπολείπουσαι, *cho + sp*); 2.1.2s. καὶ τὰ μεγέθη τῶν τετραπέδων κύβων δυσεπινό|ητον ἔχει τὴν ἀναγωγήν (– ˘ ˘ – – – ˘ ˘ – –, *2mol*, o meglio *cho + cho*: segue 2.1.4 τὰ τηλικαῦτα βάρη τῶν ἔρ|γων ἐμοχλεύθη, – ˘ ˘ – – – –, *2mol*, ovvero ὑπο|νοίας μὲν ἐνάργεια, – – – – – –, *2mol*, ovvero ὑπο|νοίας μὲν ἐνάργεια, *cho + sp*). Altre clausole coriambiche in punti strategici e in presenza di pause enfatiche (con predilezione per le forme – ˘ ˘ – – e – ˘ ˘ ˘ – –): *Pr.* 3.18s. τὸ γὰρ καλὸν ἡλί|ῳ παραπλησίως (– ˘ ˘ – ˘ –) οὐκ ἐᾷ τὰ| λοιπὰ θεωρεῖν (– ˘ ˘ – –), ὅταν αὐ|τὸς διαλάμψῃ (– ˘ ˘ – –); 1.3.11s. γεωργεῖται δ' ὁ τόπος| ὡς ἐπ' ἀρούραις (– ˘ ˘ – –); 1.4.14s. ὡς ἐπὶ τῶν βαθυ|γειοτάτων τόπων (– ˘ ˘ – ˘ –); 2.3.8 ἡ δὲ περίμε|τρος σταδίων ἕξ (– ˘ ˘ – –); 2.3.9s. μίαν εἶ|ναι πέτρας συμφυίαν (– ˘ ˘ – – ˘ ˘ –); 2.5.23 ἡ θεοὶ καταβαί|νουσι πρὸς ἀνθρώπους (– ˘ ˘ – – –); 3.1.1 Διὸς Κρό|νος μὲν ἐν οὐρανῷ (– ˘ ˘ – ˘ –); 3.3.9 ὡς μὲν γὰρ ἔργον τέ|χνης παράδοξον (– ˘ ˘ – –); 4.1.4 ἡ γὰρ εἰκὼν τοῦ θεοῦ βολαῖς ἐγι|νώσκετο ταῖς ἐξ ἐκείνου (– ˘ ˘ – ˘ –); 4.1.5 ὅσος σπανίζειν ἤμελ|λεν τὰ μέταλλα (– ˘ ˘ – –); 4.3.16s. ἐφ' ὧν ἤμελλε θεὸς ἑβδομηκοντά|πηχυς ἐγείρεσθαι (– ˘ ˘ – –); 4.3.18s. οὐκ ἐνῆν ἐπιθεῖναι βαστά|σαντα τὸ λοιπόν (– ˘ ˘ – –); 4.3.20 ἀναβῆ|ναι τὸ πᾶν ἔργον ἐφ' αὑτοῦ (– ˘ – ˘ ˘ – –).

284 Non mancano – come abbiamo già cursoriamente osservato – rispondenze fra clausole in *cola* successivi; cf. *e.g.* 1.1.1 ὁ καλούμενος κῆ|πος κρεμαστὸς (– ˘ – –) ὑπέργειον ἔχων| τὴν φυτείαν (– ˘ – –); 2.4.13-15 ἐνίων δ' ὑαλίζουσιν αἱ χρόαι κυαναυγῇ| τὴν φύσιν ἔχουσαι (– ˘ ˘ ˘ – –), καὶ μετὰ τούτους ὡσεὶ| μηλοβαφές ἐστιν (– ˘ ˘ ˘ – –); 3.4.13-15 καὶ δεῖξαι δυνηθεὶς ἀνθρώ|ποις θεῶν ὄψεις (– ˘ – – –), ἃς ὁ μὴ παρὰ σοὶ θεασάμενος παρ' ἄλλοις ἰδεῖν οὐκ| ἂν δυνηθείη (– ˘ – –). καὶ γὰρ δὴ| τὸν μὲν Ὄλυμπον (– ˘ – –) πλεῖστον χρόνου Φειδίας νενίκηκεν (– ˘ – –). Per lo Pseudo-Filone è più consueto, tuttavia, alternare o variare, anche in sequenze complessivamente ripetitive; cf. *e.g.* 6.1.1-3 ὁ τῆς Ἀρτέμιδος ναὸς ἐν Ἐφέσῳ μόνος ἐστὶν θεῶν οἶκος (– ˘ – –). πεισθήσεται γὰρ ὁ θεασάμενος τὸν| τόπον ἐνηλλάχθαι (– ˘ ˘ – –) καὶ τὸν οὐράνιον τῆς ἀθανασίας κόσμον ἐπὶ| γῆς ἀπηρεῖσθαι (– ˘ – –: ritorno al regolare *cr + sp*). Γίγαντες γὰρ ἢ τῶν Ἀλωέως παίδων (– ˘ – –) κτλ.

285 Ad es. in clausole come 4.4.25 οὐ γὰρ ἐνῆν τὰ μέλη τῶν με|τάλλων κινῆσαι (– – – –) o 5.2.9 πολύστατοι δὲ καὶ| συνεχεῖς οἱ πύργοι (– ˘ ˘ – – –), che sembrano abbinare il loro greve ritmo alla menzione di altrettanto grevi *realia*. Ma la ricerca di consimili effetti è sempre esposta alla sovrainterpretazione, e sarà bene astenersi

che al di là delle pause più marcate – è ben esemplificato da uno *specimen* del proemio (§§ 2s.):

διὰ τοῦτο θαυμαστὸν παιδεία| καὶ μεγαλόδωρον (– ⏑ ⏑ – –), ὅτι τῆς ὁδοιπορίας ἀπολύ|σασα τὸν ἄνθρωπον (– ⏑ – – –) οἴκοι| τὰ καλὰ δείκνυσιν (– ⏑ ⏑ – – –), ὄμματα τῇ ψυχῇ| προσδιδοῦσα (– ⏑ – –). καὶ| τὸ παράδοξον (– ⏑ ⏑ – –)· ὁ μὲν γὰρ ἐπὶ τοὺς τόπους ἐλ|θὼν ἅπαξ εἶδεν (– ⏑ – – –) καὶ παρελ|θὼν ἐπιλέληστται (– ⏑ ⏑ – –)· τὸ γὰρ ἀκριβὲς| τῶν ἔργων λανθάνει (– – – – ⏑ –) καὶ περὶ τὰ κατὰ μέρος φεύ|γουσιν αἱ μνῆμαι (– ⏑ – – –)· ὁ δὲ λόγῳ τὸ θαυμαζόμενον| ἱστορήσας (– ⏑ – –) καὶ τὰς ἐξ|εργασίας τῆς ἐνεργείας (– ⏑ ⏑ – ⏑ ⏑ – – –), ὅλον ἐγκατοπτρισάμενος τὸ| τῆς τέχνης ἔργον (– ⏑ – –) ἀνεξαλείπτους φυλάσσει τοὺς ἐφ' ἑκάστου| τῶν εἰδώλων τύπους (– – – – ⏑ –)· τῇ ψυχῇ γὰρ ἑώρα|κεν τὰ παράδοξα (– ⏑ ⏑ ⏑ –). ὃ δὲ λέγω φα|νήσεται πιστόν (– ⏑ ⏑ –), ἐὰν τῶν ἑπτὰ θεαμάτων ἕκαστον ἐναργῶς ὁ λό|γος ἐφοδεύσας (⏑ ⏑ ⏑ – –) πείσῃ τὸν ἀκροα|τὴν ἐπινεῦσαι (– ⏑ ⏑ – –) τὴν τῆς θεωρίας κο|μισάμενον δόξαν (⏑ ⏑ ⏑ – –). καὶ γὰρ δὴ μόνον ταῦτα τῇ κοινῇ τῶν ἐπαίνων προσηγορίᾳ †καλεῖται βλεπόμενα μὲν ὁμοίως, θαυμαζόμενα δ' ἀνομοίως.† τὸ γὰρ καλὸν ἡλί|ῳ παραπλησίως (– ⏑ ⏑ – ⏑ –) οὐκ ἐᾷ τὰ| λοιπὰ θεωρεῖν (– ⏑ ⏑ – –), ὅταν αὐ|τὸς διαλάμψῃ (– ⏑ ⏑ – –).

Un altro saggio dal § 5.1s.:

Σεμίραμις ἐς βασιλικὴν ἐπλού|τησεν ἐπίνοιαν (– ⏑ ⏑ ⏑ – –). τοιγαροῦν ἀπέθανεν θεάματος θησαυ|ρὸν ἀπολείπουσα (⏑ ⏑ ⏑ – – –). Βαβυ|λῶνα γὰρ ἐτείχισεν (– ⏑ ⏑ ⏑ – ⏑ –) τριακοσίων ἑξήκοντα σταδίων βαλλομέ|νη θεμελίωσιν (– ⏑ ⏑ ⏑ – –), ὥστε τὴν περίμετρον τῆς πόλεως ἡμεροδρό|μου κόπον ἔχειν (– ⏑ ⏑ ⏑ –). ἔστι δ' οὐκ ἐν τῷ μεγέθει μό|νον τὸ θαυμαστόν (– ⏑ – – –), ἀλλὰ καὶ περὶ τὴν ἀσφάλειαν τῆς| οἰκοδομίας (– ⏑ ⏑ ⏑ –) καὶ περὶ τὰ πλάτη| τῶν μέσων τόπων (– ⏑ – – –)· ὀπτῇ γὰρ πλίνθῳ <θερμῇ τ'> ἀσφάλ|τῳ δεδώμηται (– ⏑ – – –). καὶ τὸ μὲν ὕψος ἐστὶ τοῦ τείχους πλέον ἢ πεντή|κοντα πήχεων (– ⏑ – ⏑ –), τὰ δὲ πλάτη τῶν παραδρομίδων ἅρματα τέ|τρωρα τέσσαρα (– ⏑ – ⏑ –) κατὰ τὸν αὐτὸν και|ρὸν διιππεύει (– ⏑ – – –). πολύστατοι δὲ καὶ| συνεχεῖς οἱ πύργοι (⏑ ⏑ – – – –), δέξασθαι τοῖς χωρήμασι δυνάμενοι| στρατοπέδου πλῆθος (⏑ ⏑ ⏑ – – –). τοιγαροῦν ἡ πόλις ἐστὶν τῆς Περσί|δος προτείχισμα (– ⏑ – – –) καὶ λέληθεν ἐν αὐτῇ τὴν οἰκουμέ|νην κατακεκλεικυῖα (– ⏑ ⏑ ⏑ – – –).

La predilezione per un diffuso andamento cretico-trocaico, cretico-giambico o coriambico spiegherà non poche scelte stilistiche dello Pseudo-Filone, dai ricercati composti alla *dispositio verborum*, dall'*abusio* del -ν efelcistico – anche laddove non è questione di iato – alla generale preferenza per un periodo fondato sull'addizione o agglutinazione di frasi (cf. *supra*, § 5). Ci si può chiedere, inoltre, se la cura dedicata al ritmo non costituisca un elemento a favore di una programmatica fruizione aurale dell'esercizio (cf. *supra*, § 4); su tale punto, tuttavia, è bene mantenere una certa prudenza, perché la ma-

---

dal procedere su questa via. Si noti comunque che certi tipici «unrhytmic endings» (Hutchinson 2018, 11) costituiti da quattro *longa* sono riscattati, per lo più, da diffuse soluzioni in *brevia*; cf. anche Hutchinson 1995, 486.

niera ritmica, appresa in quanto tale sui banchi di scuola, può aver pesato a prescindere dall'effettiva o possibile *performance*[286].

Ma la complessiva euritmia dell'opuscolo ha per noi un valore che va ben oltre l'aspetto meramente stilistico: lo Pseudo-Filone, pur così attento a un'oculata strutturazione prosodica delle sue clausole, mostra una generale indifferenza alla cosiddetta "legge di Meyer" (o "di Meyer–Maas")[287]; possiamo anzi parlare di una sistematica inosservanza, tante e tali sono le documentabili infrazioni. Come è noto, la giurisdizione via via più estesa della legge – una scoperta «epochemachend», secondo le non smentibili parole di Norden[288] – si può considerare, se non un'evoluzione della clausola ritmica, un effetto del tutto spontaneo o fortuito della strutturazione clausolare quantitativa, e comunque una tendenza che con essa convisse per lunghi secoli, fra tardo-ellenismo ed età imperiale; ne risulta che solo un tasso percentualmente cospicuo di clausole accentuative ligie alla "legge di Meyer" si può ritenere deliberato[289]. Le analisi di dettaglio e le statistiche d'insieme oggi a nostra disposizione indicano che non andrà giudicata significativa un'inci-

---

[286] Giustamente Hutchinson 2018, 36–38, 41–46, 55–57, 67–85 e *passim*, intende l'euritmia del dettato – e l'addensarsi di clausole quantitave in luoghi rilevanti – come strumento d'enfasi che prescinde dalla destinazione aurale delle opere; cf. *ibid.*, 26s.: «it would be better [...] to avoid a rigid connection of rhythm to performance». Si veda anche Hutchinson 1995, 497–499. Ferma restando la funzione cardinale della prosodia e dell'euritmia nella fruizione aurale di un testo (cf. *e.g.* Vatri 2017, 175–184), nulla si può ricavare da dati consimili. Sulla differenza fra ritmo "percepito" in *performance* e ritmo scolasticamente "computato" cf. ora anche Vatri 2020.

[287] Anche in tal caso la bibliografia – dopo i pioneristici lavori di Meyer 1891, Litzika 1898 e Maas 1902 – è troppo cospicua per essere esaustivamente richiamata. Ci limitiamo a ricordare le ottime panoramiche e analisi di dettaglio offerte da Hörandner 1981 e Klock 1987, 217–300 – preziosi anche per la cautela metodologica – a cui si può aggiungere ora lo studio di Valiavitcharska 2013, particolarmente attenta ai presupposti retorici e didattici della prassi ritmica bizantina. Fra i lavori recenti, cf. ad es. Amato–Ventrella 2009, 40–49; Winterbottom 2011; Hörandner 2012; Duffy 2014. Ulteriori orientamenti metodologici e bibliografici in Hörandner–Rhoby 2021, 419–429.

[288] Norden 1915³, 922 (= 1986, 927: «tale da far epoca nelle questioni tanto di modesta filologia quanto di alta critica»; qui la traduzione italiana può essere fuorviante: Norden menziona «Fragen niederer und höherer Kritik»; di quest'ultima, secondo una lunga tradizione terminologica e metodologica, è parte integrante la critica di autenticità).

[289] Cf. *e.g.* Dewing 1910, 320–323; de Groot 1919, 132–146; Hörandner 1981, 37–42; Oberhelman–Hall 1984; Klock 1987, 244s. Sulla convivenza di sensibilità ritmica e sensibilità accentuativa si vedano ad es. – fra i lavori più recenti – Papanikolaou 2012; Valiavitcharska 2013, 62–64 e 76–89; Filippo 2016; Santorelli 2017. Netto Winterbottom 2011, 267: «the fact is that there are no firm criteria for deciding whether a given piece of prose is metrical or accentual. There is, instead, a spectrum on which everything from Cicero's speeches to a papal bull from the Middle Ages can be placed. The existence of this spectrum makes polarization of metrical and accentual rhythm, and talk, too, of *cursus mixtus*, unprofitable».

denza inferiore all'80%; e che un particolare rilievo, in tale ambito, riveste la maggiore o minore tolleranza per clausole comprendenti 3 o 5 atone fra ultima e penultima sillaba tonica: tolleranza ancora generosa fra gli autori tardo-ellenistici e fra gli esponenti della Seconda Sofistica; ma ridotta al minimo da prosatori di pieno IV sec. d.C. come Imerio, Temistio, Gregorio di Nazianzo o Gregorio di Nissa[290]; ovviamente, un rilievo ancor maggiore va riconosciuto a clausole con intervalli di una sola atona, o alla completa assenza di atone: in tal caso, siamo di fronte a violazioni serie della "legge".

La scarsa consistenza testuale dell'opuscolo pseudo-filoniano impone di lavorare su un campione piuttosto povero, ma i dati che se ne ricavano sono comunque significativi: se ci atteniamo alle 155 pause marcate che abbiamo fin qui considerato, ben il 54% presenta clausole irregolari, o gravemente irregolari, con 0, 1, 3 o 5 sillabe atone fra le due ultime sillabe toniche. Il dato è piuttosto eloquente, e di per sé basterebbe a mostrare quanto lo Pseudo-Filone sia disinteressato alla legge, o sia a essa insensibile. Se poi osserviamo da vicino le infrazioni più serie, che occorrono con una certa frequenza non solo di fronte a chiuse di *cola* o di periodi, indubitabili per senso e sintassi, ma anche in luoghi rilevanti come *incipit*, *explicit* e frasi di particolare enfasi[291], le conclusioni si impongono: lo Pseudo-Filone, che parrebbe un

---

290 Autori come Elio Aristide e Dione di Prusa rispettano, per l'80% circa delle loro clausole, la legge di Meyer–Maas, ma l'incidenza degli intervalli più regolari – 2, 4 o 6 sillabe atone fra le due ultime sillabe toniche – oscilla fra il 50% e il 60% circa dei casi totali: cf. Klock 1987, 234s. Analoghe percentuali si ricavano dallo studio delle epigrafi "asiane" di II–I sec. a.C.: cf. Papanikolau 2012, 144. Imerio, Gregorio di Nissa o Aftonio restituiscono percentuali decisamente più nette: il rispetto della legge di Meyer–Maas sale intorno al 90%, e gli intervalli regolari di 2, 4 o 6 sillabe costituiscono almeno l'80% delle clausole; cf. Klock 1987, 240–256. Con la scuola di Gaza, le percentuali salgono ulteriormente, e gli intervalli regolari superano spesso il 90% dei casi: si vedano le tabelle sinottiche di Hörandner 1981, 160–163.

291 Eccone un censimento. Assenza di intervalli di fronte a pausa certa (grave infrazione alla "legge di Meyer–Maas"): *Pr.* 2.8s. τὰ καλὰ δείκνυσιν; 2.3.9 τὸ πᾶν ἔργον; 3.1.2s. θεοὺς τίκτειν; 3.3.10 Διὸς ὅσιον; 3.4.13s. θεῶν ὄψεις; 6.1.1 θεῶν οἶκος. Intervalli di una sola atona di fronte a pausa certa (anch'essa una grave infrazione alla "legge di Meyer–Maas"): *Pr.* 2.10 ἅπαξ εἶδεν; *Pr.* 2.14 τῶν εἰδώλων τύπους; 1.1.2s. ὠροφωκὼς τὴν ἄρουραν; 1.4.16 μένει γῆ; 1.5.26s. τὸ πλεῖστον βίαιον; 2.3.8 ἡ δὲ περίμετρος σταδίων ἕξ; 2.3.11s. Αἰθιοπικὴ καὶ μέλαινα; 2.3.12 αἱματίτης λίθος; 2.4.14 τὴν φύσιν ἔχουσαι; 2.5.18 ὁδοιπορίας ἔχει κόπον; 3.2.5 ἡ τέχνη μήτηρ; 3.3.10 ὁ μὲν πόνος ἔπαινον; 4.1.1 πελαγία νῆσος; 4.2.12 τῶν βλεπομένων μεῖζόν ἐστιν; 4.4.22 συνθέντες ἔστησαν; 4.6.33s. βαστάσας ἔργον; 5.1.4 κόπον ἔχειν; 5.1.5s. τῶν μέσων τόπων; 5.2.9 συνεχεῖς οἱ πύργοι; 5.2.10 στρατοπέδου πλῆθος; 5.3.13 οἰκουμένην ἔχει; 6.1.3 τῶν Ἀλωέως παίδων; 6.1.4s. τὸν οὐ ναὸν ἀλλ' Ὄλυμπον. Intervalli di tre atone in pausa certa: *Pr.* 1.5 τὴν Ἔφεσον θεάσασθαι; *Pr.* 2.11 φεύγουσιν αἱ μνῆμαι; *Pr.* 3.15 φανήσεται πιστόν; 1.2.5 χώραν ἀπολείπουσαι; 1.4.18 κοχλιοειδῶς ἀνατροχάζουσιν; 1.5.24s. ταῖς δι' ἀλλήλων ἐμπλοκαῖς; 1.5.25s. τῶν δένδρων συμφυλάσσει; 2.1.1 κατασκευάσαι μὲν ἀδύνατον; 2.1.1s. ἱστορῆσαι δὲ παράδοξον; 2.1.4 τῶν ἔργων ἐμοχλεύθη; 2.2.6 τοῦ κατασκευάσματος ἑκάστου; 2.3.10 πέτρας

buon cultore della prosa ritmica e delle clausole quantitative, appare invece estraneo alle norme delle clausole accentuative. Egli le ignora, o comunque non ritiene di doverle applicare.

Ciò non costringe, naturalmente, a deduzioni nette sotto il profilo cronologico, né prescrive un sicuro *terminus ante quem*. Il dato, tuttavia, suggerisce di non salire troppo oltre il IV sec. d.C., o l'inizio del secolo successivo. A quest'ultimo orizzonte temporale ci aveva già guidati la ricerca dei fatti storici che è possibile riconoscere, pur con fatica, dietro la fumogena prosa del nostro retore, nonché l'analisi del suo lessico e della sua lingua. Con molta prudenza, alla luce di tutti i dati fin qui raccolti, ci pare che una datazione al principio del V sec. d.C. sia un'ipotesi tutto sommato plausibile; un'ipotesi perfettamente conciliabile, peraltro, con quanto abbiamo ricavato dall'indagine sui più antichi *fata* testuali dell'opuscolo, e sul suo probabile rapporto con il *corpus* geografico confluito nel testimone P (cf. *supra*, § 3).

Ammessa, per forza di cose, l'impossibilità di sapere chi sia il nostro autore, un ultimo e inevitabile interrogativo rimane: egli andrà considerato

συμφυίαν; 2.3.11 λευκὴ καὶ μαρμαρῖτις; 2.4.14s. ὡσεὶ μηλοβαφές ἐστιν; 3.1.1 ἐν Ἤλιδι πατήρ ἐστιν; 3.2.6 ἤνεγκεν ἐλέφαντας; 3.2.7s. ἡ Λιβύη δαψιλεύσεται; 3.4.12 ὕστερον ἐπλούτησεν; 3.4.13 βίος οὐκ ἐνήνοχεν; 3.4.16s. ἀκοῆς ἐστιν βελτίων; 4.1.5 ἤμελλεν τὰ μέταλλα; 4.1.6 χαλκούργημα τοῦ κόσμου; 4.2.8 δαπανήσωσι τιμήν; 4.2.9 εἰς τὸν οὐρανὸν ἀναβιβάζοντες; 4.2.14 τῶν ὀβελίσκων ἐχαλκεύθη; 4.3.17 ἑβδομηκοντάπηχυς ἐγείρεσθαι; 4.3.18 ἀνδριάντας ὑπερέκυπτεν; 4.3.19 ἔδει τὰ σφυρά; 4.3.20 ἔργον ἐφ' αὑτοῦ; 4.4.23 μέρος ἐπιπέπλασται; 4.4.25 ἔσχηκεν ἐπίνοιαν; 4.5.28 ἠσφαλίζετο τὸ σήκωμα; 4.5.28s. τὴν ἐπίνοιαν ἀσάλευτον; 4.6.34 ἀντέθηκεν τῷ κόσμῳ; 5.1.1 ἐπλούτησεν ἐπίνοιαν; 5.1.3 βαλλομένη θεμελίωσιν; 5.3.12 κύκλον κατοικοῦσιν; 5.3.13 χώραν γεωργοῦσιν; 5.3.14 ἀποδημοῦσιν κατοικοῦντες; 6.1.5s. τοῦ πόνου δὲ τὴν τέχνην; 6.2.8s. καλυπτόμενα τῶν ἔργων. Intervalli di cinque atone in pausa certa: 1.4.14 τῆς ἄνωθεν ἐπιφανείας; 2.1.2 ὄρεσιν ἐπιδεδώμηται; 2.1.3 ἔχει τὴν ἀναγωγήν; 2.3.8 πήχεων τριακοσίων; 2.3.13 ὥς φασι, κεκομισμένος; 2.5.19 τῶν εἰς τὰ βάθη καταθεωρούντων; 3.1.1 Κρόνος μὲν ἐν οὐρανῷ; 4.1.4 ἐγινώσκετο ταῖς ἐξ ἐκείνου; 5.2.11 τὴν οἰκουμένην κατακεκλεικυῖα. A questa sequenza di violazioni, spesso piuttosto gravi, alla "legge di Meyer–Maas", vanno aggiunti altri intervalli da considerarsi plausibilmente irregolari. Intervalli di una sola atona in pausa di senso probabile: *Pr.* 1.4 εἰς Ἁλικαρνασσὸν ἐλθεῖν; *Pr.* 2.13 τὸ τῆς τέχνης ἔργον; 1.4.14s. ὡς ἐπὶ τῶν βαθυγειοτάτων τόπων; 2.5.19 σκοτοῖ τὰς ὄψεις; 2.5.21 καυχάσθω τύχη (pausa meno probabile); 3.1.3 τοῦ κόσμου μόνος. Altri intervalli irregolari (3 o 5 atone) in pausa di senso probabile: *Pr.* 1.2 διαπλεῦσαι τὸν Εὐφράτην; *Pr.* 1.3 τῆς Ἑλλάδος ἐνεπιδημῆσαι; *Pr.* 1.5 πλανηθέντα δὲ τὸν κόσμον; *Pr.* 1.5s. τῷ κόπῳ τῆς ἀποδημίας ἐκλυθέντα; *Pr.* 1.6 πληρῶσαι τὴν ἐπιθυμίαν; *Pr.* 2.8 ἀπολύσασα τὸν ἄνθρωπον; *Pr.* 3.15s. ὁ λόγος ἐφοδεύσας; 1.1.1 κῆπος κρεμαστός; 1.1.1 ἔχων τὴν φυτείαν; 1.1.1s. ἐν ἀέρι γεωργεῖται; 1.2.6 τοῖς βάρεσι θλιβόμενον; 1.2.7 τὰς διαφύσεις τῶν ῥιζῶν; 1.3.9s. τῶν δένδρων ἐπιπέφυκε; 1.4.16 τῶν ὑδάτων ἀγωγαί; 1.4.20 ἐπάρδουσι τὸν κῆπον; 1.4.21 ἀειθαλής ἐστιν ἡ πόα; 1.4.22 τοῖς ἀκρεμόσιν ἐπιπεφυκότα; 1.5.23 ἡ ῥίζα τηρουμένη; 1.5.26 βασιλικὸν τὸ φιλοτέχνημα; 4.1.1s. Ἥλιος ἀνέδειξεν; 4.2.12 ὁ θαυμαστὴς τῶν θεωρούντων; 4.5.27 τῆς σχεδίας ἐτηρεῖτο; 4.6.32 τὸ τέρμα τῆς ἐλπίδος; 6.1.2 τὸν τόπον ἐνηλλάχθαι; 6.2.6 λύσας ὁ τεχνίτης; 6.2.9 τὴν ἀσφάλειαν ἀσάλευτον.

un omonimo del Filone ellenistico, un anonimo, o uno pseudonimo? Più precisamente: si tratta effettivamente di un Filone di Bisanzio, fortuitamente omonimo del Meccanico? O quello di Filone di Bisanzio è uno pseudonimo? In tal caso, uno pseudonimo preterintenzionale o intenzionale? Se non andiamo errati, gli scenari astrattamente prospettabili sono i cinque che seguono: 1) il nostro Filone, di probabile tardo IV o primo V sec. d.C., fu effettivamente di Bisanzio, e la confusione con l'ingegnere ellenistico fu il frutto di una fortuita omonimia; 2) il nostro Filone fu un Filone fra i tanti, di tarda età, e l'ascrizione all'illustre omonimo di Bisanzio fu determinata, oltre che dalla parziale omonimia, dal tema e dal taglio del suo opuscolo; 3) il nostro Filone non fu un Filone, né fu di Bisanzio, e la pseudoepigrafia fu il frutto di un'operazione attributiva non truffaldina, ma comunque azzardata, successiva all'autore, e dipendente soltanto dal tema e dal taglio dell'opuscolo; 4) a prescindere da nome e natali del nostro Filone, la pseudoepigrafia fu atto deliberato, imputabile all'autore, che si finse Filone di Bisanzio; 5) a prescindere da nome e natali del nostro Filone, la pseudoepigrafia fu atto deliberato, imputabile a qualcuno dopo di lui.

Chiaro che i cinque scenari qui tratteggiati hanno ampi margini di sovrapposizione: si può immaginare un Filone qualsiasi (scenario 2) che venne prontamente identificato con l'illustre Filone di Bisanzio, da collezionisti alquanto creduli o disinvolti (scenario 3); si può immaginare un Filone qualsiasi (scenario 2) che abbia approfittato dell'omonimia per suggerire o approntare uno pseudoepigrafo intenzionale (scenario 4); si può immaginare un innocente semi-omonimo (scenario 2) o un altrettanto innocente anonimo (scenario 3) identificato da altri, con intenti truffaldini, in Filone di Bisanzio (scenario 5); e così via: si combinino a piacere le ipotesi.

È lecito, fra tali ipotesi, operare una scelta? Una scelta decisa, o una preferenza forte, ci sembrano imprudenti e impossibili. Certo, sorprende che lo scenario 1 si dia quasi per scontato in tutta la letteratura critica – poca, in verità – che si è fin qui curata del nostro Pseudo-Filone: in edizioni, studi, storie letterarie e voci enciclopediche, la sinonimia sembra *a priori* presupposta[292], e l'autore del Περὶ ἑπτὰ θεαμάτων è considerato semplicemente

---

[292] Cf. ad es. Kroll 1941, e al suo seguito tutti gli studiosi successivi, compreso Brodersen 1992. Esemplari Adam–Blanc 1989, 31: «Philon, dont [...] nous ne savons rien, sinon comme l'indique le surnom sous lequel il nous est pervenu, qu'il travailla ou, peut-être simplement, naquit à Byzance». Sembra fare eccezione Jordan 2014, 10, per cui il «bogus Philo» sarebbe un «fourth century impersonator» del Filone autentico; cf. anche *ibid.*, 115, dove è espresso il sospetto che «the Philo of the Seven Wonders is a poseur of late antiquity pretending to be the real Philo of the second century BCE» e soprattutto 26s., dove si arriva a formulare la ben poco probabile ipotesi che alla base dello Pseudo-Filone ci sia un nucleo di materiali autentici del Meccanico («Philo's reasonable handling of these technical considerations in connection with the Colossus could be held to bolster the idea of a genuine

un altro Filone, anch'egli di Bisanzio, anch'egli interessato a questioni *lato sensu* tecnologiche, architettoniche, ingegneristiche.

Eppure, a ben vedere, fra tutti gli scenari che possiamo prospettare questo risulta forse il meno probabile, per l'alto numero di coincidenze che ci costringerebbe a presupporre. È vero che Filone è nome comunissimo[293], anche fra autori di variabile notorietà[294]; è vero che non possiamo negare alla Bisanzio tardo-antica il privilegio di aver dato alla luce o di aver allevato, fra i suoi retori, un ignoto o seminoto Filone, e anche – perché no? – più di uno; è vero altresì che l'infarinatura pseudo-tecnologica di cui fa mostra l'opuscolo non richiede – come abbiamo visto – competenze soverchie, né serve a fare del nostro Filone più che un entusiastico orecchiante, ma rimane il fatto che una certa patina scientistica contrassegna almeno alcune sezioni dell'operetta. Dunque, si ammetterà, le coincidenze sarebbero molte: nome, etnico, e piglio a tratti (para-)scientifico. Perciò, pur non potendo escludere del tutto lo scenario 1, riteniamo di non poterlo raccomandare: "Pseudo-Filone di Bisanzio" ci pare, per ogni sede bio-bibliografica, una formulazione decisamente più appropriata dell'usuale "Filone di Bisanzio", che sottintende – quasi cosa scontata – la fortuita omonimia.

Quanto agli altri scenari, ben poco probabile risulta l'ipotesi di un'operazione pseudoepigrafica intenzionale, imputabile all'autore stesso. Se si ritiene che il nostro retore abbia voluto imitare – per gioco, per esercizio o per frode, poco importa[295] – l'autentico Filone di Bisanzio, occorre am-

---

core of material from the real second century BCE Philo of Byzantium buried in the rather fanciful general effect produced by some poseur of the fourth century CE»). Si noterà di passaggio che l'ipotesi di una pseudoepigrafia generata dall'omonimia è stata presa in considerazione, in passato, anche per [Arr.] *Erythr.*: cf. Fabricius 1849, 1. Questa era del resto la tesi avanzata, per lo Pseudo-Plutarco del *De fluviis*, dal postillatore di P, f. 157r (ψευδεπίγραφον τοῦτο ... εἰ μή τις ἕτερος εἴη Πλούταρχος).

293 Le occorrenze censite dal *LGPN* (<https://www.lgpn.ox.ac.uk>) sono 1362, dal VII sec. a.C. al V sec. d.C. Le professioni rappresentate sono le più varie. Le aree più interessate sono, oltre alla Grecia continentale, la Magna Grecia e Cipro. Inutile, ovviamente, soffermarsi su questi macrodati.

294 La Pauly–Wissowa ne censisce complessivamente 61, compresi addentellati; la *Neue Pauly* solo 14 (ed esclude il nostro), l'*OCD*[4] appena 6 (e anch'esso esclude il nostro). L'ottimo Allacci giungeva, nella sua *Diatriba* (Mai 1853, 40–71), alla ragguardevole cifra di 52.

295 Non c'è bisogno di soffermarsi sui confini – spesso esilissimi – che separano *mimesis* retorico-letteraria e falsificazione: per i legami fra pedagogia dell'*imitatio* e produzione di più o meno deliberati falsi si veda ad es. Peirano 2012. Tali legami sono ben esemplificati da Anassimene di Lampsaco, imitatore stilistico abilissimo, e all'occorrenza falsario, secondo il sapido aneddoto di Paus. 6.18.5s. (= Anaxim. Lamps. *FGrHist* 72 T 6). A prescindere dall'effettiva paternità dell'opera contesa – che è il *Trikaranos* attribuito a Teopompo – l'aneddoto mostra bene la contiguità fra scrittura *à la manière de* e pseudoepigrafia. E tuttavia, pur non escludendo – per amor di completezza – la tesi di un esercizio alla maniera filoniana, non possiamo

mettere che egli non volle affatto impegnarsi in un'operazione di mimesi sistematica, ovvero di sistematica contraffazione. Il ricorso alla più vecchia lista delle meraviglie, risalente al pieno ellenismo, è stato interpretato come tentativo di "anticare" furbescamente l'opera[296]. Ma il supposto zelo mimetico si ridurrebbe a questo: e sarebbe ben poca cosa. Lo sfoggio di dottrina ingegneristica è limitato a una minoranza di passaggi: il sistema idraulico del giardino pensile (1.4)[297], le tecniche adibite per la costruzione del Colosso Rodio (4.3–5), e forse – ma il passo è monco – per la costruzione dell'*Artemision* efesino (6.2)[298]. Nulla a che vedere, insomma, con il carattere specialistico della prosa filoniana autentica[299]. Di quest'ultima non è affatto riprodotto lo stile austero e a volte irto[300], ed è difficile considerare significativa qualche desultoria, e probabilmente fortuita, coincidenza les-

---

    non chiederci a chi sarebbe venuto in mente di imitare il Meccanico, celebre per la sua dottrina, ma non certo per il suo stile.
296 Jordan 2014, 10; cf. anche *supra*, § 2 n. 49.
297 Si noterà, di passaggio, che l'idraulica adibita a scopi civili sembra del tutto estranea a Filone Meccanico: cf. Ripellini 1993, 342.
298 A ciò potremmo aggiungere, con buona volontà, i pochi dati d'ordine numerico e metricologico forniti dal nostro autore, in merito alla forma e alla misura delle piramidi (2.2s.: dati platealmente erronei, fra l'altro; cf. *infra*, n. intr. *ad* θέαμα 2), all'altezza del Colosso (4.1.3), alle spese sostenute per costruirlo (4.6.32s.) e, infine, alle dimensioni delle mura babilonesi (5.2.7s.).
299 Anche il Filone ingegnere, a giudizio di alcuni, fu tutto sommato «a dilettante» (Whitehead 2016, 22); meno severamente, o più realisticamente, si è ipotizzato che egli si rivolgesse a un uditorio di dilettanti – magari dilettanti d'*élite* – poco interessati ai dettagli operativi, e più sensibili ad aspetti divulgativi e insieme celebrativi, come ha fatto presumere la relativa scarsità di esemplificazioni concrete (cf. Ripellini 1993, 341–343). Per contro, l'evasività dei trattati meccanici antichi è stata interpretata come una forma di autotutela, professionale e commerciale: cf. Amedick 2019. Sia come sia, la competenza di Filone Meccanico – abituato ad andare *in medias res*, per quanto possiamo giudicare dalle sue reliquie, e generoso di cifre, misure, dettagli – è semplicemente incomparabile con l'astratta vaghezza e la lambiccata tortuosità del nostro Pseudo-Filone.
300 «Der Stil Philons ist ungelenk und ungleichmässig. Anakoluthe sind nicht selten, aber die handwerksmässige Nüchternheit erfrent doch», hanno sintetizzato Diels–Schramm 1919, 3. Non si rileva uno scrupolo mimetico nemmeno sul piano linguistico, in particolare fonetico-ortografico: Filone Meccanico è caratterizzato da una notevole presenza di forme proprie della *koiné*, conviventi con sporadici atticismi (cf. von Arnim 1912, 14–37); il nostro Pseudo-Filone, in molti luoghi, non segue l'uso del Meccanico (*e.g.* πλέον, non πλεῖον [von Arnim 1912, 18s.]; sostantivi in -ημα, non in -εμα [*ibid.*, 20]; οὐδείς, non οὐθείς [*ibid.*, 29s.].). È significativo, del resto, che lo Pseudo-Filone sia del tutto alieno dai tanti tecnicisimi – spesso *hapax* o *proton legomena* – propri del Meccanico: cf. von Arnim 1912, 132–136. Abbiamo già osservato che il generoso ricorso a figure gorgiane costituisce di per sé un tratto di stile del tutto incongruo per un presunto imitatore o contraffattore di Filone.

## 6. Per un'ipotesi di datazione

sicale[301]. Inoltre, per quanto sappiamo della Μηχανιχὴ σύνταξις filoniana, il nostro autore non sembra interessato a riprodurne nemmeno gli aspetti compositivi strutturali, come il *Du-Stil* a funzione didascalica e la simulata forma epistolare[302]. Eppure, poteva offrirsi miglior "sigillo", per una supposta operazione pseudoepigrafica, di un'intestazione in stile epistolare, che avrebbe consentito di spacciarsi per Φίλων sin dalla primissima riga? Non a caso, è ciò che fa lo Pseudo-Arriano autore di *Eux*. (cf. *supra*, § 3). Ma c'è di più: i presupposti storici del nostro autore parlano decisamente contro un tentativo consapevole d'immedesimazione o di falsificazione, non solo o non tanto per i fatti tardivi che egli lascia qua e là intravedere (cf. *supra*), quanto e soprattutto per la *Stimmung* passatistica e apertamente nostalgica che caratterizza passi cruciali del libello: il nostro Pseudo-Filone non dissimula affatto la sua distanza – storica e culturale – dall'epoca gloriosa di cui

---

301 Si vedano, per saggio, passi come i seguenti: *Bel*. 58.43–45 Diels–Schramm καὶ γὰρ τὸ μὲν ἐξ ἀρχῆς ἐπινοῆσαί τι καὶ τὸ κατὰ τὴν ἐπίνοιαν ἐξεργάσασθαι μείζονος φύσεώς ἐστιν (cf. 4.4.24s. τὴν αὐτὴν τῆς ἐργασίας ... ἐπίνοιαν, 4.5.28s. ἵνα διὰ τῆς ἐργασίας τηρήσῃ τὴν ἐπίνοιαν ἀσάλευτον), *Bel*. 59.19s. Diels–Schramm τοῖς μοχλοῖς ῥᾶον κινοῦσι τὰ βάρη (cf. 2.1.4 τὰ τηλικαῦτα βάρη τῶν ἔργων ἐμοχλεύθη), *Parasc. et poliorc.* 84.13–15 Diels–Schramm πρὸ δὲ τῶν τετραγώνων πύργων προοικοδομεῖν δεῖ τριγώνους ἄλλους συνεχεῖς καὶ στερεοὺς ἀπὸ ἰσοπλεύρου τριγώνου (cf. 5.2.9 συνεχεῖς οἱ πύργοι), *Parasc. et poliorc.* 87.16s. Diels–Schramm ἐπὶ τῶν θεμελίων τὰς ἁψίδας ἐξῆχθαι δεῖ ὅσον πῆχυν τῷ μήκει (cf. 2.2.5s. τὴν θεμελίωσιν ἔχουσιν ἰσομεγέθη τοῖς ὑπεργείοις ὕψεσι, 5.1.2s. τριακοσίων ἑξήκοντα σταδίων βαλλομένη θεμελίωσιν), *Parasc. et poliorc.* 92.18 Diels–Schramm περιτρεχόντων τῶν κορμῶν (cf. 1.4.19 περιτροχάζουσαι), *Parasc. et poliorc.* 102.20–22 Diels–Schramm καὶ εἰς τὰς πέτρας κατὰ τὰς διαφύσεις καὶ εἰς τοὺς λιθίνους τοίχους κατὰ τὰς συμβολάς (cf. 1.1.3 λίθινοι μὲν γὰρ κίονες, 1.2.7 τὰς διαφύσεις τῶν ῥιζῶν). Più interessante, semmai, *Bel*. 50.37–40 Diels–Schramm τοῦτο δὲ συμβαίνει ποιῆσαι τοὺς ἐν Ἀλεξανδρείᾳ τεχνίτας πρῴην μεγάλην ἐσχηκότας χορηγίαν διὰ τὸ φιλοδόξων καὶ φιλοτέχνων ἐπειλῆφθαι βασιλέων (cf. 1.5.26 σπάταλον καὶ βασιλικὸν τὸ φιλοτέχνημα, 2.5.20s. †τῆς χορηγίας βασιλικῷ πλούτῳ†).

302 Si veda l'esordio dei *Belopoeica*, 49.1–6 Diels–Schramm Φίλων Ἀρίστωνι χαίρειν· τὸ μὲν ἀνώτερον ἀποσταλὲν πρὸς σὲ βιβλίον περιεῖχεν ἡμῖν τὰ λιμενοποιικά· νῦν δὲ καθήκει λέγειν, καθότι τὴν ἐξ ἀρχῆς διάταξιν ἐποιησάμεθα πρός σέ, περὶ τῶν βελοποιικῶν, ὑπὸ δέ τινων ὀργανοποιικῶν καλουμένων. Su questa base si ritiene, motivatamente, che tutti i libri dell'opera avessero forma "para-epistolare", con tipica apostrofe di carattere didascalico, come in Archimede o Apollonio di Perge: cf. *e.g.* Fraser 1972, I 428s.; Garlan 1974, 284s.; Whitehead 2016, 22s. Quel che vale per il *Du-Stil*, vale più in generale per la *persona loquens* del Filone autentico. L'unico "io" esplicito del nostro Pseudo-Filone si legge in *Pr.* 3.14–17 (ὁ δὲ λέγω φανήσεται πιστόν, ἐὰν τῶν ἑπτὰ θεαμάτων ἕκαστον ἐναργῶς ὁ λόγος ἐφοδεύσας πείσῃ τὸν ἀκροατὴν ἐπινεῦσαι τὴν τῆς θεωρίας κομισάμενον δόξαν), ma è un "io" che subito si occulta nell'impersonalità del λόγος. Ben più marcata la *persona loquens* di Filone Meccanico, e ben più articolato e flessibile il sistema degli attanti comunicativi – destinatore in *Ich-Stil*, destinatario in *Du-Stil*, con variabili casi di *Wir-Stil* – che anima la sua trattazione; buone osservazioni, al proposito, in Roby 2016, 211–216.

celebra la memoria. Ovviamente nulla impedisce di presupporre un falsario mediocre, o un imitatore superficiale. Ma certo i dati che abbiamo evidenziato si attagliano ben poco a un consapevole atto di mendacio scientifico-letterario, né si spiegano meglio se si ipotizza un più innocente esercizio *à la manière de*: ipotesi – come abbiamo osservato – già in sé poco verosimile. Del resto, per quanto la fama postuma di Filone Meccanico non sia né nulla né minima, almeno nell'ambito specialistico che gli compete, va detto che egli non risulta certo fra i primi autori idealmente passibili di un'ascrizione pseudoepigrafica, motivata da ragioni di prestigio storico e/o scientifico[303].

Un deliberato "falso d'autore", dunque, andrà realisticamente escluso. Ovviamente la plausibilità della pseudoepigrafia intenzionale si fa più consistente se immaginiamo un'attribuzione successiva all'autore, e dall'autore indipendente. Altrettanto e forse più plausibile appare l'ipotesi di una attribuzione pseudoepigrafica dettata non già da intenzioni fraudolente, ma da candida credulità. Le due ipotesi, naturalmente, non si escludono a vicenda. Anzi: l'astuzia dei falsari e la credulità dei collezionisti vanno da sempre a braccetto[304].

Abbiamo visto (*supra*, § 3) che l'insieme dei testi periplografici confluiti nel primo "blocco" di P lascia scorgere un ambiente pressoché ideale per l'attribuzione fittizia, o per la sua corriva accettazione; e alla stessa conclusione orienta il complesso dei testi raccolti o messi a frutto da Marciano di Eraclea, e/o dal suo *entourage*, per il confezionamento del *corpus* "D". In un momento e in un ambiente caratterizzati da una spiccata predilezione per rarità librarie geografiche o periplografiche, e per autori di area pontica, bitina e bizantina, la *humus* era più che mai fertile per l'invenzione o la placida accettazione di uno Pseudo-Filone di Bisanzio.

Ricordiamo che la somma dei *corpora* "A" e "D" offre un'ampia e variegata casistica di attribuzioni pseudoepigrafiche: dal falso probabilmente intenzionale ([Arr.] *Eux.*)[305] alla rischiosa confusione fra autore originario ed epitomatore (Artemidoro e Menippo), dall'attribuzione fondata su esilissimi indizi testuali (lo Pseudo-Dicearco e la sua dedica a Teofrasto) all'attribuzione magnificata tramite apposita *réclame* (marcianea?) acclusa all'ope-

---

[303] Certo la scienza antica, in molti suoi rami, non mancò di conoscere operazioni pseudoepigrafiche estese, talora tutt'altro che preterintenzionali: basti evocare il caso celebre di Galeno (Gal. 19.8s. Kühn), o, al di fuori della medicina, le tante *auctoritates* fittizie prosperanti in campo alchemico: cf. *e.g.* Vegetti 2013 e Martelli 2019. L'ambito propriamente "meccanico", tuttavia, non pare fecondo per i falsi antichi. I *Mechanica* pseudo-aristotelici (su cui cf. ora Federspiel *et al.* 2017) rappresentano, ovviamente, un caso attributivo del tutto diverso, visto il peso dell'autorità chiamata in causa.

[304] Il nesso fra mania collezionistica e impulso alla falsificazione, nel mondo greco-romano, è ben esplorato da Higbie 2017, 132–185 e *passim*.

[305] Cf. Diller 1952, 138, e *supra*, § 3.

ra (Pseudo-Scilace); fino al caso dell'autore forse anonimo che acquisisce nome e *auctoritas* (Dion. Byz.; cf. *supra*, § 3). Quest'ultimo caso – concernente anch'esso un Bizantino, e collocato ad apertura di raccolta – potrebbe costituire un ottimo parallelo per il nostro Pseudo-Filone, che della stessa raccolta fornisce la chiusa, a suo modo "anulare" (cf. *supra*, § 3).

A sollecitare l'invenzione dello Pseudo-Filone furono dunque il campanilismo e la *libido* attribuzionistica dell'ambiente che ruota intorno a Marciano di Eraclea e Stefano di Bisanzio? Si trattò dunque di una (imprudente) operazione filologico-editoriale, condotta tutto sommato in buona fede? Può ben essere. Ma nessun'altra possibilità si può escludere: ad es., che una parziale omonimia abbia facilitato l'operazione; o che una buona dose di malafede abbia animato, se non il collezionista (ricettatore?) che si accaparrò l'opera, almeno chi volle indicargliela o proporgliela come ghiotta reliquia dell'antica letteratura periplografica. Una reliquia pontico-bizantina, naturalmente.

## 7. Bisanzio–Heidelberg–Roma, con successive deviazioni: fortune e sfortune dello Pseudo-Filone

Da Bisanzio e aree limitrofe torniamo ora, *via* Heidelberg, a Roma: alla Roma dei Barberini, dove lo Pseudo-Filone fu riscoperto, ricevette le prime cure ed ebbe infine la sua *princeps*. Poiché il valore del nostro opuscolo risiede, in gran parte, nella tradizione di cui esso è erede, e nella fortuna di cui continua a godere presso i cultori dei *mirabilia* antichi, proprio su alcuni singolari aspetti della sua fortuna – o sfortuna – è sensato chiudere questa introduzione.

Leone Allacci e Lukas Holste, lo abbiamo visto, sono i pionieri degli studi pseudo-filoniani (cf. *supra*, § 3). Ma accanto a loro c'è un tritagonista; o, se si preferisce, un terzo incomodo, il quale – ironia della storia, o potenza della menzogna – a lungo è passato, e a volte passa ancora, per il più accurato editore dell'opuscolo nella prima età moderna. Si tratta di Dénis de Salvaing de Boissieu (Dionysius Salvagnius Boessius, 1600–1683), nativo di Vourey, giurista apprezzato e impegnato, erudito industrioso, presidente dell'antica *Chambre des comptes du Dauphiné* per oltre un trentennio, fra il 1639 e il 1674; e storiografo dello stesso Delfinato[306]. Nella storia degli studi classici, il nostro de Boissieu occupa almeno un cantuccio per il suo

---

[306] Su Salvaing de Boissieu informa ampiamente Pluchot 2016, con ricco *dossier* documentario (non sempre adeguatamente inquadrato sotto il profilo critico); è tuttora utile, inoltre, il vecchio de Terrebasse 1850. Sulle alternanti forme e grafie del nome cf. Pluchot 2016, 247.

commento all'*Ibis* ovidiano[307] e, appunto, per la sua edizione e traduzione dello Pseudo-Filone, data alle stampe nel 1661 ma risalente – egli testimonia in sede prefatoria – al 1633[308]. Saremmo di fronte, dunque, alla vera *princeps*, per quanto tardivamente edita. In ogni caso siamo certo di fronte a un'edizione più accurata rispetto alla *princeps* allacciana del 1640 e questo merito è riconosciuto a de Boissieu almeno dai tempi di Orelli[309], su su fino ad anni recenti: basterà scorrere le pagine che all'erudito *daufinoi* dedicano – con buona dose di trionfalismo, e non senza sciovinismo – Jean-Pierre Adam e Nicole Blanc, in una delle più ampie monografie odierne dedicate ai sette *mirabilia*[310]. Peccato che questo «helléniste éclairé et philologue averti»[311] non abbia fatto altro che perpetrare un plateale plagio ai danni di Lukas Holste, mettendo a lungo in ombra gli autentici meriti che, in campo pseudo-filoniano, spettano al dotto di Amburgo. La poco edificante vicenda è stata ricostruita, quasi un secolo e mezzo fa, da Henri Omont[312]. Conviene riprenderla e fornire qualche ulteriore dettaglio, non tanto a disdoro di de Boissieu – al quale pure si addice il postumo biasimo – quanto a maggior gloria di Holste. Chiariremo, prima, i rapporti fra Allacci e Holste, che probabilmente dovettero contendersi – ma in maniera del tutto amichevole – i diritti sull'inedito Pseudo-Filone; e vedremo, poi, quale ruolo abbia giocato in questa partita il poco onesto de Boissieu.

Come abbiamo ricordato, Allacci ebbe per le mani il testimone P fin dal 1623. Non sappiamo quando l'erudito abbia concretamente atteso alla sua

---

307 Al quale anche la letteratura critica moderna tributa talora qualche omaggio: cf. *e.g.* La Penna 1959, LV. La prima edizione del commento all'*Ibis* risale al 1633 (cf. de Terrebasse 1850, 8s.; Pluchot 2016, 259) e godette di un certo successo internazionale per la dottrina profusa e per la varietà degli argomenti affrontati. Bentley in persona fu accusato di plagio ai danni di de Boissieu per una sua congettura callimachea (cf. Lehnus 2012, 71 e 2016, 54). Ciò è ben curioso, alla luce di quanto ci apprestiamo a narrare.
308 De Boissieu 1661. Lo Pseudo-Filone occupa la terza sezione della miscellanea, che non ha numerazione continua rispetto alle precedenti.
309 Orelli 1816, III–V.
310 Adam–Blanc 1989, 21–26.
311 Ancora Adam–Blanc 1989, 22.
312 Si veda Omont 1882, 41–43; lo studioso definisce la vicenda – un poco bonariamente – «une anecdote littéraire assez piquante à rapporter» (*ibid.*, 41). A essa dedica qualche riga Brodersen 1992, 18 (dove Holste è per errore battezzato «Gustav»); l'essenziale è anche in Condello–Magnani 2019, 79s. La storia sembra del tutto ignota a Pluchot 2016, che in compenso documenta ampiamente – pur fra indebite minimizzazioni di tenore apologetico – l'inclinazione di de Boissieu alla falsificazione: *in primis* del proprio albero genealogico (cf. Pluchot 2016, 3s., 239–241), ma non solo, se è vero che egli fu in qualche modo implicato nella genesi dei dialoghi erotici falsamente attribuiti a Luisa Sigea da Toledo (cf. Pluchot 2016, 270); certo vi fu implicato – e ne fu probabilmente il principale autore – il suo amico e *protegé* Nicholas Chorier (1612–1692): cf. Lavagnini 1935, V-XXX.

## 7. Bisanzio–Heidelberg–Roma, con successive deviazioni   85

edizione, ma sappiamo che la sua *Diatriba de Philonibus* – palesemente pensata per uscire insieme alla *princeps* del 1640 – era conclusa entro il 1637 (cf. *supra*, n. 211). Non andremo lontani dal vero se supporremo che il Chiota abbia lavorato sullo Pseudo-Filone nei primi anni '30, perché nello stesso periodo, e nello stesso ambiente, sull'opuscolo lavorò Holste, allestendone una fin qui inedita revisione testuale con traduzione[313]; ed è ovvio presumere che i due si siano scambiati idee al riguardo. È ovvio presumerlo, e non è difficile documentarlo.

L'edizione-traduzione di Holste è oggi affidata a due testimoni manoscritti di XVII sec., il *Vat. Barb. Gr.* 69 (ff. 10r–19r, d'ora in poi B) e il *Par. Suppl. Gr.* 796 (ff. 3r–15r, d'ora in poi Pa), dei cui dettagli diremo a breve[314]. Il meritorio lavoro holsteniano si troverà per la prima volta edito in questo volume, *infra*, 173–181[315]. È piuttosto facile circoscriverne il periodo di composizione. Già nel 1628 Holste progetta una silloge di antichi autori *qui de miraculis locorum scripsere*, e ne fa cenno in una lettera al venerato amico Nicolas-Claude Fabri de Peiresc (1580–1637)[316]. Un *terminus ante quem* sicuro, per la conclusione dell'opera, ci è fornito dalla lettera a Peiresc del 4 ottobre 1632, con la quale Holste accompagna l'invio della propria versione, evidentemente da poco licenziata[317]. Nel febbraio del 1634 Holste ringrazia Peiresc sia per la lettura, sia per la restituzione dell'inedito, che egli dice però superflua (Boissonade 1817, 468):

> verum id remitti haud opus erat, quum aliud mihi exemplar servaverim; tibi autem transcribendi laborem imminuere vel plane compendifacere potuisset.

---

313 Fin qui inedita, con la sola eccezione del mutilo § 6 riprodotto dal già citato Claude-François Ménestrier nel 1657, ancora vivo Holste, e poi nel 1688: cf. *supra*, § 6 e n. 217.
314 Abbiamo ispezionato B sia dal vivo, sia tramite la (mediocre) riproduzione digitale disponibile all'indirizzo <https://digi.vatlib.it/view/MSS_Barb.gr.69>. Abbiamo ispezionato Pa tramite riproduzione digitale, di recente disponibile anche all'indirizzo <https://gallica.bnf.fr/ark:/12148/btv1b52513414d>.
315 Ma di essa ha sporadicamente tenuto conto Brodersen 1992. In verità, pur attraverso la mediazione (menzognera) di de Boissieu, Holste ha influenzato altresì le scelte esegetiche e testuali di Orelli 1816 e di Hercher 1858. Nella nostra *Appendice II* si troveranno censiti tutti i contributi testuali di Holste, sia espliciti che impliciti (cioè tacitamente ricavabili dalle sue scelte traduttive).
316 Boissonade 1817, 75. Ovvio che in tale raccolta «devait prendre place le traité de Philon» (Omont 1882, 41), ma non si può dedurne che già nei tardi anni '20 Holste fosse concretamente al lavoro. Sulla notevole figura di Peiresc – astronomo e matematico insigne, che con Holste condivise per una vita intensi rapporti amicali e intellettuali – un recente studio d'insieme è Miller 2015; per le relazioni fra i due dotti cf. *ibid.*, 65, 204, 258, 309–311.
317 Boissonade 1817, 237–248, in part. 246s. Peiresc esprimerà i suoi primi, calorosi apprezzamenti – poi più volte reiterati – nel giugno del 1633: cf. Tamizey de Larroque 1894, 400.

Non possiamo sapere se il menzionato «aliud [...] exemplar» sia proprio quello conservato in B. Certo il manoscritto reca chiara testimonianza del lavoro condotto da Holste sullo Pseudo-Filone, e anche della comunanza intellettuale che lo legò – non senza sporadici attriti – ad Allacci.

Vediamo qualche dettaglio del testimone. B, ms. cartaceo, consta di un totale di 119 ff., fra cui numerose «chartae [...] vacuae» (Capocci 1958, 74), spiegabili quali fogli di guardia dei vari blocchi, a lungo conservati sciolti. Esso, in effetti, altro non è che una composita serie di brogliacci quasi tutti risalenti al XVII sec.[318], di cui è possibile datare l'attuale rilegatura agli anni '20 o '30 del XIX sec.[319]; il codice «conlectanea varia adservat plerumque Holsteniana» (Capocci, *l.c.*), ma vi si mescolano altresì carte allacciane di interesse storico-culturale non infimo[320]. Non solo: molti degli *Holsteniana* qui aggregati (*e.g.* Giuliano [ff. 22–29], Eliano tattico [ff. 62–71], lo Pseudo-Porfirio [ff. 72–93] e la sezione epigrammatica [ff. 106–109]) fotografano interessi e campi di studio ai quali Allacci, nello stesso *entourage* barberiniano, era votato esattamente negli stessi anni[321]. E le carte "filoniane" di Holste non fanno eccezione.

Esse occupano la sezione iniziale di B (ff. 1–21, per la precisione 1–8 e 9–21, in due distinti blocchi), titolata «Philo Byzantinus | de VII miraculis | Mundi. || Luca Holstenio interprete || Ex Ms$^{to}$ Vaticano» (f. 1r). Dopo tre fogli bianchi (ff. 2–4), il ms. offre note autografe di Holste sui diversi Filoni menzionati dalla letteratura antica (ff. 5r–5v). Pertengono allo stesso tema, e sono anch'essi di mano di Holste, gli *excerpta* che seguono, tutti selezionati perché menzionanti Filone Meccanico: si tratta di citazioni da Hero Mech. *Aut.* 20, 1–2 Schmidt (f. 6r, descritto dal *Barb. Gr.* 261, ff. 56v–57r), da Hero Byz. *De strat.* p. 260 Wescher (f. 6v, attinto alla traduzione latina di France-

---

[318] Cf. Capocci 1958, 71–75. Fanno eccezione i ff. 110r–117r, dove la dicitura «Μαρκαίλλου τοῦ Ἀδριανοῦ» (f. 110r, *i.e.* Marcello Adriani Iunior [1553–1604]), vergata «ea manu quae ff. 111r–115v. 117r exaravit», colloca almeno questa sezione del manoscritto nella seconda metà del XVI sec., o, al massimo, al principio del XVII. Un'analisi completa delle 16 sezioni, o meglio autonomi *dossier* di carte, che formano il raccogliticcio codice, si troverà in Condello–Magnani 2019, 75–104, dal quale si riprenderanno molti dei dati che seguono.

[319] Cf. Condello–Magnani 2019, 72–75.

[320] Fra cui due falsificazioni (satirico-pornografiche) archilochee (frr. °°327, °°328 West²), autografe di Allacci e quasi certamente a lui attribuibili; cf. Condello–Magnani 2019, 104–131. Esse sono ancora edite come *spuria* archilochei di probabile età bizantina dalla recente Swift 2019, 200–202, 430s., ma almeno della loro datazione al XVII sec. non c'è da dubitare. I due carmi rendono bene l'idea del vivace ambiente culturale barberino, ma mostrano anche la "permeabilità" dei due scrittoi gemelli di Holste e di Allacci.

[321] Per i dettagli si rimanda ancora a Condello–Magnani 2019, 75–104.

sco Barozzi)³²², da Eutoc. *ad* Archim. *Sph. Cyl.* 3.60 Heiberg–Stamatis (f. 7r); infine, da Eutoc. *ad* Archim. *Circ.* 3.258 Heiberg–Stamatis (f. 7v), dove si menziona invece Filone di Gadara. Dopo tre pagine bianche (f. 8r–9r), segue il testo greco dello Pseudo-Filone con la traduzione holsteniana a fronte, fino al f. 19v (i ff. 20–21 sono bianchi). Si tratta di una trascrizione accurata, vergata in grafia abbastanza elegante e con un *ductus* generalmente posato, ordinatamente impaginata, anche se purtroppo largamente sconciata dall'umidità, che ne rende talvolta indecifrabile il dettato. Benché Capocci assegni l'intera sezione a Holste, qui la mano principale non parrebbe la sua³²³. Semmai, a Holste è più facile attribuire i non rari *marginalia* critici che costellano il testo³²⁴, e che si troveranno riprodotti *infra*, Appendice II. Evidentemente, dunque, quella di B è una copia di lavoro, accurata ma non definitiva, fatta allestire per proprio uso da Holste, e da lui personalmente rivista.

Più difficile precisare i rapporti che intercorrono fra B e Pa. Quest'ultimo ms.³²⁵, anch'esso di XVII sec., cartaceo, è un manipolo di 36 ff. in totale, copertine comprese, che altro non contiene se non l'edizione-traduzione di Holste, preceduta da vari fogli di guardia e carte bianche, in parte con numerazione autonoma e occupate da note catalografiche moderne (ff. Av, Br). Al f. 1r la titolatura è simile, ma non identica, a quella di B: «Philonis Byzantii | De VII miraculi mundi || Luca Holstenio Interprete || Ex Msto Codice Bibliothecae Vaticanae»³²⁶. La scrittura delle pagine che seguono è complessivamente linda, molto ariosa, e imputabile senz'altro a una sola mano – certo non quella di Holste – sia per il testo greco e latino, sia per i relativi *marginalia*; il *layout* è piuttosto ordinato; non mancano, tuttavia, correzioni estemporanee e alquanto spicce, *in linea* o *supra lineam* (e.g. f. 3r *rem* fort. ex *rim*, 4r *mea* ex *mee*, *diligentissime* ex *dilib-*)³²⁷, che sembrano denotare una certa frettolosità e fanno escludere la volontà di fornire una copia definitiva. Origine e traiettorie storiche del ms. sono ignote: l'*Inventaire sommaire* di Omont non soccorre e si limita a descrivere il contenuto (Omont 1883, 88), mentre Omont 1882, 41 ipotizzava, pur con cautela, che potesse trattarsi della copia che Peiresc fece trarre, fra il 1632 e il 1634, dal ms. inviatogli

---

322 Barozzi 1572, 39. Il rinvio è espresso. L'edizione è nel lascito librario di Holste all'Angelica di Roma: cf. Serrai 2000, 423. Sull'interesse di Holste per gli scritti *de re militari* cf. Dain 1969.
323 Cf. Condello–Magnani 2019, 76.
324 In particolare, la proposta di emendazione in margine al f. 11v («mallem τηροῦσαι») rinvia alla mano di Holste per la forma del τ incipitario, per la sua legatura con η, per il nesso σα, nonché per l'inclinazione a destra e per la forma di ρ non in legatura. A prescindere dall'autografia – sulla quale è bene mantenere qualche dubbio – la responsabilità degli interventi è certa.
325 L'unico testimone noto a Omont 1882 e l'unico impiegato da Brodersen 1992.
326 Il finale di «Bibliothecae» è in realtà pasticciato: lo scriba sembra aver scritto, dopo un'esitazione, «Bibliothcae» o «Bibliotheae». Non è l'unico segno di frettolosità.
327 Di esse dà conto il nostro apparato, *infra*.

da Holste[328]. Possibile, forse plausibile – visto che carte e carteggi privati di Peiresc si trovano divisi fra la Biblioteca Inguimbertina di Carpentras e il fondo dei *Suppl. Fr.* della BNF, nrr. 9530–9544[329] – ma nient'affatto certo: nulla assicura che del lavoro holsteniano siano esistite solo la copia inviata a Peiresc e l'*aliud exemplar* che Holste dichiara di aver trattenuto presso di sé (forse, ma non per forza, coincidente con B: cf. *supra*); e nulla assicura che Peiresc, dalla copia ricevuta, abbia tratto una sola, ulteriore copia. Si può solo tentare di trarre qualche conclusione dal confronto tra i due testimoni. È da osservare, in questa prospettiva, che Pa include a testo tre interventi che in B sono vergati a margine[330]. Altre proposte di correzione che in B sono in margine vengono riprodotte come tali nel margine di Pa[331]; fra queste, però, una è variata: *ad* 5.3.12, dove P ha τηλικαύτην, Holste annota a margine in B (f. 17v) «ἡλίκην. ita sententia non solum plana, sed etiam elegans, et ταυτολογία tollitur»[332]. L'annotazione è posta anche nel margine di Pa (f. 13v), invariata nella sostanza, ma variata nella forma: «ἡλίκην leg. ita sententia non solum plana, sed elegans, et odiosa ταυτολογία tollitur». L'aggiunta di «leg(endum)», come l'omissione (erronea?) di «etiam», possono essere dettagli secondari, ma l'aggiunta di «odiosa» no: difficile immaginare che un simile rincaro derivi da altri che da Holste stesso. Dunque Pa, nel suo complesso, sembra rappresentare una fase più avanzata dell'attività ecdotica testimoniata in B. Dobbiamo dedurne che Pa sia successivo a B? In astratto si può pensarlo, anche se ciò non significa né che Pa sia derivato da B (entrambi possono essere copie tirate, in momenti diversi, da un comune antigrafo), né che Pa rappresenti le "ultime volontà" editoriali (e traduttive) di Holste. B, in fin dei conti, è la copia di lavoro che Holste conservò presso di sé; si tratta comunque di una copia sorvegliata dall'autore, laddove Pa potrebbe includere taciti interventi altrui, o interventi su cui Holste ha preferito ritornare successivamente. Non vediamo ragioni cogenti, insomma, per privilegiare *a priori* un testimone rispetto all'altro. Pa, nella traduzione,

---

328 «La copie de Peiresc est peut-être le manuscrit conservé aujourd'hui à la Bibliothèque nationale sous le n°796 du supplément Grec». Così ritiene anche Brodersen 1992, 18. La lettera in cui Peiresc annuncia la restituzione dello Pseudo-Filone holsteniano (22 settembre 1633, in Tamizey de Larroque 1894, 415) non menziona esemplari personali dello stesso Peiresc, ma è piuttosto ovvio che egli abbia trattenuto presso di sé almeno una copia dell'opuscolo, che non aveva mancato di impressionarlo, specie per le (inverosimili) descrizioni delle piramidi.

329 Oltre al catalogo online della BNF e al relativo *repository* «Gallica», è utile, al proposito, il *database* «Early Modern Letters Online (EMLO)», <http://emlo.bodleian.ox.ac.uk>.

330 Nel dettaglio: 3.3.10 ὅμοιον P : ἴσ(ως) ὅσιον B in mg. (f. 14v) : ὅσιον Pa in textu (f. 8v); 5.1.4 κόσμον P : κόπον B in mg. (f. 17v): κόπον Pa in textu (f. 12v); 5.3.13 ἄλλην P : ἴσ(ως) ἄλλαι B in mg. (f. 17v) : ἄλλαι Pa in textu (f. 13v).

331 Si troverà un quadro completo nell'*Appendice II*.

332 È peraltro una correzione che riteniamo di dover accogliere: cf. *infra, ad l.*

reca senz'altro un certo numero di sviste che non affliggono B (si veda il nostro apparato, *infra*). In compenso, in alcuni casi, il ms. potrebbe effettivamente testimoniare intenzionali ritocchi risalenti a Holste[333], ma non perciò necessariamente coincidenti con le scelte definitive del traduttore. Non dimentichiamo che, almeno per l'ultimo *miraculum*, un ulteriore testimone interviene: si tratta del già menzionato *Symbolica Dianae Ephesiae statua* di Claude-François Ménestrier, che fin dalla prima edizione (1657) include l'edizione e traduzione holsteniana dell'ultimo θέαμα. Ménestrier vi ringrazia espressamente l'*amicissimus vir* Holste[334]: ha dunque avuto l'anticipazione dalle sue mani; e la versione che Holste fornì, nell'occasione, a Ménestrier, reca ben due varianti rispetto alla resa di oltre vent'anni prima[335]. Il vecchio Holste, che nel 1657 è a quattro anni dalla morte, sta ancora lavorando al

---

333 Interessanti le *vv.ll.* nel finale del secondo *miraculum*. Qui B – in accordo con de Boissieu – reca *vel homines ascendunt ad deos, vel dii ad homines descendunt*, con elegante chiasmo nell'*ordo verborum* delle due frasi (*ascendunt ad deos ~ ad homines descendunt*), che sembra intenzionalmente variare l'originale, dove il chiasmo non c'è (2.5.22s. ἢ γὰρ ἄνθρωποι ... ἀναβαίνουσι πρὸς θεούς, ἢ θεοὶ καταβαίνουσι πρὸς ἀνθρώπους). Pa reca invece *homines ad deos ascendunt*, che muta l'*ordo verborum* sia di B (*homines ascendunt ad deos*), sia dell'originale (ἄνθρωποι ... ἀναβαίνουσι πρὸς θεούς); nella seconda frase Pa esita e pasticcia: sulle prime scrive *dii ad ho*, secondo l'*ordo verborum* di B (*dii ad homines descendunt*), poi subito cancella *ad ho* e scrive *dii descendunt ad homines*, che muta l'*ordo verborum* di B, riproducendo quello dell'originale (θεοὶ καταβαίνουσι πρὸς ἀνθρώπους) e garantendo comunque il chiasmo fra le due frasi (*ad deos ascendunt ~ descendunt ad homines*). Siamo di fronte a semplici confusioni di Pa, a partire da un antigrafo coincidente con o identico a B? Non si può escluderlo, ma la trafila degli errori sarebbe curiosa: Pa invertirebbe l'*ordo verborum* di B nella prima frase (*ad deos ascendunt* in luogo di *ascendunt ad deos*), poi correttamente riprodurrebbe l'*ordo verborum* di B nella seconda (*ad homines descendunt*), ma solo per mutarlo immediatamente in *descendunt ad homines*. Ci pare più economico pensare che Pa avesse sotto gli occhi un antigrafo recante nella prima frase *ad deos ascendunt*, correttamente riprodotto; e che per errore, sulla base della prima frase, Pa abbia inizialmente scritto *ad ho*, per poi correggere in *descendunt ad homines*, che è quanto doveva essere nel suo antigrafo. Dunque, c'è la concreta possibilità che le due combinazioni del periodo (*vel homines ascendunt ad deos, vel dii ad homines descendunt* [B, Boessius], *vel homines ad deos ascendunt, vel dii descendunt ad homines* [Pa]) risalgano entrambe a Holste. Si può paragonare lo stato delle *vv.ll.* alla fine del quarto *miraculum*: qui B ha *et aeris quidem quingentis, ferri autem trecentis talentis consumptis*, mentre Pa scrive, nel primo colon, *quingentis quidem aeris*, introducendo un chiasmo assente in B (*quingentis quidem aeris ~ ferri autem trecentis*). Anche in tal caso non si può escludere una peculiare innovazione (e una conscia o inconscia passione per il chiasmo) in Pa o nel suo antigrafo, ma la variazione può essere intenzionale e risalire a Holste.

334 Ménestrier 1657, 58s. (= 1688, 46s.).

335 Nel finale (monco) del capitolo, *stabilitatis firmamento* diventa *soliditatis firmamento*, e lo scarno *erecto pro basi elevatiore* diventa *quae basis elevatioris vice fungeretur*. Cf. *infra* nel nostro apparato.

suo Pseudo-Filone; anzi – precisa Ménestrier, *l.c.* – «eum libellum iamdudum cum aliis editioni paratum servat». Sono trascorsi diciassette anni dalla *princeps* di Allacci, ma Holste ancora sogna un'edizione "filoniana", probabilmente arricchita («cum aliis») da ulteriori testi paradossografici, come nel 1628 scriveva a Peiresc (cf. *supra*). Dunque, lo Pseudo-Filone di Holste fu a suo modo un piccolo (e incompiuto) *Lebenswerk*. Nell'editarlo, terremo conto sia di B, sia di Pa; nei (peraltro pochissimi) casi dubbi, vista l'impossibilità di decidere sulle ultime volontà di Holste, daremo la precedenza al testo di B, che il traduttore ebbe con sé fino alla morte, pur considerando le alternative di Pa come possibili varianti d'autore (cf. *supra*, n. 333).

Ma torniamo alle prime fasi del lavoro che Holste condusse sullo Pseudo-Filone nei primi anni '30. Può essere interessante osservare che nella citata lettera a Peiresc del 6 febbraio 1634 (nr. CIII Boissonade[336]) Holste ragiona sulla cronologia di Filone (piuttosto infelicemente: cf. *supra*, § 6) rievocando gli stessi *excerpta* raccolti in B: ciò conferma la natura cronologicamente – oltre che tematicamente – unitaria del *dossier* confluito nel manoscritto. E non ci si stupirà che gli stessi estratti siano menzionati e sfruttati da Allacci per la sua *Diatriba de Philonibus*[337], né che alla lunga scheda su Filone Bizantino Allacci faccia seguire proprio quella su Filone di Gadara. Chi dei due ispirò l'altro? O si trattò di lavori del tutto indipendenti, e qua e là solo per caso convergenti?

Certo, l'Allacci della *Diatriba* è alquanto enfatico nel rivendicare il suo netto primato ecdotico: «scripsit [*scil*. Phil. Byz.] praeterea libellum cultissimum et elegantissimum de septem orbis spectaculis, quem nos latine loquentem primi omnium, notisque nostris illustratum publicamus»[338]. «Primi omnium»: l'espressione non nasconde una certa spavalderia, e lascia intravedere la presenza di uno o più rivali; ma nella stessa pagina il Chiota rende omaggio e grazie a Holste, «vir ob multiplicem eruditionem summopere carus», e in particolare gli esprime la sua riconoscenza per avergli indicato una presunta opera filoniana intitolata *Vastor*, «de ingeniis in ductu aquarum»[339].

---

336 Boissonade 1817, 468s.
337 Per es. Eutocio: cf. Mai 1853, 62.
338 Mai 1853, 63. Il presente «publicamus» toglie ogni dubbio sulla prospettata concomitanza dell'*e.p.* e della *Diatriba*.
339 Si tratta in realtà, se non andiamo errati, di Hero Mech. *Spir.* 1.458–488 Schmidt, che va sotto il nome di Filone, con il titolo *Vastor* ovvero *Vassor*, nei mss *Vat. Lat.* 2975 (ff. 210r–214v), *Vat. Lat.* 11482 (ff. 74r–80r), *Roma, BNC Vittorio Emanuele II, Ges.* 419 (ff. 92r–97r). Si tratta, in tutti i casi, di miscellanee costituite da traduzioni latine, per lo più di tema ottico; tutti i citati mss. sono di XVI sec. (sul primo e più rilevante cf. Lejeune 1947–1948; si veda anche Prager 1974, 104); non è dato sapere donde esattamente Holste ricavasse l'indicazione fornita al collega Allacci. C'è da chiedersi se la supposta paternità filoniana di questo *excerptum* idraulico non abbia reso ancor più facile credere all'attribuzione tràdita dello Pseudo-Filone, che con enfasi descrive l'apparato idraulico del giardino pensile.

## 7. Bisanzio–Heidelberg–Roma, con successive deviazioni

Scambi di idee, dunque, ci furono senz'altro, ma probabilmente nulla di più, e un fatto chiaro ce lo dice: se Allacci avesse potuto approfittare estesamente della trascrizione-edizione di Holste, egli avrebbe evitato le mende di cui la sua edizione abbonda fin dall'*incipit* dell'opuscolo (su ciò fra un attimo)[340].

Nulla di strano, del resto, nel fatto che un lavoro condotto in contemporanea dai due sodali barberiniani abbia visto Allacci giungere per primo al traguardo: proprio nello stesso torno d'anni, di fronte a un'altra novità editoriale, è ben documentabile la garbata rivalità fra i due; come ben documentabile è la finale vittoria di Allacci, non senza cruccio da parte di Holste[341]. Quest'ultimo, si sa, fu tanto vicino ad Allacci per comunanza di amicizie e di interessi quanto da lui lontano per temperamento e per metodo. In gara con l'alacre Allacci, lo scrupoloso Holste – che già ai contemporanei parve un patologico *cunctator* della ricerca – nulla poté: il collega greco pubblicò la primizia palatina, e Holste lasciò il suo Pseudo-Filone nel cassetto, fra le tante *inachevées* che punteggiarono la sua carriera[342]; anche se non abbandonò mai del tutto – come testimonia Ménestrier nel 1657: cf. *supra* – la speranza di fornire uno Pseudo-Filone *auctior*, migliore di quello allestito da Allacci. È una storia agrodolce, se si vuole, ma non un *noir*, come è invece la

---

340 In alcuni casi, tuttavia, Allacci e Holste convergono su dettagli testuali di un certo interesse. In 1.3.11 P dà l'erroneo κατὰ πρόσω, ma sia Allacci (1640, 33; non a testo, dove rimane πρόσω) che Holste (B, f. 11v; Pa, f. 4v) correggono in κατὰ πρόσωπον. Lo stesso accade in 4.2.12, dove P reca l'erroneo θαυμαστός, e Holste corregge in margine con θαυμαστής (B, f. 15v; Pa, f. 10v); è la stessa correzione di Allacci 1640, 12 (direttamente a testo e senza un commento *ad l.*), oggi recepita da tutti gli editori. Si tratta di interventi testuali che Holste ha suggerito ad Allacci? O, viceversa, di interventi che Holste trasse da Allacci? E, in quest'ultimo caso, dalla sua edizione (ciò che indurrebbe a immaginare, in B e anche in Pa, o eventualmente nel comune antigrafo, postille successive al 1640) o da una comunicazione privata? Nulla si può escludere (certo, se Pa fosse copia ricavata dopo il 1640, non si potrebbe considerarla la copia di Peiresc: cf. *supra*). Per prudenza, nel nostro apparato attribuiremo le correzioni a entrambi i dotti, laddove di norma gli editori – compreso Brodersen 1992 – menzionano il solo Allacci.

341 Nella lettera a Peiresc del 5 febbraio 1631 Holste si lamenta di non aver ancora visto l'edizione allacciana del *Monumentum Adulitanum*; Holste è impegnato a scrivere su Cosma Indicopleuste, testimone dell'iscrizione, ma Allacci («veritus ne sibi laureola periret quam in hoc mustaceo quaerebat»: occulta citazione da Cic. *ad Att.* 5.20.4) rapidamente edita il testo della «gemma» (Boissonade 1817, 219). La lettera dà bene l'idea del rapporto fra i due, e Holste non sembra lagnarsi se non scherzosamente. Che qualcosa di simile sia accaduto anche nel caso dello Pseudo-Filone è altamente probabile.

342 Sulla sottile ma non polemica rivalità fra Holste e Allacci, e sui ben diversi temperamenti dei due studiosi, si esprime dettagliatamente Naudé in una lettera a Nicolas-Claude de Peiresc del 30 novembre 1635: la si troverà commentata in Rietbergen 2006, 269s. Sulla fama di Holste come *cunctator* si vedano le perfide malignità epistolari fra Isaac Vossius e Nicolas Heinsius, commentate in Serrai 2000, 59 n. 144 e 69s.

collaterale vicenda che ebbe per protagonista Dénis de Salvaing de Boissieu. Il cassetto in cui Holste conservava il suo Pseudo-Filone non era, evidentemente, chiuso a chiave.

De Boissieu nel 1633 fu a Roma presso Urbano VIII per conto di Luigi XIII, incaricato di pronunciare al cospetto del Pontefice l'orazione latina che fu il *clou* dell'ambasciata (25 luglio 1633)[343]. In quell'anno, come si è visto, Holste aveva senz'altro ultimato, almeno in prima stesura, il suo lavoro pseudo-filoniano, spedito a Peiresc nell'ottobre del '32. Quando il signorotto del Delfinato, nel 1661, pubblicò la sua edizione-traduzione pseudo-filoniana – insieme al suo citato commento all'*Ibis* in forma ampliata, alla sua orazione per Urbano VIII e, *inter alia*, al suo *lusus* poetico sui *VII Delphinatis miracula*: donde la civettuola addizione dei *miracula* pseudo-filoniani – volle raccontarcene la storia. L'opera sarebbe stata composta, «per intervalla negotiorum», proprio durante il soggiorno romano del 1633, quando de Boissieu ebbe occasione di imbattersi nell'ancora inedito opuscolo («in Philonis Bizantii [sic] libellum nondum editum de septem miraculis incidi»[344]). Egli si rammarica, piuttosto stucchevolmente, dei tanti impegni pubblici che gli avrebbero impedito di dare alle stampe il lavoro prima della *princeps* allacciana, con la quale de Boissieu entra in immediata polemica, denunciandone l'inattendibilità sin dalle prime righe (*Pr.* 1.3): dove Allacci stampa il tràdito τοῖς καλοῖς τῆς Ἑλλάδος ἐνεπιδημῆσαι, il codice reca – sostiene de Boissieu – τοῖς Ἠλείοις τῆς Ἑλλάδος ἐνεπιδημῆσαι, che è il testo di cui nessuno oggi dubita.

Ma qui de Boissieu malamente si tradisce: egli accusa Allacci di aver erroneamente trascritto il manoscritto palatino («sic Leo Allatius exscripsit»), e si vanta per contro di aver correttamente decifrato la «genuinam lectionem»[345]. Allacci, tuttavia, ha letto benissimo: τοῖς καλοῖς τῆς Ἑλλάδος è l'effettiva lezione di P, e τοῖς Ἠλείοις τῆς Ἑλλάδος è correzione di Holste, che de Boissieu crede testo tràdito. Allo stesso modo, la correzione τηροῦσαι *pro* τηροῦσιν (1.4.21), che Holste annota nel margine sinistro di B (f. 11v) e di Pa (f. 5v), è tacitamente recepita da de Boissieu (1661, 13). Dunque, anche le lezioni di P che Allacci effettivamente fraintese, e che l'edizione di de Boissieu ripristinò in forma aderente al testimone[346], deriveranno dalla

---

[343] De Boissieu rievoca l'episodio – insuperata *akmé* della sua esistenza – in pagine autobiografiche grondanti falsa modestia: le si troverà riprodotte in de Terrebasse 1850, 38–41; cf. ora anche Pluchot 2016, 28–39.
[344] De Boissieu 1661, 3.
[345] De Boissieu 1661, 4s.
[346] Esse furono censite molto tempo più tardi, dopo un riesame autoptico del ms., da Bast 1805, 33–35 (= 1809, 42–46), tuttavia ignaro di de Boissieu 1661. Possiamo dire che le migliori letture apportate da Bast a correzione di Allacci 1640 sono tutte anticipate da Holste: ἀνατροχάζουσιν *pro* ἀνατρέχουσιν (B, f. 11v) in 1.4.18; τὴν φυήν *pro* τὴν φύσιν (B, f. 12v) in 1.5.25; δὲ τῆς βάσεως *pro* γὰρ τῆς στάσεως (B, f.

## 7. Bisanzio–Heidelberg–Roma, con successive deviazioni

trascrizione di Holste più probabilmente che dall'ispezione autoptica di P. Nulla, almeno, prova che de Boissieu abbia davvero visto P, dato che egli platealmente confonde testo tràdito e correzioni. Di sicuro, però, egli ha visto l'edizione-traduzione di Holste.

E infatti la traduzione di de Boissieu è, pressoché integralmente, la traduzione di Holste, con la sola eccezione del § 1 e di poche minuzie sparse[347]. Per dirla con le parole di Omont:

> si l'on compare la traduction de Boissieu avec celle de Holste, [...] on trouve que, seul le premier chapitre, des jardins de Babylone, présente des différences dans la traduction, pour tout le reste du traité de Philon la ressemblance des deux traductions est entière[348].

Verissimo, salvo precisare che la traduzione del § 1 sembra del tutto indipendente da quella di Holste, e non se ne discosta soltanto per lievi differenze. Forse essa fu l'unico contributo in proprio del plagiario, che iniziò dal § 1, e poi preferì riprodurre in tronco Holste, proemio compreso? O forse se ne dovrà cercare la fonte altrove[349]? Si noti comunque che anche per il § 1 de Boissieu dipende da Holste almeno nel testo greco (cf. il citato 1.4.21 τηροῦσαι pro τηροῦσιν)[350].

Come il plagio sia stato compiuto è chiarito dall'epistolario di Holste. Il 6 febbraio 1634, scrivendo al suo Peiresc, lo studioso – oltre ad argomentare

---

12v) in 2.2.4; σκοτοῖ pro σκοτεῖ (B, f. 13v) in 2.5.19; διὰ τοῦθ' ἡ φύσις pro διὰ τοῦτο φύσις (B, f. 14v) in 3.2.5; κολοσσὸς ἔστη pro κ. ἐστι (B, f. 14v) in 4.1.3 etc.

347 Di esse daremo conto nell'edizione, *infra*. Talvolta sembra trattarsi di volontarie o idiosincratiche modifiche. Altre volte si tratterà di meri errori di copia. Non si può escludere *a priori*, tuttavia, che il plagio di de Boissieu possa testimoniare varianti holsteniane non pervenute, e perciò preferiamo registrare in apparato anche le differenze minori.

348 Omont 1882, 42. È alquanto curioso che Orelli 1816, 21, pur constatando la pressoché totale identità fra la resa holsteniana del § 6 (l'unica allora nota, tramite Ménestrier 1657 e 1688) e la relativa versione di de Boissieu, non ne abbia tratto motivi di sospetto. Egli si limitò ad annotare: «Boessiana hujus Capitis versio, paucissimis exceptis verbis, eadem plane est cum Holsteniana». Le differenze rispetto alla versione di Holste sono poi citate in nota dallo stesso Orelli, e si limitano a due: *stabilitatis* in luogo di *soliditatis*, ed *erecto pro basi elevatiore* in luogo di *quae basis elevatioris vice fungeretur* (cf. *supra*, n. 335). Ma *stabilitatis* e *erecto pro basi elevatiore* è quanto si legge tanto in B, f. 19r, quanto in Pa, f. 15r (qui con la svista *elevatore*): de Boissieu, come è naturale, copia dalla versione inedita.

349 A rigore, non si potrebbe nemmeno escludere che de Boissieu sia qui testimone di una diversa resa da parte di Holste. Ma ciò appare improbabile, data la sostanziale identità – al netto di minime varianti – dei due testimoni B e Pa.

350 La sua traduzione del passo, dove anche il precedente (tràdito) participio μεθύσκουσαι è risolto in forma esplicita (de Boissieu 1661, 12: «largo humore perfundunt») non permette di dire se la resa di τηροῦσαι («conservant») sia libera o indipendente dal (e anteriore al) testo di Holste stampato.

sulla cronologia dello Pseudo-Filone, come abbiamo già ricordato – sul finire della lettera[351] menziona de Boissieu, che è da poco tornato in Francia e che «liberrime me librisque meis utebatur»; Holste, in particolare, esprime il desiderio di vedersi restituiti alcuni manoscritti contenenti opere di Pletone e Bessarione[352], che de Boissieu avrebbe portato via con sé. *Per incidens*, egli ci informa che entrambi si interessavano di paradossografi: addirittura, de Boissieu avrebbe promesso a Holste una copia della sua edizione e traduzione di un certo Satiro paradossografo; un autore – confessa Holste – a lui totalmente ignoto[353], che egli è dunque impaziente di leggere. Sul tema egli tornerà ancora il 2 maggio del 1636, pregando Peiresc d'intercedere presso de Boissieu; in entrambe le occasioni – il dettaglio è interessante – Holste promette in cambio emendazioni al testo dell'*Ibis*, il che fa pensare che il debito di de Boissieu nei confronti di Holste, alle cui carte l'erudito francese aveva così largo accesso, possa andare al di là del caso conclamato dello Pseudo-Filone.

A ciò si può aggiungere un dettaglio tanto significativo quanto urtante. Certo non per caso de Boissieu diede alle stampe il suo Pseudo-Filone solo nel marzo del 1661. Egli, evidentemente, attese la morte di Holste[354]. Per essere precisi: i permessi di stampa che precedono l'opera sono datati fra il 14 e il 16 marzo 1661; Holste è morto il 2 febbraio dello stesso anno:

---

351 Boissonade 1817, 478–480. Lo stesso de Boissieu, nelle sue note autobiografiche, ricorda – pur *en passant* – di aver frequentato Holste e Allacci: cf. de Terrebasse 1850, 40. Nel maggio del 1633, Peiresc aveva scrupolosamente trasmesso a Holste le manifestazioni di stima e gratitudine di de Boissieu: cf. Tamizey de Larroque 1894, 398s.

352 «Is, ut liberrime me librisque meis utebatur, inter alia opuscula quae legenda a me impetravit, Plethonis et Bessarionis epistolas et opuscula quaedam Platonica sibi petiit, quae in Anglia ex Regis bibliotheca olim descripseram. Ea autem petiit, quod aliud sibi in Galliis exemplar esse diceret; sed ante discessum haudquaquam mihi restituit. Erant scripta illa non quidem per se maximi momenti; sed, quum omnino Platonica diligenter hactenus conquisiverim, doleo sane me opusculis istis privatum» (Boissonade 1817, 479). Peiresc darà riscontro a Holste solo nel luglio del 1636, esprimendo meraviglia per il «peu de foy» di de Boissieu (cf. Tamizey de Larroque 1894, 437s.).

353 A lui come a noi: di quale Satiro potrà mai trattarsi? Che Holste si riferisca a un'edizione con traduzione è indubbio («tum vero exemplar Satyri, θαυμασίων scriptoris, ab ipso [*scil.* Boessio] mihi impetres. Affirmavit enim mihi se Graece et Latine eius nominis scriptorem, mihi hactenus nec fando nec legendo cognitum, edidisse» [Boissonade 1817, 480]). Confusione di Holste? Pare da escludere, vista la sua vivace curiosità e la sua confessa ignoranza. Invenzione e millanteria di de Boissieu? Erronea attribuzione, magari nel manoscritto noto a de Boissieu, di altra opera paradossografica? *Non liquet*. Certo, un'edizione del genere non risulta entro la ricca bibliografia di de Boissieu compilata da de Terrebasse 1850, 8–19. Probabilmente non c'è da stupirsi che Holste non abbia mai ricevuto il bramato "Satiro" di de Boissieu.

354 La coincidenza è notata anche da Brodersen 1992, 18.

l'operazione editoriale fu dunque immediata. De Boissieu 1661, 4s. adduce come motivo dell'edizione – tardivamente e a malincuore uscita – le calorose insistenze di molti studiosi coevi: «ex quo [*scil.* in seguito all'edizione di Allacci, di venti anni anteriore!] mea [*scil.* versio] in spongiam incubitura erat, nisi vetuissent Iacobus Sirmundus, Dionysius Petavius, Nicolaus Rigaltius, Claudius Salmasius, aliique harum rerum idonei aestimatores». *Topos* proemiale alquanto logoro. In questo caso, una penosa bugia, perché ben altra fu la ragione del lungo indugio, e ben altra la causa del repentino ravvedimento.

Da una pseudo-attribuzione tardo-antica a un plagio moderno, la strada del nostro Pseudo-Filone sembra contrassegnata dalla falsificazione. Niente di strano, perché solo una visione molto ingenua delle tradizioni testuali (antiche o moderne) può far credere che la falsificazione sia un fenomeno raro e abnorme, un *monstrum* o un'eccezione. E infatti de Boissieu non è l'ultimo falsario che il falso Pseudo-Filone abbia incontrato sulla sua via.

Come abbiamo già ricordato (*supra*, § 3), fra il 1851 e il 1853 gli toccò di passare per le mani di uno fra i più temibili falsari dell'epoca (e non solo di quell'epoca), Costantino Simonidis, che sul monte Athos – ambiente a lui familiare[355] – strappò 21 fogli al prezioso *Vatoped.* 655, e li rivendette al British Museum[356], dove oggi costituiscono il *Lond. Add.* 19391, il testimone L (*descriptus* di P) del nostro opuscolo. La conoscenza che Simonidis ebbe del Vatopediano – ma poi anche del suo modello, il Palatino, nonché del "*corpus* D" di origine marcianea – fu fondamentale per la sua carriera e la sua opera: si pensi solo al falso Annone che Simonidis pubblicò, proprio a Londra, nel 1864[357]; e Annone precede subito Pseudo-Filone in L (ff. 12r–v); o si pensi al suo documentato interesse per lo Pseudo-Arriano, presente nello stesso L[358]. Dunque, non c'è dubbio che fra i suoi lettori lo Pseudo-Filone abbia annoverato anche quel portentoso creatore di pseudoepigrafi, notoriamente innamorato della geografia antica in ogni suo aspetto (cartografico, periplografico, teorico-filosofico, storico-politico)[359].

---

355 Sulla formazione e sui soggiorni di Simonidis presso il monte Athos cf. *e.g.* Masson 1994, 367; Canfora *et al.* 2012, 208s.; Schaper 2013, 47–71; Diamantopoulou 2017b, 310–312, 317s.

356 Sul primo periodo inglese di Simonidis si veda la ricostruzione offerta da Pinto 2017, da integrare ora con Pinto 2022, 157–162 e Zuliani 2022. Subito dopo egli portò la sua astuzia a Parigi: cf. Masson 1994.

357 Simonides 1864: il testo è parte dei famigerati "papiri Mayer". Su questo piccolo capolavoro del falsario – che operò, *more solito*, tramite capillari ritocchi e addizioni al testo noto – cf. ad es. Canfora *et al.* 2008, 455; Canfora 2010, 187.

358 Cf. Canfora 2010, 190s. È bene ricordare che quella operata da Simonidis su L fu un'oculata selezione delle sezioni di suo interesse, spesso matrici dei falsi successivi: cf. Canfora *et al.* 2008, 451.

359 La passione fu di Simonidis, ma anche di tutta la Grecia della sua epoca, che alla geografia antica tornò a guardare con finalità apertamente patriottiche; cf. Bossina

Il nostro Pseudo-Filone sarà piaciuto a Simonidis? Non è difficile supporre che l'opera fosse senz'altro di suo gusto, perché lo stile immaginoso dell'autore – così prodigo di composti inventivi e inauditi *hapax* – non è troppo lontano dallo stile praticato in proprio da Simonidis, che pure seppe andare molto più in là nella mescidanza di poetismi e rarità lessicali attinte a tutte le epoche della grecità, dalla lirica arcaica alla teologia bizantina[360]. Certo, un punto colpisce: lo Pseudo-Filone non manca di trovare qualche interessante possibilità di raffronto in uno dei testi geografici più discussi dell'ultimo ventennio, il cosiddetto – e impropriamente detto – "Papiro di Artemidoro" (*P. Artemid.*)[361].

---

2008, nonché Diamantopoulu 2017a. In questo senso non manca un nesso ideale fra Simonidis e Holste, che per primo progettò – e lasciò incompiuta, va da sé – una complessiva edizione dei geografi antichi: cf. *e.g.* Guiso 1997.

360 Lo stile di Simonidis è ben esemplificato dalle opere pubblicate in Canfora *et al.* 2012. Per qualche osservazione in merito al suo ibridismo stilistico – che è anche un deliberato ibridismo storico-culturale, tipico di chi credette in un'astorica grecità perenne – cf. Condello 2012.

361 Appena qualche spigolatura (per il *P. Artemid.* ci atteniamo alla pur insoddisfacente e ormai superata *princeps* di Gallazzi–Kramer–Settis 2008). A livello macrostilistico, lo Pseudo-Filone e il *P. Artemid.* – specie il suo cosiddetto "proemio", coll. I–III – condividono alcune caratteristiche salienti, come la ripetitività lessicale e la tendenza a variare ossessivamente, tramite composti, alcuni stereotipati e ricorsivi nuclei lessicali (quella che abbiamo chiamato una "*figura etymologica* protratta": cf. *supra*, § 5), nonché una sintassi tutto sommato elementare, a carattere additivo; su ciò, ampia documentazione, per il "proemio" del papiro, in Condello 2009. A livello microstilistico si possono aggiungere altri dettagli non privi di interesse, e se ne censirà qui appena qualcuno, pur con variabile grado di rilevanza. Si notino: il ruolo della quasi personificata ψυχή nel proemio pseudo-filoniano (*Pr.* 2.9 e 2.14) e nel "proemio" del *P. Artemid.* (I 3s., 9s., 30s., 34, II 10s.); l'imperante lessico del κόπος, del πόνος e della fatica in genere (*P. Artemid.* I 11, 20s., 23s., 26, 28s., 31, 37, II 8s., 17), che è pervasivo anche nello Pseudo-Filone (cf. *supra*, § 5), e al quale si sommano le occorrenze di βαστάζω nel nostro opuscolo (4.3.18s. βαστάσαντα e 4.6.33s. μέγα ... βαστάσας ἔργον) e in *P. Artemid.* (I 19 ὅπλα βαστάζει e I 27 φόρτον βαστάζων); certe contorte perifrasi come quella, estrema, di IV 14–16 τὴν δ' ὅλην περιγραφὴν τῆς χώρας ἡ φύσις ἔχει τοιαύτην, che quasi ribalta certi tipi pseudo-filoniani (cf. *supra*, § 5). Non mancano altre coincidenze di lessico o di immagini, nel loro insieme piuttosto numerose, fra cui: [Phil. Byz.] *Pr.* 2.9s. ὁ μὲν γὰρ ἐπὶ τοὺς τόπους ἐλθὼν ~ *P. Artemid.* II 3s. κ[αὶ ὁ] γεωγράφος (*sic, l.* γεω-) ἐπελθὼν εἰς τὴν ἤπειρον χώρας; [Phil. Byz.] *Pr.* 2.12 τὰς ἐξεργασίας, 1.3.12 τὰς ἐργασίας ~ *P. Artemid.* II 9 ἐργασίας; [Phil. Byz.] *Pr.* 3.18s. ἡλίῳ παραπλησίως, 1.3.12s. τῇ χέρσῳ παραπλησίως ~ *P. Artemid.* I 13 παραπλήσιον + dat. (nel senso di "paragonare"); [Phil. Byz.] 1.2.7 ἑαυτῷ προσλαμβανόμενον ~ *P. Artemid.* I 37s. προσπεπιφορτίζοντα ἑαυτῷ; [Phil. Byz.] 4.4.24s. τῆς ἐργασίας ... ἐπίνοιαν, 4.5.28 τῆς ἐργασίας ... τὴν ἐπίνοιαν, 5.1.1 ἐπίνοιαν ~ *P. Artemid.* II 18s. τ[ὸν] τ[ῆ]ς ἐπιν[ο]ίας τρόπον; [Phil. Byz.] 4.5.30 τὸ πεπονημένον ~ *P. Artemid.* I 20s. τὸν ... μεμοχθημένον πόνον; [Phil. Byz.] 6.2.9 προϋποθεὶς τὸν Ἄτλαντα ~ *P. Artemid.* I 25s. τὸν Ἀτλάντειον ἐκεῖνον φόρτον. Nessuna di queste agnizioni, da sola, è

Ma su questo punto – di falso in falso e di falsario in falsario – è bene fermarsi. Accontentiamoci di un sicuro, probabilmente innocente, e certamente innocuo, falso antico.

---

rivelatoria o decisiva. Ma l'insieme fa innegabilmente percepire una certa "aria di famiglia".

# Testo critico e traduzione

## Conspectus siglorum

P = *Pal. Gr.* 398 (saec. IX$^{3/4}$), ff. 56v–59v
L = *Lond. Add.* 19391 (saec. XIV, a P descriptus), ff. 12v–13v

De codicum historia et cognatione vd. supra, 14–36. De viris doctis in app. laudatis vd. infra, 186–208. De Holstenii translatione et emendationibus vd. infra, 173–181 et 184s.

Φίλωνος Βυζαντίου περὶ τῶν ἑπτὰ θεαμάτων

[1] τῶν ἑπτὰ θεαμάτων ἕκαστον φήμῃ μὲν γινώσκεται πᾶσιν, ὄψει δὲ σπανίοις ὁρᾶται. δεῖ γὰρ εἰς Πέρσας ἀποδημῆσαι καὶ διαπλεῦσαι τὸν Εὐφράτην καὶ τὴν Αἴγυπτον ἐπελθεῖν καὶ τοῖς Ἠλείοις τῆς Ἑλλάδος ἐνεπιδημῆσαι καὶ τῆς Καρίας εἰς Ἁλικαρνασσὸν ἐλθεῖν καὶ Ῥόδῳ προσπλεῦσαι καὶ
5 τῆς Ἰωνίας τὴν Ἔφεσον θεάσασθαι· πλανηθέντα δὲ τὸν κόσμον καὶ τῷ κόπῳ τῆς ἀποδημίας ἐκλυθέντα, τότε πληρῶσαι τὴν ἐπιθυμίαν, ὅτε καὶ τοῖς ἔτεσι τοῦ ζῆν ὁ βίος παρῴχηκεν. [2] διὰ τοῦτο θαυμαστὸν παιδεία καὶ μεγαλόδωρον, ὅτι τῆς ὁδοιπορίας ἀπολύσασα τὸν ἄνθρωπον οἴκοι τὰ καλὰ δείκνυσιν, ὄμματα τῇ ψυχῇ προσδιδοῦσα. καὶ τὸ παράδοξον· ὁ μὲν γὰρ ἐπὶ
10 τοὺς τόπους ἐλθὼν ἅπαξ εἶδεν καὶ παρελθὼν ἐπιλέλησται· τὸ γὰρ ἀκριβὲς τῶν ἔργων λανθάνει καὶ περὶ τὰ κατὰ μέρος φεύγουσιν αἱ μνῆμαι· ὁ δὲ λόγῳ τὸ θαυμαζόμενον ἱστορήσας καὶ τὰς ἐξεργασίας τῆς ἐνεργείας, ὅλον ἐγκατοπτρισάμενος τὸ τῆς τέχνης ἔργον ἀνεξαλείπτους φυλάσσει τοὺς ἐφ' ἑκάστου τῶν εἰδώλων τύπους· τῇ ψυχῇ γὰρ ἑώρακεν τὰ παράδοξα. [3] ὃ δὲ
15 λέγω φανήσεται πιστόν, ἐὰν τῶν ἑπτὰ θεαμάτων ἕκαστον ἐναργῶς ὁ λόγος ἐφοδεύσας πείσῃ τὸν ἀκροατὴν ἐπινεῦσαι τὴν τῆς θεωρίας κομισάμενον δόξαν. καὶ γὰρ δὴ μόνον ταῦτα τῇ κοινῇ τῶν ἐπαίνων προσηγορίᾳ καλεῖται †βλεπόμενα μὲν ὁμοίως, θαυμαζόμενα δ' ἀνομοίως.† τὸ γὰρ καλὸν ἡλίῳ παραπλησίως οὐκ ἐᾷ τὰ λοιπὰ θεωρεῖν, ὅταν αὐτὸς διαλάμψῃ.

---

3 Ἠλείοις (-ίοις) Holste : καλοῖς P   9 post προσδιδοῦσα sic dist. Brodersen, praeeunte Allacci («et, quod omnium superat expectationem, etc.») : προσδιδοῦσα καὶ τὸ παράδοξον. ὁ μὲν κτλ. Holste («oculos animo addit, et rem admiratione dignam iisdem subiicit») 10 εἶδεν Hercher, edd. pl. : ἴδεν P   11 περὶ τὰ κατὰ μέρος P, edd. : περὶ τῶν κατὰ μέρος Allacci   17 μόνον P, edd. pl. : μόνα Hercher   17s. καλεῖται βλεπόμενα μὲν ὁμοίως, θαυμαζόμενα δ' ἀνομοίως P, edd. pl. : καλεῖται <τὰ δὲ ἄλλα> βλέπομεν μὲν ὁμοίως, θαυμάζομεν δ' ἀνομοίως Orelli : καλεῖται <θεάματα, τὰ δ' ἄλλα καλὰ> βλέπομεν μὲν ὁμοίως, θαυμάζομεν δ' ἀνομοίως vel quid simile sensus requirit (cf. 3.3.8s. τὰ μὲν ἄλλα τῶν ἑπτὰ θεαμάτων θαυμάζομεν μόνον, τοῦτο δὲ καὶ προσκυνοῦμεν)   19 ὅταν Hercher, Brodersen : ὅτ' ἄν P, edd. vett.

## Filone di Bisanzio. Le sette meraviglie

[1] Ciascuna delle sette meraviglie è di fama nota a tutti, ma pochi le hanno viste di persona: occorre andarsene fino in Persia, e varcare l'Eufrate, e raggiungere l'Egitto, e in Grecia soggiornare fra gli Elei, e in Caria giungere ad Alicarnasso, e fare rotta a Rodi, e in Ionia visitare Efeso: e solo dopo aver girato il mondo, fiaccato da un viaggiare così intenso, avrai avuto quel che volevi; e ormai, con gli anni, anche il tempo della vita è dileguato. [2] Ecco perché è un bene portentoso, la cultura, e generoso: perché dispensa l'uomo dal viaggiare, e gli mostra a casa sua le bellezze del mondo; aggiunge occhi all'anima. E poi c'è quel che non ti aspetteresti: chi è stato sul posto ha visto una volta soltanto, e quando è ripartito si è ormai dimenticato; scorda la minuta fattura delle opere, e ogni memoria dei dettagli fugge via. Chi invece ha esplorato grazie alla parola quel che desta meraviglia, e l'operoso frutto di tanto operare, contempla come in uno specchio il complessivo lavoro dell'arte, e serba indelebili le impressioni di ogni immagine, perché è nell'anima che ha visto quelle opere straordinarie. [3] Quel che sostengo risulterà plausibile se la parola saprà passare in rassegna, con vivida evidenza, ciascuna delle sette meraviglie, e convincere all'assenso l'ascoltatore che ha fatto sua l'impressione di aver visto. E in effetti solo queste opere, per unanime titolo d'elogio, si chiamano †viste allo stesso modo, ma ammirate in modo diverso†. Perché la bellezza è come il sole: quando risplende, non lascia che si guardi tutto il resto.

## α΄ κῆπος κρεμαστός

[1] ὁ καλούμενος κῆπος κρεμαστὸς ὑπέργειον ἔχων τὴν φυτείαν ἐν ἀέρι γεωργεῖται, τοῖς ῥιζώμασι τῶν δένδρων ὑπεράνωθεν ὠροφωκὼς τὴν ἄρουραν. λίθινοι μὲν γὰρ κίονες ὑφεστήκασιν καὶ πᾶς ὁ κατάγειος τόπος ἐστὶ διὰ στυλογλύφων <...> [2] φοίνικες ἰδίᾳ κεῖνται δοκοί, στενὴν παντάπασιν τὴν
5 ἀνάμεσον ἀλλήλων χώραν ἀπολείπουσαι. τὸ δὲ ξύλον τοῦτο μόνον τῶν ἄλλων οὐ σήπεται, βρεχόμενον δὲ καὶ τοῖς βάρεσι θλιβόμενον ἄνω κυρτοῦται τρέφει τε τὰς διαφύσεις τῶν ῥιζῶν ἑαυτῷ προσλαμβανόμενον τοῖς ἰδίοις ἀραιώμασιν τὴν ἔξωθεν σύμφυσιν. [3] ἐπὶ τούτων πολλὴ καὶ βαθεῖα κατακέχυται γῆ καὶ τὸ λοιπὸν τὰ πλατύφυλλα καὶ μάλιστα κηπευόμενα τῶν δέν-
10 δρων ἐπιπέφυκε ποικίλαι τε καὶ παντοῖαι φύσεις ἀνθέων καὶ πᾶν ἁπλῶς τὸ κατὰ πρόσοψιν ἐπιτερπέστατον καὶ πρὸς ἀπόλαυσιν ἥδιστον. γεωργεῖται δ᾽ ὁ τόπος ὡς ἐπ᾽ ἀρούραις, καὶ τὰς ἐργασίας τῆς μοσχείας κομίζεται τῇ χέρσῳ παραπλησίως· <...> τήν τ᾽ ἀρόσιμον ὑπὲρ κεφαλῆς εἶναι τῶν ἐπὶ τοῖς ὑποστύλοις περιπατούντων. [4] πατουμένης δὲ τῆς ἄνωθεν ἐπιφανείας, ὡς ἐπὶ
15 τῶν βαθυγειοτάτων τόπων ἀκίνητος καὶ παρθένος ἡ πρὸς τοῖς ὀροφώμασιν μένει γῆ. αἱ δὲ τῶν ὑδάτων ἀγωγαὶ τὰς πηγὰς ἐξ ὑπερδεξίων ἔχουσαι τόπων τῇ μὲν εὐθύδρομον καὶ κατάντη ποιοῦνται τὴν ῥύσιν, τῇ δ᾽ ἀναθλιβόμεναι κοχλιοειδῶς ἀνατροχάζουσιν, ἀνάγκαις ὀργανικαῖς τὸν ἕλικα τῶν μηχανημάτων περιτροχάζουσαι· εἰς δὲ πυκνὰς καὶ μεγάλας ἐξαιρόμεναι κρήνας
20 ὅλον ἐπάρδουσι τὸν κῆπον μεθύσκουσαι τῶν φυτῶν τὰς κατὰ βάθους ῥίζας καὶ νοτερὰν τηροῦσιν τὴν ἄρουραν, ὅθεν εἰκότως ἀειθαλής ἐστιν ἡ πόα καὶ τὰ πέταλα τῶν δένδρων ἁπαλοῖς τοῖς ἀκρεμόσιν ἐπιπεφυκότα δροσοπαγῆ καὶ διήνεμον ἔχει τὴν φύσιν. [5] ἄδιψος γὰρ ἡ ῥίζα τηρουμένη τὴν παρατροχάζουσαν τῶν ὑδάτων νοτίαν ἀναθηλάζει καὶ ῥεμβομένη καταγείοις ταῖς δι᾽
25 ἀλλήλων ἐμπλοκαῖς, ὀχὸν καὶ βεβηκυῖαν ἀσφαλῶς τὴν φυὴν τῶν δένδρων συμφυλάσσει. σπάταλον καὶ βασιλικὸν τὸ φιλοτέχνημα καὶ τὸ πλεῖστον βίαιον, τὸν πόνον τῆς γεωργίας ὑπὲρ κεφαλῆς κρεμάσαι τῶν θεωρούντων.

---

3s. πᾶς ὁ κατάγειος τόπος ἐστὶ διὰ στυλογλύφων P : post διὰ στυλογλύφων aliquid deesse videtur : κατάγειος πᾶς ὁ τόπος ἐστὶ διὰ στυλογλύφων Brodersen 5 ἀνάμεσον Allacci : ἀνὰ μέσον P 5s. ὅτι φοῖνιξ μόνον τῶν ξύλων ἄσηπτον add. P in mg. 11 κατὰ πρόσοψιν nos : κατὰ πρόσω P : κατὰ πρόσωπον Allacci vel Holste (uter prior incertum), edd. 13 lac. post παραπλησίως stat. Holste : παραπλησίως, διὰ τὸ τὴν ἀρώσιμον dub. Orelli («non cohaeret oratio, nec habet infinitivus εἶναι unde pendeat») : textum codicis rec., post Allacci et Hercher, Brodersen ‖ τ᾽ ἀρόσιμον nos, vitandi hiatus causa : τε ἀρόσιμον P : τε ἀρώσιμον, post Allacci, Hercher et Orelli 21 τηροῦσιν P : τηροῦσαι Holste, fort. recte 24 καταγείοις P, edd. : κατάγειος possis 26 βασιλικὸν L : βασιλεικὸν P

## 1. Giardino pensile

[1] Il cosiddetto giardino pensile ha le sue piante al di sopra del livello del suolo, e lo si coltiva a mezz'aria; le radici dei suoi alberi, dall'alto, danno un tetto alla terra: lo sostengono colonne di pietra, e tutta l'area sottostante, grazie ai pilastri intagliati, è <...> [2] fungono da travi palme isolatamente disposte, e reciprocamente separate da una minima intercapedine. Questo è l'unico legno che non marcisce, e anzi, quando è intriso d'acqua e gravato da pesi, si inarca verso l'alto e alimenta i rizomi delle radici, accogliendo via via in sé, nei suoi interstizi, il rigoglio che da fuori lo compenetra. [3] Su queste trabeazioni è stato sparso uno spesso strato di terra, per farvi poi crescere latifoglie e piante ideali per un giardino, e fiori di ogni specie e – in breve – quanto c'è di più piacevole a vedersi e di più dolce a godersi. Il luogo è coltivato come normalmente si fa in campagna, e vi si praticano i lavori arboricoli come sulla terraferma: <...> e la terra arabile pende sul capo di chi passeggia tra le colonne. [4] Quando si cammina sulla superficie superiore, la terra sui tetti rimane ferma e intatta, come accade dove il suolo è più profondo. Le condutture dell'acqua hanno le loro fonti in zone soprae-levate, e in parte fanno scorrere il loro flusso verso il basso, in linea retta, e in parte invece, convogliate in alto, rifluiscono a spirale, e sotto la pressione dei congegni tecnici percorrono circolarmente la vite meccanica. Tratte in alto fino a solide e capienti fontane, irrigano l'intero giardino, imbevendo in profondità le radici degli alberi, e conservano umida la terra coltivabile; per questo, come è naturale, l'erba è sempreverde e il fogliame degli alberi, cresciuto sui teneri ramoscelli, ha sembianze roride e ariose. [5] Mai soggetta alla sete, la radice sugge l'umore delle acque che le corrono accanto, e diramandosi attraverso i suoi sotterranei, reciproci intrecci, mantiene salda e stabilmente compatta la piantagione arborea. Che opera sfarzosa, che impresa regale, e che capolavoro di potenza, far sì che i campi siano coltivati sopra la testa degli spettatori.

β' αἱ ἐν Μέμφει πυραμίδες

[1] τὰς ἐν Μέμφει πυραμίδες κατασκευάσαι μὲν ἀδύνατον, ἱστορῆσαι δὲ παράδοξον. ὄρη γὰρ ὄρεσιν ἐπιδεδώμηται, καὶ τὰ μεγέθη τῶν τετραπέδων κύβων δυσεπινόητον ἔχει τὴν ἀναγωγήν, ἑκάστου διαποροῦντος τίσι βίαις τὰ τηλικαῦτα βάρη τῶν ἔργων ἐμοχλεύθη. [2] τετραγώνου δὲ τῆς βάσεως
5 ὑφεστώσης, οἱ μὲν κατώρυγες λίθοι τὴν θεμελίωσιν ἔχουσιν ἰσομεγέθη τοῖς ὑπεργείοις ὕψεσι τοῦ κατασκευάσματος ἑκάστου, καὶ κατ' ὀλίγον συνάγεται τὸ πᾶν ἔργον εἰς πυραμίδα καὶ γνώμονος σχῆμα. [3] καὶ τὸ μὲν ὕψος ἐστὶν πήχεων τριακοσίων, ἡ δὲ περίμετρος σταδίων ἕξ. σύναρμον δὲ καὶ κατεξεσμένον τὸ πᾶν ἔργον, ὥστε δοκεῖν ὅλου τοῦ κατασκευάσματος μίαν εἶναι
10 πέτρας συμφυΐαν. ποικίλαι δὲ καὶ πορφυραῖ λίθων φύσεις ἀλλήλαις ἐπιδεδώμηνται, καὶ τῇ μέν ἐστιν ἡ πέτρα λευκὴ καὶ μαρμαρῖτις, τῇ δ' Αἰθιοπικὴ καὶ μέλαινα, καὶ μετὰ ταύτην ὁ καλούμενος αἱματίτης λίθος, εἶτα ποικίλος καὶ διάχλωρος ἀπὸ τῆς Ἀραβίας, ὥς φασι, κεκομισμένος. [4] ἐνίων δ' ὑαλίζουσιν αἱ χρόαι κυαναυγῆ τὴν φύσιν ἔχουσαι, καὶ μετὰ τούτους ὡσεὶ μη-
15 λοβαφές ἐστιν, ἄλλων δὲ πορφυρίζει τὸ χρῶμα, καὶ τοῖς διὰ τῶν κογχυλίων θαλασσοβαφουμένοις ἐξομοιοῦνται. πρόσεστι δὲ τῷ μὲν καταπληκτικῷ τὸ τερπνόν, τῷ δὲ θαυμαστῷ τὸ φιλότεχνον, τῷ δὲ πλουσίῳ τὸ μεγαλεῖον. [5] καὶ τὸ μὲν τῆς ἀναβάσεως μέγεθος ὁδοιπορίας ἔχει κόπον, ἡ δ' ἐπὶ τῆς κορυφῆς στάσις σκοτοῖ τὰς ὄψεις τῶν εἰς τὰ βάθη καταθεωρούντων. †τῆς προ-
20 σόψεως τῇ χάριτι τῶν χρωμάτων τὴν πολυτέλειαν τῆς χορηγίας βασιλικῷ πλούτῳ παρύφαγκεν† καυχάσθω τύχη πιστεύουσα ταῖς ἐξυπηρετουμέναις δαπάναις καὶ τῶν ἄστρων ἐφάψασθαι. ἢ γὰρ ἄνθρωποι διὰ τῶν τοιούτων ἔργων ἀναβαίνουσι πρὸς θεούς, ἢ θεοὶ καταβαίνουσι πρὸς ἀνθρώπους.

---

1 πυραμίδες L : πυραμίδας P 2 ἐπιδεδώμηται Brodersen, coll. 4.4.24 et 5.1.6 : ἐπιδεδόμηται P 3 ἀναγωγήν Hercher : ἀνάγκην P 10 καὶ πορφυραῖ P : ut glossema del., post Orelli, Brodersen 10s. ἐπιδεδώμηνται Brodersen : ἐπιδεδόμηνται P 11 μαρμαρῖτις Orelli, coll. 4.3.15 : μαρμαρίτης P 11s. τῇ μέν ... τῇ δὲ Allacci (δ' Hercher, vitandi hiatus causa) : τὰ μέν ... τὰ δὲ P 14s. ὡσεὶ μηλοβαφές ἐστιν P : ὡσεὶ μηλοβαφεῖς εἰσιν Hercher 19s. post καταθεωρούντων dist. Allacci, post τῆς προσόψεως P 20s. βασιλικῷ πλούτῳ L : βασειλικὸς πλούτῳ P : βασιλικὸς πλοῦτος Hercher, rec. Brodersen, praeeunte Orelli, qui ita transp.: πρόσεστι δὲ τῷ μὲν καταπληκτικῷ τὸ τερπνόν, τῷ δὲ θαυμαστῷ τὸ φιλότεχνον, τῷ δὲ πλουσίῳ τὸ μεγαλεῖον τῆς προσόψεως, <ἐν ᾗ> τῇ χάριτι τῶν χρωμάτων τὴν πολυτέλειαν τῆς χορηγίας βασιλικὸς πλοῦτος παρύφαγκεν. καὶ τὸ μὲν τῆς ἀναβάσεως μέγεθος ὁδοιπορίας ἔχει κόπον, ἡ δ' ἐπὶ τῆς κορυφῆς στάσις σκοτοῖ τὰς ὄψεις τῶν εἰς τὰ βάθη καταθεωρούντων 21 τύχη P, edd. : an τέχνη scribendum? (De Stefani, per litt.) 22 ἐφάψασθαι P : ἐφάψεσθαι dub. Rohden

## 2. Le piramidi di Menfi

[1] Erigere le piramidi di Menfi è impossibile, descriverle è prodigioso: hanno costruito montagne su montagne, e si stenta a capire come possano aver sollevato immensi cubi di quattro piedi; nessuno sa spiegare con quali forze siano stati issati oggetti di tal peso. [2] Tutto poggia su un basamento quadrangolare, e le pietre interrate hanno fondamenta pari in grandezza alle sovrastanti sommità di ciascuna costruzione; e a poco a poco tutto l'edificio culmina in una piramide e assume forma di gnomone. [3] E l'altezza è di 30 cubiti, il perimetro di 6 stadi. Tutto l'edificio è compatto e coeso, sicché sembra che l'intera costruzione consista in una sola compagine di roccia. Vi si sovrappongono, invece, pietre screziate e cangianti: qui la pietra bianca e marmorea, là la pietra nera d'Etiopia, e poi la cosiddetta ematite, e poi ancora la pietra screziata e verdastra che si importa – dicono – dall'Arabia. [4] Le superfici di alcune pietre, brillanti d'azzurro cupo, virano al vitreo, e più oltre il colore si fa come giallo-mela, mentre quello di altre tende al porpora, e sembrano intinte nell'ostro dei murici marini. E così all'immanità si aggiunge la piacevolezza, alla straordinarietà l'ingegno, al fasto la grandiosità. [5] E la lunghezza della scalata equivale a un viaggio, e la sosta sulla cima annebbia gli occhi di chi si sporge a guardare in giù. †alla grazia dell'aspetto lo sfarzo dei colori alla ricchezza regale dell'arredo ha intrecciato†. Confidi, la sorte, in spese così ingenti, e si faccia un vanto di poter toccare, a questo modo, anche le stelle: grazie a opere come queste, o gli uomini salgono fino agli dèi, o gli dèi discendono fra gli uomini.

γ΄ Ζεὺς Ὀλύμπιος

[1] Διὸς Κρόνος μὲν ἐν οὐρανῷ, Φειδίας δ' ἐν Ἤλιδι πατήρ ἐστιν· ὃν μὲν γὰρ ἀθάνατος φύσις ἐγέννησεν, ὃν δὲ Φειδίου χεῖρες μόναι δυνάμεναι θεοὺς τίκτειν. μακάριος ὁ καὶ θεασάμενος τὸν βασιλέα τοῦ κόσμου μόνος καὶ δεῖξαι δυνηθεὶς ἄλλοις τὸν κεραυνοῦχον. [2] εἰ δ' αἰσχύνεται Ζεὺς Φειδίου
5 καλεῖσθαι, τῆς μὲν εἰκόνος αὐτοῦ γέγονεν ἡ τέχνη μήτηρ. διὰ τοῦθ' ἡ φύσις ἤνεγκεν ἐλέφαντας, ἵνα Φειδίας τεμὼν τοὺς τῶν θηρίων ὀδόντας χορηγήσῃ καὶ τὴν εἰς τὸ κατασκευαζόμενον ὕλην <...> ἀγέλαις ἐλεφάντων ἡ Λιβύη δαψιλεύσεται. [3] τοιγαροῦν τὰ μὲν ἄλλα τῶν ἑπτὰ θεαμάτων θαυμάζομεν μόνον, τοῦτο δὲ καὶ προσκυνοῦμεν· ὡς μὲν γὰρ ἔργον τέχνης παράδοξον, ὡς
10 δὲ μίμημα Διὸς ὅσιον. ἔχει τοίνυν ὁ μὲν πόνος ἔπαινον, ἡ δ' ἀθανασία τιμήν. [4] ὦ καιρὲ τῆς Ἑλλάδος, καὶ πλουτήσας εἰς θεῶν κόσμον ὁπόσον οὐδεὶς ὕστερον ἐπλούτησεν, καὶ τεχνίτην ἔχων δημιουργὸν ἀθανασίας ὁπηλίκον ὁ μεταγενέστερος βίος οὐκ ἐνήνοχεν, καὶ δεῖξαι δυνηθεὶς ἀνθρώποις θεῶν ὄψεις, ἃς ὁ μὴ παρὰ σοὶ θεασάμενος παρ' ἄλλοις ἰδεῖν οὐκ ἂν δυνηθείη. καὶ
15 γὰρ δὴ τὸν μὲν Ὄλυμπον πλεῖστον χρόνον Φειδίας νενίκηκεν, τοσοῦτον ὅσον ὑπονοίας μὲν ἐνάργεια, ἱστορίας δὲ γνῶσις, ὄψις δ' ἀκοῆς ἐστιν βελτίων.

---

5 τῆς μὲν εἰκόνος P : μὲν dub. del. Hercher 6 χορηγήσῃ P : χειρουργήσῃ Orelli, rec. Hercher 7 lac. post ὕλην postulavimus (<... μάτην> vel quid sim. possis) : καὶ et ἀγέλαις ἐλεφάντων ἡ Λιβύη δαψιλεύσεται del., post Hercher², Brodersen ‖ ἀγέλαις P : ἀγέλας L (et Hercher¹, qui ita transp.: διὰ τοῦθ' ἡ φύσις ἤνεγκεν ἐλέφαντας <καὶ> ἀγέλας ἐλεφάντων ἡ Λιβύη δαψιλεύσεται [Hemsterhuis], ἵνα Φειδίας τεμὼν τοὺς τῶν θηρίων ὀδόντας {καὶ} χειρουργήσῃ τὴν εἰς τὸ κατασκευαζόμενον ὕλην) 8 δαψιλεύσεται P : δαψιλεύεται Hemsterhuis (rec. Hercher¹) : δαψιλεύηται Holste 10 ὅσιον Holste, edd. : ὅμοιον P 11 καὶ πλουτήσας P : καὶ del. Hercher 14 ὁ μὴ παρὰ σοὶ nos : ὁ μὲν παρὰ σοὶ P, edd. 15 πλεῖστον χρόνον P : πολὺν χρόνον L, rec. Brodersen

## 3. Zeus Olimpio

[1] Di Zeus è padre in cielo Crono, in Elide Fidia: la natura immortale generò il primo, l'altro le mani di Fidia, le sole capaci di procreare dèi. Felice chi – unico fra gli uomini – ha visto il re del cosmo, e ha saputo mostrare agli altri il dio che impugna il fulmine. [2] Ma se Zeus si vergogna a sentirsi dire figlio di Fidia, ebbene: della sua immagine è madre l'arte. Per questo la natura produsse gli elefanti, perché Fidia tagliasse i denti delle fiere e fornisse sia il materiale per la fabbricazione, <...> la Libia abbonderà in mandrie d'elefanti. [3] Perciò, delle sette meraviglie, le altre le ammiriamo solo, questa la veneriamo anche: quale frutto dell'arte è straordinaria, quale immagine di Zeus è sacra. Dunque l'opera merita elogi, l'immortalità reverenza. [4] Oh epoca felice per la Grecia! Epoca che tanta ricchezza profuse, nel ritrarre gli dèi, quanta mai più nessuno nei tempi a venire; epoca che vantò un artista demiurgo di immortalità quale il tempo successivo mai più diede alla luce; epoca che fu capace di mostrare agli uomini le sembianze degli dèi: e chi non le vide presso di te non avrebbe potuto vederle altrove. E davvero Fidia ha vinto l'Olimpo per la più lunga tratta di tempo; l'ha vinto quanto l'evidenza vince la congettura, il sapere l'indagine, la vista l'udito.

δ' ὁ ἐν Ῥόδῳ κολοσσός

[1] Ῥόδος ἐστὶ πελαγία νῆσος, ἣν τὸ παλαιὸν ἐν βυθῷ κρυπτομένην Ἥλιος ἀνέδειξεν αἰτησάμενος παρὰ θεῶν ἰδίαν γενέσθαι τὴν ἀναφανεῖσαν. ἐν ταύτῃ κολοσσὸς ἔστη πήχεων ἑβδομήκοντα διεσκευασμένος εἰς Ἥλιον· ἡ γὰρ εἰκὼν τοῦ θεοῦ βολαῖς ἐγινώσκετο ταῖς ἐξ ἐκείνου. τοσοῦτον δ' ὁ
5 τεχνίτης ἐδαπάνησεν χαλκόν, ὅσος σπανίζειν ἤμελλεν τὰ μέταλλα· τὸ γὰρ χώνευμα τοῦ κατασκευάσματος ἐγένετο χαλκούργημα τοῦ κόσμου. [2] μήποτε δὲ διὰ τοῦτο Ζεὺς Ῥοδίοις θεσπέσιον κατέχευε πλοῦτον, ἵνα τοῦτον εἰς τὴν Ἡλίου δαπανήσωσι τιμήν, τὴν εἰκόνα τοῦ θεοῦ ταῖς ἐπιβολαῖς ἀπὸ γῆς εἰς τὸν οὐρανὸν ἀναβιβάζοντες; τοῦτον ὁ τεχνίτης ἔσωθεν μὲν σχεδί-
10 αις σιδηραῖς καὶ τετραπέδοις διησφαλίσατο λίθοις, ὧν οἱ διάπηγες μοχλοὶ κυκλώπιον ἐμφαίνουσι ῥαιστηροκοπίαν, καὶ τὸ κεκρυμμένον τοῦ πόνου τῶν βλεπομένων μεῖζόν ἐστιν· ἐπαπορεῖ γὰρ ὁ θαυμαστὴς τῶν θεωρούντων ποίαις πυράγραις ἢ πηλίκαις ὑποστάσεσιν ἀκμόνων ἢ ποταπαῖς ὑπηρετῶν ῥώμαις τὰ τηλικαῦτα βάρη τῶν ὀβελίσκων ἐχαλκεύθη. [3] ὑποθεὶς δὲ βά-
15 σιν ἐκ λευκῆς καὶ μαρμαρίτιδος πέτρας, ἐπ' αὐτῆς μέχρι τῶν ἀστραγάλων πρώτους ἤρεισε τοὺς πόδας τοῦ κολοσσοῦ, νοῶν τὴν συμμετρίαν ἐφ' ὧν ἤμελλε θεὸς ἑβδομηκοντάπηχυς ἐγείρεσθαι· τὸ γὰρ ἴχνος τῆς βάσεως ἤδη τοὺς ἄλλους ἀνδριάντας ὑπερέκυπτεν. τοιγαροῦν οὐκ ἐνῆν ἐπιθεῖναι βαστάσαντα τὸ λοιπόν· ἐπιχωνεύειν δ' ἔδει τὰ σφυρά, καὶ καθάπερ ἐπὶ τῶν
20 οἰκοδομουμένων ἀναβῆναι τὸ πᾶν ἔργον ἐφ' αὐτοῦ. [4] καὶ διὰ τοῦτο τοὺς μὲν ἄλλους ἀνδριάντας οἱ τεχνῖται πλάσσουσι πρῶτον, εἶτα κατὰ μέλη διελόντες χωνεύουσιν καὶ τέλος ὅλους συνθέντες ἔστησαν· οὗτος δὲ τῷ πρώτῳ χωνεύματι τὸ δεύτερον μέρος ἐπιπέπλασται, καὶ τούτῳ χαλκουργηθέντι τὸ τρίτον ἐπιδεδώμηται. καὶ τὸ μετὰ τοῦτο πάλιν τὴν αὐτὴν τῆς
25 ἐργασίας ἔσχηκεν ἐπίνοιαν· οὐ γὰρ ἐνῆν τὰ μέλη τῶν μετάλλων κινῆσαι.

---

4 βολαῖς ... ταῖς nos (possis et μόναις <βολαῖς> ... ταῖς vel μόνοις <φέγγεσιν> ... τοῖς) : μόνοις ... τοῖς P : συμβόλοις ... τοῖς Hercher, rec. Brodersen 7 τοῦτο Ζεὺς dub. Rohden, vitandi hiatus causa : τοῦτο ὁ Ζεὺς P, rec. Brodersen : τοῦθ' ὁ Ζεὺς Hercher 12 θαυμαστὴς Allacci vel Holste (uter prior incertum), edd. : θαυμαστὸς P 19 δ' ἔδει Holste, edd. : δὲ ἀεί P 20 ἐφ' αὐτοῦ Hercher : ἐπ' αὐτοῦ P, rec. Brodersen : an ἐπ' αὐτῶν?

## 4. Il Colosso di Rodi

[1] Rodi è un'isola d'alto mare. Un tempo era nascosta negli abissi, ma Helios la fece emergere, dopo aver chiesto agli dèi che l'isola, una volta venuta alla luce, fosse proprietà sua. A immagine di Helios, vi fu eretto un Colosso di 70 cubiti: la figura del dio si riconosceva dai raggi che ne emanavano. L'artista consumò tanto bronzo che quasi svuotò le miniere: alla fusione della statua concorse il mondo intero. [2] E perché mai Zeus versò su Rodi sovrumane ricchezze, se non perché le spendessero in onore di Helios, e innalzassero dalla terra al cielo, strato dopo strato, il simulacro del dio? L'artista lo rinsaldò al suo interno mediante flange di ferro e pietre di quattro piedi, le cui sbarre trasversali mostrano un ciclopico battere di magli; e il lavoro celato agli occhi supera il lavoro visibile: chi, degli spettatori, è sensibile alle meraviglie, si chiede con quali tenaglie, o con quali immense incudini a sostegno, o con quali e quante energie d'operai siano state forgiate spranghe di tal peso. [3] Posta sotto una base di pietra bianca, simile al marmo, l'artista vi poggiò per primi i piedi del Colosso, fino alle caviglie, e calcolò le proporzioni di quei piedi su cui doveva levarsi un dio di 70 cubiti: in effetti, la pianta del piede sulla base già sovrastava le altre statue. Era impossibile, quindi, issare e sovrapporvi il resto: bisognava invece fondervi sopra le caviglie, e l'intera opera doveva salire su se stessa come avviene per le case. [4] E perciò le altre statue gli artisti prima le modellano, poi le suddividono in parti e le colano in uno stampo, e alla fine le assemblano e le ergono in piedi. Il nostro artista, invece, sulla prima parte di metallo fuso ha modellato la seconda, e sopra questa ha lavorato e costruito la terza. E ancora, di lì in poi, si è attenuto allo stesso piano di lavoro, perché sarebbe stato impossibile smuovere dalle miniere le singole membra.

[5] τῆς χωνείας δὲ γενομένης ἐπὶ τῶν προτετελεσμένων ἔργων αἵ τε διαιρέσεις τῶν μοχλῶν καὶ τὸ πῆγμα τῆς σχεδίας ἐτηρεῖτο καὶ τῶν ἐντιθεμένων πετρῶν ἠσφαλίζετο τὸ σήκωμα. ἵνα διὰ τῆς ἐργασίας τηρήσῃ τὴν ἐπίνοιαν ἀσάλευτον, ἀεὶ τοῖς οὕτω συντελεσθεῖσιν μέλεσι τοῦ κολοσσοῦ χοῦν γῆς
30 ἄπλατον περιχέων <καὶ> κρύπτων τὸ πεπονημένον ἤδη κατάγειον, τὴν τῶν ἐχομένων ἐπίπεδον ἐποιεῖτο χωνείαν. [6] ἐκ δὲ τοῦ κατ' ὀλίγον ἀναβὰς ἐπὶ τὸ τέρμα τῆς ἐλπίδος καὶ πεντακόσια μὲν χαλκοῦ τάλαντα δαπανήσας, τριακόσια δὲ σιδήρου, τῷ θεῷ τὸν θεὸν ἴσον ἐποίησεν, μέγα τῇ τόλμῃ βαστάσας ἔργον· Ἥλιον γὰρ δεύτερον ἀντέθηκεν τῷ κόσμῳ.

---

28 post τὸ σήκωμα punctum pos. Holste, comma P 29 τοῖς οὕτω nos : τοῖς οὔπω P, edd. pl. : οὔπω del. Hercher 30 περιχέων <καὶ> κρύπτων nos (an περιχέων κρύπτων τε?) : περιχέων, κρύπτων P ‖ post κατάγειον dist. P, Holste : post ἤδη Allacci, Orelli, Hercher, Brodersen 31 ἐπίπεδον P, edd. pl. : ἐπιπόδων de Boissieu, quod ἐπιπέδων interpr. est Orelli : <καὶ> ἐπίπεδον Orelli

[5] Terminata la fusione sopra le parti già prima lavorate, si badò alla spaziatura delle sbarre e alla saldatura della flangia, e si fece sì che le pietre inserite all'interno garantissero un contrappeso. Perché durante la lavorazione l'artista mantenesse fermo il suo piano di lavoro, egli versava sempre un mostruoso cumulo di terra sulle parti del Colosso così completate, e nascondeva la parte già lavorata, ormai sotterranea, e fondeva le parti successive come se fosse a livello del suolo. [6] Così poco a poco arrivò a coronare la sua speranza, spese 500 talenti di bronzo e 300 di ferro, fece il dio uguale al dio, e temerariamente realizzò un'impresa grandiosa: al mondo dedicò un secondo Sole.

ε' τείχη Βαβυλῶνος

[1] Σεμίραμις ἐς βασιλικὴν ἐπλούτησεν ἐπίνοιαν. τοιγαροῦν ἀπέθανεν θεάματος θησαυρὸν ἀπολείπουσα. Βαβυλῶνα γὰρ ἐτείχισεν τριακοσίων ἑξήκοντα σταδίων βαλλομένη θεμελίωσιν, ὥστε τὴν περίμετρον τῆς πόλεως ἡμεροδρόμου κόπον ἔχειν. ἔστι δ' οὐκ ἐν τῷ μεγέθει μόνον τὸ θαυμαστόν,
5 ἀλλὰ καὶ περὶ τὴν ἀσφάλειαν τῆς οἰκοδομίας καὶ περὶ τὰ πλάτη τῶν μέσων τόπων· ὀπτῇ γὰρ πλίνθῳ <θερμῇ τ'> ἀσφάλτῳ δεδώμηται. [2] καὶ τὸ μὲν ὕψος ἐστὶ τοῦ τείχους πλέον ἢ πεντήκοντα πήχεων, τὰ δὲ πλάτη τῶν παραδρομίδων ἅρματα τέτρωρα τέσσαρα κατὰ τὸν αὐτὸν καιρὸν διιππεύει. πολύστατοι δὲ καὶ συνεχεῖς οἱ πύργοι, δέξασθαι τοῖς χωρήμασι δυνάμενοι
10 στρατοπέδου πλῆθος. τοιγαροῦν ἡ πόλις ἐστὶν τῆς Περσίδος προτείχισμα καὶ λέληθεν ἐν αὐτῇ τὴν οἰκουμένην κατακεκλεικυῖα· [3] τοσαῦται μυριάδες ἀνθρώπων τὸν ὅλον αὐτῆς κύκλον κατοικοῦσιν. τηλικαύτην δὲ δυσκόλως ἄλλη χώραν γεωργοῦσιν, ἡλίκην Βαβυλὼν οἰκουμένην ἔχει, καὶ παρὰ μόνοις ἐκείνοις ἐντὸς τοῦ τείχους ἀποδημοῦσιν κατοικοῦντες.

---

4 κόπον Holste, edd. : κόσμον P   6 πλίνθῳ <θερμῇ τ'> ἀσφάλτῳ nos : πλίνθῳ ἀσφάλτῳ P : πλίνθῳ <καὶ> ἀσφάλτῳ Allacci, Orelli, Hercher[1] : ἀσφάλτῳ ut glossema del., post Hercher[2], Brodersen, hiatus causa   7 παραδρομίδων P : περαδρομίδων Hercher   8 πολύστατοι P : πολύστεγοι Hercher   12s. τηλικαύτην ... ἡλίκην Holste, Orelli : τηλικαύτην ... τηλικαύτην P, edd. pl. : ἡλίκην ... τηλικαύτην inepte invert. de Boissieu   12 ἄλλη Brodersen : ἄλλην P : ἄλλαι Holste : ἄλλοι de Boissieu

## 5. Mura di Babilonia

[1] Per questo Semiramide fu ricca: perché fosse realizzato un progetto regale. E davvero morì lasciando al mondo un tesoro di stupore: provvide di mura Babilonia, gettando fondamenta per 360 stadi, così che un giro della città equivalesse a un faticoso giorno di marcia. La meraviglia non risiede solo nella grandezza, ma anche nella solidità della costruzione e nell'ampiezza delle aree che essa comprende. È infatti costruita di mattone cotto e asfalto bollente. [2] E l'altezza delle mura è superiore ai 50 cubiti, mentre la larghezza dei viali consente il passaggio di quattro tiri a quattro. E poi le torri, fitte e a breve intervallo, capaci di ospitare al loro interno un esercito. Perciò la città è il baluardo della Persia e racchiude in sé il mondo intero: [3] tante migliaia di uomini abitano l'intera cerchia delle sue mura. Ed è raro che altrove abbiano tanta terra coltivata quanto Babilonia ne ha di abitata; e solo qui si fanno viaggi all'estero dentro le mura, restandosene in patria.

ϛʹ ὁ ἐν Ἐφέσῳ ναὸς τῆς Ἀρτέμιδος

[1] ὁ τῆς Ἀρτέμιδος ναὸς ἐν Ἐφέσῳ μόνος ἐστὶν θεῶν οἶκος. πεισθήσεται γὰρ ὁ θεασάμενος τὸν τόπον ἐνηλλάχθαι καὶ τὸν οὐράνιον τῆς ἀθανασίας κόσμον ἐπὶ γῆς ἀπηρεῖσθαι. Γίγαντες γὰρ ἢ τῶν Ἀλωέως παίδων, οἳ τὴν εἰς οὐρανὸν ἀνάβασιν εἰργάσαντο <...> ὄρεσι χωννύοντες τὸν οὐ ναὸν ἀλλ᾽
5 Ὄλυμπον· ὥστε τῆς μὲν ἐπιβολῆς τολμηρότερον εἶναι τὸν πόνον, τοῦ πόνου δὲ τὴν τέχνην. [2] τὸ γὰρ ἔδαφος τῆς ὑποκειμένης γῆς λύσας ὁ τεχνίτης καὶ τὰ βάθη τῶν ὀρυγμάτων καταβιβάσας εἰς ἄπειρον ἐβάλετο τὴν κατώρυγα θεμελίωσιν, ὁρῶν λατομίας δαπανήσας εἰς τὰ κατὰ γῆν καλυπτόμενα τῶν ἔργων· ἐρείσας δὲ τὴν ἀσφάλειαν ἀσάλευτον καὶ προϋποθεὶς τὸν Ἄτλαντα
10 τοῖς βάρεσι τῶν μελλόντων ἐπαπερείδεσθαι, πρῶτον μὲν ἔξωθεν ἐβάλετο κρηπῖδα δεκάβαθμον διεγείρων πρὸς βάσιν μετεωροφανὲς καὶ περί ...

---

3 ἀπηρεῖσθαι P^ac : ἀπείργασθαι P^pc (-ει -γα s.l.) : varia temptaverunt edd. vett., plerumque sensu carentia et typorum vel calami vitiis depravata (ἐπειρεῖσθαι Allacci, ἀπηγθεῖσθαι Holste, qui fort. ἀπηχθεῖσθαι voluit, et ἀποιηθέσθαι de Boissieu, quod ἀποθέσθαι interpr. est Orelli) 4 lac. post εἰργάσαντο stat. Hercher, hiatus causa : ᾠκοδόμησαν add. dub. Orelli, προσετύγχανον Brodersen, sed plura desiderantur

## 6. Il tempio di Artemide a Efeso

[1] Il tempio di Artemide a Efeso è la sola casa degli dèi: chi l'ha visto penserà senz'altro a uno scambio di sedi, e che il cosmo celeste dell'immortalità si posi sulla terra. I Giganti o quegli Aloadi che tentarono la scalata al cielo <...> costruendo a forza di montagne non un tempio, ma l'Olimpo: pertanto, la fatica artistica è più audace di quell'assalto, la tecnica ancora più audace della fatica. [2] E infatti l'artista dissolse il suolo della terra sottostante e fece scendere all'infinito le profondità dei fossati; poi scavò le fondamenta, e per quelle parti della sua opera che restavano nascoste sotto terra esaurì intere cave montane. Se ne assicurò la completa stabilità, e vi pose sotto un Atlante che reggesse il peso delle parti a seguire; poi, innanzitutto, gettò all'esterno una crepidine di dieci gradini, e sollevò quale base un eccelso e ...

# Note esegetiche e testuali

Forniamo qui, per ciascuno dei *mirabilia*, un'introduzione di carattere storico e letterario utile a far emergere le peculiarità della prospettiva adottata dallo Pseudo-Filone, e – in alcuni casi – a illustrarne le probabili o sicure fonti. Inoltre, a corredo e giustificazione del testo da noi costituito, offriamo una discussione dei passi più problematici sotto il profilo esegetico e critico-testuale.

È da credere che l'opuscolo sia giunto a noi – e forse già al modello del codice Palatino – afflitto da non poche corruttele e lacune, alle quali certo avranno contribuito la faticosa ricercatezza stilistica e la ricorsività lessicale della prosa pseudo-filoniana, oltre alla probabile antichità degli antigrafi a monte di P (cf. *supra*, Introduzione, § 3).

Naturalmente non si può escludere che molte apparenti anomalie vadano addebitate non ai guasti della trasmissione, ma all'imperizia dell'autore. Tuttavia, nel costituire un testo a lungo trascurato – e di fatto mai edito criticamente – abbiamo ritenuto doveroso proporre diagnosi, se non terapie, per tutti i passaggi sospetti, anche laddove nell'edizione abbiamo cautamente recepito il testo tràdito o preferito, all'accoglimento di congetture nostre o altrui, più prudenti croci.

Ci confronteremo innanzitutto con le scelte di Brodersen 1992 – che ha offerto una revisione del testo più conservativa della nostra, ma ricca di utili spunti critici – e con l'iper-interventista Orelli 1816, le cui soluzioni raramente convincono, ma meritano sempre di essere ponderate. In alcuni casi ci è parso opportuno valorizzare alcune brillanti proposte testuali di Holste, a oggi trascurate.

Il testo che precede le nostre note è sempre quello di P.

## Proemio

*Pr.* 1.2–5 δεῖ γὰρ εἰς Πέρσας ἀποδημῆσαι ... τὴν Ἔφεσον θεάσασθαι. Nell'elencazione proemiale, la Persia e l'Eufrate rimandano al giardino pensile (θέαμα 1) e alle mura di Babilonia (θέαμα 5); l'Egitto alle piramidi (θέαμα 2); gli Elei (che si celano dietro καλοῖς di P: cf. *infra*, ad *Pr.* 1.3) allo Zeus Olimpio (θέαμα 3); Alicarnasso al Mausoleo (θέαμα 7, perduto); Rodi al Colosso (θέαμα 4); Efeso, infine, all'*Artemision* (θέαμα 6). Alla luce della trattazione che segue, questa *propositio thematis* pone almeno tre problemi:

a) l'ordine proemiale dei θεάματα disegna un periplo che, a partire dall'area persiana e babilonese, conduce coerentemente, secondo un moto destrorso est-ovest, in Egitto e quindi in Grecia, per poi indirizzarsi nuovamente all'Asia; ma in quest'ultima sezione del periplo la serie è Alicarnasso, Rodi, Efeso, mentre ci attenderemmo – in direzione nord-sud – Efeso, Alicarnasso e Rodi;

b) l'ordine proemiale dei θεάματα non corrisponde all'ordine effettivo di trattazione;

c) l'ordine effettivo di trattazione appare in sé privo di una sua interna logica, sia essa geografica, cronologica, tipologica o di altra natura.

Il primo dei tre problemi si può forse risolvere ipotizzando che nel proemio l'area della grecità asiatica sia trattata *en bloc*, a prescindere dalla posizione dei singoli luoghi: ancorché imperfetto, il periplo proemiale non è privo di una sua complessiva sensatezza (cf. *supra*, Introduzione, § 3); del resto, le inesattezze dello Pseudo-Filone sono talvolta ben più serie e corpose (cf. *supra*, Introduzione, § 4). Il secondo e il terzo dei tre problemi possono far sospettare un perturbamento dell'ordine originario, che avrebbe scombinato la successione dei θεάματα così come presupposta dal proemio. Il sospetto non è illegittimo, e non si possono escludere *a priori* né guasti meccanici (certo più facili a immaginarsi in un *volumen* papiraceo, previo distacco dei *kollemata*, che in un *codex*), né distrazioni o arbitri di scribi. Ma dovremmo supporre, in tal caso, almeno due indipendenti dislocazioni, visto che l'ordine dei θεάματα suggerito dal proemio sarebbe – secondo l'attuale numerazione delle singole meraviglie – il seguente: 1, 5, 2, 3, 7, 4, 6. Sarebbero finiti fuori posto, dunque, sia le mura di Babilonia (teoricamente il secondo θέαμα, se non addirittura il primo, ma ora θέαμα 5), sia il Mausoleo (teoricamente il quinto θέαμα, ma ora θέαμα 7, perduto). Tanto in un *volumen* quanto in un *codex*, inoltre, difficilmente i singoli θεάματα – diseguali per ampiezza – avranno occupato ciascuno un singolo *kollema* o una singola facciata di foglio: la dislocazione in blocco di ben due capitoli, dunque, si immagina a fatica. Senza dire che resterebbe da spiegare la loro arbitraria ricollocazione nella sede attuale: se potremmo facilmente giustificare la collocazione di un θέαμα disperso (il quinto) in settima e ultima posizione, non si comprende perché l'altro capitolo fuori posto (il secondo, se non il primo) sarebbe dovuto finire in quinta posizione. Ci pare dunque più economico pensare che il capriccioso ordine di trattazione – non rispondente alla *propositio thematis* proemiale, né internamente giustificato – rifletta la natura alquanto abborracciata dell'opuscolo. Nella sequenza tràdita, peraltro, qualche abbinamento non è privo di una sua pur sommaria sensatezza (θεάματα 1 e 2: i più esotici e i più antichi; θεάματα 3 e 4: due opere greche, entrambe statue); forse ciò riflette un primo, provvisorio criterio d'accostamento in attesa di revisione. Forse, più semplicemente, l'ordine della trattazione riflette un casuale ordine di composizione, magari dipendente dalle fonti disponibili e via via messe a frutto dal compilatore. Nulla, in ogni caso – data la complessiva fattura del trattatello – sembra consigliare una sua ristrutturazione alla luce dell'imperfetto periplo tratteggiato dal proemio.

*Pr.* 1.3 τοῖς καλοῖς τῆς Ἑλλάδος. Il testo di P, recepito senza remore dall'editore principe (Allacci 1640, 1, con l'ispirata e infondata resa «Graecorum delibandae delitiae»), è oggi unanimemente corretto grazie a una fra le più brillanti congetture di Holste, Ἠλίοις (*i.e.* Ἠλείοις) per καλοῖς (l'incauto plagiario de Boissieu lo credeva testo tràdito: cf. *supra*, Introduzione, § 7). L'errore parrebbe da minuscola (per le diverse tipologie d'errore paleografico riconoscibili nell'opuscolo cf. *supra*, Introduzione, § 3, n. 64; per un altro possibile errore da minuscola cf. *infra*, ad 4.1.4).

*Pr.* 1.5s. πλανηθέντα δὲ τὸν κόσμον καὶ τῷ κόπῳ τῆς ἀποδημίας ἐκλυθέντα, τότε πληρῶσαι τὴν ἐπιθυμίαν. Non del tutto perspicuo l'infinito, ancora dipendente dal δεῖ di r. 2: qui ci si attenderebbe un *licet*, non un *necesse*, che produce un sottile stridore logico. Tentante l'integrazione di un altro verbo reggente quale (ἔξ)εστιν, οἷόν τ' ἐστίν *vel simm.*, ma il costrutto si giustificherà per attrazione del periodo precedente, dove ricorre una martellante serie di infiniti (δεῖ γὰρ ... ἀποδημῆσαι καὶ διαπλεῦσαι ... καὶ ... ἐπελθεῖν καὶ ... ἐνεπιδημῆσαι καὶ ... ἐλθεῖν καὶ ... προσπλεῦσαι καὶ ... θεάσασθαι). Per un altro infinito problematico cf. *infra*, ad 1.3.13s.

*Pr.* 2.7–10 διὰ τοῦτο θαυμαστὸν παιδεία καὶ μεγαλόδωρον, ὅτι τῆς ὁδοιπορίας ἀπολύσασα τὸν ἄνθρωπον οἴκοι τὰ καλὰ δείκνυσιν, ὄμματα τῇ ψυχῇ προσδιδοῦσα. καὶ τὸ παράδοξον· ὁ μὲν γὰρ ἐπὶ τοὺς τόπους ἐλθὼν ἅπαξ εἶδεν καὶ παρελθὼν ἐπιλέλησται κτλ. Il periodo presenta un problema di interpretazione sintattica – e, conseguentemente, di punteggiatura – meritevole di attenzione. P (f. 56v) non offre dati o interpretazioni utili: tutti gli stacchi con καί, in questa sezione, sono marcati da un punto premesso alla congiunzione, secondo un uso che il copista adotta anche altrove (*e.g.* 1.1.3 καὶ πᾶς ὁ κατάγειος τόπος [f. 57r], 1.3.9 καὶ τὸ λοιπόν [*ibid.*], 2.1.2 καὶ τὰ μεγέθη [f. 57v]) e che non fa emergere una specifica analisi del periodo e della sua scansione argomentativa. Del tratto problematico – καὶ τὸ παράδοξον, nel suo nesso con quanto precede – sono state fin qui fornite due interpretazioni:

a) con punto fermo precedente, καὶ τὸ παράδοξον è stato inteso come frase nominale, con τὸ παράδοξον soggetto e con valenza metadiscorsiva: «e c'è [*scil.* fra le virtù della παιδεία e i vantaggi che essa offre] un aspetto che meraviglia»;

b) senza alcuna punteggiatura, o con virgola precedente, καὶ τὸ παράδοξον è stato inteso come complemento oggetto dipendente da προσδιδοῦσα e parallelo a ὄμματα, oppure – e decisamente meglio – dipendente da δείκνυσιν e parallelo a τὰ καλά.

La prima delle due linee era seguita dall'editore principe, Allacci 1640, 2 (προσδιδοῦσα. καὶ τὸ παράδοξον), con la resa «et, quod omnium superat expectationem etc.». La stessa interpretazione – diacritica e sintattica – è oggi adottata da Brodersen 1992, 20s., che traduce «und das Wunderwolle ist etc.»; così anche la traduzione redazionale che accompagna Clayton–Price 1989, 160 («è paradossale, ma chi va in un luogo e lo vede per una volta etc.») e quella di Hunter 2011, 255 («what is most amazing is that etc.»); così intendeva evidentemente già il copista del descriptus L, che dopo καὶ τὸ παράδοξον integrava un ὅτι (cf. infra, Appendice I). Per la seconda possibilità esegetica era invece Holste (= de Boissieu 1656, 6–9), con l'interpunzione προσδιδοῦσα καὶ τὸ παράδοξον. (B, f. 9v; Pa, f. 2v), e con la seguente resa di tutto il periodo: «quod [...] domi res praeclaras spectandas exhibeat, dum oculos animo addit, et rem admiratione dignam iisdem subiicit. Nam qui loca etc.». La resa di Holste comprende un'integrazione ad sensum («iisdem subiicit») che lascia indecisa l'esatta interpretazione dello studioso: τὸ παράδοξον dipenderà, a suo avviso, da προσδιδοῦσα – come parrebbe – oppure da δείκνυσιν? La prima interpretazione sembra del tutto inaccettabile, se non altro per senso: il παράδοξον non può essere una qualità aggiunta all'anima, concettualmente equiparata agli ὄμματα. La seconda interpretazione, invece, merita di essere almeno presa in considerazione. Fra le due linee di Allacci e di Holste, Orelli 1816, 2s. e Hercher 1858, 101 offrono un incoerente compromesso: pongono punto fermo dopo προσδιδοῦσα, ma a fronte riproducono la resa di Holste (= de Boissieu).

Andrà innanzitutto osservato che il καί a inizio di periodo – dopo pausa forte – non è affatto infrequente nello Pseudo-Filone (cf. Pr. 3.17 καὶ γὰρ δὴ μόνον ταῦτα κτλ., 2.3.7 καὶ τὸ μὲν ὕψος κτλ., 2.5.18 καὶ τὸ μὲν τῆς ἀναβάσεως μέγεθος κτλ., 3.4.14s. καὶ γὰρ δὴ τὸν μὲν Ὄλυμπον πλεῖστον χρόνον Φειδίας νενίκηκεν, 4.4.20s. καὶ διὰ τοῦτο κτλ., 4.4.24s. καὶ τὸ μετὰ τοῦτο κτλ., 5.2.6s. καὶ τὸ μὲν ὕψος κτλ.), anche se non è mai seguito da una frase nominale. Quanto al senso presupposto da Allacci e ora da Brodersen, esso può trovare appoggio in usi come quello di Diod. Sic. 24.1.5s. καί, τὸ παράδοξον, ἐν τηλικούτῳ κινδύνῳ ὄντας Καρχηδονίους καὶ μετὰ νεῶν δέκα ... οὐ μόνον ἀνῃρέθη μὲν οὐδείς ἐτραυματίσθησαν δὲ ὀλίγοι, e quindi Orig. Contra Cels. 1.45 καὶ τὸ παράδοξόν γε, ἐκ τῶν περὶ Ἰησοῦ ἀποδείξεων ἐν νόμῳ καὶ προφήταις ἀποδείκνυται ὅτι καὶ Μωϋσῆς καὶ οἱ προφῆται ἦσαν προφῆται τοῦ θεοῦ; Athan. Hist. Arian. 5.1 Opitz καὶ τὸ παράδοξον, ὅτι, καθὰ προεῖπον, οὐδεὶς ἐξ ἐκείνων κατηγορεῖται κτλ., Epist. II ad Serap. 10.3 Savvidis καὶ τὸ παράδοξον, ὥσπερ ὁ Υἱὸς λέγει, Τὰ ἐμὰ τοῦ Πατρός ἐστιν κτλ.; Greg. Naz. Or. 26.3 δέδοικα δὲ ἤδη καὶ κύνας, ποιμένας εἶναι βιαζομένους, ὃ καὶ [ABSDPCR, rec. Mossay–Lafontaine : καὶ τὸ QWVT] παράδοξον, οὐδὲν εἰς ποιμαντικὴν εἰσενεγκόντας ἢ τὸ κεῖραι κόμας ἃς κακῶς ἤσκησαν; Basil. In quadrag. mart. Sebast. PG 31.521 καὶ τὸ παράδοξον, οὐ καθ' ἕνα διαμερισθέντες τοῖς δεχομένοις ἐπιφοιτῶσιν κτλ.; Socr. Schol. *HE* 1.32 Bright καί, τὸ παράδοξον, ὁ λεγόμενος ἀνῃρῆσθαι ὑπὸ Ἀθανασίου ζῶν καθαιρεῖ τὸν Ἀθανάσιον; [Io. Chrys.] *In parab. de ficu PG* 59.590 καὶ τὸ παράδοξον, ἐὰν ἀκούσητε, ἀγαπητοί, ἔστη τὸ δένδρον τοῦ σταυροῦ, ἐφηπλώθη ἐν αὐτῷ ἡ ἀληθινὴ ἄμπελος κτλ.; Theodoret. *Eranist.* p. 71 Ettlinger καὶ τὸ παράδοξον, ὅτι τοὺς προδηλοτάτους τῆς ἀληθείας ἐχθροὺς ἔφη τῷ Ἡρώδῃ σαφῶς εἰπεῖν, ὡς ἐν τῇ Βηθλεὲμ ὁ Χριστὸς γεννᾶται; Aphth. *Prog.* 13.5 (= *Rhet. Gr.* 10.43 Rabe) καὶ τὸ παράλογον [VbPgLaSardPaPc, rec. Patillon : τὸ παράδοξον cett., rec. Rabe], σωφροσύνην οἶδε κομίζειν ὁ γάμος κἂν τῇ φιλοτιμίᾳ τῶν ἡδονῶν τὸ σωφρονεῖν ἀναμέμικται. Non tutti gli esempi qui censiti – tra impieghi incidentali, ὅτι epanalettici e altro – sono perfettamente paragonabili all'uso presupposto per lo Pseudo-Filone, che a τὸ παράδοξον fa seguire una coordinata introdotta da un esplicito γάρ, con stacco frastico alquanto marcato. I passi bastano, tuttavia, per garantire la legittimità del costrutto ipotizzato da Allacci e Brodersen. Del resto, supporre pausa debole o assenza di pausa prima di καὶ τὸ παράδοξον darebbe luogo a un periodo segnato da una dura *traiectio* (οἴκοι τὰ καλὰ δείκνυσιν ... καὶ τὸ παράδοξον) e da un'ancor più dura inconcinnità (plur. τὰ καλά ~ sing. τὸ παράδοξον). L'epifrasi dell'oggetto e il parallelismo fra termini di diverso numero grammaticale si registrano anche poche righe più sotto (*Pr.* 2.11s. ὁ δὲ λόγῳ τὸ θαυμαζόμενον ἱστορήσας καὶ τὰς ἐξεργασίας τῆς ἐνεργείας), ma nel nostro passo la frapposizione della subordinata ὄμματα τῇ ψυχῇ προσδιδοῦσα renderebbe il costrutto assai meno lineare; senza dire che il sing. τὸ παράδοξον, se da considerarsi parallelo al plurale τὰ καλά e volto a indicare una caratteristica precipua dei θεάματα, risulterebbe a dir poco ambiguo. Correggere in una forma al plurale (cf., poco sotto, *Pr.* 2.14 τῇ ψυχῇ γὰρ ἑώρακεν τὰ παράδοξα) sarebbe in astratto possibile, ma ben poco economico, visto che il testo tràdito si lascia interpretare agevolmente secondo il senso indicato.

Qualche dubbio, tuttavia, suscita la frase appena riportata (τῇ ψυχῇ γὰρ ἑώρακεν τὰ παράδοξα), dove – a così breve distanza dalla nostra – l'aggettivo sostantivato definisce antonomasticamente i θεάματα. In questa direzione, del resto, va anche il limitrofo ὁ δὲ λόγῳ τὸ θαυμαζόμενον ἱστορήσας: termini e concetti relativi a "meraviglia" e "sorpresa" si riferiscono, in tutto il contesto, agli oggetti di contemplazione, non all'atto della contemplazione. Non ci sentiremmo di escludere del tutto, dunque, un'interpretazione alternativa di καὶ τὸ παράδοξον, ferma restando una precedente punteggiatura forte: «e poi c'è il loro carattere stupefacente», *scil.* «delle opere», non già «della cultura»; «carattere stupefacente» che – spiegherebbe il seguito, con esplicito γάρ – solo una contemplazione *de loin*, mediata dalla cultura e dalla potenza del λόγος, permetterebbe di cogliere in tutti i suoi dettagli. Ma questa possibilità esegetica ci pare meno raccomandabile dell'altra, che risulta più semplice sotto il profilo sintattico e semantico. La categoria del παράδοξον, del resto, sembra impiegata dallo Pseudo-Filone con una notevole plasticità: essa può designare una caratteristica delle opere in sé, come nel citato τῇ ψυχῇ γὰρ ἑώρακεν τὰ παράδοξα, oppure una virtù del discorso che tali opere tenta di descrivere (cf. 2.1.1s. τὰς ἐν Μέμφει πυραμίδες κατασκευάσαι μὲν ἀδύνατον, ἱστορῆσαι δὲ παράδοξον: un uso nient'affatto banale che sembra aver fatto difficoltà già al *descriptus* L, che ha cancellato il παρά: cf. *infra*, Appendice I); forse non c'è da stupirsi se, nel luogo che qui si discute, la nozione si applica allo strutturale "parodosso" che regola il rapporto fra il discorso descrittivo e i *realia* che ne sono l'oggetto.

*Pr.* 3.17s. καὶ γὰρ δὴ μόνον ταῦτα τῇ κοινῇ τῶν ἐπαίνων προσηγορίᾳ καλεῖται βλεπόμενα μὲν ὁμοίως, θαυμαζόμενα δ' ἀνομοίως. L'autore ha denunciato il proprio obiettivo: permettere al pubblico, tramite una descrizione accurata delle sette meraviglie, di visualizzarle una per una nel dettaglio, senza assumersi l'onere di viaggi defatiganti. Sarà riuscito nel suo intento se convincerà il lettore ad accettare le descrizioni come personali visioni autoptiche (*Pr.* 3.14–17 ὃ δὲ λέγω φανήσεται πιστόν, ἐὰν τῶν ἑπτὰ θεαμάτων ἕκαστον ἐναργῶς ὁ λόγος ἐφοδεύσας πείσῃ τὸν ἀκροατὴν ἐπινεῦσαι τὴν τῆς θεωρίας κομισάμενον δόξαν). Segue la frase qui discussa, che sintatticamente e concettualmente traballa, benché essa sia tollerata da gran parte degli editori.

Brodersen 1992, 23, sulla scorta dei predecessori, conserva il testo di P e traduce: «denn nur das wird allgemeinhin durch Lobpreisungen begrüßt, was man zwar von gleich zu gleich sieht, aber ungleich bestaunt». Rivelano il sostanziale imbarazzo degli esegeti anche traduzioni come quella di Adam–Blanc 1989, 48 («et de fait ces oeuvres sont les seules qui doivent leur nom à l'unanimité des louanges car si on les regarde comme les autres, on les admire différemment»), o quella che si legge in appendice a Clayton–Price 1989, 160 («solo queste opere infatti hanno meritato riconoscimento e lode universale; altre si guardano altrettanto, ma si ammirano meno»). Ma non si addice alla strategia del nostro autore né banalizzare l'atto della visione – che è il centro tematico del proemio – né tantomeno dichiarare variabile il giudizio sulle sette meraviglie. Certo, si può ritenere che ἀνομοίως, "in modo diverso", significhi "in modo eccezionale", "in ben altro modo rispetto alle altre opere" (sui differenti, possibili sensi di ὁμοίως e ἀνομοίως torneremo fra un attimo), ma data la premessa τῇ κοινῇ τῶν ἐπαίνων προσηγορίᾳ, che presuppone un plauso unanime, il senso che ci si attende è esattamente l'opposto: le sette meraviglie sono le opere d'arte sulla cui eccellenza tutti gli spettatori concordano; le altre opere d'arte, o umane in genere, tutti le vedono allo stesso modo, ma le ammirano in modo diverso. Rimangono poi, in questa o consimili rese, problemi d'ordine sintattico: καλεῖται risulta sospeso, sprovvisto com'è di un predicativo, e τῇ κοινῇ τῶν ἐπαίνων προσηγορίᾳ καλεῖται non può significare «wird allgemeinhin durch Lobpreisungen begrüßt»; i due participi βλεπόμενα e θαυμαζόμενα, riferiti a ταῦτα, sono insostenibili, e non possono equivalere a relative con funzione epanalettica.

La problematicità del passo non sfuggiva a Orelli 1816, 70, che, in polemica con la traduzione di de Boissieu 1656, 8 (cioè, in realtà, di Holste), ipotizzava una lacuna prima di βλεπόμενα e proponeva di correggere i due participi in prime persone plurali: «Boessius vertit: *sola enim haec caeteribus rebus praeclaris nomen laudemque praeripuere, quas quidem mortales pariter vident, sed non pariter mirantur*. Quod quomodo verba haec significare possint, equidem nescire me fateor. Videtur, si sana est lectio, ταῦτα referendum esse, non ad praecedens τῶν ἑπτὰ θεαμάτων, sed ad sequens βλεπόμενα, et hic esse sensus loci: *ea solummodo in censum laudum (i.e. rerum laudandarum) venire, quae omnes quidem pariter vident, sed non pariter admirantur. At alii magis, alii minus*. Ea enim quae omnes quotquot vident uno ore laudant et admirantur, non opus habent exornari encomiis. Sed huic sententiae obstare videntur sequentia verba τὸ γὰρ καλὸν ἡλίῳ etc.» (si noti di passaggio che la traduzione di Holste, *sola ... haec*, ha suggerito a Hercher 1858, LXX, il suo μόνα per il tràdito μόνον; per un elenco completo dei casi in cui la resa di Holste anticipa successive correzioni degli editori cf. *infra*, Appendice II).

Questa, dunque, la proposta di Orelli: καὶ γὰρ δὴ μόνον ταῦτα τῇ κοινῇ τῶν ἐπαίνων προσηγορίᾳ καλεῖται<· τὰ δὲ ἄλλα> βλέπομεν μὲν ὁμοίως, θαυμάζομεν δ' ἀνομοίως. L'errore presupposto, almeno per la correzione dei due participi, è assai facile in una sequenza in onciale (-MENMEN > -MENAMEN; -MENΔAN- > -MENAΔAN-), e la corruzione meccanica di una delle due forme può aver determinato, a cascata, l'adattamento dell'altra. Quanto al senso ottenuto per questa via, esso pare decisamente più vicino a quello che ci attenderemmo.

Si noti – comunque si sistemino le forme verbali tràdite – che per la coppia antitetica ὁμοίως ~ ἀνομοίως si danno, in astratto, almeno due possibili interpretazioni: le altre opere umane sono viste "allo stesso modo" fra loro, oppure rispetto ai θεάματα; i θεάματα sono ammirati "in modo diverso" fra loro, oppure rispetto alle altre opere (per questi due possibili sensi di ὁμοίως e ἀνομοίως si veda ad es. l'uso che della coppia antitetica offre – con annesse distinzioni – Aristot. *PA* 660a14–16 ὑπὸ δὲ τὸν οὐρανὸν ἐν τῷ στόματι ἡ γλῶττα τοῖς ζῴοις ἐστί, τοῖς μὲν πεζοῖς σχεδὸν ὁμοίως πᾶσι, τοῖς δ' ἄλλοις ἀνομοίως καὶ αὐτοῖς πρὸς αὐτὰ καὶ πρὸς τὰ πεζὰ τῶν ζῴων). Sulla base del precedente καὶ γὰρ δὴ μόνον ταῦτα τῇ κοινῇ τῶν ἐπαίνων προσηγορίᾳ καλεῖται, entrambe le interpretazioni sarebbero legittime quali arzigogolati *jeux de mots*:

a) le altre opere le vediamo "allo stesso modo", cioè come vediamo i θεάματα, ma le ammiriamo "in modo diverso" rispetto all'ammirazione, ben più ampia, suscitata dai θεάματα;

b) sulle altre opere c'è consenso solo quanto a un dato oggettivo, il loro essere oggetto di vista, ma esse suscitano ammirazione "in modo diverso", cioè nient'affatto unanime, come avviene invece per i θεάματα.

Non si può nemmeno escludere che lo Pseudo-Filone, più interessato al *calembour* che alla perspicuità logica, abbia variato il senso di ὁμοίως e ἀνομοίως; avremmo allora un ibrido fra le due interpretazioni precedenti: vediamo le altre opere come vediamo i θεάματα, ma non le ammiriamo con l'unanimità indiscussa che caratterizza i soli θεάματα.

Resta, in ogni caso, la difficoltà di καλεῖται senza un predicativo. Poiché προσηγορίᾳ sembra riferirsi non a una generica lode unanime, ma a una precisa denominazione di carattere elogiativo, si può immaginare: καὶ γὰρ δὴ μόνον ταῦτα τῇ κοινῇ τῶν ἐπαίνων προσηγορίᾳ <θεάματα> καλεῖται κτλ., ovvero – con *ordo verborum* non illegittimo, e più facile giustificazione della corruttela: καλεῖται <θεάματα, τὰ δ' ἄλλα καλὰ> βλέπομεν μὲν ὁμοίως, θαυμάζομεν δ' ἀνομοίως. Secondo questa ipotesi, lo Pseudo-Filone giocherebbe sul doppio senso – letterale e antonomastico – di θεάματα (segnaliamo che, a rigore, sarebbe ipotizzabile anche θαύματα, ma il termine usato per indicare le sette meraviglie, nel trattatello, è sempre θεάματα, la denominazione "originaria", come rilevato *supra*, Introduzione, § 2 e n. 6; vd., oltre al titolo, *Pr.* 1.1 e 3.15, 3.3.8, 5.1.1s., qui al sing.): le sette meraviglie sono le opere "da vedere" (e da ammirare) per eccellenza; sono, insomma, i soli veri θεάματα, anche se ogni altra opera umana può essere, ovviamente, oggetto di contemplazione. L'invalsa e unanime προσηγορία che li designa equivale *ipso facto* a un ἔπαινος che ne sancisce l'eccezionalità.

Il nesso con la frase che segue, τὸ γὰρ καλὸν ἡλίῳ παραπλησίως οὐκ ἐᾷ τὰ λοιπὰ θεωρεῖν, ὅταν αὐτὸς διαλάμψῃ, appare ora meglio motivato, anche se certo esso suona più suggestivo che strettamente logico (per l'uso logicamente lasco del γάρ – che solo nel proemio conta sei occorrenze – si veda *supra*, Introduzione, § 5): i θεάματα impediscono di contemplare (θεωρεῖν) le altre opere umane (τὰ λοιπά) come facciamo con i θεάματα stessi, che sono – come il loro nome dimostra – l'unico e autentico oggetto di contemplazione (si noti peraltro che una distinzione fra il semplice "vedere" e il riconoscimento della vera e propria "meraviglia" sembra implicita, in 4.2.12, nell'espressione ὁ θαυμαστὴς τῶν θεωρούντων, se coglie nel giusto, come sembra, la correzione di Allacci o Holste). L'intero periodo sarebbe, dunque, una protratta e cervellotica *variatio* sul concetto di "visione". Per un analogo modulo retorico cf. 3.3.8s. τὰ μὲν ἄλλα τῶν ἑπτὰ θεαμάτων θαυμάζομεν μόνον, τοῦτο δὲ καὶ προσκυνοῦμεν, dove si noti peraltro il bisticcio θεαμάτων ~ θαυμάζομεν.

La ricostruzione che abbiamo offerto, sulla scorta di Orelli, ci sembra cogliere il senso probabile del periodo originario, ma presuppone plurime corruzioni (nell'ipotesi più economica da noi prospettata, una lacuna e la corruzione di due participi). Perciò preferiamo rassegnarci alle croci: ciò che si è fin qui argomentato valga quale suggestione per restauri più convincenti.

## 1. Il giardino pensile

Il favoloso giardino pensile (1.1.1 ὁ καλούμενος κῆπος κρεμαστός)[1] di Babilonia è forse la più sfuggente tra le sette meraviglie della lista più antica (su cui cf. *supra*, Introduzione, § 2): non lo menziona Erodoto nelle *Storie* e su di esso tacciono anche i testi a carattere cuneiforme, tanto che si è più volte giunti a dubitare della sua esistenza[2]. Nonostante le sistematiche operazioni di scavo condotte sul sito dell'antica Babilonia, dove la tradizione lo colloca[3] e dove sarebbe stato costruito al tempo di Nebukadnezar II/Nabucodonosor (604–562 a.C. ca.)[4], il problema della sua ubicazione non è stato risolto[5]. Di recente si è proposto di situarlo nella vicina Ninive, dove sarebbe stato realizzato all'epoca di Senaquerib (740–681 a.C. ca.)[6].

---

1 Il θέαμα è di norma designato al singolare: cf. Diod. Sic. 2.10.1; Strab. 16.1.5; Plin. *NH* 36.75s. In Antip. Sid. *AP* 9.58.3 = *GPh* 585 e Greg. Naz. *AP* 8.177.2 (citt. *supra*, Introduzione, § 2) il plurale è probabilmente da intendersi come poetico. Altrove si trova παράδεισος in luogo di κῆπος: Ios. Fl. *AJ* 10.226.3 = *Ap.* 1.141.4 = Ber. *FGrHist* 680 F 8a (citato *infra*, n. 7).
2 Cf. e.g. Romer–Romer 1995, 107–128; Jordan 2014, 117, secondo il quale i giardini, così come descritti dalle fonti, sarebbero «the odd-man-out of the wonder lists, lacking the everyday basis in factual existence in the full form ascribed to them that all the others retain»; I.L. Finkel in Clayton–Price 1989, 39, che ricorda come dei giardini non si sia «nemmeno mai provata l'esistenza».
3 Diod. Sic. 2.10; Strab. 16.1.5; Curt. Ruf. 5.32–35; Ios. Fl. *AJ* 10.226 = *Ap.* 1.141, basato sui perduti *Babyloniaca* di Beros(s)o, *FGrHist* 680 F 8a (composti intorno al 280 a.C. ca.; su Beros[s]o, ancora fondamentale Schnabel 1924; vd. inoltre almeno Burnstein 1978; Kuhrt 1987; Sterling 1992; De Breucker 2003 e 2010; Dillery 2007, spec. 222–225, e 2015, spec. 220–300).
4 Così Ios. Fl. *AJ* 10.226 = *Ap.* 1.141 = Ber. *FGrHist* 680 F 8a; Diod. Sic. 2.10.1 inizia invece la sua digressione sui giardini negando che essi siano stati costruiti da Semiramide – segno che una qualche tradizione li attribuiva alla mitica fondatrice di Babilonia (responsabile anche, secondo alcune fonti, tra cui lo stesso Pseudo-Filone, della costruzione delle mura: cf. *infra*, n. intr. *ad* θέαμα 5).
5 Cf. soprattutto Koldeway 1914; Nagel 1978; Wiseman 1983, 1984 e 1985. La bibliografia sui giardini pensili è ampia: tra le numerose sintesi, cf. almeno Adam–Blanc 1989, 99–121; Finkel in Clayton–Price 1989, 39–57; Romer–Romer 1995, 107–128; Jordan 2014, 109–120; utile, nonostante il taglio divulgativo, anche Zimmermann 2019, 97–102.
6 La formulazione più compiuta di questa teoria si trova in Dalley 2013 (anticipata da una lunga serie di lavori preparatori: *e.g.* Dalley 1993, 1994, 1996, 1997, 2002 e 2003). Cf. anche Polinger Foster 2004 (che, a partire dalla proposta della Dalley, discute il valore da assegnare a κρεμαστός). Una diversa soluzione del problema, che salva l'ubicazione tradizionale, è proposta da Bowe 2015 (il primo giardino reale di

La descrizione di questa meraviglia da parte dello Pseudo-Filone verte sul suo aspetto e, soprattutto, sul suo sistema di irrigazione, che permette di mantenere la vegetazione lussureggiante: l'autore non dice dove il κῆπος sia ubicato o chi lo abbia fatto costruire (Nabucodonosor per sua moglie, originaria della Media, secondo Beros(s)o/Giuseppe Flavio[7]; un «re siro» successivo a Semiramide, per compiacere una concubina persiana «desiderosa di ritrovare i prati dei suoi monti», secondo Diodoro Siculo[8], ovvero la sua sposa, secondo Curzio Rufo[9]). Non dà neanche, in questo caso[10], indicazioni di misura (cf., per converso, Diod. Sic. 2.10.2–4; Curt. Ruf. 5.1.33s.; Strab. 16.1.5). Lo dipinge come una terrazza, sostenuta da colonne di pietra (così anche Curt. Ruf. 5.1.32 *saxo pilae, quae totum onus sustinent, instructae sunt*), sulla quale è disteso un pavimento formato da un graticcio di tronchi di palma, un albero con particolari qualità assorbenti[11].

Manca qualsiasi riferimento alle gallerie, agli archi e alle volte menzionati dagli altri autori (Diod. Sic. 2.10.3s. e 6; Strab. 16.1.5), tratti tipici dell'architettura mesopotamica[12]: erano questi gli elementi che, stando alle altre fonti, permettevano di sorreggere la terra e gli alberi sovrastanti, scaricandone il peso sui sostegni rappresentati da pilastri e colonne. Il silenzio dello Pseudo-Filone su questo punto è ancora più curioso se si considera che, a proposito del giardino pensile, l'autore insiste variamente proprio sul "miracolo"

---

    Babilonia non avrebbe avuto la struttura monumentale che gli autori di età greco-romana gli attribuiscono basandosi sulla loro esperienza dell'arte dei giardini: esso sarebbe stato annoverato tra le sette meraviglie per l'«exceptional achievement of acclimatizing a range of exotic plants in the inhospitable desert climate of Babylon», *ibid.*, 164; di qui il silenzio delle fonti in cuneiforme e i mancati riscontri archeologici).

7    Ios. Fl. *AJ* 10.226 = *Ap.* 1.141 = Ber. *FGrHist* 680 F 8a ἐν δὲ τοῖς βασιλείοις τούτοις ἀναλήμματα λίθινα ὑψηλὰ ἀνοικοδομήσας, καὶ τὴν ὄψιν ἀποδοὺς ὁμοιοτάτην τοῖς ὄρεσι, καταφυτεύσας δένδρεσι παντοδαποῖς, ἐξειργάσατο καὶ κατεσκεύασε τὸν καλούμενον κρεμαστὸν παράδεισον διὰ τὸ τὴν γυναῖκα αὐτοῦ ἐπιθυμεῖν τῆς ὀρείας διαθέσεως, <ὡς> τεθραμμένην ἐν τοῖς κατὰ τὴν Μηδίαν τόποις.

8    Diod. Sic. 2.10.1 τοὺς ἐν τοῖς ὄρεσι λειμῶνας ἐπιζητοῦσαν ἀξιῶσαι.

9    Curt. Ruf. 5.1.35 *Syriae regem Babylone regnantem hoc opus esse molitum memoriae proditum est, amore coniugis victum, quae desiderio nemorum silvarumque in campestribus locis virum compulit amoenitatem naturae genere huius operis imitari.*

10   Come si è osservato *supra*, Introduzione, §4, lo Pseudo-Filone, sulla scorta dei paradossografi propriamente detti, tende spesso a fornire indicazioni numeriche che aggiungano credibilità alla descrizione, a prescindere dalla loro veridicità (che è anzi spesso quanto meno dubbia: su questo punto cf. soprattutto *infra*, n. intr. *ad* θέαμα 5).

11   Il dettaglio non trova confronto in altre fonti: Diod. Sic. 2.10.4s. riferisce di travi di pietra, sopra le quali sono posti, contro l'umidità, altri tre strati – un canniccio steso con del bitume, mattoni cotti legati con cemento e una copertura in piombo; Curt. Ruf. 5.1.33 parla di un pavimento di pietre squadrate (*super pilas lapide quadrato solum stratum est patiens terrae, quam altam iniciunt*).

12   Alwan 1979; Adam–Blanc 1989, 109.

rappresentato dal fatto che il lavoro agricolo avvenga per aria: il concetto ricorre fin dall'*incipit* (1.1.1s. ἐν ἀέρι γεωργεῖται) ed è poi più volte ribadito nel corso del capitolo (1.3.11–14 γεωργεῖται δ' ὁ τόπος ὡς ἐπ' ἀρούραις … τὰς ἐργασίας τῆς μοσχείας κομίζεται τῇ χέρσῳ παραπλησίως· <…> τήν τ' ἀρόσιμον ὑπὲρ κεφαλῆς εἶναι τῶν ἐπὶ τοῖς ὑποστύλοις περιπατούντων), fino all'esclamazione ammirata della chiusa (1.5.27 τὸν πόνον τῆς γεωργίας ὑπὲρ κεφαλῆς κρεμάσαι τῶν θεωρούντων). Le sole colonne, menzionate in 1.1.3, non giustificano il sostegno di un peso di simile portata[13].

Dopo un riferimento, alquanto generico, alla vegetazione (1.3.9–11), lo Pseudo-Filone si sofferma sull'impianto di irrigazione, presentato anch'esso come un prodigio della tecnica. L'autore allude a un sistema di condutture a spirale (1.4.17–19 τῇ δ' ἀναθλιβόμεναι κοχλιοειδῶς ἀνατροχάζουσιν, ἀνάγκαις ὀργανικαῖς τὸν ἕλικα τῶν μηχανημάτων περιτροχάζουσαι) che può essere in qualche modo confrontato con la descrizione straboniana (16.1.5):

> ἡ δ' ἀνωτάτω στέγη προσβάσεις κλιμακωτὰς ἔχει, παρακειμένους δ' αὐταῖς καὶ κοχλίας δι' ὧν τὸ ὕδωρ ἀνῆγον εἰς τὸν κῆπον ἀπὸ τοῦ Εὐφράτου συνεχῶς οἱ πρὸς τοῦτο τεταγμένοι. ὁ γὰρ ποταμὸς διὰ μέσης ῥεῖ τῆς πόλεως σταδιαῖος τὸ πλάτος, ἐπὶ δὲ τῷ ποταμῷ ὁ κῆπος.

> Si sale alla terrazza più alta tramite scale; vicino a queste ci sono viti idrauliche tramite cui le persone preposte facevano salire continuamente l'acqua dall'Eufrate al giardino. Il fiume, infatti, largo uno stadio, scorre in mezzo alla città, e il giardino è vicino al fiume.

Il riferimento, in entrambi i casi, sembrerebbe essere alla κοχλίας, la "vite di Archimede", un congegno meccanico utilizzato per sollevare i liquidi[14], la cui invenzione è attribuita da Moschione[15] e da Diodoro Siculo[16] ad Archimede di Siracusa (287–212 a.C. ca.). L'allusione a un'invenzione ellenistica in relazione ai giardini pensili è stata spesso considerata un anacronismo[17], ma l'effettiva attribuzione del dispositivo idraulico al Siracusano è tutt'altro che certa e l'εὕρημα potrebbe precederlo di secoli[18]. A prescindere da que-

---

13  Anche se nel paragrafo potrebbe esserci una lacuna: cf. *infra*, n. *ad l.*
14  Cf. *e.g.* Strab. 17.1.30 ἀπὸ τοῦ ποταμοῦ τροχοὶ καὶ κοχλίαι τὸ ὕδωρ ἀνάγουσιν; P. Lond. 3.1177.73, 183, 193, *passim* (113 d.C.).
15  Moschio, *FGrHist* 575 F 1 (*ap.* Athen. 5.208f) διὰ κοχλίου, Ἀρχιμήδους ἐξευρόντος.
16  Cf. Diod. Sic. 1.34.2 μηχανῆς, ἣν ἐπενόησε μὲν Ἀρχιμήδης ὁ Συρακόσιος, ὀνομάζεται δὲ ἀπὸ τοῦ σχήματος κοχλίας, 5.37.3 τοῖς Αἰγυπτιακοῖς λεγομένοις κοχλίαις, οὓς Ἀρχιμήδης ὁ Συρακόσιος εὗρεν, ὅτε παρέβαλεν εἰς Αἴγυπτον.
17  Cf., tra gli altri, Jordan 2014, 114: «he (*scil.* lo Pseudo-Filone) says there was access to the levels of the gardens by stairways and water to irrigate them was raised from the river by very Archimedean-sounding screws, which arouses suspicion of anachronism and invention».
18  Cf. *e.g.* Dijksterhuis 1956, 21s.; Gille 1956, 631; Cotterell–Kamminga 1990, 94; Mays 2008; Dalley 2013, 43–82 (che retrodata l'invenzione all'epoca di Sennache-

sta possibilità, la tendenza degli autori ad appellarsi anacronisticamente alle tecnologie in uso ai loro giorni, nella descrizione di opere di altra epoca e di altro orizzonte geografico, è documentata almeno fin da Erodoto[19]: attingere a conoscenze anacronistiche sarebbe tanto più ovvio in relazione a una meraviglia così sfuggente.

Più interessante, per valutare la descrizione pseudo-filoniana, ci sembra un altro dato. Strabone chiarisce che l'acqua veniva *sollevata* dall'Eufrate (ἀνῆγον … ἀπὸ τοῦ Εὐφράτου) e che i giardini sorgevano nei pressi del fiume (ἐπὶ δὲ τῷ ποταμῷ)[20]. Lo Pseudo-Filone, invece, afferma che le condutture traggono alimento dall'alto (1.4.16 ἐξ ὑπερδεξίων … τόπων) e non fa alcuna menzione dell'Eufrate: il dettaglio pare indicare che l'autore non abbia alcuna reale cognizione della topografia del luogo dove i giardini, secondo la tradizione, erano ubicati[21].

In effetti, se non c'è motivo di dubitare che lo Pseudo-Filone li collochi, come tutti gli scrittori antichi, a Babilonia[22], egli mostra in questo modo scarsa contezza della natura pianeggiante della regione. Sembra potersene dedurre che l'autore fosse anche all'oscuro della leggenda secondo cui, all'origine della costruzione di questo prodigio idraulico, ci sarebbe stata la nostalgia di una donna straniera per la sua patria, il cui paesaggio montano sarebbe stato artificialmente riprodotto per ordine di un re innamorato. Lo Pseudo-Filone, quindi, in tal caso non aveva tra le sue fonti Diodoro Siculo[23], che pur segue da vicino nella descrizione dell'altra meraviglia di Babilonia, le mura (cf. *infra*, n. intr. *ad* θέαμα 5). L'autore aveva forse accesso a estratti di Diodoro, o lo leggeva tramite intermediari? O, più banalmente, dopo la sezione relativa alle mura di Babilonia (Diod. Sic. 2.7s.) interruppe

---

    rib e ne fa uno degli argomenti per dimostrare che i giardini sarebbero sorti a Ninive, e non a Babilonia; cf. anche *supra*, Introduzione, § 4 e n. 159). Accettano invece l'attribuzione ad Archimede *e.g.* Drachmann 1958; Oleson 1984, 291–294; sulla questione vd. anche il lavoro a due voci, di impostazione dialettica, di Dalley–Oleson 2003.
19  Cf. quanto si osserva *infra*, n. intr. *ad* θέαμα 2, a proposito delle piramidi.
20  Secondo Diod. Sic. 2.10.6 πρὸς τὰς ἐπαντλήσεις τῶν ὑδάτων ὄργανα, δι' ὧν ἀνεσπᾶτο πλῆθος ὕδατος ἐκ τοῦ ποταμοῦ, μηδενὸς τῶν ἔξωθεν τὸ γινόμενον συνιδεῖν δυναμένου, i giardini erano irrigati interamente dalle acque del fiume, attinte grazie ad appositi congegni nascosti alla vista (sulla testimonianza di Diodoro cf. Dalley 2013, 31–33).
21  Lo notava già Orelli 1816, 77s. Su questo punto cf. anche *supra*, Introduzione, § 4.
22  Anche se mancano, in questo capitolo, indicazioni geografiche, in *Pr.* 1 figurano, tra le tappe contemplate, la Persia e l'Eufrate, sede appunto delle mura di Babilonia e del giardino pensile.
23  L'unico punto di contatto verbale tra lo Pseudo-Filone e Diodoro è l'*incipit*: cf. Diod. Sic. 2.10.1 ὑπῆρχε δὲ καὶ ὁ κρεμαστὸς καλούμενος κῆπος e Pseudo-Filone 1.1.1 ὁ καλούμενος κῆπος κρεμαστός. L'uso di καλούμενος in relazione al giardino pensile, tuttavia, doveva essere "regolare": cf. il già citato Ios. Fl. *AJ* 10.226 = *Ap*. 1.141 = Ber. *FGrHist* 680 F 8a τὸν καλούμενον κρεμαστὸν παράδεισον.

la lettura, perché non si rese conto che poco oltre (2.10) avrebbe trovato la descrizione del giardino pensile? O aveva già scritto il θέαμα dedicato al κῆπος quando si imbatté in Diodoro, e non ritenne opportuno integrare il suo testo con le informazioni da lì desunte? Impossibile fornire una risposta certa a queste domande. Un dato però si può trarre: lo Pseudo-Filone non basa la propria scrittura su un vaglio accurato delle fonti e su una ricerca bibliografica sistematica[24]. Come abbiamo già notato (cf. *supra*, Introduzione, § 4), e come avremo modo di notare ancora, le sue descrizioni, a dispetto di una vaga pretesa di tecnicismo, sono piuttosto superficiali e sommarie. L'autore mira a suscitare stupore con lo stile fiorito e l'immagine a effetto, ma è sostanzialmente povero di dettagli e mostra, per lo più, una conoscenza epidermica delle opere che descrive[25]. È un retore che punta a impressionare il suo pubblico, non a informarlo.

**1.1.3–1.2.4 λίθινοι μὲν γὰρ κίονες ὑφεστήκασιν καὶ πᾶς ὁ κατάγειος τόπος ἐστὶ διὰ στυλογλύφων. φοίνικες ἰδίᾳ κεῖνται δοκοὶ κτλ.** La lezione di P, nella pericope πᾶς ὁ κατάγειος τόπος ἐστὶ διὰ στυλογλύφων, è difficilmente tollerabile, anche a voler intendere ἐστί nel senso di "esistere", o quale forma ellittica con predicato sottinteso («tutto il luogo sotterraneo esiste/sussiste grazie a ...» o «è tale [*i.e.* sotterraneo] grazie a ...»). Le rese di Holste («eum pilae lapideae sustinent, totumque interius pavimentum caelato columnarum ambitu intercipitur») e di de Boissieu (1656, 10 [= Hercher 1858, 101]: «primum lapideae columnae sustinendae moli universae substructae sunt: ita ut areae totius spatium occupent insculptae columnarum bases») sembrano attribuire valenza predicativa a διὰ στυλογλύφων, ciò che appare impossibile. Sintomaticamente elusivo Allacci (1640, 4: «lapideae columnae suppositae, trabesque palmeae, haud longo spatio substratae, libratam molem suffulciebant»), che passa direttamente alla frase successiva. Insostenibili anche altre traduzioni recenti, come quella di Adam–Blanc 1989, 48 «des colonnes de pierre supportent l'ouvrage dont toute la partie souterraine est faite de piliers taillés», o quella che si legge in appendice a Clayton–Price 1989, 160 «al di sotto si rizzano per sostegno colonne di pietra, e tutto lo spazio è occupato da colonne istoriate». Entrambe presuppongono che il predicato nominale con διά possa assumere il senso di "occupato da", "fatto

---

24 Come si è notato *supra*, Introduzione, § 5, l'unica reminiscenza letteraria che sembra possibile ravvisare in questo primo θέαμα è in 1.2.5s. τὸ δὲ ξύλον τοῦτο μόνον τῶν ἄλλων οὐ σήπεται, βρεχόμενον δὲ καὶ τοῖς βάρεσι θλιβόμενον ἄνω κυρτοῦται, da confrontare con l'analoga descrizione che delle proprietà assorbenti della pianta offre Xen. *Cyr.* 7.5.11s. nel resoconto dell'assedio di Ciro a Babilonia (ma i punti di contatto tra i due passi si fermano qui).
25 Con una sola eccezione: sembrerebbe nel complesso affidabile la descrizione della tecnica di costruzione del Colosso di Rodi (per quanto neanche in questo caso manchino le incongruenze): cf. *supra*, Introduzione, § 4 e *infra*, n. intr. *ad* θέαμα 4.

di", o simili, ma per quest'uso mancano paralleli. Ancora più distante dal testo greco Rossi 1985, 179: «un siffatto giardino è costituito da colonne di pietra che debbono sostenere l'intera costruzione sulla quale viene ammassata la terra in tutti i possibili spazi».

Una soluzione molto economica è proposta da Brodersen 1992, 23, che traspone καὶ κατάγειος πᾶς ὁ τόπος, e rende: «so daß der ganze Ort durch die Pfeiler unterirdisch ist» (si veda anche la traduzione, piuttosto libera, di Dalley 2013, 40, basata sul testo di Brodersen: «four stone columns are set beneath, so that the entire space through the carved pillars is beneath the [artificial] ground»). Ma la frase presenta un generico πᾶς ὁ τόπος che troppo bruscamente e goffamente sposterebbe l'attenzione dal giardino pensile, la cui descrizione è stata appena introdotta, alla terra sottostante. L'aggettivo κατάγειος, dunque, sta bene al suo posto. Esso trova la sua motivazione nell'espressione precedente, ὑπέργειον ... τὴν φυτείαν: una volta che il giardino, con le sue piantagioni, è stato definito ὑπέργειος, "al di sopra del suolo", il livello del suolo può diventare κατάγειος, "sotterraneo". Questo gioco antonimico non è privo di paralleli nel trattato: cf. 4.5.30s. κρύπτων τὸ πεπονημένον ἤδη κατάγειον τὴν τῶν ἐχομένων ἐπίπεδον ἐποιεῖτο χωνείαν.

Da notare anche che al μέν iniziale non tiene dietro alcun δέ, e che la frase successiva, φοίνικες ἰδίᾳ κεῖνται δοκοὶ κτλ., è giustapposta a questa per asindeto, in un modo che, nel trattato, non è usuale: i periodi tendono infatti a essere legati da particelle (μέν e δέ *in primis*), congiunzioni, nessi pronominali (cf. Introduzione, § 5, e *infra*, ad 2.5.19–21); l'asindeto è attestato solo in espressioni esclamative (1.5.26s. σπάταλον καὶ βασιλικὸν τὸ φιλοτέχνημα καὶ τὸ πλεῖστον βίαιον κτλ.; 3.1.3 μακάριος ὁ καὶ θεασάμενος τὸν βασιλέα τοῦ κόσμου μόνος κτλ.; 3.4.11 ὦ καιρὲ τῆς Ἑλλάδος κτλ.; forse anche 2.5.21 καυχάσθω τύχη πιστεύουσα κτλ.); l'unica eccezione è rappresentata da 2.5.19s. τῆς προσόψεως τῇ χάριτι τῶν χρωμάτων κτλ., un passo sul quale però analogamente grava il sospetto di una corruttela: cf. *infra*, ad l. Ciò può essere la spia di un guasto più esteso, e ci pare pertanto inevitabile ipotizzare una lacuna: καὶ πᾶς ὁ κατάγειος τόπος ἐστὶ διὰ στυλογλύφων <…>.

Il termine στυλογλύφων è un *hapax*, giudicato dubbio dai lessici: cf. *ThGl* VII 909, che lo accosta a στρογγυλόγλυφος, attestato come aggettivo in Hero *Aut.* 25.7 ἐπιστύλιον στρογγυλόγλυφον; LSJ[9], s.v. Il trattatello, con il suo stile ostentatamente prezioso, abbonda di parole rare e di unicismi, spesso afferenti al lessico dell'architettura (cf. *supra*, Introduzione, § 5): per quanto il passo sia problematico, della genuinità della lezione non ci sarà quindi ragione di dubitare.

Incerto, piuttosto, è il suo significato. LSJ[9], s.v., interpreta στυλογλύφος come un sostantivo, a cui assegna, genericamente, il valore di "some sort of pillar", con valorizzazione esclusiva della prima componente (i composti in στυλο- sono piuttosto rari, ma cf. ad es. l'aggettivo στυλοειδής, "stiloide", o i sostantivi στυλοβάτης, "stilobate", στυλοπινάκιον, "pillar with figures on it" – LSJ⁹, s.v.; cf. *AP* 3 tit.; più numerosi i composti in -στυλος come secondo elemento: e.g. ἑπτάστυλος, τετράστυλος, περίστυλος, ὑπόστυλος – usato subito sotto, ma come sost. Cf. *DELG*, s.v. στῦλος, 1067). Per dare conto di entrambe le componenti, conviene intendere, se mai, "colonna scanalata" (in questa direzione – come si è visto – vanno già alcune delle traduzioni sopra citate): cf. τρίγλυφος, "triglifo", *i.e.* "lastra con triplice scanalatura". Secondo questa interpretazione, il valore passivo dovrebbe determinare, peraltro, accentazione proparossitona (cf. Chandler 1881², § 466).

Una diversa interpretazione del termine è suggerita da GI³, s.v., "che taglia colonne": στυλογλύφος (con accentazione parossitona) dovrebbe cioè essere inteso come un *nomen agentis*, nel senso di "intagliatore". I composti in -γλυφος – ne sono attestati circa una quarantina, per lo più di epoca post-classica – sono in effetti, nella maggior parte dei casi, sostantivi indicanti mestieri (e.g. ἀγαλματογλύφος, ἀνδριαντογλύφος, ἑρμογλύφος, δακτυλιογλύφος, ζῳδιογλύφος/ζῳογλύφος, ἱερογλύφος, καλαμογλύφος, καρδοπογλύφος, κερατογλύφος, λιθογλύφος, ξοανογλύφος, στυπογλύφος, τοκογλύφος; vd. anche il conio comico κυμινοπριστοκαρδαμογλύφος in Ar. *V.* 1357, "che spacca il cumino e gratta il crescione", *i.e.* "avaraccio". Cf. *DELG*, s.v. γλύφω, 229). Non mancano, tuttavia, le eccezioni: περίγλυφον, "figura scolpita", "scultura", e αὐτόγλυφος, lett. "inciso da sé", attestato sia come sostantivo, a indicare una pietra ([Plut.] *Fluv.* 12.2 λίθος αὐτόγλυφος καλούμενος), sia come aggettivo, a qualificare σπήλαιον (Olympiod. Diac. *In Job* p. 252 Hagedorn–Hagedorn τὰ αὐτόγλυφα σπήλαια, *In Jerem*. *PG* 93.637 τὸ δὲ σπήλαιον αὐτόγλυφον ὄν). Vari anche gli aggettivi, per lo più, come è lecito aspettarsi, tecnicismi relativi alla scultura: *e.g.* ἄγλυφος, "informe, grezzo", ἀδιάγλυφος, "non incavato" (di orecchie), ἀνάγλυφος, "cesellato in bassorilievo", διάγλυφος, "cesellato", δίγλυφος, "cesellato doppiamente" o "cesellato su due lati", δονακογλύφος, "che intaglia canne (per scrivere)" (detto di coltello, in Phan. *AP* 6.295.1 = *HE* 2978), δουρατόγλυφος, "scolpito in legno" (Lyc. 361), εὔγλυφος, "intagliato facilmente", χρυσόγλυφος, "cesellato in oro".

La problematicità del passo non permette di raggiungere alcuna certezza, ma l'interpretazione tradizionale di στυλογλύφος *vel* στυλόγλυφος come "colonna scanalata" ci pare per vari motivi preferibile. Innanzitutto, in un contesto in cui si parla delle ragioni tecniche che rendono possibile il prodigio architettonico, è più probabile una menzione delle colonne che non degli intagliatori; in secondo luogo, lo Pseudo-Filone elogia più volte l'individualità del τεχνίτης responsabile della creazione del θέαμα (cf. 4.1.5, 4.2.9, 6.2.6), ma non menziona mai particolari categorie di artigiani che concorrano alla realizzazione dell'opera; sul piano linguistico, poi, se qui fosse davvero evocata una categoria di artigiani, ci attenderemmo l'articolo; inoltre, la preposizione διά introduce sempre, nelle sue altre occorrenze nel trattato, i mezzi o le opere grazie a cui si consegue un certo obiettivo (cf. 2.4.15 διὰ τῶν κογχυλίων; 2.5.22s. διὰ τῶν ... ἔργων; 4.5.28 διὰ τῆς ἐργασίας).

Infine, a rigore non si può neanche escludere, data l'ipotesi di lacuna, che στυλογλύφος *vel* στυλόγλυφος fosse utilizzato come aggettivo: si noti peraltro che poco oltre (1.3.13s. τῶν ἐπὶ τοῖς ὑποστύλοις περιπατούντων) lo Pseudo-Filone sembra impiegare come sostantivo un termine altrimenti attestato solo come aggettivo (cf. LSJ[9] e *ThGl* IX 439, *s.v.* ὑπόστυλος).

**1.3.10s. καὶ πᾶν ἁπλῶς τὸ κατὰ πρόσω ἐπιτερπέστατον.** Al tràdito κατὰ πρόσω, che non dà senso, Allacci 1640, 33 poneva rimedio scrivendo κατὰ πρόσωπον, universalmente accolto: «aspectu», secondo la traduzione dello stesso Allacci; «visu iucundissimum» secondo quella di Holste; «ad oculorum conspectum» secondo de Boissieu 1656, 10; «zum Anschauen», secondo Brodersen 1992, 23. Il senso atteso parrebbe in effetti questo (cf. Plut. *Quaest. conv.* 683c ἰδεῖν ἐπιτερπέστατον, fr. 138 Sandbach ὁρᾶν ... ἐπιτερπέστατον; Ios. Fl. *AJ* 8.138.5 τὰ ἄλση πρὸς θεωρίαν ἐπιτερπεστάτην; cf. inoltre, per un'idea analoga in relazione ai giardini di Babilonia, anche se diversamente espressa, Diod. Sic. 2.10.5 τὸ δ' ἔδαφος ἐξωμαλισμένον πλῆρες ἦν παντοδαπῶν δένδρων τῶν δυναμένων κατά τε τὸ μέγεθος καὶ τὴν ἄλλην χάριν τοὺς θεωμένους ψυχαγωγῆσαι). Mancano però paralleli per un simile uso di κατὰ πρόσωπον, il cui significato è, piuttosto, "di persona", "al cospetto di" (cf. LSJ[9], *s.v.*; Sophokles, *s.v.*, 1). Proponiamo pertanto κατὰ πρόσοψιν, "all'aspetto": cf. Athen. 2.46b ἐκκλίνειν δὲ δεῖ τὰ πάχη τῶν μύρων ὕδωρ τε πίνειν τὸ κατὰ πρόσοψιν λεπτὸν καὶ διαυγές. Il termine, nello Pseudo-Filone, compare in 2.5.19s. τῆς προσόψεως τῇ χάριτι (il passo è problematico – cf. *infra*, ad l. – ma l'accezione del vocabolo non è in dubbio).

**1.3.13s. τήν τε ἀρόσιμον ὑπὲρ κεφαλῆς εἶναι τῶν ἐπὶ τοῖς ὑποστύλοις περιπατούντων.** Dopo i tempi di modo finito della frase precedente, si ha un improvviso passaggio all'infinitiva, che appare del tutto ingiustificato (diverso, poco più sotto, il caso di 1.5.26s. σπάταλον καὶ βασιλικὸν τὸ φιλοτέχνημα καὶ τὸ πλεῖστον βίαιον, τὸν πόνον τῆς γεωργίας ὑπὲρ κεφαλῆς κρεμάσαι τῶν θεωρούντων, dove l'infinito ha chiaro valore epesegetico; neanche un uso dell'infinito non del tutto logico sul piano semantico, quale si registra in *Pr.* 1.6 πληρῶσαι, è un parallelo calzante, poiché lì si ha attrazione rispetto agli infiniti precedenti: cf. *supra, ad l.*).

Sospetto anche il τε: fin da Tucidide vi sono casi in cui la congiunzione introduce una nuova frase, ma sempre allo scopo di ribadire o di riassumere quanto detto in precedenza (cf. *e.g.* Thuc. 4.12.3, 4.14.3, 7.71.4; Denniston, *GP*[2], 500). Qui, invece, non si coglie una correlazione evidente con ciò che precede. Orelli 1816, 77 (*dub.*) proponeva di risolvere entrambi i problemi correggendo in διὰ τὸ τὴν ἀρόσιμον ὑπὲρ κεφαλῆς εἶναι vel sim. Holste ipotizzava invece una lacuna prima di τήν τε ἀρόσιμον κτλ. (così si legge in margine al f. 11v di B: «videtur aliquid deesse»; la stessa notazione è in Pa, f. 4v; cf. infra, Appendice II), un'ipotesi che ci sentiamo di sottoscrivere.

Da notare che lo iato τε ἀρόσιμον è intollerabile nello Pseudo-Filone (cf. supra, Introduzione, § 5 e n. 199): si dovrà qui senz'altro ripristinare l'elisione (vd. i casi analoghi di 2.3.11 δὲ Αἰθιοπική e 4.2.7 τοῦτο ὁ Ζεύς, discussi infra, ad ll.).

1.4.14–16 πατουμένης δὲ τῆς ἄνωθεν ἐπιφανείας, ὡς ἐπὶ τῶν βαθυγειοτάτων τόπων ἀκίνητος καὶ παρθένος ... μένει γῆ. Intendiamo la frase introdotta da ὡς come riferita alla principale («la terra [....] rimane ferma e intatta, come accade dove il suolo è più profondo»), in linea con la quasi totalità degli esegeti: Holste, «terra cornicibus vicina, ut in locis soli profundissimi, immota atque illibata permanet»; de Boissieu 1661, 10–12 (= Hercher 1858, 102), «ac dum superior terrae planities pedibus calcatur, haud aliter quam in locis profundi spissique soli immota, et, ut ita loquar, virgo maneat humus illa»; Brodersen 1992, 25, «wenn die Oberfläche von oben betreten wird, bleibt die Erde unten auf den Decken wie bei Orten mit sehr tiefer Erde unbewegt, ja völlig unberührt»; Dalley 2013, 41, «when the uppermost surface is walked on, the earth on the roofing stays firm and undisturbed just like a (normal) place with deep soil».

Sarebbe teoricamente possibile intenderla anche come riferita al genitivo assoluto che precede («quando si cammina sulla superficie superiore, come si usa fare dove il suolo è più profondo»; così, forse, Allacci 1640, 5, la cui resa è almeno ambigua: «calcata superficie, veluti in profundissimis locis, immobilis ea est, et virgo»), ma questa interpretazione ci sembra meno raccomandabile per il senso, perché sottolineerebbe un aspetto tutto sommato pleonastico (del tutto inaffidabile, invece, la resa redazionale che si legge in appendice a Clayton–Price 1989, 161: «mentre si calpesta la superficie del terreno, negli strati inferiori vicino alle travi la terra rimane immobile e intatta»).

Per l'espressione cf. 1.3.11s. γεωργεῖται δ' ὁ τόπος ὡς ἐπ' ἀρούραις.

1.4.19–21 εἰς δὲ πυκνὰς καὶ μεγάλας ἐξαιρόμεναι κρήνας ὅλον ἐπάρδουσι τὸν κῆπον μεθύσκουσαι τῶν φυτῶν τὰς κατὰ βάθους ῥίζας καὶ νοτερὰν τηροῦσιν τὴν ἄρουραν. Holste corregge τηροῦσιν in τηροῦσαι; la normalizzazione non è strettamente necessaria, ma conferirebbe alla frase maggiore simmetria, e ci pare una congettura diagnostica da tenere in seria considerazione.

1.5.24–26 καὶ ῥεμβομένη καταγείοις ταῖς δι' ἀλλήλων ἐμπλοκαῖς, ὀχὸν καὶ βεβηκυῖαν ἀσφαλῶς τὴν φυὴν τῶν δένδρων συμφυλάσσει. Si segnala che la virgola dopo ὀχόν è un refuso di Hercher 1858, 102 ereditato da Brodersen 1992, 24. P ha correttamente virgola dopo ἐμπλοκαῖς.

Nel passo ῥεμβομένη ha il valore, normale al medio, di "roam, rove, roll about" (LSJ⁹, s.v.; vd. anche Sophokles, s.v., ῥέμβομαι = πλανάομαι), per cui cf. e.g. Agat. *AP* 5.289.5s. εἰ δέ ποτ' αὐτὴν / ἀθρήσει κρυφίοις ὄμμασι ῥεμβομένην; *Hist. Alex. Magni* (*recensio Byz. poetica*) 810s. παῖδα, / πλούτῳ πολλῷ ῥεμβόμενον καὶ σώματος τῇ ῥώμῃ. L'espressione ῥ. καταγείοις ταῖς δι' ἀλλήλων ἐμπλοκαῖς vale dunque "errando con i (suoi) sotterranei, reciproci intrecci". A "vagare sotterranea", però, dovrebbe essere, a rigore, la radice stessa (ἡ ῥίζα), che si dirama nel sottosuolo con le sue propaggini: si deve forse ipotizzare che καταγείοις sia stato attratto dal dativo seguente, e che sia necessario correggere in κατάγειος? Non lo escludiamo.

Nell'espressione τὴν φυὴν τῶν δένδρων, il sostantivo φυή sembrerebbe avere non il valore di "crescita", come traduce Brodersen 1992, 25, «das [...] Wachstum der Bäume», ma di φύσις (cf. LSJ⁹, s.v.), secondo la resa di de Boissieu 1656, 12 «arborum indolem» (intendeva così anche Allacci 1640, 6, che però trascrive direttamente φύσιν – è, questo, uno dei tanti errori della *princeps*: cf. anche *infra*, ad 4.1.4). L'espressione equivale, di fatto, a τὰ δένδρα (e «arboribus» è la resa di Holste), secondo un tipo di perifrasi frequente nello Pseudo-Filone: cf. e.g. 1.3.10 φύσεις ἀνθέων, 2.3.10 λίθων φύσεις, e *supra*, Introduzione, § 5.

## 2. Le piramidi di Menfi

La descrizione delle piramidi di Menfi è tra le più inaffidabili dell'intero trattato. Non solo l'autore si limita, qui come altrove, a fornire al suo pubblico dati generici e impressionistici, ma dimostra, nel caso specifico, di ignorare alcune informazioni-chiave, pur reperibili nelle fonti, a partire da Erodoto: quante fossero, quali ne fossero le dimensioni, quali materiali fossero stati utilizzati per costruirle.

Ma procediamo con ordine. All'inizio del capitolo, l'autore accenna a un problema dibattuto: come siano state sollevate le mastodontiche pietre che compongono gli immensi edifici (2.1.2–4). Sulla questione ci si era a lungo interrogati: Erodoto aveva parlato di una sollevazione delle pietre «tramite macchine fatte di corti legni» (μηχανῇσι ξύλων βραχέων πεποιημένῃσι, 2.125.4), attribuendo agli Egizi, con evidente anacronismo, la pratica greca contemporanea[26]. Secondo Diod. Sic. 1.63.6 la costruzione sarebbe stata realizzata invece «mediante terrapieni», poiché «all'epoca non si erano ancora

---

26 Cf. Lloyd 1989, 345. Non è questo l'unico anacronismo introdotto da Erodoto nel passo: vd. l'allusione a un'economia monetaria (2.125.18s.) del tutto estranea agli Egizi del periodo faraonico, o la menzione di un arnese di ferro (2.125.20), metallo in uso nella Grecia del V sec. a.C., ma non in Egitto all'epoca della costruzione delle piramidi.

inventate le macchine» (τὴν δὲ κατασκευὴν διὰ χωμάτων γενέσθαι, μήπω τῶν μηχανῶν εὑρημένων κατ' ἐκείνους τοὺς χρόνους); lo storico riporta anche la diceria secondo cui tali terrapieni, di sale e nitro, sarebbero stati sciolti dall'acqua del fiume (1.63.8). A un sistema di impalcature fa riferimento Plin. NH 36.81, che riferisce due versioni concorrenti (una delle quali sostanzialmente coincidente con il racconto di Diodoro[27]): secondo alcuni, ai lati delle piramidi sarebbero state ammassate pile di nitro e sale, poi sciolte dall'acqua del fiume; secondo altri, le impalcature sarebbero state invece costruite con mattoni di fango[28].

Lo Pseudo-Filone rinuncia, invece, a qualsiasi spiegazione: si limita a sottolineare che la questione è spinosa (la sollevazione è δυσεπινόητον, "ostica da capire") e a menzionare la costernazione collettiva di fronte a un simile enigma (2.1.3s. ἑκάστου διαποροῦντος τίσι βίαις τὰ τηλικαῦτα βάρη τῶν ἔργων ἐμοχλεύθη): segno forse che egli sa di un dibattito sulle modalità di costruzione degli edifici, ma lo ignora volutamente. Procede poi a descrivere i monumenti, soffermandosi sul basamento quadrangolare, sul progressivo restringimento verso l'alto e, infine, su altezza e perimetro.

L'autore, a differenza delle altre fonti note, non dà indicazioni precise circa l'ubicazione geografica delle piramidi (si limita a definirle τὰς ἐν Μέμφει πυραμίδες), non ne specifica il numero, né menziona i re a cui se ne deve la costruzione (sembra anzi ignorare la stessa funzione funeraria dei monumenti[29]). Ma, soprattutto, per la loro altezza e per il loro perimetro fornisce un'unica misura: gli sfugge, evidentemente, che i monumenti sono di dimensioni diverse, un punto che gli altri autori non mancano di precisare (e.g. Hdt. 2.127, 2.134.1; Diod. Sic. 1.63.4, 1.64.2; Plin. NH 36.80).

Anche la descrizione che segue è problematica. Secondo l'autore, le piramidi, in apparenza formate da un unico blocco di pietra (2.3.8s. σύναρμον δὲ καὶ κατεξεσμένον τὸ πᾶν ἔργον[30]), sono in realtà il frutto della giustapposizione di pietre diverse e di diversi colori, che vengono poi puntualmente elencate, secondo un modulo catalogico che trova confronto nella poesia ecfrastica tardoantica: vd. ad es. Paolo Silenziario, che nella sua Ἔκφρασις τοῦ ναοῦ τῆς ἁγίας Σοφίας insiste a lungo sulla policromia dei marmi (S. Soph. 617–646, più tardi imitato da Constant. Rhod. Descr. Ss. Apost. 636–674),

---

27 Plinio coincide con Diodoro anche in altri dettagli, ma pare non averlo conosciuto per via diretta: i due sembrerebbero dipendere da una stessa tradizione tardo-ellenistica (cf. Corso–Mugellesi–Rosati 1988, 633, nn. 78s.; in generale, sulle fonti di Plinio, vd. Naas 2002, 137–170; cf. anche infra, n. 62).
28 Per una discussione del problema, con le principali ipotesi formulate in epoca moderna, cf. e.g. Clayton in Clayton–Price 1989, 22–25; Müller-Römer 2008.
29 Come osservano anche Adam–Blanc 1989, 43.
30 Cf., per l'idea della perfetta connessione tra i blocchi, Hdt. 2.124.5 λίθου δὲ ξεστοῦ τε καὶ ἁρμοσμένου τὰ μάλιστα; sulla solidità dell'edificio si sofferma anche Diod. Sic. 1.63.5.

o anche Procopio di Cesarea, che analogamente inserisce un ammirato *excursus* coloristico nella sua descrizione dell'edificio (cf. in part. *Aed.* 1.1.60 θαυμάσειε γὰρ ἂν εἰκότως τῶν μὲν τὸ ἁλουργόν, τῶν δὲ τὸ χλοάζον, καὶ οἷς τὸ φοινικοῦν ἐπανθεῖ καὶ ὧν τὸ λευκὸν ἀπαστράπτει).

Alla luce della natura fortemente retorica dell'elencazione (per le cui implicazioni cronologiche cf. *supra*, Introduzione, § 6), non sorprenderà che la maggior parte delle pietre menzionate dallo Pseudo-Filone non trovi confronto alcuno né nelle fonti letterarie relative alle piramidi, né, tantomeno, nella documentazione archeologica: nessuna traccia, ad esempio, della αἱματίτης λίθος, così come del tutto fantasiosa appare la successiva elencazione dei colori che la superficie delle pietre, secondo il nostro autore, di volta in volta assumerebbe (2.4.13–15 ἐνίων δ' ὑαλίζουσιν αἱ χρόαι ... ἄλλων δὲ πορφυρίζει τὸ χρῶμα)[31]. Tra quelle menzionate dallo Pseudo-Filone trovano corrispondenza nelle fonti (e nella realtà) solo la pietra d'Arabia e la pietra etiope. Ma lo Pseudo-Filone ritiene che le due pietre siano state utilizzate insieme alle molte altre che egli elenca, in uno stesso edificio, per costruire piramidi multicolori: gli altri autori menzionano invece queste due sole pietre, specificandone l'impiego in relazione al singolo edificio. La pietra trasportata dall'Arabia è citata da Hdt. 2.124.2 nella descrizione della piramide di Cheope[32]: il riferimento è alle cave di Tura, a est del Cairo, da cui provenivano i blocchi di rivestimento in calcare (quindi bianchi) utilizzati per le piramidi di Cheope e di Chefren[33]. Lo Pseudo-Filone definisce invece la pietra d'Arabia ποικίλος καὶ διάχλωρος, mostrando così, di fatto, di non conoscerla. Per quanto riguarda la pietra etiope (da identificarsi con il granito[34]), essa fu impiegata, secondo Erodoto, per costruire il primo ripiano della piramide di Chefren[35] e per la piramide di Micerino, fino a metà della sua altezza[36]; nel

---

31 Per la reazione di Peiresc di fronte alla stranezza della descrizione, ben documentata da uno scambio epistolare con Holste, e per una più recente reazione di fideistica credulità di fronte a una assurdità pur così palese, cf. *supra*, Introduzione, § 4 e n. 157.
32 Ἐκ τῶν λιθοτομιέων τῶν ἐν τῷ Ἀραβίῳ ὄρεϊ. Cf. anche Diod. Sic. 1.63.6 λέγεται δὲ τὸν μὲν λίθον ἐκ τῆς Ἀραβίας ἀπὸ πολλοῦ διαστήματος κομισθῆναι, che si rifà a fonti precedenti, come mostrato da λέγεται, tipica "Alexandrian footnote" (la definizione è di Ross 1975, 78). Una "Alexandrian footnote", ὥς φασι, che denuncia la natura derivativa dell'informazione, è anche nello Pseudo-Filone (2.3.12s. εἶτα ποικίλος καὶ διάχλωρος ἀπὸ τῆς Ἀραβίας, ὥς φασι, κεκομισμένος); su questo punto cf. anche *supra*, Introduzione, § 4.
33 Cf. Clarke–Engelbach 1930, *Index, s.v. Tura quarries*. Le altre pietre erano ricavate da cave locali: cf. Lloyd 1989, 240 e 343. La piramide di Chefren è l'unica a essere ancora oggi ricoperta, sulla punta, di uno strato di calcare bianco.
34 Cf. Maragioglio–Rinaldi 1966, 48.
35 2.127.3 ὑποδείμας δὲ τὸν πρῶτον δόμον λίθου αἰθιοπικοῦ ποικίλου.
36 2.134.1 λίθου δὲ ἐς τὸ ἥμισυ αἰθιοπικοῦ.

primo caso la pietra è definita ποικίλος[37], nel secondo non ne è specificato il colore[38]. Concorda con Erodoto, in merito all'uso della pietra etiope per una parte della terza piramide, anche Strab. 17.1.33, per il quale però, come per lo Pseudo-Filone, la pietra etiope è nera; cf. anche Diod. Sic. 1.64.7, che parla genericamente di una pietra nera[39], e Plin. *NH* 36.80s., che si limita a citare la pietra etiope, senza specificazioni cromatiche[40].

Singolare anche un'affermazione come quella di 2.5.18s., sulla fatica di salire sulle piramidi e sulle vertigini che colgono chi arrivi sulla cima: se ne deve dedurre che scalare le piramidi, secondo lo Pseudo-Filone, fosse del tutto usuale. Tecnicamente, non è impossibile raggiungere la vetta di questi edifici, ma varie testimonianze attestano che – ieri come oggi – non era questa la norma: Plin. *NH* 33.76 cita come una curiosità il fatto che gli abitanti del villaggio di Busiri avessero l'abitudine di salire sulle piramidi, segno che giudica il loro comportamento del tutto eccezionale. Nel XII sec., lo scienziato arabo 'Abd al-Laṭīf al-Bagdadi, di cui ci resta un dettagliato resoconto di viaggio dal quale si ricavano molteplici informazioni sull'Egitto dell'epoca, venuto a sapere che gli abitanti di un villaggio vicino non avevano difficoltà a salire sulle piramidi, pagò un uomo perché ne misurasse la superficie con il proprio turbante[41]. E molti secoli più tardi un altro aneddoto dimostra la non ordinarietà dell'impresa: a scalare le piramidi furono, questa volta, alcuni tra gli ufficiali di Napoleone, imbaldanziti dalla vittoria sui Mamelucchi nei pressi del Cairo (cf. Clayton in Clayton–Price 1989, 34; per gli uomini di Napoleone saliti sulle piramidi, a scopi di misurazione, vd. anche Edwards 1985[2], 103s.).

Nella parte finale, il (pur generico) riferimento alle grandi spese affrontate per costruire simili prodigi trova confronto nelle fonti (Hdt. 2.125.6s., 2.134.2; Diod. Sic. 1.64.8 specifica che la piramide di Micerino è la più costosa delle tre, e così anche Strab. 17.1.33). Lo Pseudo-Filone ne fa, naturalmente, motivo di elogio, in linea con l'idea, ricorrente nel trattato, che la ricchezza debba essere messa al servizio della creazione di meraviglie (cf. 3.4.11 πλουτήσας εἰς θεῶν κόσμον; 4.2.6–9 μήποτε δὲ διὰ τοῦτο Ζεὺς Ῥοδίοις

---

37 E in effetti il granito della piramide di Chefren è rosso e grigio.
38 Ma si tratta di un granito rosso.
39 τῆς μὲν γὰρ βάσεως ἑκάστην πλευρὰν ὑπεστήσατο πλέθρων τριῶν, τοὺς δὲ τοίχους ἐπὶ μὲν πεντεκαίδεκα δόμους κατεσκεύασεν ἐκ μέλανος λίθου τῷ Θηβαϊκῷ παραπλησίου, τὸ δὲ λοιπὸν ἀνεπλήρωσεν ἐκ λίθων ὁμοίων ταῖς ἄλλαις πυραμίσιν.
40 *tertia minor quidem praedictis, sed multo spectatior, Aethiopicis lapidibus adsurgit CCCLXIII pedibus inter angulos.*
41 Su questo resoconto di viaggio e sulla sua importanza storica e documentaria cf. 'Alī el-Sayed 2005; l'aneddoto relativo alle piramidi è contenuto nel IV capitolo, di cui si cita qui uno stralcio nella traduzione fornita dall'autore del contributo (*ibid.*, 329): «l'uomo salì coi sandali, come quando qualcuno di noi sale le scale, anzi era più veloce e quando è sceso, abbiamo calcolato, col suo turbante, quanto lui aveva misurato su, ed abbiamo trovato 11 braccia».

θεσπέσιον κατέχευε πλοῦτον, ἵνα τοῦτον εἰς τὴν Ἡλίου δαπανήσωσι τιμήν, τὴν εἰκόνα τοῦ θεοῦ ταῖς ἐπιβολαῖς ἀπὸ γῆς εἰς τὸν οὐρανὸν ἀναβιβάζοντες; 5.1.1 Σεμίραμις ἐς βασιλικὴν ἐπλούτησεν ἐπίνοιαν). Si veda, per contrasto, il giudizio *tranchant* di Plin. *NH* 36.75, che definisce le piramidi «inutile e ottusa ostentazione di ricchezze regali» (*regum pecuniae otiosa ac stulta ostentatio*).

**2.1.2 ὄρη γὰρ ὄρεσιν ἐπιδεδόμηται.** L'ἐπιδεδόμηται tramandato da P deve essere normalizzato in ἐπιδεδώμηται, con Brodersen 1992, 24, in base al confronto con 4.4.24 ἐπιδεδώμηται e 5.1.6 δεδώμηται (in direzione opposta andava invece la normalizzazione di Allacci 1640, che estendeva la forma in -o-, con l'approvazione di Hercher 1858, LXX); analogo intervento si rende necessario poco più sotto: cf. 2.3.10s. ἐπιδεδόμηνται, con n. *ad l.* Il perfetto di δωμάω è di rarissima attestazione, e non è privo di interesse in termini cronologici: vd. *supra*, Introduzione, §§ 5 e 6.

Per l'idea dei monti ammassati sui monti (che risente, probabilmente, di *Od.* 11.315s.: vd. *supra*, Introduzione, § 5) cf. 6.1.4 ὄρεσι χωννύοντες (con n. *ad l.*). L'immagine, in relazione alle piramidi, trova confronto in adesp. *AP* 9.210 Ὄσσαν ἐπ' Οὐλύμπῳ καὶ Πήλιον ὑψωθέντα / ψευδὴς ἱστορίης ῥῆσις ἀνεπλάσατο· / Πυραμίδες δ' ἔτι νῦν Νειλωίδες ἄκρα μέτωπα / κύρουσιν χρυσέοις ἀστράσι Πληιάδων (dove è presente anche l'idea di "toccare gli astri": cf. 2.5.22 τῶν ἄστρων ἐφάψασθαι). Cf. anche Ios. Fl. *AJ* 10.226 = *Ap.* 1.141 (cit. *supra*, n. 7), dove l'immagine delle pietre ammassate che simulano l'aspetto dei monti è utilizzata a proposito dei giardini pensili di Babilonia.

**2.1.2s. καὶ τὰ μεγέθη τῶν τετραπέδων κύβων δυσεπινόητον ἔχει τὴν ἀνάγκην.** L'ἀνάγκην di P, che non dà senso, è corretto da Hercher 1858, 102 in ἀναγωγήν, accolto anche da Brodersen 1992, 24. La traduzione di Holste (= de Boissieu 1656, 14) sembra anticipare la correzione o comunque denunciarne l'esigenza: «nec facile animus concipit, quomodo ingentes quadratorum lapidum moles potuerint elevari»; più generica, come sempre di fronte ai passi problematici, quella di Allacci 1640, 7: «immensitatesque quadratorum lapidum mentis aciem perstringunt».

**2.3.10s. ποικίλαι δὲ καὶ πορφυραῖ λίθων φύσεις ἀλλήλαις ἐπιδεδόμηνται.** Il δέ ha qui valore fortemente avversativo: le piramidi sembrano formate da un'unica compagine di pietra (σύναρμον δὲ καὶ κατεξεσμένον τὸ πᾶν ἔργον, ὥστε δοκεῖν ὅλου τοῦ κατασκευάσματος μίαν εἶναι πέτρας συμφυίαν), ma sono in realtà costruite con pietre diverse, per colore e provenienza (segue l'elenco). Né Allacci 1640, 7, né Brodersen 1992, 27 rendono il valore della particella, omessa nelle loro traduzioni. Cf. invece Holste: «lapidum vero diversa genera invicem sunt coniuncta».

## 2. Le piramidi di Menfi

Orelli 1816, 88 espunse καὶ πορφυραῖ come glossa intrusa, e l'espunzione è ripresa da Brodersen 1992, 26. Anche qui, come nel caso discusso nella nota precedente, l'intervento è anticipato dall'appena citata traduzione di Holste (= de Boissieu 1656, 14), come osservava lo stesso Orelli 1816, 88 (che, naturalmente, attribuiva la traduzione a de Boissieu: «omisit etiam has voces in versione sua Boessius»; per l'elenco completo dei casi in cui la traduzione di Holste in qualche modo anticipa, e molto probabilmente suggerisce, un successivo intervento degli editori, cf. *infra*, *Appendice II*).

L'espunzione parrebbe di primo acchito attraente: πορφυραῖ, con la sua univocità cromatica, sembrerebbe scontrarsi sia con ποικίλαι, sia con la successiva elencazione coloristica (dove vengono menzionate anche pietre purpuree, che però non esauriscono la variegata casistica: 2.4.15 ἄλλων δὲ πορφυρίζει τὸ χρῶμα). Ma l'intrusione dell'aggettivo nel testo si giustifica assai difficilmente: perché spiegare un banale ποικίλαι – di solito utilizzato per glossare termini più oscuri (cf. *e.g.* Hesych. α 2020 L.–Cunn. αἰόλα· ποικίλα, δ 50 L.–Cunn. δαιδάλεον· ποικίλον) – in un trattato che esibisce ben altre parole inconsuete? E perché glossarlo con πορφυραῖ? Il termine può forse essere considerato suo sinonimo: l'esatto significato di πορφύρεος, come di tanti altri termini di colore in greco, è notoriamente problematico, ma esso parrebbe poter assumere anche il senso di "variopinto", "cangiante": vd. Anacr. *PMG* 358.1 = fr. 13.1 Gentili. Il termine, del resto, pare aver subito il doppio influsso di πορφύρα, nome del mollusco da cui si estraeva la sostanza colorante, e di πορφύρω, "essere agitato, ribollire" (cf. *DELG*, *ss.vv.*, 929s.); di qui il suo impiego tanto nel senso di "purpureo" quanto in quello di "agitato, ribollente", o ancora "tenebroso", quando è riferito alla morte (*Il.* 5.83), all'arcobaleno (*Il.* 17.547: per i caratteri sinistri dell'arcobaleno omerico cf. Leaf 1902, 252s.; Edwards 1991, 115s.) o a una nube (*Il.* 17.551; per l'ampia bibliografia sul tema vd. almeno Irwin 1974, 18s., con n. 31, 24s., 28). Senz'altro, tuttavia, l'aggettivo ha primario valore cromatico (e cf. 2.4.15s. ἄλλων δὲ πορφυρίζει τὸ χρῶμα, καὶ τοῖς διὰ τῶν κογχυλίων θαλασσοβαφουμένοις ἐξομοιοῦνται, dove il riferimento al colore è inequivocabile). Né si può pensare che πορφυραῖ fosse una glossa riferita a un altro dei termini di colore presenti nel brano, e che la sua intrusione in questo punto del testo sia frutto di una dislocazione: la sola espressione che potrebbe prestarsi, per senso e rarità, è ὁ καλούμενος αἱματίτης λίθος, che però è al singolare (si potrebbe naturalmente pensare che sia stato uno scriba a normalizzare il singolare in plurale, una volta che la glossa era penetrata in un punto sbagliato del testo, ma è ipotesi senz'altro poco economica). Se dunque πορφυραῖ, nel contesto, equivale a ποικίλαι, come parrebbe (così intende e.g. Adam-Blanc 1989, 49: «elle est revêtue de pierres d'une grande diversité, à la fois multicolores et brillantes»), non ci sarà alcun bisogno di eliminarlo: la coppia di aggettivi dovrà essere intesa, piuttosto, come una dittologia sinonimica, il che pare in effetti raccomandato dall'*usus*. Nelle altre due occorrenze filoniane, infatti, ποικίλος è sempre seguito da un altro aggettivo: vd. 1.3.10 ποικίλαι τε καὶ παντοῖαι φύσεις ἀνθέων (anche qui con sostanziale dittologia sinonimica), e, poco più sotto in questo stesso capitolo, 2.3.12s. ποικίλος καὶ διάχλωρος ἀπὸ τῆς Ἀραβίας ... κεκομισμένος, dove ποικίλος, verosimilmente "cangiante" (LSJ[9], *s.v.*), si accompagna a uno specifico termine di colore (διάχλωρος, "verdastro", "verde screziato": cf. *infra, ad l.*). Può valere la pena notare, infine, che in tutto il passo le pietre sono qualificate da un doppio aggettivo (ἡ πέτρα λευκὴ καὶ μαρμαρῖτις ... Αἰθιοπικὴ καὶ μέλαινα, ... ποικίλος καὶ διάχλωρος).

Per l'associazione tra i due aggettivi (in relazione a vesti, "ricamate e tinte di porpora") cf. Athen. 12.514c–d ἱμάτιον ποικίλον πορφυροῦν; *Etym. Gen.* β 100 Lass.–Liv. βεύδεα ... τὰ ποικίλα ἢ πορφυρᾶ ἱμάτια; vd. anche Luc. *Nigr.* 13 τὴν δὲ ἐσθῆτα τὴν ποικίλην καὶ τὰς πορφυρίδας ἐκείνας).

P reca la forma ἐπιδεδόμηνται, da normalizzare in ἐπιδεδώμηνται, con Brodersen 1992, 24: cf. 2.1.2 ἐπιδεδόμηται, con n. *ad l*.

**2.3.11 δὲ Αἰθιοπική**. Iato intollerabile nello Pseudo-Filone (cf. *supra*, Introduzione, § 5 e n. 199): di qui δ' Αἰθιοπική di Hercher 1858, LXX, che interveniva, contestualmente, anche su 4.2.7 τοῦτο ὁ Ζεύς, trasformandolo in τοῦτ' ὁ Ζεύς (ma vd. *infra, ad l.*, per una diversa, e a nostro avviso più raccomandabile, soluzione); cf. anche 1.3.13 τε ἀρόσιμον, discusso *supra, ad l.* («vocalium elisiones in Palatino accuratissime custoditae, nisi quod τοῦτ' et δ' restituenda sunt p. 102.39. 103.3 [*lege* 103.37]», osserva Hercher, *l.c.*). La lieve correzione non è recepita da Brodersen 1992, 26 (che non interviene neanche su 4.2.7), ma pare necessaria.

**2.3.12s. εἶτα ποικίλος καὶ διάχλωρος ἀπὸ τῆς Ἀραβίας, ὥς φασι, κεκομισμένος**. Secondo LSJ[9], *s.v.*, διάχλωρος varrebbe "of a translucent green". Così anche Brodersen 1992, 27 («grünschimmernder»), e già Holste («ex viridi translucidus»). Ma δια- sembra qui veicolare l'idea di varietà e differenza, come in altri composti, del tipo διάχρυσος, "entremêlé d'or" (*DELG*, *s.v.*, 275s.), a indicare quindi un verde screziato, e in sostanza un "verdastro" (così Allacci 1640, 8: «subviridem»; vd. anche *DGE*, *s.v.*, "*verde, de color verde o verdoso*"; per una discussione dell'aggettivo χλωρός, nei suoi molteplici impieghi, cf. Irwin 1974, 31–78; Lorenzoni 1994). Il composto è di attestazione rara e tarda: cf. Gal. 18a.495 Kühn (detto di ῥάβδοι); *SSP* XX 5.6 (136 d.C.) e *BGU* 2328.5 (V sec. d.C.), in entrambi i casi riferito a monili (il testo dei due papiri è lacunoso e non permette di identificare con sicurezza la tipologia di gioiello a cui si fa riferimento: Russo 1999, 36s. e 230s. ipotizza che in entrambi i casi possa trattarsi di un περονίδιον, una *fibula* composta da una pietra preziosa sorretta da una struttura d'oro; per una discussione dell'aggettivo, e delle sue possibili occorrenze in riferimento ad altri monili, cf. *ibid.*, 266). Ricorre inoltre nella versione di *T.Sal.* 13.5 offerta dal *Par. Gr.* 38 (p. 44* McCown, app. crit.) ἡ δὲ ὄψις αὐτῆς ὅλη λαμπρὰ διάχλωρος (su una figura demoniaca). Per la coppia ποικίλος καὶ διάχλωρος, vd. *supra*, ad 2.3.10s. ποικίλαι δὲ καὶ πορφυραῖ λίθων φύσεις ἀλλήλαις ἐπιδεδόμηνται.

2.4.13–15 ἐνίων δ' ὑαλίζουσιν αἱ χρόαι κυαναυγῆ τὴν φύσιν ἔχουσαι, καὶ μετὰ τούτους ὡσεὶ μηλοβαφές ἐστιν, ἄλλων δὲ πορφυρίζει τὸ χρῶμα. Hercher 1858, 102 corregge in ὡσεὶ μηλοβαφεῖς εἰσιν (di fatto anticipato dalla resa di Holste [= de Boissieu 1656, 16]: «et post hosce alii mali instar quasi flavescunt»; cf. anche Allacci 1640, 8: «hos excipiunt melini»), mentre Brodersen 1992, 26s. torna al testo tràdito, traducendo: «nach diesen gibt es eine Färbung, die gleichsam apfelfarben ist». Il singolare è perfettamente accettabile, e basterà integrare, *ad sensum*, il χρῶμα che la frase successiva esplicita: «e dopo queste il colore è come giallo-mela, di altre invece tende al rosso».

2.5.19–21 τῆς προσόψεως· τῇ χάριτι τῶν χρωμάτων τὴν πολυτέλειαν τῆς χορηγίας βασιλεικῷ πλούτῳ παρύφαγκεν. Così P, compreso l'incongruo punto dopo τῆς προσόψεως: ma non c'è modo di legare il genitivo alla frase che precede (2.5.18s. ἡ δ' ἐπὶ τῆς κορυφῆς στάσις σκοτοῖ τὰς ὄψεις τῶν εἰς τὰ βάθη καταθεωρούντων), che è chiaramente in sé compiuta.

Allacci 1640, 8 correttamente pose punto fermo dopo καταθεωρούντων, ma per il resto rinunciò a capire: oltre a stampare la *vox nihili* παρύφαγκον, provò a tradurre così: «colorum gratiae magnificentia, regiaeque divitiae innexae sunt»; una resa che omette τῆς προσόψεως e finge che in τὴν πολυτέλειαν (*magnificentia*) e in βασιλ(ε)ικῷ πλούτῳ (*regiae divitiae*) si celino inesistenti soggetti. Egli, in compenso, tentò una radicale riscrittura del passo nelle note al testo (*ibid.*, 50): «locum autem Philonis ita lego: τῶν ἐς τὰ βάθη κάτω θεωρούντων τῆς προσόψεως, τῇ χάριτι τῶν χρωμάτων, τῇ τε πολυτελείᾳ τῆς χορηγίας βασιλικὸν πλοῦτον παρεμφαινούσης. vel quid simile». Allacci sembra collegare τῆς προσόψεως (inteso come "spettacolo", e indicante le piramidi in sé) o a βάθη o a κάτω («coloro che guardano in basso, agli abissi delle piramidi», o «coloro che guardano verso gli abissi, giù dalle piramidi»), per poi coordinare προσόψεως a παρεμφαινούσης. Difficile immaginare qualcosa di più tortuoso (Orelli 1816, 89, non a caso, confessava di non capire).

Holste, per parte sua, si attenne alla punteggiatura tràdita (ἡ δ' ἐπὶ τῆς κορυφῆς στάσις σκοτοῖ τὰς ὄψεις τῶν εἰς τὰ βάθη καταθεωρούντων τῆς προσόψεως. τῇ χάριτι τῶν χρωμάτων κτλ.); la sua traduzione della prima frase è alquanto libera (*si quis autem in summo vertice consistens deorsum prospiciat, oculorum caligat vertigine*), e τῆς προσόψεως sembra o semplicemente omesso, o genericamente rifuso in *oculorum ... vertigine*; la traduzione della seconda frase (*colorum gratissimae varietati impensarum magnificentiam regiae opes adiunxerunt*) sottintende una tacita correzione di βασιλ(ε)ικῷ πλούτῳ in βασιλ(ε)ικὸς πλοῦτος. Quest'ultima è la correzione che esplicitamente mise a testo Hercher 1858, 102s., ispirato, come spesso, dalla traduzione di Holste (= de Boissieu 1656, 16): τῆς προσόψεως τῇ χάριτι τῶν χρωμάτων τὴν πολυτέλειαν τῆς χορηγίας βασιλικός (l'errore itacistico βασιλεικῷ per βασιλικῷ è già corretto in L: cf. *supra*, apparato, e *infra*, *Appendice I*) πλοῦτος παρύφαγκεν. Lo aveva del resto anticipato Orelli 1816, 89s., nel quadro di un più complesso e radicale intervento sul testo (Orelli proponeva, infatti, una trasposizione corrispondente a una drastica riscrittura del passo: πρόσεστι δὲ τῷ μὲν καταπληκτικῷ τὸ τερπνόν, τῷ δὲ θαυμαστῷ τὸ φιλότεχνον, τῷ δὲ πλουσίῳ τὸ μεγαλεῖον τῆς προσόψεως, <ἐν ᾗ> τῇ χάριτι τῶν χρωμάτων τὴν πολυτέλειαν τῆς χορηγίας βασιλικὸς πλοῦτος παρύφαγκεν. καὶ τὸ μὲν τῆς ἀναβάσεως μέγεθος ὁδοιπορίας ἔχει κόπον, ἡ δ' ἐπὶ τῆς κορυφῆς στάσις σκοτοῖ τὰς ὄψεις τῶν εἰς τὰ βάθη καταθεωρούντων. καυχάσθω τύχη πιστεύουσα κτλ.). Alla sistemazione testuale di Hercher si è attenuto Brodersen 1992, 26, ma con la resa (*ibid.*, 27): «mit der Anmut des Anblicks der Farben hat der königliche Reichtum die Vielfalt der Ausstattung verwoben». Tale resa presuppone un'analisi della frase palesemente diversa da quella di Hercher, di Holste e di Orelli: da τῇ χάριτι dipenderebbero i due genitivi, a loro volta in relazione di dipendenza, τῆς προσόψεως ... τῶν χρωμάτων («mit der Anmut des Anblicks der Farben»); costituirebbe *colon* a sé τὴν πολυτέλειαν τῆς χορηγίας. Holste, come abbiamo visto, sorvolava su τῆς προσόψεως, ma isolava le due *iuncturae* τῇ χάριτι τῶν χρωμάτων (*colorum gratissimae varietati*) e τὴν πολυτέλειαν τῆς χορηγίας (*impensarum magnificentiam*). Così anche Orelli (τῇ χάριτι τῶν χρωμάτων τὴν πολυτέλειαν τῆς χορηγίας), che – come si è visto – si liberava di τῆς προσόψεως facendone una parte del precedente enunciato, in una complessiva riscrittura del passo.

Di per sé, l'idea di ricavare dal tràdito βασιλ(ε)ικῷ πλούτῳ il soggetto di παρύφαγκεν è tentante, e potrebbe essere sostenuta da almeno due argomenti supplementari: πλούτῳ, nel testo di P, è l'unico sostantivo senza articolo, e ciò indubbiamente lo differenzia dalla serie dei sostantivi precedenti; la nozione di πλοῦτος, poi, si presta bene a figurare quale entità astratta con funzione di agente o causa dell'opera mirabile (per un analogo ruolo del πλοῦτος vd. 4.2.6–8 μήποτε δὲ διὰ τοῦτο Ζεὺς Ῥοδίοις θεσπέσιον κατέχευε πλοῦτον, ἵνα τοῦτον εἰς τὴν Ἡλίου δαπανήσωσι τιμὴν κτλ., 5.1.1 Σεμίραμις ἐς βασιλικὴν ἐπλούτησεν ἐπίνοιαν); non a caso, forse, la frase che subito segue insiste sul ruolo cruciale delle "spese" sostenute per edificare le piramidi (2.5.21s. καυχάσθω τύχη πιστεύουσα ταῖς ἐξυπηρετουμέναις δαπάναις καὶ τῶν ἄστρων ἐφάψασθαι).

Tuttavia, se si vogliono seguire Holste, Orelli e Hercher nel correggere in βασιλικὸς πλοῦτος, occorre riconoscere che altri problemi restano irrisolti.

## 2. Le piramidi di Menfi

Innanzitutto, suona assai sospetta, nell'*incipit* del periodo, la totale assenza di nessi con quanto precede (per la rarità della giustapposizione in asindeto cf. *supra*, ad 1.1.3–1.2.4; l'asindeto della frase successiva, καυχάσθω τύχη πιστεύουσα κτλ., può invece essere giustificato per la valenza esclamativa dell'espressione: cf. *supra*, Introduzione, §5 e n. *ad* 1.1.3–1.2.4). In secondo luogo, il restauro produce un periodo della cui *concinnitas* si può seriamente dubitare, come mostrano le divergenti interpretazioni ispirate dalla stessa *constitutio textus*. Se l'analisi sintattica di Brodersen (cf. qui sopra) appare senz'altro la meno probabile, qualche dubbio ispirano anche le analisi presupposte da Holste, Hercher e Orelli: dato il testo τῆς προσόψεως τῇ χάριτι τῶν χρωμάτων τὴν πολυτέλειαν τῆς χορηγίας βασιλικὸς πλοῦτος παρύφαγκεν, appare almeno dubbio che ai *cola* perfettamente simmetrici τῆς προσόψεως τῇ χάριτι e τῶν χρωμάτων τὴν πολυτέλειαν segua, per soggetto, τῆς χορηγίας βασιλικὸς πλοῦτος, dove il genitivo τῆς χορηγίας – oltre che pleonastico – farebbe attendere una struttura parallela alle precedenti (sost. al dat. + sost. al gen. + sost. all'acc.), come nella serie di simmetriche parisosi che subito precede, 2.4.16s. πρόσεστι δὲ τῷ μὲν καταπληκτικῷ τὸ τερπνόν, τῷ δὲ θαυμαστῷ τὸ φιλότεχνον, τῷ δὲ πλουσίῳ τὸ μεγαλεῖον. Ovviamente non si può escludere che qui lo Pseudo-Filone si sia accontentato di una triplice sequenza poliptotica, pur non del tutto simmetrica, formata da genitivo + dativo, genitivo + accusativo, genitivo + nominativo (con aggettivo). Ma non sarebbe illegittimo ipotizzare almeno due lacune: <...> τῆς προσόψεως τῇ χάριτι τῶν χρωμάτων τὴν πολυτέλειαν, τῆς χορηγίας <...> βασιλικὸς πλοῦτος παρύφαγκεν. Su questa via si potrebbe azzardare, puramente e.g.: <τοιγαροῦν> τῆς προσόψεως τῇ χάριτι τῶν χρωμάτων τὴν πολυτέλειαν, τῆς χορηγίας <τῇ χλιδῇ τοῦ κατασκευάσματος τὴν μεγαλοπρέπειαν> βασιλικὸς πλοῦτος παρύφαγκεν. Oppure, con diversa punteggiatura e diversa combinazione dei sostantivi, che semanticamente si lasciano abbinare nei più vari modi, <τοιγαροῦν τὸ περίσεμνον> τῆς προσόψεως τῇ χάριτι τῶν χρωμάτων, τὴν πολυτέλειαν τῆς χορηγίας <τῷ θαυμασίῳ τοῦ κατασκευάσματος> βασιλικὸς πλοῦτος παρύφαγκεν.

Se nemmeno ritoccare il tràdito βασιλ(ε)ικῷ πλούτῳ esime, a nostro avviso, dall'ipotizzare una o più lacune, ciò è ovviamente inevitabile qualora si conservi la lezione di P. In particolare, il problematico asindeto dell'*incipit* induce a localizzare proprio lì una possibile lacuna, che avrebbe inghiottito il nesso con la frase precedente, il soggetto di παρύφαγκεν e un'espressione – formata da genitivo + accusativo – parallela alle successive. Ciò avrebbe il vantaggio di ridurre al minimo le ipotesi di guasto. Immaginiamo, *e.g.*, qualcosa come: <ἡ γὰρ τέχνη τοῦ πόνου τὴν μεγαλοπρέπειαν> τῆς προσόψεως τῇ χάριτι, τῶν χρωμάτων τὴν πολυτέλειαν τῆς χορηγίας βασιλικῷ πλούτῳ παρύφαγκεν. Rimarrebbe la difficoltà di πλούτῳ privo di articolo; si tratterebbe, tuttavia, dell'unico sostantivo aggettivato, e ciò potrebbe forse giustificare l'eccezione.

A ogni modo, data l'incertezza di qualsiasi soluzione proposta, ci asteniamo dal segnalare a testo i sospetti di lacuna, e preferiamo stampare le *cruces*.

**2.5.21s. καυχάσθω τύχη ... καὶ τῶν ἄστρων ἐφάψασθαι.** Claudio De Stefani (*per litt.*) si domanda se in luogo di τύχη non si debba leggere τέχνη. Come si è osservato *supra*, n. intr., il tema della ricchezza messa al servizio della creazione di meraviglie è ricorrente nel trattato, così come è ricorrente il motivo, parallelo, dell'esaltazione della τέχνη – termine che, con i suoi derivati, è assai frequente nello Pseudo-Filone (cf. *supra*, Introduzione, § 5). D'altro canto, proprio il fatto che τέχνη sia un termine-chiave dell'opuscolo, mentre non vi sono altre occorrenze di τύχη, ci fa propendere per la conservazione di quest'ultimo come *difficilior* (sul piano concettuale, per un analogo appello a un'entità astratta, cf. 3.4.11 ὦ καιρὲ τῆς Ἑλλάδος). In tal caso τύχη sarà da intendere, più che quale "sorte degli uomini" o "condizione umana", come "buona sorte" o "fortuna" di chi è ricco in funzione di imprese artistiche straordinarie. Manteniamo quindi la *paradosis*, anche se la correzione è attraente.

Rohden 1875, 35 si chiedeva se il tràdito ἐφάψασθαι non dovesse essere corretto in ἐφάψεσθαι, ma il futuro non sembra necessario (per καυχάομαι + infinito aoristo cf. e.g. Hdt. 7.39.2 ὅτε μέν νυν χρηστὰ ποιήσας ἕτερα τοιαῦτα ἐπηγγέλλεο, εὐεργεσίῃσι βασιλέα οὐ καυχήσεαι ὑπερβαλέσθαι).

## 3. Zeus Olimpio

Dello Zeus Olimpio, capolavoro dell'arte di Fidia, lo Pseudo-Filone non offre una descrizione vera e propria: non dà al lettore alcun ragguaglio circa la postura della statua o le sue dimensioni (minuziosamente indicate, invece, da Callimaco nel giambo VI, fr. 196 Pf.[42], insieme al costo complessivo dell'opera), né si sofferma – come fa, ad esempio, per il Colosso di Rodi – sulle modalità della sua costruzione.

L'autore non menziona nemmeno alcune curiosità pur compatibili con il suo gusto per il παράδοξον, come la peculiare usanza di cospargere la statua

---

42 Per il calcolo delle misure che si ricavano dal frammento callimacheo cf. Pfeiffer 1960, 72–79; dati più aggiornati, in base alla documentazione archeologica, si trovano in Mallwitz 1964, 75–78. Vd. anche Price in Clayton–Price 1989, 66. Per un confronto tra il *Giambo* VI e il passo dello Pseudo-Filone cf. Hunter 2011, 253–256 (giustamente cauto sull'ipotesi di una conoscenza diretta di Callimaco da parte del nostro autore; non ci sembra, in effetti, che sussistano elementi per supporla).

di olio d'oliva, riferita da Pausania, per preservare l'avorio dall'umidità[43], né riporta l'aneddoto, variamente attestato, secondo cui Fidia, a chi gli chiedeva da dove avesse tratto ispirazione per realizzare il suo Zeus, avrebbe risposto di aver preso spunto da un passo dell'*Iliade*, 1.528–530[44].

Tace anche, a ben guardare, circa la natura criselefantina del manufatto: allude, con un'immagine elaborata (e non del tutto limpida: cf. n. ad 3.2.5–8), all'impiego dell'avorio da parte dello scultore, ma non a quello dell'oro. Anche Epifanio di Salamina, nell'evocare l'opera fidiaca, e Giorgio Cedreno, nel descrivere la collezione d'arte di Lauso, menzionano il solo avorio in relazione allo Zeus di Fidia (cf. *supra*, Introduzione, § 6): un dato da cui è nata l'ipotesi che l'oro fosse stato rimosso dalla statua, forse all'epoca di Costantino[45]. Se questo fosse vero, se ne potrebbe ricavare un *terminus post quem* per lo Pseudo-Filone (cf. *supra*, Introduzione, § 6), ma il dato è tutt'altro che sicuro. Il solo avorio è menzionato, in relazione alla statua di Fidia, anche da alcuni autori di I sec. a.C./I sec. d.C. (cf. Strab. 8.3.30 τὸ τοῦ Διὸς ξόανον, ὃ ἐποίει Φειδίας Χαρμίδου Ἀθηναῖος ἐλεφάντινον[46]; Prop. 3.9.15 *Phidiacus signo se Iuppiter ornat eburno*; Val. Max. mem. 3.7 ext. 4), quando l'oro, a giudicare da altre fonti all'incirca coeve[47], era ancora visibile. La natura eburnea della statua era evidentemente sentita come il suo vero tratto distintivo, tale da poter rendere superflua la menzione dell'oro. È dubbio, dunque, quale peso possa essere assegnato a questa omissione.

Anche l'unico epiteto che l'autore impiega per definire Zeus, l'*hapax* κεραυνοῦχον (cf. *supra*, Introduzione, § 5), ha ben poco a che fare con gli attributi della scultura: dalla dettagliata descrizione di Pausania sappiamo che il dio, seduto su un trono, reggeva una Nike (anch'essa criselefantina) nel palmo della mano destra e uno scettro nella sinistra, su cui era appolla-

---

43 Cf. Paus. 5.11.10, con Maddoli–Saladino 1995, 245.
44 Ἦ καὶ κυανέῃσιν ἐπ' ὀφρύσι νεῦσε Κρονίων· / ἀμβρόσιαι δ' ἄρα χαῖται ἐπερρώσαντο ἄνακτος / κρατὸς ἀπ' ἀθανάτοιο· μέγαν δ' ἐλέλιξεν Ὄλυμπον. Cf. Strab. 8.3.30; D. Chrys. 12.26; Val. Max. mem. 3.7 ext. 4; Macr. 5.13.23.
45 Guberti Bassett 2000, 7 e 9; Bassett 2004, 238 (con bibliografia precedente).
46 Il passo di Strabone è celebre per la battuta sulle dimensioni della statua: se si fosse alzata in piedi, dice l'autore, essa avrebbe scoperchiato il tempio (τηλικοῦτον τὸ μέγεθος ὡς καίπερ μεγίστου ὄντος τοῦ νεὼ δοκεῖν ἀστοχῆσαι τῆς συμμετρίας τὸν τεχνίτην, καθήμενον ποιήσαντα, ἁπτόμενον δὲ σχεδόν τι τῇ κορυφῇ τῆς ὀροφῆς ὥστ' ἔμφασιν ποιεῖν, ἐὰν ὀρθὸς γένηται διαναστάς, ἀποστεγάσειν τὸν νεών). Non è chiaro se la fonte di Strabone per questa osservazione sia Callimaco, al cui giambo si allude in questo stesso paragrafo (ἀνέγραψαν δέ τινες τὰ μέτρα τοῦ ξοάνου, καὶ Καλλίμαχος ἐν ἰάμβῳ τινὶ ἐξεῖπε). Con il *Giambo* VI Strabone sembrerebbe polemizzare in 5.11.9, quando afferma che non intende lodare chi ha messo per iscritto le dimensioni della statua, poiché esse restano inferiori all'impressione che si ricava dalla sua vista (D'Alessio 1996, II 621 n. 103).
47 Cf. e.g. Paus. 5.11.1 χρυσοῦ πεποιημένος καὶ ἐλέφαντος; Plin. *NH* 34.49.3 *Phidias Atheniensis Iove Olympio facto ex ebore quidem et auro*; Hyg. fab. 223.4 *signum Iouis Olympii, quod fecit Phidias ex ebore et auro sedens*.

iata un'aquila (Paus. 5.11.1; cf. anche Call. fr. 196.39 Pf.). E Dione Crisostomo, chiamato a tenere un discorso a Olimpia presso il tempio di Zeus, in occasione dei giochi del 97 d.C., si sofferma a lungo sull'aspetto pacifico e mansueto del dio, che Fidia (al quale, nell'orazione, è affidata la parola) ha voluto rappresentare come guardiano della concordia dei Greci, patrono dell'armonia[48], e non, dunque, come il fosco detentore del fulmine, quale un epiteto come quello utilizzato dallo Pseudo-Filone evoca[49].

Il θέαμα è incentrato, genericamente, su alcuni *topoi* ecfrastici finalizzati all'esaltazione delle straordinarie capacità dello scultore: la metafora dell'artista "padre" del manufatto[50], che qui si combina con l'elogio delle sue mani – metonimia canonica per indicare l'arte del τεχνίτης[51]; il tema dell'artista che ha il privilegio di vedere gli dèi, e per questo ne sa riprodurre le fattezze, in una mimesi perfetta: cf. *e.g.* Philipp. *APl* 81 = *GPh* 3082s. ἢ θεὸς ἦλθ' ἐπὶ γῆν ἐξ οὐρανοῦ εἰκόνα δείξων, / Φειδία, ἢ σύ γ' ἔβης τὸν θεὸν ὀψόμενος, dove si nota anche una certa convergenza concettuale con 2.5.22s. ἢ γὰρ ἄνθρωποι διὰ τῶν τοιούτων ἔργων ἀναβαίνουσι πρὸς θεούς, ἢ θεοὶ καταβαίνουσι πρὸς ἀνθρώπους. L'immagine dell'artista che sa riprodurre la divinità per averla vista ricorre, in relazione allo Zeus di Fidia, anche in Luc. *Sacr.* 11[52]; ma a presentare le maggiori concomitanze con lo Pseudo-Filone, per l'opposizione tra il "vedere" e il "mostrare" (3.1.3s. μακάριος ὁ

---

48 Cf. in part. 12.74 ὁ δὲ ἡμέτερος εἰρηνικὸς καὶ πανταχοῦ πρᾷος, οἷος ἀστασιάστου καὶ ὁμονοούσης τῆς Ἑλλάδος ἐπίσκοπος· ὃν ἐγὼ μετὰ τῆς ἐμαυτοῦ τέχνης καὶ τῆς Ἠλείων πόλεως σοφῆς καὶ ἀγαθῆς βουλευσάμενος ἱδρυσάμην, ἥμερον καὶ σεμνὸν ἐν ἀλύπῳ σχήματι, τὸν βίου καὶ ζωῆς καὶ ξυμπάντων δοτῆρα τῶν ἀγαθῶν, κοινὸν ἀνθρώπων καὶ πατέρα καὶ σωτῆρα καὶ φύλακα.

49 A proposito del fulmine, vale comunque la pena ricordare l'aneddoto narrato da Paus. 5.11.9, secondo cui Fidia, terminata la statua, pregò il dio di manifestare in qualche modo se l'opera gli fosse o meno gradita: subito dopo, un fulmine cadde sul pavimento del tempio, segno di approvazione e consacrazione; all'epoca di Pausania il punto era coperto con un'anfora. Per le numerose immagini di Zeus con il fulmine a Olimpia, dalle quali lo Zeus di Fidia si differenziava nettamente, cf. Maddoli–Saladino 1995, 245 (con bibliografia).

50 Per cui cf. *e.g.* adesp. *APl* 83.1s. Αἶαν, Τιμομάχου πλέον ἢ πατρός, ἥρπασε τέχνα / τὴν φύσιν; adesp. *AP* 9.726: Mirone non plasmò, ma generò (ἔτεκεν) la vacca.

51 Cf. *e.g.* Herinn. *AP* 6.352.1 = *HE* 1797 ἐξ ἀταλᾶν χειρῶν; adesp. *APl* 262.3 σοφαὶ χέρες (di Prassitele); Herod. 4.72 ἀληθιναὶ ... χεῖρες (di Apelle; come precisato da Headlam–Knox 1922, 206, il termine nel contesto vale «abilità artistica, arte»; altri esempi in Floridi 2014 *ad* Lucill. 69.1 = *AP* 11.179.1).

52 [Gli uomini] εἰκόνας αὐτοῖς [*scil.* agli dèi] ἀπεικάζουσιν παρακαλέσαντες ἢ Πραξιτέλην ἢ Πολύκλειτον ἢ Φειδίαν, οἱ δὲ οὐκ οἶδ' ὅπου ἰδόντες ἀναπλάττουσι γενειήτην μὲν τὸν Δία, παῖδα δὲ εἰς ἀεὶ τὸν Ἀπόλλωνα καὶ τὸν Ἑρμῆν ὑπηνήτην καὶ τὸν Ποσειδῶνα κυανοχαίτην καὶ γλαυκῶπιν τὴν Ἀθηνᾶν. Cf., per converso, Cic. *Or.* 2.8s. (Fidia non aveva davanti a sé un'immagine da riprodurre, ma seguiva una forma ideale di bellezza presente nella sua mente e a quella guardava); Plot. *Enn.* 5.8.1 ὁ Φειδίας τὸν Δία πρὸς οὐδὲν αἰσθητὸν ποιήσας, ἀλλὰ λαβὼν οἷος ἂν γένοιτο, εἰ ἡμῖν ὁ Ζεὺς δι' ὀμμάτων ἐθέλοι φανῆναι.

## 3. Zeus Olimpio

καὶ θεασάμενος τὸν βασιλέα τοῦ κόσμου μόνος καὶ δεῖξαι δυνηθεὶς ἄλλοις τὸν κεραυνοῦχον), è Strab. 8.3.30 ὁ τὰς τῶν θεῶν εἰκόνας ἢ μόνος ἰδὼν ἢ μόνος δείξας, dove il concetto è applicato a Omero, dichiarato modello di Fidia per il suo Zeus (cf. qui sopra e n. 44)[53].

Anche il tema della sacralità della statua, che con la sua perfezione ispira venerazione religiosa, su cui è incentrato l'intero § 3 (cf. in part. 3.3.8–10 τὰ μὲν ἄλλα τῶν ἑπτὰ θεαμάτων θαυμάζομεν μόνον, τοῦτο δὲ καὶ προσκυνοῦμεν ... μίμημα Διὸς ὅσιον), è un motivo retorico utilizzato, proprio in relazione a Fidia, da Quint. 12.10.9[54]:

> Phidias tamen dis quam hominibus efficiendis melior artifex creditur, in ebore vero longe citra aemulum vel si nihil nisi Minervam Athenis aut Olympium in Elide Iovem fecisset, cuius pulchritudo adiecisse aliquid etiam receptae religioni videtur, adeo maiestas operis deum aequavit.

> Fidia, tuttavia, è considerato uno scultore migliore di figure divine che umane, e decisamente superiore a chiunque altro nella scultura d'avorio, anche se non avesse scolpito nient'altro oltre alla Minerva ad Atene o allo Zeus Olimpio in Elide, la cui bellezza pare abbia persino aggiunto qualcosa alla reverenza tradizionale, a tal punto la maestà dell'opera fu pari a quella del dio.

Né manca il consueto tema dell'esaltazione della ricchezza messa al servizio della creazione di meraviglie (3.4.11 πλουτήσας εἰς θεῶν κόσμον), frequente nel trattato (cf. *supra*, n. intr. *ad* θέαμα 2). Non si potrà fare a meno di notare che il concetto, in relazione a un'opera di Fidia, poteva suonare bizzarro, alla luce delle accuse mosse all'artista di appropriazione indebita di una parte dell'oro necessario alla realizzazione dell'Atena Parthenos (vd. soprattutto Plut. *Per.* 31; non è detto, naturalmente, che lo Pseudo-Filone conoscesse la vicenda, ed è anzi plausibile escluderlo). Sul costo della preziosa statua, come si è già accennato, si soffermava, comunque, Call. fr. 196.45–47 Pf. (per quanto il passo sia molto mal conservato e sia quindi impossibile una esatta ricostruzione del suo contenuto)[55].

---

53 Strabone è citato da Eust. *ad Il.* 1.223.16 van der Valk (a commento dello Pseudo-Filone non è dunque corretto affermare, con Davison *et al.* 2009, 917: «the idea of seeing Zeus and being able to reveal him to others is found elsewhere, but it is *usually* [enfasi nostra] said of Homer»; gli unici due passi in cui l'immagine ricorre in relazione a Omero sono Strabone ed Eustazio, e il secondo è appunto citazione del primo).

54 Da notare come anche Quintiliano menzioni il solo avorio in relazione all'arte di Fidia, a ulteriore conferma di quanto si osservava più sopra circa la natura eburnea come tratto distintivo delle sculture fidiache.

55 Non è chiaro se vi fossero precise indicazioni quantitative o se l'autore frustrasse le aspettative del suo interlocutore, «curioso» (v. 45 λίχνος) di conoscere le spese sostenute per costruire il manufatto, tramite l'iperbole dell'incommensurabilità (v. 47 [ο]ὐ λογιστόν): cf. Kerkhecker 1999, 162.

La rapida evocazione è conclusa dall'esaltazione nostalgica dell'epoca in cui Fidia si trovò a operare, una sorta di età dell'oro per l'Ellade: allora era possibile vedere, in Grecia, capolavori straordinari, che non sarebbe stato possibile ammirare, invece, presso altri popoli[56]. C'è da chiedersi se dietro a quest'affermazione non si celi un'allusione al fatto che molti dei capolavori dell'arte greca subirono la sorte di essere trasferiti dalle loro sedi originarie ai nuovi centri del potere. A questo destino, come noto, non sfuggì neanche lo Zeus di Fidia: un primo tentativo di rimuovere la statua da Olimpia fu effettuato da Caligola, che voleva portarla a Roma, dove aveva intenzione di sostituire la testa del dio con la propria. Secondo quanto si legge in Suet. *Cal.* 22.3, 57.1s., tuttavia, mentre ci si apprestava a smembrarla, la statua scoppiò in una risata così forte che le impalcature crollarono e gli operai si diedero alla fuga. L'imponente scultura non riuscì invece a evitare, all'inizio del V sec., il trasferimento a Costantinopoli, dove entrò a far parte della collezione di Lauso (sulle possibili implicazioni cronologiche di questo dato cf. *supra*, Introduzione, § 6).

Il nesso tra lo Pseudo-Filone e Bisanzio, dove la statua poteva già trovarsi all'epoca in cui fu composto il trattato, a rigore ci impedirebbe di escludere del tutto l'ipotesi che la genericità della descrizione sia, in questo caso, frutto di una scelta, mirante all'esaltazione, tramite la pura evocazione verbale, di un capolavoro della scultura classica a tutti noto[57]. Un confronto con la tecnica altrettanto evasiva utilizzata per le altre meraviglie, tuttavia, e l'addensarsi di un robusto apparato di *topoi* retorici, rende lecito il sospetto che la vaghezza sia determinata, anche qui, da una conoscenza assai superficiale della statua.

3.2.4s. εἰ δ' αἰσχύνεται Ζεὺς Φειδίου καλεῖσθαι, τῆς μὲν εἰκόνος αὐτοῦ γέγονεν ἡ τέχνη μήτηρ. Hercher 1858, LXX dubitava del μέν posposto, ma la particella può essere mantenuta. Il contrasto è qui con ciò che precede, non con ciò che segue: cf. e.g. Pl. *Alc.1* 130c 8s. εἰ δέ γε μὴ ἀκριβῶς ἀλλὰ καὶ μετρίως, ἐξαρκεῖ ἡμῖν· ἀκριβῶς μὲν γὰρ τότε εἰσόμεθα (per altri esempi di quest'uso cf. Denniston, *GP*², 378); per lo stesso uso enfatico nello Pseudo-Filone, vd. 2.2.4s. τετραγώνου δὲ τῆς βάσεως ὑφεστώσης οἱ μὲν κατώρυγες λίθοι τὴν θεμελίωσιν ἔχουσιν κτλ.

---

56 Se coglie nel segno la nostra proposta di leggere μή in luogo di μέν in 3.4.14: cf. *infra, ad l.*

57 A una scelta deliberata pensa Hunter 2011, 256, secondo il quale l'evasività descrittiva dello Pseudo-Filone giocherebbe intorno all'idea dell'ineffabilità del divino: «it was a work that called forth thoughts of the divine, and it is to this metaphysical level that Philo's rhetorical sleight of hand appeals. This is a work that can be 'seen with the soul' only, through a particularly potent form of *phantasia*: in refusing to describe it in any banal, physical way, Philo is in fact making clear the most important fact about Phidias' Zeus».

**3.2.5–8** διὰ τοῦθ' ἡ φύσις ἤνεγκεν ἐλέφαντας, ἵνα Φειδίας τεμὼν τοὺς τῶν θηρίων ὀδόντας χορηγήσῃ καὶ τὴν εἰς τὸ κατασκευαζόμενον ὕλην ἀγέλαις ἐλεφάντων ἡ Λιβύη δαψιλεύσεται. Brodersen 1992, 29, sulla scorta di Hercher 1858, LXX, espunge sia il καί, sia la parte finale del periodo (ἀγέλαις ἐλεφάντων ἡ Λιβύη δαψιλεύσεται), ritenuta una glossa intrusa; di conseguenza egli intende così: «deshalb nämlich brachte die Natur Elefanten hervor, daß Pheidias die Zähne der Tiere abschneiden und so auch das Material für die Verfertigung bereitstellen konnte». La soluzione non ci sembra soddisfacente: (1) il καί è effettivamente di troppo, ma non è facile comprendere come possa essersi intruso nel testo; (2) nella frase finale il futuro δαψιλεύσεται mal si concilia con l'ipotesi di una glossa, che peraltro apparirebbe alquanto gratuita.

Quanto a χορηγήσῃ, Orelli 1816, 94 obiettava che a tagliare i denti degli elefanti per ricavarne l'avorio e, quindi, a fornire il materiale, non è l'artista, ma i suoi operai («χορηγεῖ ὀδόντας, sector eboris, qui illud praeparat in usum artificum, non autem artifex ipse»). Lo studioso proponeva pertanto, *dubitanter*, di intendere il verbo assolutamente come "essere a capo del coro", i.e., metaforicamente, "essere il capo degli artisti", "eccellere, primeggiare" (cf. Orelli 1816, 94: «agmen, chorum ducat Phidias tamquam statuariorum princeps et summus»). Una simile accezione, però, richiederebbe qualche determinazione contestuale (in Pl. *Theaet.* 179d 8, dove il valore è appunto quello di "take a lead in a matter" – cf. LSJ[9], s.v. – il verbo è seguito dal gen.: οἱ γὰρ τοῦ Ἡρακλείτου ἑταῖροι χορηγοῦσι τούτου τοῦ λόγου μάλα ἐρρωμένως; in Ach. Tat. 1.10.7 χορήγησον τὴν ὑπόκρισιν, μὴ ἀπολέσῃς σου τὸ δρᾶμα, dove pur è utilizzato in senso traslato, tutto il contesto è metaforico). In alternativa, Orelli suggeriva di correggere Φειδίας τεμών in Φειδίᾳ τεμόντι, oppure χορηγήσῃ in χειρουργήσῃ, da intendere come "use as material" (LSJ[9], s.v.). La prima correzione, a ben vedere, non risolve nemmeno l'obiezione dello stesso Orelli: soggetto della frase diventerebbe la φύσις, e χορηγήσῃ sarebbe determinato dal dativo della persona alla quale viene fornito il materiale, ma a tagliare i denti degli elefanti sarebbe comunque Fidia; la seconda, accolta da Hercher 1858, 103, è più plausibile per paleografia e senso (ed è anticipata dalla traduzione di Holste [= de Boissieu 1656, 18], che pur ha a testo χορηγήσῃ: «ut Fidias sectos belluarum dentes manu fingeret»; Allacci 1640, 10 interpretava invece «ut Phidias materiam haberet, qua [...] opus perficeret»). Tuttavia, per l'uso qui richiesto ("lavorare" un determinato materiale, espresso all'accusativo), i dizionari citano il solo Ael. *NA* 17.32 τοὺς τὸν ἐλέφαντα χειρουργοῦντας, dove χειρουργοῦντας non è testo tràdito, ma correzione di Gesner per χειροῦντας (accolta, non a caso, da Hercher, ma non, ad esempio, da García Valdés *et al.* 2009); sarebbe quindi poco prudente introdurre il termine nel testo pseudo-filoniano.

Del resto, ci sembra che χορηγήση, con soggetto Fidia, non sia affatto implausibile (oltre a essere del tutto compatibile con l'*usus* dell'autore: cf. 2.5.20 χορηγίας), e che Brodersen abbia dunque ragione a mantenerlo: si è appena affermato che lo Zeus di Fidia è opera non dell'artista, ma della τέχνη stessa (εἰ δ' αἰσχύνεται Ζεὺς Φειδίου καλεῖσθαι, τῆς μὲν εἰκόνος αὐτοῦ γέγονεν ἡ τέχνη μήτηρ). Fidia, in altre parole, è uno strumento della τέχνη: è la figura grazie alla quale quest'ultima ha raggiunto vette ineguagliabili. Di qui il suo ruolo "passivo" e la sua implicita assimilazione a un operaio, che taglia i denti delle fiere per mettere a disposizione della τέχνη la ὕλη, la "materia" necessaria al compimento dell'opera; la natura ha creato gli elefanti solo per questo, per permettere a Fidia di ricavarne materia per l'opera della τέχνη.

E veniamo all'espressione ἀγέλαις ἐλεφάντων ἡ Λιβύη δαψιλεύσεται, che contenuto e forma (il verbo al futuro) rendono poco plausibile come glossa. Hemsterhuis 1789, II 549 correggeva in δαψιλεύεται, e la correzione era accolta da Hercher 1858, 103, che in un primo momento aveva proposto la trasposizione διὰ τοῦθ' ἡ φύσις ἤνεγκεν ἐλέφαντας <καὶ> ἀγέλας ἐλεφάντων ἡ Λιβύη δαψιλεύεται, ἵνα Φειδίας τεμὼν τοὺς τῶν θηρίων ὀδόντας χειρουργήση τὴν εἰς τὸ κατασκευαζόμενον ὕλην, per poi rinnegarla (*ibid.*, LXX) in ragione dello iato che era venuto a crearsi tra καί e ἀγέλας (correzione in luogo del dativo tràdito, che andrà tuttavia mantenuto: cf. Clem. Alex. *Strom.* 2.18.95 δαψιλευόμενος δὲ τῇ φιλανθρωπίᾳ ὁ χρηστὸς λόγος. L'accusativo ἀγέλας è anche in L, apografo ignoto a Hercher – cf. *infra*, Appendice I. In L si tratterà, verosimilmente, di un errore di attrazione provocato da ἐλέφαντας, che immediatamente precede). Holste (= de Boissieu 1656, 19) ha δαψιλεύηται, lezione che parrebbe presupposta anche dalla traduzione di Allacci 1640, 10, che pure stampa il futuro: «exuberet modo Elephantorum armentis Lybia»; vd. Orelli 1816, 95: «ex versione huius loci ineptissima legisse videtur δαψιλεύοιτο vel δαψιλεύηται».

Ma più che correggere in δαψιλεύεται, o sbarazzarsi di questa problematica porzione di testo, si può ipotizzare che la pericope sia il resto di un periodo il cui senso doveva essere: «in futuro inutilmente la Libia abbonderà in mandrie di elefanti». Si confronti il tema analogo del rimpianto per il sommo artista (di età classica), che, alla sua morte, lascia soggetti degni di essere rappresentati senza eredi all'altezza del compito: Plaut. *Poen.* 1271s. *O Apella, o Zeuxis pictor, / cur numero éstis mortui, hoc exemplo ut pingeretis?*; Philostr. *Epist.* 34 Φειδία καὶ Λύσιππε καὶ Πολύκλειτε, ὡς ταχέως ἐπαύσασθε· οὐ γὰρ ἄν πρὸ τούτο τι ἄγαλμα ἄλλο ἐποιήσατε; Rufin. *AP* 5.15.1s. = 4.1s. Page Ποῦ νῦν Πραξιτέλης; ποῦ δ' αἱ χέρες αἱ Πολυκλείτου, / αὐταῖς πρόσθε τέχναις πνεῦμα χαριζόμεναι;

Quanto al καί, lungi dal dover essere espunto, esso costituisce a nostro avviso una chiara spia dell'ipotizzata lacuna: la congiunzione doveva essere correlata con un secondo καί, a introdurre un altro accusativo retto da χορηγήσῃ. A titolo puramente esemplificativo immagineremmo: διὰ τοῦθ' ἡ φύσις ἤνεγκεν ἐλέφαντας, ἵνα Φειδίας τεμὼν τοὺς τῶν θηρίων ὀδόντας χορηγήσῃ καὶ τὴν εἰς τὸ κατασκευαζόμενον ὕλην <καὶ τὴν πρὸς τὸν ἀπεικαζόμενον ἱκανὴν χάριν· εἰς τὸν μετέπειτα χρόνον μάτην> ἀγέλαις ἐλεφάντων ἡ Λιβύη δαψιλεύσεται, «per questo la natura produsse gli elefanti, perché Fidia tagliasse i denti delle fiere e fornisse sia il materiale per la fabbricazione, sia l'omaggio adeguato al soggetto della raffigurazione: in futuro inutilmente la Libia abbonderà in mandrie di elefanti». Si noti che nel seguito sono appunto distinti i due motivi d'eccellenza del manufatto (ὡς μὲν γὰρ ἔργον τέχνης παράδοξον, ὡς δὲ μίμημα Διὸς ὅσιον), l'uno eminentemente tecnico e connesso alla fattura della statua, l'altro religioso e connesso alla natura del soggetto. È dunque plausibile – a prescindere dalla nostra ricostruzione, che mira solo a suggerire una possibilità fra le altre – che un'analoga distinzione di piani fosse introdotta nel segmento testuale di cui il testo tràdito suggerisce la scomparsa.

3.4.13s. καὶ δεῖξαι δυνηθεὶς ἀνθρώποις θεῶν ὄψεις, ἃς ὁ μὲν παρὰ σοὶ θεασάμενος παρ' ἄλλοις ἰδεῖν οὐκ ἂν δυνηθείη. La frase arriva al culmine del rimpianto, enfaticamente espresso dall'apostrofe, per un fortunato e irripetibile καιρός dell'Ellade. Tutti gli editori mantengono la *paradosis*. Allacci 1640, 10s. traduce: «quos, ut quis semel apud vos vidit, nusquam amplius visurus est» (le due integrazioni «semel» e «amplius», tuttavia, rivelano la necessità di far fronte a una difficoltà di senso); Holste (= de Boissieu 1656, 20): «deorum quoque aspectus mortalibus ostendere potuerunt, quos quicunque apud te spectaverit, apud alios non temere videt»; Brodersen 1992, 31: «und die du den Menschen Abbilder der Götter zu zeigen vermochtest, wie sie keiner, der sie bei dir gesehen hat, bei anderen hätte sehen können». Analogamente Hunter 2011, 254: «You could show to men visions [ὄψεις] of the gods; a man who had seen them would not be able to look at images from other times», che tuttavia ammette, in nota, «The sense and the text are not absolutely clear». In effetti, ὁ μὲν παρὰ σοὶ θεασάμενος introduce un truismo difficilmente tollerabile: è semplicemente ovvio che chi ha già visto (ὁ ... θεασάμενος) le θεῶν ὄψεις presenti in Grecia non possa rivederle altrove; e non è facile sottintendere qualcosa come "chi ha già visto le θεῶν ὄψεις presenti in Grecia non può vedere altrove qualcosa di più bello" (in questa direzione va la resa di Allacci). Un facile ritocco rende la frase ben più conseguente: leggiamo μή in luogo di μέν. Ovvero: chi, in quel tempo così glorioso per la Grecia, non vide *in loco* capolavori come quello di Fidia, non aveva occasione di vederli altrove.

Evidentemente si presuppone un quadro ormai mutato: per le possibili implicazioni cronologiche di questo passaggio cf. *supra*, Introduzione, § 6.

3.4.14s. καὶ γὰρ δὴ τὸν μὲν Ὄλυμπον πλεῖστον χρόνον Φειδίας νενίκηκεν. Così P, e tutti gli editori al suo seguito. Brodersen accoglie invece πολὺν χρόνον del *descriptus* L, probabilmente una banalizzazione, agevolata dall'ambiguità del contesto, dove πλεῖστον, di primo acchito, può in effetti suonare strano, se non si tiene presente la peculiare visione temporale dello Pseudo-Filone. L'autore sembra considerare la vittoria di Fidia come una vittoria protratta per gran parte del tempo passato, ma comunque a termine. Nessun vantaggio si trarrebbe quindi da πολὺν χρόνον, che continuerebbe a delineare una vittoria condannata a una sorta di scadenza, ma in termini molto più vaghi.

Anche da πλεῖστον si possono ricavare indizi utili per una collocazione cronologica dello Pseudo-Filone: cf. *supra*, Introduzione, § 6.

## 4. Il Colosso di Rodi

La descrizione della colossale statua bronzea del Sole, dedicata dai Rodiesi al dio patrono della loro isola in seguito alla vittoria contro le truppe macedoni e completata nei primissimi anni del III sec. (cf. *supra*, Introduzione, § 2)[58], non verte sui dettagli fisici della scultura, della quale si dice soltanto che era «a immagine di Helios» (4.1.3 διεσκευασμένος εἰς Ἥλιον), ma sulla sua peculiare tecnica di costruzione. Lo Pseudo-Filone fornisce un resoconto articolato della tecnica impiegata dallo scultore per realizzare un monumento di tale altezza, un resoconto che non ha paralleli in altre fonti, ma che, almeno nelle sue linee essenziali, è ritenuto plausibile dagli specialisti[59].

La statua dunque, secondo lo Pseudo-Filone, fu forgiata per stadi successivi, un pezzo sopra l'altro, con un sistema di fusione *in loco* reso possibile dalla costruzione di impalcature che permettevano di lavorare come se si fosse sempre a livello del suolo, nascondendo (e proteggendo) le parti

---

58 Cf. l'epigramma di dedica, preservato nell'*Anthologia Graeca*, adesp. AP 6.171 = HE 3908–3915 (con Gow–Page 1965, II 588s.): αὐτῷ σοὶ πρὸς Ὄλυμπον ἐμακύναντο κολοσσὸν / τόνδε Ῥόδου ναέται Δωρίδος, Ἀέλιε, / χάλκεον, ἀνίκα κῦμα κατευνάσαντες Ἐνυοῦς / ἔστεψαν πάτραν δυσμενέων ἐνάροις. / οὐ γὰρ ὑπὲρ πελάγους μόνον ἄνθεσαν, ἀλλὰ καὶ ἐν γᾷ / ἁβρὸν ἀδουλώτου φέγγος ἐλευθερίας· / τοῖς γὰρ ἀφ' Ἡρακλῆος ἀεξηθεῖσι γενέθλας / πάτριος ἐν πόντῳ κἠν χθονὶ κοιρανία. Argomenti contro l'autenticità della dedica in Jones 2014, secondo il quale il componimento sarebbe stato composto all'inizio del II sec. a.C., per celebrare la vittoria dei Rodiesi su Filippo V.

59 Gabriel 1932 rivendicava con decisione l'attendibilità della tecnica descritta dall'autore; poco più di un ventennio dopo, Maryon 1956 ipotizzò invece che la statua fosse fatta di lastre di bronzo martellato, proprio sulla base di un'incongruenza rilevata nel testo dello Pseudo-Filone, ma la tesi fu subito respinta da Haynes 1957 (cf. *infra*). Sulla questione, vd. anche R. Higgins in Clayton–Price 1989, 125s.; *supra*, Introduzione, § 4.

## 4. Il Colosso di Rodi

via via già realizzate[60]. La solidità della costruzione fu assicurata tramite un'armatura interna costituita da barre metalliche orizzontali e da blocchi di pietra. Quest'ultimo dettaglio è confermato da Plin. *NH* 34.41: l'autore, che descrive il Colosso caduto a terra, dopo il terremoto abbattutosi sull'isola intorno al 227 a.C., ci informa che le membra spezzate[61] permettevano di vedere, all'interno della statua, pietre gigantesche, utilizzate dall'artista per consolidare la costruzione (*vasti specus hiant defractis membris; spectantur intus magnae molis saxa, quorum pondere stabiliverat eum constituens*). La descrizione dello Pseudo-Filone mostra anche altri due punti di contatto con quella di Plinio, tanto che ci sembra inevitabile ipotizzare la dipendenza da una medesima fonte[62]. Entrambi parlano di 70 cubiti di altezza, *i.e.*, all'incirca, 32 metri (cf. 4.1.3 e 4.3.17; Plin. *NH* 34.41 *LXX cubitorum altitudinis fuit hoc simulacrum*). E se questo dato trova conferma anche altrove (Hyg. *fab.* 223; Strab. 14.2.5, che cita [Simon.] *APl* 82.1 = *FGE* 916 ἑπτάκις δέκα = ep. [70].1 Sider = adesp. *HE* 3916[63]), più significativa è un'altra coincidenza: l'osservazione che la sola pianta del piede già superava, per dimensioni, le altre statue (4.3.17s.) può essere confrontata con l'analogo commento di Plin. *NH* 34.41 circa le dita della mano del Colosso, che da sole sopravanzavano gran parte delle statue (*maiores sunt digiti quam pleraeque statuae*)[64].

---

60 Così intendiamo il complesso passaggio di 4.5, dove a nostro avviso si addensano, più che altrove, fraintendimenti esegetici e traduttivi: cf. *infra, ad l.*
61 Secondo Strab. 14.2.5, il Colosso si sarebbe spezzato all'altezza delle ginocchia (κεῖται δὲ νῦν ὑπὸ σεισμοῦ πεσὼν περικλασθεὶς ἀπὸ τῶν γονάτων). L'autore ci informa anche che i Rodiesi decisero di non ricostruirlo, in accordo con un vaticinio. Sappiamo da Plb. 5.89.3 e 5 che Tolemeo Evergete aveva promesso (o forse inviato) 3000 talenti per il restauro della statua: si è ipotizzato che i Rodiesi abbiano fatto circolare *ad hoc* la notizia del vaticinio per spendere in altro modo il denaro (cf. Biffi 2009, 227). Sulla incerta storia del Colosso dopo la sua prima caduta cf. *supra*, Introduzione, § 6.
62 Che la fonte di Plinio per la descrizione del Colosso sia Caio Licinio Muciano, autore di un resoconto di viaggio più volte citato nel corso dell'opera, ed esplicitamente menzionato, a proposito di Rodi, poco più sopra (*NH* 34.17), è solo una congettura: Corso–Mugellesi–Rosati 1988, 155. E se anche l'ipotesi cogliesse nel segno, Muciano/Plinio e lo Pseudo-Filone potrebbero comunque aver attinto da una fonte comune (per le fonti greche di Muciano cf. Traina 1987, 393s., che rileva la possibile conoscenza diretta di autori come Erodoto, Eratostene, Teofrasto. Su Muciano vd., tra i lavori più recenti, anche Baldwin 1995; Ash 2007; sulle fonti di Plinio cf. anche *supra*, n. 27).
63 Negli altri testimoni dell'epigramma si legge ὀπτάκις: Strabone sembrerebbe conservare il testo migliore, qui come altrove: vd. *infra*, n. 72.
64 Per un confronto tra le due *ekphraseis*, l'una realizzata nella prospettiva del turista che contempla un relitto del passato, l'altra finalizzata a riportare in vita, non senza nostalgico entusiasmo, il momento della creazione del capolavoro classico, cf. Roby 2016, 121–123 (in part. *ibid.*, 123: «Pliny's description concentrates on the spectacle of the fallen colossus, which can be visited as a point of interest in a world of Greek technological culture now subordinated to Roman imperial power. Philo's descrip-

Non è coincidente invece l'indicazione della spesa che sarebbe stata sostenuta dai Rodiesi per realizzare la statua: Plin. *NH* 34.41 parla di 300 talenti ricavati dalla vendita del materiale abbandonato dal re Demetrio quando tolse l'assedio a Rodi (*tradunt effectum CCC talentis, quae contigerant ex apparatu regis Demetrii relicto morae taedio obsessa Rhodo*)[65]; lo Pseudo-Filone afferma invece che per costruire il Colosso furono impiegati 500 talenti di bronzo e 300 di ferro (4.6.32s. πεντακόσια μὲν χαλκοῦ τάλαντα δαπανήσας, τριακόσια δὲ σιδήρου), alludendo, evidentemente, non a misure monetarie, come Plinio, ma a misure di peso[66].

Maryon 1956 notava che 500 talenti di bronzo[67] sono una quantità troppo piccola per una statua di quell'altezza: il Colosso doveva dunque essere fatto non di bronzo fuso, ma di lastre di bronzo martellato (cf. *supra*, n. 59, e Introduzione, § 4)[68]. Ma è giusta l'obiezione di Haynes 1957, 312, che è antieconomico rigettare l'intero procedimento descritto dallo Pseudo-Filone, che in sé è (questa volta) coerente e credibile, sulla sola base di un numero (in 4.1.4s., d'altronde, lo Pseudo-Filone, con tipica iperbole, afferma che il bronzo utilizzato per il Colosso era così tanto da rischiare di esaurire le miniere, segno che, a prescindere dal dato numerico, la quantità che aveva in mente era eccezionale[69]). Per quanto i numeri siano uno dei dati testuali più frequentemente soggetti a corruttela, non ci sarà qui bisogno di ipotizzare

---

tion, on the other hand, brings that world back to life by narrating the creation process of the colossus, with all the engineering challenges that made it so wondrous»).

65 Da notare la discrasia tra i 300 talenti menzionati da Plinio per la costruzione della statua e i ben 3000 promessi da Tolemeo Evergete per il suo restauro citati da Polibio (cf. *supra*, n. 61): siamo, evidentemente, nel dominio delle misure leggendarie.

66 La questione delle spese affrontate per realizzare il Colosso, strettamente connessa a quella delle sue dimensioni, appassionava gli antichi: cf. l'aneddoto riportato da Sext. Emp. *Adv. math.* 7.107s., secondo cui lo scultore avrebbe accettato di modificare, su richiesta dei Rodiesi, le misure della statua, ma avrebbe sbagliato i calcoli sul suo costo (a una negoziazione tra l'artista e i suoi committenti circa le dimensioni del Colosso fa riferimento anche Posidipp. 68 A.–B.).

67 Equivalenti a 12.5 tonnellate, secondo la stima fornita dallo studioso (per il valore del talento attico, 26.196 kg, cf. Hultsch 1882, 135). Il dato ponderale appare in effetti esiguo per una statua alta oltre 30 m: per dare un'idea delle misure, la statua in bronzo della Libertà nel porto di New York, eseguita dallo scultore francese Frédéric-Auguste Bartholdi e ispirata proprio al Colosso di Rodi, ma ancora più alta (46 m, che salgono a 93, se si include il basamento: cf. Higgings in Clayton–Price 1988, 125; Jordan 2014, 24), pesa all'incirca 204 tonnellate.

68 Costituisce una variante di questa teoria il tentativo di Jordan 2014, 26 di spiegare l'incongruenza con altri dati presenti nel testo: cf. *supra*, Introduzione, § 4.

69 Cf. anche, per un'indicazione quantitativa iperbolica, Theophan. *Chron.* p. 345 de Boor, ripreso da Constant. Porphyr. *De adm. imp.* 21 Moravcsik, secondo cui furono utilizzati 900 cammelli per rimuovere da Rodi il bronzo del Colosso, dopo il suo acquisto da parte di un mercante giudeo «1360 anni dopo la sua erezione»; cf. *supra*, Introduzione, § 2 n. 19. Sulla scarsa attendibilità di questo aneddoto cf. Conrad 1996; *supra*, Introduzione, §§ 2 e 6.

un guasto. Le indicazioni di misura, nel trattato, sono infatti spesso sospette, inesatte, iperboliche o puramente indicative: vd. e.g. l'informazione relativa alle piramidi di Menfi, per le quali viene data una misura unica, nonostante siano di dimensioni differenti (cf. *supra*, n. intr. ad θέαμα 2), o i dati relativi alle mura di Babilonia, che lo Pseudo-Filone ricava da Diodoro Siculo, autore nel quale si leggono misure alternative (puntualmente ricondotte alle loro fonti), con un processo di selezione che si rivela, nella sostanza, acritico, se non del tutto casuale (cf. *infra*, n. intr. ad θέαμα 5). Data la coincidenza con Plinio nel numero di 300, sorge il sospetto che anche qui, come nella rielaborazione di Diodoro Siculo, lo Pseudo-Filone abbia semplificato, o riportato in modo parziale e inesatto, un dato che leggeva nella sua fonte (comune a Plinio), confondendo peraltro costi e pesi.

Lo Pseudo-Filone, a differenza di Plinio, non descrive il Colosso caduto a terra, ma si sofferma sulla sua costruzione "in presa diretta": nondimeno egli ne parla al passato – segno evidente che, alla sua epoca, la statua era distesa al suolo[70]. Lo indica soprattutto 4.1.4 ἡ γὰρ εἰκὼν τοῦ θεοῦ ... ἐγινώσκετο, dove l'imperfetto implica che il riconoscimento del Colosso non fosse più possibile (il passo presenta un problema testuale, ma è probabile che vi fosse qui un'allusione a un attributo tipico di Helios, i bagliori che esso emanava, rappresentati figurativamente dall'aureola a raggiera, che, secondo molti studiosi, doveva in effetti caratterizzare il Colosso: cf. *infra*, ad l.)[71].

L'artista responsabile della costruzione della statua è genericamente indicato come τεχνίτης, nonostante la sua identità fosse nota ancora nel X sec. (benché discussa: cf. Costantino VII Porfirogenito, *De adm. imp.* 21 Moravcsik): Carete di Lindo, allievo di Lisippo, come testimoniato da varie fonti (cf. e.g. [Simon.] *AP*/82 = *FGE* 916s. = ep. [70] Sider = adesp. *HE* 3916s.[72]; Posidipp. 68 A.–B.; Plin. *NH* 34.41). Non è, questa, l'unica volta

---

70 O almeno che questa era l'idea che lo Pseudo-Filone ne aveva: per i possibili restauri del Colosso, in relazione alla *vexata quaestio* della datazione, cf. *supra*, Introduzione, § 6.
71 Il problema di quale fosse l'aspetto del Colosso ha fatto molto discutere; si è ad esempio sostenuto che il dio fosse seduto su una quadriga trainata da cavalli, ma oggi l'opinione prevalente è che fosse raffigurato stante (cf. Gabriel 1932, 342–347, secondo il quale Helios avrebbe impugnato una lancia in una mano e una fiaccola nell'altra; Higgins in Clayton–Price 1989, 122–129; una sintesi della questione anche in Adam–Blanc 1989, soprattutto 212–216). Sulle ricostruzioni grafiche del Colosso di Rodi dalla fine del XV sec. all'inizio del XVIII cf. Beschi 1986, 311–313. Non meno spinoso il problema della sua collocazione: cf. e.g. Higgins in Clayton–Price 1989, 126–129.
72 Al v. 2 il nome dell'artista, Χάρης, è preservato nella forma corretta dal solo Strab. 14.2.5 (cf. anche *supra*, n. 63); Planude e le altre fonti dell'epigramma, *i.e.* lo stesso Costantino Porfirogenito, che cita appunto il verso per dimostrare che a realizzare il Colosso fu Lachete, e non Carete, come ritenuto di solito, e Georg. Cedr. *Comp. hist.* 450.8.22 (2.718 Tartaglia), hanno Λάχης (per la possibilità che Costantino Por-

in cui lo Pseudo-Filone mostra un totale disinteresse verso l'identità dell'artista: neanche nel caso dell'*Artemision* di Efeso si premura di specificare chi fosse l'architetto preposto alla sua progettazione (cf. *infra*, n. intr. ad θέαμα 6). Forse non aveva accesso a questo tipo di informazioni, o forse non le considerava rilevanti in vista della finalità principale dello scritto: l'esaltazione della τέχνη e degli straordinari risultati a cui essa conduce. Nel trattato, gli unici personaggi umani a essere esplicitamente menzionati sono Fidia, sommo artista, presentato come incarnazione della τέχνη stessa, e Semiramide, regina quasi mitica, di cui sono esaltate le favolose ricchezze (su questo punto cf. anche *supra*, Introduzione, § 5).

Anche in relazione alla costruzione del Colosso sono celebrate le spese immense affrontate dai Rodiesi, rese possibili dalla ricchezza concessa loro da Zeus. Il concetto è espresso con una reminiscenza omerica (caso raro nel trattato, ma non del tutto privo di paralleli: cf. *supra*, Introduzione, § 5): cf. 4.2.6s. μήποτε δὲ διὰ τοῦτο ὁ Ζεὺς Ῥοδίοις θεσπέσιον κατέχευε πλοῦτον; con *Il.* 2.667–670[73]:

αὐτὰρ ὅ γ' ἐς Ῥόδον ἷξεν ἀλώμενος ἄλγεα πάσχων·
τριχθὰ δὲ ᾤκηθεν καταφυλαδόν, ἠδ' ἐφίληθεν
ἐκ Διός, ὅς τε θεοῖσι καὶ ἀνθρώποισιν ἀνάσσει,
670  καί σφιν θεσπέσιον πλοῦτον κατέχευε Κρονίων.

Ma a Rodi lui [*scil*. Tlepolemo] arrivò errando, patendo dolori:
si stanziarono in tre sedi, per tribù, e furono amati
da Zeus, che regna su uomini e dèi:
670  e su di loro spargeva ricchezza divina il Cronide.

**4.1.2s. ἐν ταύτῃ κολοσσὸς ἔστη πήχεων ἑβδομήκοντα διεσκευασμένος εἰς Ἥλιον**. Il participio vale qui "in foggia di": cf. Plut. *Ant.* 24.4 παῖδες εἰς Σατύρους καὶ Πᾶνας ... διεσκευασμένοι, «ragazzi travestiti da Satiri e da Pan». Bene, dunque, le rese di Holste, «ad Solis instar effectus» (de Boissieu 1656, 20 ha «effictus»), e Brodersen 1992, 31 «gestaltet nach Helios» (mentre Allacci 1640, 11 fraintende: «Soli sacer»; sbagliata, qui come altrove, anche la resa di Rossi 1985, 125: «in onore del Sole»).

---

firogenito traesse l'epigramma dall'antologia di Cefala, e che a questo sia imputabile l'errore comune a lui e a Planude, cf. Cameron 1993, 293–295).

73 Il passo omerico è molto citato, da autori quali Senofonte, Strabone, Elio Aristide etc. (cf. i paralleli raccolti dall'apparato *ad l*. di West 1998, I 77), ed era evidentemente noto anche allo Pseudo-Filone, che spesso, nel trattato, fa mostra di una cultura "scolastica", quale è lecito attendersi da un dilettante (su questo punto cf. *supra*, Introduzione, § 5).

**4.1.4** ἡ γὰρ εἰκὼν τοῦ θεοῦ μόνοις ἐγινώσκετο τοῖς ἐξ ἐκείνου. Hercher 1858, LXX corregge μόνοις di P in συμβόλοις. La correzione è anticipata, come altre (per l'elenco completo cf. *infra*, *Appendice II*), dalla traduzione di Holste (= de Boissieu 1656, 20): «Dei enim effigies ex signis illi propriis agnoscitur» (Allacci 1640, 11 ha invece: «illius viris solummodo, qui ex eo erant, innotuerat»; egli stampava peraltro ἐγνωρίζετο in luogo di ἐγινώσκετο: questo e altri suoi errori di lettura sono segnalati da Bast 1805, 33–35); l'emendamento di Hercher è accolto da Brodersen 1992, 30, e su questa linea sono anche Adam–Blanc 1989, 51 («on identifie le dieu à ses attributs») e Rossi 1985, 125 («si riconosce bene dalle sue decorazioni la figura della divinità»). Ma si tratta di un intervento che, oltre a essere piuttosto distante dalla *paradosis*, non pare tener conto della precisazione ἐξ ἐκείνου, che fa pensare a qualcosa che viene da Helios, che emana da lui (insostenibile la traduzione di R.J.H. Jenkins, *ap.* Maryon 1956, 69, «the similitude of the God was known only to his descendents» e, similmente, quella che si legge in appendice a Clayton–Price 1989, 162: «noto solo ai discendenti»). Si tratta cioè, verosimilmente, dei suoi bagliori, rappresentati iconograficamente dall'aureola a raggiera con cui il dio è raffigurato a partire già dall'arte etrusca (per i raggi come attributo di Helios cf. Letta 1988, in part. 624; in generale, per l'iconografia di Helios/Sol, Letta 1988; Yalouris–Visser-Choitz 1990; Gawlikowski 1990; per quella di Usil, corrispettivo etrusco di Helios, Krauskopf 1990). Il Colosso, secondo la ricostruzione più accreditata, era stante, e quindi senza altri attributi tipici, come il carro (anche se non è in realtà mancato, in passato, chi ha sostenuto questa ipotesi: cf. *supra*, n. 71): per quanto non si possa raggiungere la certezza in proposito, molti studiosi, anche sulla base della documentazione numismatica (la testa di Helios, nelle monete di Rodi, è raffigurata sia con i raggi sia senza: vd. Higgins in Clayton–Price 1989, 124s.), ritengono che il capo del dio fosse circondato dall'aureola (più discussa la questione se la divinità reggesse o meno una fiaccola; per lo schema iconografico di Helios con raggi e fiaccola, un utile termine di confronto è il mosaico giustinianeo a Qasr el-Lebia, in Cirenaica, dove è riprodotta la statua che sorgeva vicino al faro di Alessandria). Queste le soluzioni che ci sembra pertanto possibile proporre:

a) la correzione di μόνοις in βολαῖς (cf. e.g. Soph. *Ai.* 877 ἀφ' ἡλίου βολῶν; Eur. *Ion* 1134; *VT Mac.* 3.5.26), ipotizzando un errore da minuscola, oppure b) l'integrazione del sostantivo βολαῖς, caduto per una sorta di aplografia determinata dalla vicinanza grafica tra μόναις e βολαῖς. In entrambi i casi, τοῖς dovrebbe essere conseguentemente mutato in ταῖς. A favore di βολαῖς – accompagnato o meno dall'aggettivo – ci sembra deporre anche la presenza, poco più sotto, dell'espressione ταῖς ἐπιβολαῖς (4.2.8), data la tendenza dello Pseudo-Filone a riutilizzare, a breve distanza, termini di derivazione analoga (cf. *supra*, § 5).

In alternativa, con un senso simile e con conservazione del tràdito τοῖς, si potrebbe integrare, e.g., c) μόνοις <φέγγεσιν> (il termine, in riferimento alla luce del sole, è generalmente utilizzato al singolare: cf. e.g. Aesch. Pers. 377 φέγγος ἡλίου; il plurale sarebbe qui giustificato dalla necessità di indicare il complesso dei bagliori emananti dal dio; per la menzione del φέγγος in relazione al culto di Helios a Rodi cf. Antiph. Byz. AP 9.178.2 e 4 = GPh 816 e 818).

La presenza dell'aggettivo μόνοις o μόναις si giustificherebbe con il fatto che, come si è osservato, la corona a raggiera era probabilmente l'unico segno distintivo del Colosso. È noto, in effetti, che nell'arte antica il riconoscimento di un'immagine poteva essere determinato dal singolo attributo: per citare un solo esempio, cf. Nonn. D. 47.274–294, dove Dioniso, trovandosi di fronte a una Arianna dormiente, formula una serie di ipotesi sulla sua identità, scartandole via via in base all'assenza di un singolo segno di riconoscimento – il cesto per Afrodite, la coppa per Ebe etc. – proprio come se si trovasse di fronte a un'opera d'arte (cf. Shorrock 2014, in part. 318–322 per gli aspetti visuali della scena).

La prima soluzione, tuttavia, ci sembra la più economica.

**4.1.4s. τοσοῦτον δ' ὁ τεχνίτης ἐδαπάνησεν χαλκόν, ὅσος σπανίζειν ἤμελλεν τὰ μέταλλα.** Tutti gli studiosi intendono τὰ μέταλλα soggetto e σπανίζειν intransitivo, "scarseggiare" (Allacci 1640, 11s.: «tantum vero artifex aeris consumpsit, ut metalla cetera fodinaeque imminutae deficerent»; Holste [= de Boissieu 1656, 20]: «artifex tantum aeris operi impendit, quo metalla deficere potuissent»; Brodersen 1992, 31: «so viel Bronze verwendete der Künstler, daß die Erzgruben am Versiegen waren»; Rossi 1985, 125: «Chi fece quest'opera usò tanto bronzo a tal punto che le miniere avrebbero potuto esaurirsi»); ma ὅσος lo rende impossibile. Si dovrà dunque assegnare a σπανίζειν valore transitivo: cf. *ThGl* VIII 548; LSJ[9], *s.v.* (che, per questa valenza, citano solo il passo dello Pseudo-Filone); Sophokles, *s.v.*, 2 (che non cita esempi). Per l'idea cf. 6.2.8 ὁρῶν λατομίας δαπανήσας.

**4.2.7 τοῦτο ὁ Ζεύς.** Iato intollerabile nello Pseudo-Filone: di qui τοῦθ' di Hercher 1858, LXX (cf. 1.3.13 τε ἀρόσιμον, 2.3.11 δὲ Αἰθιοπική, discussi *supra, ad ll.*), non recepito da Brodersen 1992, 30. Rohden 1875, 36 n. 7 si chiedeva se non si dovesse piuttosto espungere l'articolo, e l'ipotesi appare in effetti preferibile: lo Pseudo-Filone non utilizza mai l'articolo di fronte a un nome proprio; si vedano le menzioni di Crono, Zeus e Fidia in 3 (in 3.4.15 l'articolo è aggiunto da L: cf. *infra, Appendice I*), di Helios nel presente capitolo, o di Semiramide in 6.1.1.

**4.2.8 ταῖς ἐπιβολαῖς.** "Strato per strato", come ben intende Brodersen 1992, 31, «Schicht für Schicht», secondo un uso tecnico del termine, che può indicare la sovrapposizione e l'incastro di parti di una costruzione (*ThGl* V 1539), ma che è di solito accompagnato, in questo senso, da un genitivo (*e.g.* Thuc. 3.20 ταῖς ἐπιβολαῖς τῶν πλίνθων; Proc. *Hist. arc.* 8.7 ταῖς τῶν λίθων ἐπιβολαῖς; il passo presenta anche altri punti di contatto con lo Pseudo-Filone: cf. *supra*, Introduzione, § 5, n. 205); cf. tuttavia, per l'uso assoluto, almeno Diod. Sic. 2.10.4 τὰς δ' ὀροφὰς κατεστέγαζον λίθιναι δοκοί, τὸ μὲν μῆκος σὺν ταῖς ἐπιβολαῖς ἔχουσαι ποδῶν ἑκκαίδεκα (il termine poi ricompare in 6.1.5, al singolare, nel suo comune significato di "progetto, impresa").

4.2.9s. σχεδίαις σιδηραῖς. Il sost. σχεδία designa qui, secondo un uso che non ha paralleli, un elemento di giunzione (quella che in gergo tecnico si dice, in italiano, "flangia"; "cramp, holdfast" in inglese: cf. LSJ[9], *s.v.*); il termine torna poco sotto, in 4.5.27.

4.2.14 τὰ τηλικαῦτα βάρη τῶν ὀβελίσκων. Gli "obelischi" parrebbero una colorita immagine per indicare le sbarre menzionate poco sopra (ma probabilmente non le flange di ferro, come voleva Orelli 1816, 105, la cui forma non è compatibile con quella di un obelisco: «sic vocat a veruum similitudine, quas supra dixerat σχεδίας σιδηρᾶς καὶ διάπηγας μοχλούς»); Brodersen 1992, 31 traduce: «so schweren Stangen»; cf. anche Roby 2016, 122: «bars of such huge size». Per la perifrasi cf. 2.1.4 βάρη τῶν ἔργων e *supra*, Introduzione, § 5.

4.3.15–17 μέχρι τῶν ἀστραγάλων ἤρεισε τοὺς πόδας τοῦ κολοσσοῦ, νοῶν τὴν συμμετρίαν ἐφ' ὧν ἤμελλε θεός. Holste (= de Boissieu 1656, 22) traduce «primum illi pedes Colossi ad talos usque imposuit, quod proportionem iam animo concepisset, quousque septuaginta cubitorum Deus esset exsurrecturus»; Brodersen 1992, 33: «errichtete auf ihr die Füße des Kolosses bis zu den Sprugungbeinen; beachtete er die Maßverhältnisse nach denen der Gott siebzig Ellen hoch werden sollte». Ma ἐφ' ὧν si riferisce, più precisamente, ai piedi: «la simmetria di quei piedi sui quali il dio etc.». Più esatto, una volta tanto, Allacci 1640, 13: «exquisitissima symmetria Colossi plantas ad calcaneum usque primum firmavit, quibus septuaginta cubitorum Deus inniteretur».

4.3.17 τὸ γὰρ ἴχνος τῆς βάσεως. La traduzione «pedis planta» di Holste (= de Boissieu 1656, 22; cf. anche Haynes 1957, 311: «the sole of the foot») omette τῆς βάσεως, cioè la βάσις poco sopra menzionata: «die Fußohle auf der Basis» (Brodersen 1992, 33), «la pianta del piede posta sulla base».

4.3.19s. ἐπιχωνεύειν δὲ ἀεὶ τὰ σφυρά, καὶ καθάπερ ἐπὶ τῶν οἰκοδομουμένων ἀναβῆναι τὸ πᾶν ἔργον ἐπ' αὐτοῦ. A δὲ ἀεὶ di P Holste pone rimedio con la palmare congettura δ' ἔδει, che presuppone un classico errore da maiuscola (Orelli 1816, 106, naturalmente, attribuisce l'intervento a de Boissieu).

Il verbo ἀναβῆναι è intransitivo, per cui τὸ πᾶν ἔργον è il soggetto; la correzione di Hercher 1858, 104, ἐφ' αὑτοῦ per ἐπ' αὐτοῦ, pare necessaria. Holste (= de Boissieu 1656, 22) non ha a testo il riflessivo, ma traduce come se lo avesse: «universum opus in semetipso exurgeret». Brodersen 1992, 33 invece rende: «und so das ganze Werk wie beim Hausbau darauf errichten». In alternativa, si potrebbe proporre ἐπ' αὐτῶν (riferito a τὰ σφυρά), ma l'intervento di Hercher pare decisamente preferibile. Per somiglianza concettuale si veda 2.2.6s. καὶ κατ' ὀλίγον συνάγεται τὸ πᾶν ἔργον εἰς πυραμίδα καὶ γνώμονος σχῆμα, dove è ugualmente presupposta l'idea di un edificio che concresce su se stesso, con caratteristica ripetitività "formulare" di τὸ πᾶν ἔργον (cf. *supra*, Introduzione, § 5).

4.4.25 οὐ γὰρ ἐνῆν τὰ μέλη τῶν μετάλλων κινῆσαι. Allacci 1640, 14 traduce «neque enim concedebatur membra aenea movere»; Holste (= de Boissieu 1656, 24) «neque enim singula membra aerea loco moveri potuissent»; Brodersen 1992, 33 «es war ja nicht möglich, die Metallglieder zu transportieren»; cf. anche la traduzione redazionale che si legge in Clayton–Price 1989, 163: «infatti non era possibile rimuovere le singole membra metalliche». Tutti, quindi, intendono l'espressione τὰ μέλη τῶν μετάλλων come una delle consuete perifrasi esornative, con sostantivo qualificato da un genitivo, di cui la prosa dello Pseudo-Filone abbonda (*supra*, Introduzione, § 5). Poco sopra (4.1.5), tuttavia, τὰ μέταλλα è utilizzato nel suo comune significato di "miniere" («Erzgruben», nella resa dello stesso Brodersen 1992, 31) e non in quello, presupposto dalle traduzioni citate, di "minerale", "metallo" (per cui cf. *e.g.* Nonn. *D.* 11.26). Anche qui ci sembra preferibile intendere allo stesso modo, e il genitivo potrà essere interpretato come un gen. di separazione retto da κινέω, con il verbo semplice usato per il composto (ἀποκινέω *vel sim.*; un uso almeno parzialmente assimilabile in Thuc. 1.143.1 κινήσαντες τῶν ... χρημάτων): cf. Roby 2016, 123: «it was not possible to move the limbs from the mines». In questo modo viene a determinarsi una lieve incongruenza logica (a rigore, la realizzazione dei singoli pezzi di una statua non avviene direttamente nelle miniere), ma lo Pseudo-Filone – non un campione di realismo, né di esattezza – avrà voluto sovrapporre il luogo di produzione della materia prima a quello della sua lavorazione, per magnificare l'entità dello sforzo necessario a τὰ μέλη ... κινῆσαι e creare un contrasto con la procedura eccezionale adottata dal τεχνίτης per realizzare il Colosso.

4.5.26–31 τῆς χωνείας δὲ γενομένης ἐπὶ τῶν προτετελεσμένων ἔργων αἵ τε διαιρέσεις τῶν μοχλῶν καὶ τὸ πῆγμα τῆς σχεδίας ἐτηρεῖτο καὶ τῶν ἐντιθεμένων πετρῶν ἠσφαλίζετο τὸ σήκωμα, ἵνα διὰ τῆς ἐργασίας τηρήσῃ τὴν ἐπίνοιαν ἀσάλευτον, ἀεὶ τοῖς οὔπω συντελεσθεῖσιν μέλεσι τοῦ κολοσσοῦ χοῦν γῆς ἄπλατον περιχέων, κρύπτων τὸ πεπονημένον ἤδη κατάγειον, τὴν τῶν ἐχομένων ἐπίπεδον ἐποιεῖτο χωνείαν. Il periodo, così come tramandato da P, presenta vari problemi. Non è chiaro, intanto, da quale proposizione dipenda la finale introdotta da ἵνα: dai precedenti ἐτηρεῖτο καὶ … ἠσφαλίζετο, come vorrebbero logica e *usus* (cf. 3.2.6 e 4.2.7), o dalla successiva frase ἐπίπεδον ἐποιεῖτο χωνείαν? Sospetto è anche lo iato σήκωμα, ἵνα: lo Pseudo-Filone in genere tollera l'incontro tra vocali dopo pausa forte (cf. *supra*, Introduzione, § 5 e n. 199; l'unico caso di iato dopo virgola è 3.4.16 ἐνάργεια, ἱστορίας, ma vd. 3.2.6 ἐλέφαντας, ἵνα e 4.2.7 πλοῦτον, ἵνα). Si rileva inoltre la ripetizione, a breve distanza, ἐτηρεῖτο … τηρήσῃ, con diverso soggetto, e con τηρήσῃ privo di un soggetto espresso – per quanto non sia difficile supplire un sottinteso ὁ τεχνίτης: cf. e.g. la traduzione di Haynes 1957, 311, «(the artist)»; un caso simile in 4.3.16, dove ἤρεισε ha come soggetto sottinteso ὁ τεχνίτης di 4.2.9, dopo l'inserzione di una frase con un diverso soggetto. Holste rimedia ponendo punto fermo prima di ἵνα: la soluzione ci pare nel complesso accettabile e risolve economicamente tutti i problemi menzionati, anche se sarebbe questo l'unico caso, nello Pseudo-Filone, di finale preposta alla reggente.

Nella successiva porzione di testo, τοῖς οὔπω συντελεσθεῖσιν μέλεσι contrasta con τὸ πεπονημένον ἤδη, che subito segue (le parti già completate sono ricoperte da un immenso cumulo di terra, così da essere protette e da permettere di lavorare sulle parti successive come se gli operai si trovassero a livello del suolo). L'incongruenza si può risolvere espungendo οὔπω, con Hercher 1858, 104. In alternativa – ed è la soluzione che preferiamo – si può correggere οὔπω in οὕτω: in questa direzione va già la traduzione di Holste (= de Boissieu 1656, 24): «absolutis hoc modo Colossis membris» (Roby 2016, 123 rende, un po' fantasiosamente, «as they were constructed»).

Sospetta anche la sequenza dei due participi, περιχέων, κρύπτων: l'integrazione di καί, o di τε posposto (la cui caduta si spiegherebbe peraltro facilmente nel contesto, data la sequenza τε τό), sembrerebbe inevitabile.

Qualche osservazione, infine, merita la sequenza κρύπτων τὸ πεπονημένον ἤδη κατάγειον, τὴν τῶν ἐχομένων ἐπίπεδον ἐποιεῖτο χωνείαν. Per la punteggiatura sarà necessario seguire P, che pone virgola dopo κατάγειον: così fa ragionevolmente Holste (B, f. 16v; Pa, f. 11v). Interpungono invece dopo τὸ πεπονημένον ἤδη Allacci 1640, 14, Orelli 1816, 16, Hercher 1858, 104, e – sulla loro scia – Brodersen 1992, 32 (nessuna virgola in de Boissieu 1656, 25, ma si tratterà di un banale refuso); impossibile, tuttavia, dare senso alla seconda parte del periodo così interpunto: Allacci forzava il senso di ἐπίπεδον («subterraneam, ac firmam conflaturam faciebat»); Orelli, come vedremo fra un attimo, correggeva; e lo stesso Brodersen 1992, 33 traduce seguendo la punteggiatura di P («womit man das bereits Fertiggestellte unterirdisch verbarg und den Guß der nächsten Stücke gleichsam auf ebener Erde durchführen konnte»). Il gioco sulla coppia antonimica κατάγειον–ἐπίπεδον sembra congeniale allo Pseudo-Filone (cf. l'opposizione ὑπέργειον–κατάγειος in 1.1.1–3, con n. *ad l.*): una volta che la parte realizzata viene coperta da un cumulo di terra e diventa "sotterranea" (attribuiamo a κατάγειον, dipendente da κρύπτων, una *nuance* "resultativa", o un senso equivalente a κατὰ γῆν), il resto del Colosso può essere lavorato come se ci si trovasse "a piano terra", "a livello del suolo".

In luogo del tràdito ἐπίπεδον, in de Boissieu 1656, 25 si legge l'insensato ἐπιπόδων, che Orelli 1816, 108 tacitamente corregge in ἐπιπέδων: il genitivo verrebbe così a concordare con τῶν ἐχομένων («delle parti seguenti poste a livello del suolo»); in tal modo, tuttavia, si lascia ἐποιεῖτο senza predicativo, e – difficoltà maggiore – si toglie enfasi all'aspetto più "paradossale" di questa tecnica, che consiste nell'alzare via via il livello del suolo per far sì che il lavoro si svolga sempre sul piano. Per parte sua, Orelli, *ibid.*, proponeva di tornare all'accusativo tràdito, ma di integrare un καί: κατάγειον τὴν τῶν ἐχομένων <καὶ> ἐπίπεδον ἐποιεῖτο χωνείαν. Avremmo in tal modo – se comprendiamo bene – un *calembour* ossimorico (l'artista rendeva κατάγειον e insieme ἐπίπεδον la fusione delle parti successive): il *nonsense* pare eccessivo anche per lo Pseudo-Filone.

Anche il lessico del passo richiede qualche precisazione. Il sostantivo διαιρέσεις sembrerebbe qui la "spaziatura" fra le sbarre, come ben intendono Haynes 1957, 312, «the spacing of the horizontal tie-bars», e Brodersen 1992, 33, «die Abstände der Verklammerungen». Più generiche altre traduzioni, come quella di Holste (= de Boissieu 1656, 24), «vectium interstitia», e Roby 2016, 123, «the divisions of the bars». Per l'inedito valore tecnico di σχεδίας cf. *supra*, ad 4.2.9s. Nell'espressione τηρήσῃ τὴν ἐπίνοιαν ἀσάλευτον, infine, è da notare come l'astratto venga utilizzato per il concreto: l'ἐπίνοια, il "progetto" cui si allude, è il Colosso stesso, che viene mantenuto saldo (ἀσάλευτον) grazie al complesso sistema di contrappesi messo in atto; cf. 4.4.24s. πάλιν τὴν αὐτὴν τῆς ἐργασίας ἔσχηκεν ἐπίνοιαν, dove il valore pare analogamente concreto, e "progetto" va inteso come "procedura" di lavorazione (τῆς ἐργασίας), e 5.1.1 Σεμίραμις ἐς βασιλικὴν ἐπλούτησεν ἐπίνοιαν, dove il "progetto" sono le mura stesse di Babilonia. Per l'espressione τηρήσῃ τὴν ἐπίνοιαν ἀσάλευτον cf. 6.2.9 ἐρείσας δὲ τὴν ἀσφάλειαν ἀσάλευτον (ennesimo esempio della tendenza dello Pseudo-Filone non solo alla ripetizione dei concetti, ma anche al reimpiego degli stessi materiali verbali; cf. *supra*, n. *ad* 4.1.4 e Introduzione, § 5).

## 5. Le mura di Babilonia

La descrizione delle mura di Babilonia verte principalmente sulle dimensioni e sulla solidità dell'edificio, dovuta alla peculiare tecnica di costruzione, indicata in modo molto sintetico (5.1.6). Sono, queste, informazioni canoniche, a partire da Hdt. 1.178-181, con il quale il testo dello Pseudo-Filone presenta varie somiglianze. Le analogie principali, però, sono offerte da Diod. Sic. 2.7.2-4: non solo il testo dello Pseudo-Filone coincide in molti dettagli con quello di Diodoro, ma anche l'ordine di presentazione delle informazioni è lo stesso.

Il capitolo si apre con la menzione della regina Semiramide, alla quale, come in Diod. Sic. 2.7.2, è attribuita la costruzione delle mura (cf. anche e.g. Hyg. fab. 223.6; Luc. Amp. Mem. 8.22)[74]. Subito dopo, come in Diod. Sic. 2.7.3, è specificata la misura del perimetro: lo Pseudo-Filone accetta la prima delle misure indicate da Diodoro, 360 stadi, ricavata da Ctesia, FGrHist 688 F 1b, e non quella, alternativa, di 365 stadi, data dagli storici di Alessandro, a partire da Clitarco, FGrHist 137 F 10, citata da Diodoro per seconda (cf. anche Curt. Ruf. 5.1.26; nelle fonti si trovano anche altre misure: 50 cubiti reali in Hdt. 1.178.3; 385 stadi in Strab. 16.1.5 – nel passo straboniano, si è proposto di correggere il testo tràdito per farlo coincidere con il numero indicato da Clitarco, ma cf. Radt 2009, 257; 300 stadi in Hyg. fab. 223.6 etc.). È poi rimarcata la solidità delle mura, dovuta alla peculiare tecnica di costruzione con mattone cotto e asfalto (sui problemi posti dal testo tràdito cf. infra, ad l.): cf. Diod. Sic. 2.7.4 ὀπτὰς δὲ πλίνθους εἰς ἄσφαλτον ἐνδησαμένη [scil. Semiramide] τεῖχος κατεσκεύασε (ma già Hdt. 1.179.2 aveva dato una descrizione accurata di questa tecnica; vd. poi e.g. Strab. 15.3.2; Ios. Fl. AJ 1.174.4 = Ap. 1.149.5, citt. infra, ad l.). Segue l'indicazione dell'altezza – più di 50 cubiti, un numero molto vicino a quello attribuito da Diodoro ai νεώτεροι (Ctesia, invece, aveva parlato di 50 orgìe: cf. Diod. Sic. 2.7.4 τὸ μὲν ὕψος, ὡς μὲν Κτησίας φησί, πεντήκοντα ὀργυιῶν, ὡς δ' ἔνιοι τῶν νεωτέρων ἔγραψαν, πηχῶν πεντήκοντα; Hdt. 1.178.3 riferisce invece di 200 cubiti reali)[75].

---

74 Diodoro si rifà qui a Ctesia nel considerare Semiramide fondatrice della città. In 1.28.1, sulla scorta di Ecateo di Abdera, riferisce la versione egiziana, secondo la quale sarebbe stato il loro re Belo a condurre coloni sulle rive dell'Eufrate. Semiramide deve essere identificata con la regina Sammu-ramat, moglie di Samsi-Adad V (824–810 a.C.) e probabilmente reggente durante i primi anni di regno del figlio Adad-Neraris III (810–782 a.C.): cf. Schramm 1972. Su Semiramide (in relazione alle sette meraviglie) vd. anche Adam–Blanc 1989, 100–103; più in generale, sulla fortuna nei secoli di questo personaggio semi-leggendario, cf. almeno Beringer 2016; Dross-Krüpe 2020.

75 Tutte queste misure, a prescindere dalle differenze tra i vari autori, sono, naturalmente, iperboliche: intendono presentare la città come gigantesca e meravigliosa, e non trovano alcun riscontro nei dati ricavabili dagli scavi archeologici (cf. Asheri 1988, 369).

A seguire si evidenzia la larghezza dei viali, che, come in Diodoro, non è indicata da un numero, ma dall'immagine dei "quattro tiri a quattro" che vi possono galoppare (5.2.7s. τὰ δὲ πλάτη τῶν παραδρομίδων ἅρματα τέτρωρα τέσσαρα κατὰ τὸν αὐτὸν καιρὸν διιππεύει): cf. Diod. Sic. 2.7.4 τὸ δὲ πλάτος πλέον ἢ δυσὶν ἅρμασιν ἱππάσιμον (ma vd. anche Hdt. 1.179.3 τὸ μέσον δὲ τῶν οἰκημάτων ἔλιπον τεθρίππῳ περιέλασιν; Strab. 16.1.5 ἡ δὲ πάροδος τοῖς ἐπὶ τοῦ τείχους ὥστε τέθριππα ἐναντιοδρομεῖν ἀλλήλοις ῥᾳδίως).

Diodoro poi nomina le torri costruite lungo le mura, per specificarne numero e altezza; anche lo Pseudo-Filone menziona a questo punto le torri, senza però dare indicazioni numeriche: le definisce πολύστατοι δὲ καὶ συνεχεῖς (poco sopra Diod. Sic. 2.7.3, sulla scorta di Ctesia, *FGrHist* 688 F 1b, le aveva dette «fitte e grandi»: τεῖχος ... διειλημμένον πύργοις πυκνοῖς καὶ μεγάλοις, ὥς φησι Κτησίας ὁ Κνίδιος). L'immagine che segue nello Pseudo-Filone, relativa alla città di Babilonia come «baluardo della Persia» – ἡ πόλις ἐστὶν τῆς Περσίδος προτείχισμα (5.2.10) – potrebbe invece essere stata influenzata da Hdt. 1.181.1 τοῦτο μὲν δὴ τὸ τεῖχος θώρηξ ἐστί.

Chiude il θέαμα un'osservazione sulla grandezza mirabolante del territorio su cui sorge la città, espressa, con tipica immagine a effetto (cf. *supra*, Introduzione, § 5 e n. 192), dalla considerazione che solo qui si fanno viaggi all'estero pur restando dentro le mura della città (il concetto può ricordare certi *topoi* della poesia celebrativa: cf. e.g. Ov. *Fast.* 2.684 *Romanae spatium est urbis et orbis idem*, dove è asserita la piena equivalenza tra la città di Roma e il suo impero attraverso il diffuso gioco di parole tra *urbs* e *orbis*; cf. Bréguet 1969).

Se è giusto quanto abbiamo ipotizzato circa la derivazione da Diodoro Siculo, il capitolo risulta particolarmente interessante perché ci permette di valutare l'uso delle fonti da parte dello Pseudo-Filone: l'autore segue da vicino Diodoro nell'ordine degli argomenti, anche quando sarebbe stato possibile procedere in modo diverso, e forse più razionale (l'indicazione dell'altezza delle mura, per esempio, poteva essere ragionevolmente presentata insieme alla misura del perimetro – in linea con Diodoro, invece, l'autore separa le due informazioni con una notazione circa la tecnica di costruzione).

D'altro canto, lo Pseudo-Filone, per molti aspetti, riduce e semplifica: offre una descrizione più breve di quella di Diodoro e omette alcuni dei dettagli inclusi da quest'ultimo, per esempio il numero delle torri. Si sofferma, inoltre, su una *singola* cinta muraria, mentre Diodoro, oltre alle mura esterne, parla anche di altri cerchi di mura più piccole (2.8.4ss.; cf. anche Hdt. 1.181.1 ἕτερον δὲ ἔσωθεν τεῖχος περιθέει, οὐ πολλῷ τεῳ ἀσθενέστερον τοῦ ἑτέρου τείχεος, στεινότερον δέ).

Da notare anche come lo Pseudo-Filone trascelga una singola misura tra quelle, alternative, riportate da Diodoro, senza problematizzare i dati, e senza criteri di coerenza: per il perimetro adotta la misura di Ctesia; per l'altezza quella dei νεώτεροι, ma amplificata secondo un gusto per l'iperbole tipico del nostro autore (può anche sorgere il dubbio che vi sia una sorta di "conflazione" tra le 50 orgìe di Ctesia e i 50 cubiti degli storici di Alessandro: lo Pseudo-Filone, molto probabilmente, non si preoccupa di distinguere tra le due diverse unità di misura, ma coglie il solo dato numerico). Per l'inaffidabilità delle indicazioni numeriche nello Pseudo-Filone cf. anche quanto si è osservato *supra*, n. intr. *ad* θέαμα 4.

A differenza di Diodoro, infine, il nostro scrittore non si preoccupa di citare le fonti (su questo punto, che distingue lo Pseudo-Filone dai paradossografi propriamente detti, cf. anche *supra*, Introduzione, § 4). L'autore, insomma, non ha l'attitudine documentaria dello storico: la sua descrizione mira a suscitare meraviglia, non a fornire dati che siano il frutto di una scrupolosa verifica e di un vaglio accurato delle fonti.

5.1.6 ὀπτῇ γὰρ πλίνθῳ ἀσφάλτῳ δεδώμηται. Così P, con insostenibile asindeto. Allacci 1640, 15, integrava un καί (ὀπτῇ γὰρ πλίνθῳ <καὶ> ἀσφάλτῳ), mentre Hercher 1858, LXX, seguito da Brodersen 1992, 161, espunge ἀσφάλτῳ come glossa intrusa, in base alla considerazione che lo iato, nel trattatello, è sistematicamente evitato (cf. *supra*, Introduzione, § 5 e n. 199). L'associazione di mattone cotto e asfalto in relazione alle mura di Babilonia è topica (cf. e.g. Strab. 15.3.2 τὰ τῶν Βαβυλωνίων ἐξ ὀπτῆς πλίνθου καὶ ἀσφάλτου; Diod. Sic. 2.7.4 ὀπτὰς δὲ πλίνθους εἰς ἄσφαλτον ἐνδησαμένη [*scil*. Semiramide] τεῖχος κατεσκεύασε τὸ μὲν ὕψος, ὡς μὲν Κτησίας φησί, πεντήκοντα ὀργυιῶν, ὡς δ' ἔνιοι τῶν νεωτέρων ἔγραψαν, πηχῶν πεντήκοντα, τὸ δὲ πλάτος πλέον ἢ δυσὶν ἅρμασιν ἱππάσιμον; Ios. Fl. *AJ* 1.174.4 = *Ap*. 1.149.5 τὰ περὶ τὸν ποταμὸν τείχη τῆς Βαβυλωνίων πόλεως ἐξ ὀπτῆς πλίνθου καὶ ἀσφάλτου κατεκοσμήθη), ma i due termini non sono interscambiabili: l'asfalto era utilizzato come calce, stando a Hdt. 1.179.2 ὀρύσσοντες ἅμα τὴν τάφρον ἐπλίνθευον τὴν γῆν τὴν ἐκ τοῦ ὀρύγματος ἐκφερομένην, ἑλκύσαντες δὲ πλίνθους ἱκανὰς ὤπτησαν αὐτὰς ἐν καμίνοισι· μετὰ δέ, τέλματι χρεώμενοι ἀσφάλτῳ θερμῇ καὶ διὰ τριήκοντα δόμων πλίνθου ταρσοὺς καλάμων διαστοιβάζοντες, ἔδειμαν πρῶτα μὲν τῆς τάφρου τὰ χείλεα, δεύτερα δὲ αὐτὸ τὸ τεῖχος τὸν αὐτὸν τρόπον (per l'ἄσφαλτος vd. e.g. anche Hdt. 1.179.4; Theocr. 16.99s. πλατὺ τεῖχος / ἀσφάλτῳ δήσασα Σεμίραμις ἐμβασίλευεν, con Gow 1952[2], 322s.). Non può trattarsi quindi di una glossa, né si può eliminare quello che appare come un termine-chiave, e che rende ragione del nesso con la frase precedente, rimarcato dal γάρ: è grazie all'asfalto, che tiene insieme i mattoni, che l'edificio è saldo (τὴν ἀσφάλειαν τῆς οἰκοδομίας). Integriamo pertanto ὀπτῇ γὰρ πλίνθῳ <θερμῇ τ'> ἀσφάλτῳ, come suggerisce il confronto con Hdt. 1.179.2 ἀσφάλτῳ θερμῇ.

**5.2.8–10 πολύστατοι δὲ καὶ συνεχεῖς οἱ πύργοι δέξασθαι τοῖς χωρήμασι δυνάμενοι στρατοπέδου πλῆθος.** L'*hapax* πολύστατοι, che Hercher 1858, 104 correggeva in πολύστεγοι, deve essere mantenuto, data la tendenza dello Pseudo-Filone all'uso di termini rari e neologismi: l'aggettivo, da interpretare come "fitte", "separate da breve intervallo", può essere confrontato con i composti in -στατος del tipo ἄστατος, ἀνάστατος etc. (*DELG, s.v.* ἵστημι, 471).

Da notare l'ellissi del verbo (per cui cf. 1.5.26s. σπάταλον καὶ βασιλικὸν τὸ φιλοτέχνημα καὶ τὸ πλεῖστον βίαιον, τὸν πόνον τῆς γεωργίας ὑπὲρ κεφαλῆς κρεμάσαι τῶν θεωρούντων). Stampiamo virgola dopo οἱ πύργοι per rendere più evidente il costrutto.

**5.3.12–14 τηλικαύτην δὲ δυσκόλως ἄλλην χώραν γεωργοῦσιν, τηλικαύτην Βαβυλὼν οἰκουμένην ἔχει, καὶ παρὰ μόνοις ἐκείνοις ἐντὸς τοῦ τείχους ἀποδημοῦσιν κατοικοῦντες.** P ha ἄλλην, che non dà senso. Holste voleva ἄλλαι (B, f. 17v, *in mg.*, ma *in textu* in Pa, f. 13v: cf. *infra*, Appendice II), con sostantivo sottinteso facilmente ricavabile dal precedente τοσαῦται μυριάδες ἀνθρώπων. De Boissieu 1656, 27, forse per scelta autonoma, forse per banale fraintendimento, scrive ἄλλοι (accolto da Hercher 1858, 104, che a de Boissieu correttamente imputa l'intervento: cf. *ibid.*, LXX). Brodersen 1992, 34 corregge in ἄλλῃ, che accogliamo non solo o non tanto perché più aderente alla *paradosis* – l'errore per assimilazione a χώραν può essere sorto da ogni forma in ἀλλ- – quanto per maggiore pertinenza di senso: ἄλλαι (*scil.* μυριάδες ἀνθρώπων) introduce un concetto che suona poco consono al contesto, perché solo a Babilonia si addice tanta enfasi sulla sua eccezionale demografia; quanto ad ἄλλοι, esso è sostanzialmente superfluo (si veda, subito dopo, il generico ἀποδημοῦσιν).

Inoltre, Holste (B, f. 17v) corregge (a margine) il secondo τηλικαύτην (il segno di rimando è inequivocabile) in ἡλίκην, spiegando: «ita sententia non solum plana, sed etiam elegans et ταυτολογία tollitur» (così, similmente, in Pa: cf. *supra*, Introduzione, § 7, e *infra*). De Boissieu 1656, 27 (e quindi Hercher 1858, 104) recepisce la correzione, ma inverte i due membri del periodo, fraintendendo. Brodersen 1992, 34 ignora. A noi la correzione pare indispensabile.

## 6. Il tempio di Artemide a Efeso

Il fatto che il capitolo sia pervenuto incompleto ce ne permette, ovviamente, solo una valutazione parziale: non possiamo stabilire, ad esempio, se vi fossero indicazioni di misura e se vi fosse menzionata la selva di colonne di cui Plinio ci fornisce meticolosamente numero e dimensioni[76]; non possiamo neanche sapere se vi si facesse cenno alla bizzarra statua di culto dell'Artemide Efesia, con le sue molte mammelle (su cui cf. *e.g.* Trell in Clayton–Price 1989, 83–85).

La porzione superstite del testo, tuttavia, basta per evidenziare, anche in questo caso, la genericità della descrizione e l'assenza di varie informazioni a noi note grazie ad altri testimoni.

Come si è osservato anche a proposito del Colosso di Rodi, colpisce, in primo luogo, il modo in cui è indicato l'artista responsabile della costruzione del tempio, designato solo come τεχνίτης (6.2.6); nessun tentativo di dargli un nome, anche se sappiamo da varie fonti che il primo architetto dell'*Artemision*, responsabile della costruzione del VI sec., fu Chersifrone di Cnosso: così – pare – i *Laterculi Alexandrini* (cf. *supra*, Introduzione, § 2); Strab. 14.1.22; Plin. *NH* 7.125 e 36.96; Vitr. 3.2.7 (secondo Vitr. 7 *praef.* 12 e 16 e 10.2.11s., Chersifrone sarebbe stato aiutato dal figlio Metagene; è sempre Vitr. 7 *praef.* 16 a menzionare anche un tale Demetrio, addetto al tempio di Diana, e Peonio di Efeso; Diog. Laert. 2.103s. aggiunge la notizia che alla progettazione delle fondamenta del tempio avrebbe collaborato anche Teodoro di Samo). Chi presiedette alla ricostruzione, dopo l'incendio (doloso, secondo una tradizione consolidata)[77] del 356 a.C., è invece variamente indicato come Dinocrate (Strab. 1.23; Vitr. 2, *praef.* 1–4; Val. Max. epit. *Iul. Par.* 1.4 ext. 1; Ammian. 22.16.7; Iul. Val. 1.25 Kuebler), Dinocare (Plin. *NH* 5.62 e 7.125), Stesicrate (Plut. *Alex.* 72.5) etc. (cf. Biffi 2009, 183s.)[78]. Che il nome comparisse nel seguito non si può escludere del tutto, ma è altamente improbabile: se allo Pseudo-Filone fosse interessata l'iden-

---

76 Plin. *NH* 36.95 *universo templo longitudo est CCCCXXV pedum, latitudo CCXXV, columnae CXXVII a singulis regibus factae LX pedum altitudine, ex <i>is XXXVI caelatae, una a Scopa*. L'attendibilità di queste misure è molto discussa: per la difficoltà di conciliare quanto si ricava dagli scavi archeologici con le notizie riportate dalle fonti letterarie cf. *e.g.* Trell in Clayton–Price 1989, 75–94; sull'*Artemision*, vd. anche le sintesi offerte da Adam–Blanc 1989, 123–145; Jordan 2014, 89–103.

77 Si racconta che un tale di nome Erostrato, per guadagnarsi fama eterna, appiccò il fuoco al tempio: cf. Artemid. fr. 126 Stiehle; Strab. 14.1.22; Solin. 40.2–5; alla vicenda fanno cenno anche Val. Max. *mem.* 8.14 *ext.* 5 e Macr. 6.7.16, senza tuttavia nominare il piromane, in accordo con la *damnatio memoriae* che si abbatté su di lui (secondo quanto tramanda lo stesso Valerio Massimo, le autorità del tempio, dopo l'incendio, emanarono un decreto che vietava di nominare il mitomane; sarebbe stato il linguacciuto Teopompo a mettere in circolazione il nome dell'incendiario). A Timeo, *FGrHist* 566 F 150 (vd. Cic. *nat. deor.* 2.69; Plut. *Alex.* 3.5), viene invece fatta risalire la notizia secondo cui l'incendio sarebbe avvenuto nel giorno della nascita di Alessandro Magno.

78 Anche se nell'area dove sorge l'*Artemision* furono costruiti ben sei templi e sei altari tra il VII sec. e la fine del IV (cf. *e.g.* Kerschner–Prochaska 2011), gli autori antichi spesso si riferiscono al "tempio di Creso" tardo-arcaico e a quello costruito dopo la distruzione del 356 senza distinguere nettamente tra i due edifici, il che costituisce,

tità dell'ἀρχιτέκτων (o, più banalmente, se l'avesse conosciuta), l'avrebbe verosimilmente rivelata alla prima occasione utile (cf. 3.1.1, dove il nome di Fidia, autore dello Zeus Olimpio, compare subito in apertura di θέαμα).

Il capitolo inizia con la dichiarazione, un po' apodittica, che l'*Artemision* è la sola vera casa degli dèi, dopo un trasloco della sede celeste dall'Olimpo alla terra. Il concetto, in relazione al tempio di Efeso, non è nuovo: già Antipatro, in *AP* 9.790 = *GPh* 591–596[79], uno dei due epigrammi dedicati al soggetto (l'altro, come si è visto, contiene la prima lista completa di meraviglie in nostro possesso: cf. *supra*, Introduzione, § 2), afferma che l'edificio sembra essere stato trasportato di peso dal cielo alla terra, evidentemente per volere di Artemide, che ama la città dove è nata:

Τίς ποκ' ἀπ' Οὐλύμποιο μετάγαγε παρθενεῶνα
 τὸν πάρος οὐρανίοις ἐμβεβαῶτα δόμοις
ἐς πόλιν Ἀνδρόκλοιο, θοῶν βασίλειαν Ἰώνων,
 τὰν δορὶ καὶ Μούσαις αἰπυτάταν Ἔφεσον;
5 ἦ ῥα σὺ φιλαμένα, Τιτυοκτόνε, μέζον Ὀλύμπου
 τὰν τροφόν, ἐν ταύτᾳ τὸν σὸν ἔθευ θάλαμον.

Chi trasferì dall'Olimpo la stanza sua di vergine,
 fissata, un tempo, tra le dimore celesti,
nella città sovrana degli agili Ioni, che Androclo eresse,
 Efeso, eccelsa per le armi e le Muse?
5 Tu, omicida di Tizio: amasti più dell'Olimpo
 la tua nutrice e in questa fissasti la tua dimora.

Si dovrà notare, tuttavia, che Antipatro si limita a parlare – come è naturale – di un trasferimento di Artemide[80], mentre lo Pseudo-Filone chiama in causa l'intero Olimpo, come se tutti gli dèi avessero deciso di lasciare la loro dimora tradizionale per abitare questo capolavoro della τέχνη. In linea con tale dichiarazione iperbolica è anche la parte immediatamente successiva (pur problematica sul piano testuale: cf. n. *ad l.*), dove sono menzionati – con una reminiscenza odissiaca (*Od.* 11.315s.) – i Giganti e gli Aloadi, figure mitiche che osarono sfidare gli dèi per tentare la scalata all'Olimpo.

---

 naturalmente, una complicazione quando si tentano ipotesi ricostruttive sulla base delle fonti (su questo punto cf. *e.g.* Adam–Blanc 1989, 139).
79 Propendono per l'attribuzione al Tessalonicense Gow–Page 1968, II 20s., al Sidonio Argentieri 2003, 143s.
80 Il tema del trasferimento della divinità dall'Olimpo alla terra si trova anche altrove in ambito ecfrastico: cf. *e.g.* adesp. *APl* 159.3s. Πραξιτέλους χειρῶν ὅδε που πόνος, ἢ τάχ' Ὄλυμπος / χηρεύει Παφίης ἐς Κνίδον ἐρχομένης, dove è applicato all'Afrodite Cnidia di Prassitele.

## 6. Il tempio di Artemide a Efeso

Dopo un simile preambolo, comincia la descrizione del monumento, di cui però resta solo la parte iniziale. Sono evocate, fin dalle prime battute, dimensioni straordinarie, tratto distintivo del tempio (cf. *e.g.* Paus. 4.31.8, secondo il quale alla fama dell'*Artemision* concorre μέγεθος ... τοῦ ναοῦ τὰ παρὰ πᾶσιν ἀνθρώποις κατασκευάσματα ὑπερηρκότος, «la grandezza del tempio, che supera tutte le costruzioni umane»). Lo Pseudo-Filone parte dalle fondamenta, scavate in una fossa così profonda da esaurire cave di pietra di intere montagne (6.2.8s. ὀρῶν λατομίας δαπανήσας εἰς τὰ κατὰ γῆν καλυπτόμενα τῶν ἔργων), secondo un'iperbole a lui cara (cf. 4.1.4s. τοσοῦτον δ' ὁ τεχνίτης ἐδαπάνησεν χαλκόν, ὅσος σπανίζειν ἤμελλεν τὰ μέταλλα). Ma al di là dell'immagine a effetto, mancano, come al solito, elementi autenticamente descrittivi o dettagli di carattere tecnico: nulla è detto, ad esempio, della conformazione del suolo su cui sorse il tempio e degli accorgimenti utilizzati per rendere stabile l'edificio, temi sui quali si sofferma invece Plinio. In *NH* 36.95, l'autore ci informa che l'*Artemision* fu eretto in una zona palustre perché non subisse terremoti, ma per evitare che un tempio di tale mole poggiasse su un suolo instabile furono posti sotto le fondamenta uno strato di frammenti di carbone e un altro di velli di lana (*in solo id palustri fecere, ne terrae motus sentiret aut hiatus timeret, rursus ne in lubrico atque instabili fundamenta tantae molis locarentur, calcatis ea substravere carbonibus, dein velleribus lanae*).

Di tutto ciò lo Pseudo-Filone tace: dopo la descrizione delle fondamenta, tanto iperbolica quanto evasiva, cita il supporto chiamato a sostenere i pesi successivi, al quale viene dato il nome di Atlante, come in Vitr. 6.7.6, dove il termine indica, specificamente, «le statue virili che sostengono mutuli o cornici», e che i latini chiamano *telamones* (*si qua virili figura signis mutulos aut coronas sustinent, nostri telamones appellant* [...] *Graeci vero eos* ἄτλαντας *vocitant*), *i.e.* colonne di forma umana[81]. Il fatto che lo Pseudo-Filone sembri qui riferirsi a un supporto nascosto alla vista depone contro l'ipotesi che egli avesse in mente un elemento architettonico di struttura antropomorfa come quello descritto da Vitruvio; probabilmente l'autore ricorre a questa terminologia solo per suggerire l'idea di imponenza. È anche questa, infatti, un'immagine mitologica perfettamente adeguata al contesto: per sostenere il peso di una costruzione così maestosa non basta un banale supporto, ma è

---

81 "Estatuas gigantescas de hombres, usadas a modo de columnas" (*DGE*, s.v., B.2). Il termine ricorre anche nella descrizione della mastodontica nave di Ierone di Siracusa, che solo i congegni di Archimede, tra cui la vite (ἕλικα), avrebbero permesso di sollevare, fornita da Moschio, *FGrHist* 575 F 1 (*ap.* Athen. 5.208b; cf. anche *supra*, n. intr. ad θέαμα 1): ἄτλαντές τε περιέτρεχον τὴν ναῦν ἐκτὸς ἑξαπήχεις, οἳ τοὺς ὄγκους ὑπειλήφεσαν τοὺς ἀνωτάτω καὶ τὸ τρίγλυφον; cf. inoltre *SGO* 04/24/01, r. 8 (Philadelpheia, IV. sec. d.C.) κείονας ἄτλαντ[άς τε (in riferimento, con ogni probabilità, a un ninfeo, dedicato da un certo Eutropio). Si noti che in entrambe le attestazioni, così come in Vitruvio, il termine è al plurale.

necessario il titano capace di reggere il mondo[82]. Peraltro Vitruvio, nel passo citato, prosegue presentando Atlante come un eroe benefattore dell'umanità, perché campione di intelligenza e fautore del progresso: questo sarebbe il senso celato sotto la topica rappresentazione del titano *sustinens mundum* (*Atlas* [...] *formatur historia sustinens mundum, ideo quod is primum cursum solis et lunae siderumque omnium versationum rationes vigore animi sollertiaque curavit hominibus tradenda, eaque re a pictoribus et statuariis deformatur pro eo beneficio sustinens mundum*); è una caratterizzazione in linea con l'esaltazione dell'ingegno umano, rappresentato dalla τέχνη, che è alla base del capitolo e di tutto il trattato.

Lo Pseudo-Filone passa poi a menzionare il basamento (κρηπῖδα), primo elemento visibile all'esterno. Lo definisce δεκάβαθμον, "di dieci gradini", *hapax* verosimilmente coniato *ad hoc* per descrivere l'eccezionalità della gradinata monumentale. Il numero dei gradini della crepidine dell'*Artemision* non è specificato da nessun'altra fonte e – visto che del tempio tardoclassico non resta praticamente nulla – qualsiasi tentativo di ricostruzione non può andare oltre la plausibile ipotesi, come avverte prudentemente Bammer 1972, 9 e 44s. n. 42. L'archeologo ritiene però possibile che i gradini fossero in effetti dieci, per quanto giudichi altrettanto plausibili alcune ipotesi concorrenti (13 o 14). Nelle ricostruzioni grafiche del tempio è comunque invalso l'uso di disegnare dieci gradini: cf. *supra*, Introduzione, § 4. Parlano invece di tredici gradini, senza problematizzare il dato, Adam–Blanc 1989, 139.

Un elevato numero di gradini è in linea con la tendenza scenografica attestata nell'architettura ellenica a partire dal IV sec. a.C., come dimostra, ad esempio, il tempio di Apollo a Didyma, con i sette gradini del suo crepidoma (13 quelli della scalinata di accesso al pronao; sul tempio cf. *e.g.* Voigtländer 1975). Che dieci sia un numero "tondo", tuttavia, non può non far nascere qualche sospetto circa l'attendibilità del dato, anche alla luce della generale attitudine dello Pseudo-Filone verso le indicazioni numeriche (cf. *supra*, n. intr. ad θέαμα 4) e del suo rapporto con le fonti, utilizzate in modo piuttosto superficiale, senza un particolare zelo documentario (cf., in particolare, la descrizione delle mura di Babilonia, dipendente da Diodoro Siculo, però abbreviato e banalizzato; *supra*, n. intr. ad θέαμα 5). Sarà pertanto preferibile considerare la misura puramente indicativa di una non comune grandezza monumentale, senza attribuirle un autentico valore testimoniale.

6.1.1–3 πεισθήσεται γὰρ ὁ θεασάμενος τὸν τόπον ἐνηλλάχθαι καὶ τὸν οὐράνιον τῆς ἀθανασίας κόσμον ἐπὶ γῆς ἀπηρεῖσθαι. Qui ἀπηρεῖσθαι è lezione in linea di P (f. 59v), giustamente preferita da Bast 1805, 34 (*prob.* Orelli 1816,

---

[82] Orelli 1816, 122: «h.l. tamen Philo noster per metaforam Ἄτλαντα dicit fundamentum templi solidissimum et sustinendo tanto oneri idoneum».

118), Hercher 1858, 105 e Brodersen 1992, 36; *s.l.* il codice ha ἀπείργασθαι, "essere delimitato, essere rinchiuso", lezione recepita dall'apografo L. Allacci 1640, 17 ha l'insensato ἐπειρεῖσθαι, evidentemente uno dei suoi errori di lettura (per i quali cf. *supra*, ad 4.1.4. Si veda, in questo stesso capitolo, anche l'errore di lettura καμπτόμενα per καλυπτόμενα – uno scambio non privo di paralleli: cf. Bast 1805, 34s.); Holste, in B, f. 18v, ha ἀπηγθεῖσθαι (*sic*; i.e. ἀπηχθεῖσθαι?), mentre in Pa, f. 13r, si legge la *vox nihili* ἀπηυτῆσθαι. In entrambi i manoscritti la resa è la seguente: «mundum coelestem immortalium deorum in terras demigrasse»; anche de Boissieu 1656, 29 ha naturalmente ἀπηγθεῖσθαι, che, in polemica con la *vox nihili* di Allacci, proponeva di correggere in ἀποιήθεσθαι (refuso per ἀποθέσθαι? Cf. Orelli 1816, 118). Per l'idea del trasferimento dal cielo alla terra in relazione all'*Artemision* di Efeso cf. Antip. Sid. *AP* 9.790 = *GPh* 591–596 (cit. *supra*, n. intr.).

6.1.3–5 Γίγαντες γὰρ ἢ τῶν Ἀλωέως παίδων, οἳ τὴν εἰς οὐρανὸν ἀνάβασιν εἰργάσαντο, ὄρεσι χωννύοντες τὸν οὐ ναὸν ἀλλ' Ὄλυμπον. Così P. Ma il periodo ha bisogno almeno di un altro verbo di modo finito (e l'omissione del relativo in L, dove si legge Γίγαντες γὰρ ἢ τῶν Ἀλωέως παίδων εἰς οὐρανοὺς τὴν ἀνάβασιν εἰργάσαντο, è a sua volta spia di una difficoltà, pur confusamente percepita). Lo iato εἰργάσαντο, ὄρεσι, intollerabile in un testo dove un simile fenomeno è sistematicamente evitato (cf. *supra*, Introduzione, § 5 e n. 199), chiarisce dove sia la lacuna, come ben rilevato da Hercher 1858, LXX.

Orelli 1816, 120 proponeva ᾠκοδόμησαν *vel simm.*, e un rimedio analogo è presupposto dalla traduzione di Holste (= de Boissieu 1656, 28): «nam Gigantes vel Aloidae coelum conscendere aggressi, aggestis montibus non templum, sed Olympum struxere» (in Ménestrier 1688², 47 = Gronov 1699, 389 si legge οἱ τῶν Ἀλωέως παίδων in luogo di ἢ τῶν Ἀλωέως παίδων, ma si tratta di un errore: B e Pa hanno ἤ, che la traduzione di Holste [«vel»] conferma. Da segnalare che de Boissieu non ha la virgola dopo εἰργάσαντο, presente in P, come in B e Pa). L'ovvia obiezione alla proposta di Orelli è che i personaggi mitologici menzionati non costruirono l'Olimpo, ma mirarono piuttosto a conquistarlo, peraltro fallendo nella loro impresa. Brodersen 1992, 36 propone προσετύγχανον, e traduce «auch die Giganten oder die Aloaden, die den Himmel stürmen wollten, suchten Berge auftürmend doch nicht den Tempel, sondern (nur) den Olymp zu erreichen», ma il verbo è di solito costruito o con il gen. o con il dat. e, a prescindere da questo problema sintattico, non ci pare restituire un senso soddisfacente.

Ci chiediamo se non sia da ipotizzare una lacuna più estesa, dove sarebbe stato sviluppato un contrasto tra l'impresa fallimentare dei Giganti e degli Aloadi e quella, coronata da successo, di chi costruì il tempio. Il concetto chiave della prima parte del capitolo è che l'*Artemision* di Efeso è l'unica vera dimora degli dèi, e che la sede celeste si è trasferita sulla terra: ci si attende che l'*exemplum* mitologico sviluppi questa stessa idea. Il senso dovrebbe dunque essere: Giganti e Aloadi fallirono nella loro impresa, ponendo un monte sopra l'altro (cf. *Od.* 11.315s., cit. *supra*, Introduzione, § 5); chi progettò l'*Artemision*, invece, ammassando montagne (cf. 2.1.2 ὄρη γὰρ ὄρεσιν ἐπιδεδώμηται, dove la costruzione delle piramidi di Menfi è analogamente espressa tramite l'immagine delle montagne poste l'una sull'altra), riuscì a costruire non un semplice tempio, ma l'Olimpo stesso. L'idea che la τέχνη permetta all'uomo di valicare i limiti della propria natura e di competere con gli dèi è tipica dello Pseudo-Filone: cf. in part. 2.5.21–23 καυχάσθω τύχη πιστεύουσα ταῖς ἐξυπηρετουμέναις δαπάναις καὶ τῶν ἄστρων ἐφάψασθαι. ἢ γὰρ ἄνθρωποι διὰ τῶν τοιούτων ἔργων ἀναβαίνουσι πρὸς θεούς, ἢ θεοὶ καταβαίνουσι πρὸς ἀνθρώπους. E il concetto è ribadito nella successiva porzione di testo, dove il πόνος artistico è giudicato più audace dell'impresa tentata dai Giganti, e ancora più audace è giudicata la τέχνη (τῆς μὲν ἐπιβολῆς τολμηρότερον εἶναι τὸν πόνον, τοῦ πόνου δὲ τὴν τέχνην).

6.2.11 διεγείρων πρὸς βάσιν μετεωροφανὲς καὶ περί ... Il testo qui si interrompe. I traduttori collegano μετεωροφανές a βάσιν (Allacci 1640, 18 «ad basim eminentem erigens»; Holste «basis elevatioris»; de Boissieu 1656, 28 «pro basi elevatiore»; Adam–Blanc 1989, 53 «ce piédestal qui touchait aux nues»; Brodersen 1992, 37 «sichtbare Basis»), il che è ovviamente impossibile. L'aggettivo deve essere collegato a qualcosa che si è perduto in lacuna, come ben intendeva Orelli 1816, 122: «Ultima verba sic fortassis supplenda: διεγείρων πρὸς βάσιν μετεωροφανὲς καὶ περίβλεπτον οἰκοδόμημα». Se πρὸς βάσιν qui equivale a "come base" (cf. Greg. Naz. *Liturg. s. Greg. PG* 36.709 οὐρανόν μοι πρὸς ὄροφον ἔστησας· γῆν μοι πρὸς βάσιν κατέπηξας), è possibile che il μετεωροφανὲς ... <οἰκοδόμημα> (*vel quid sim.*) indicasse la stessa κρηπίς, della quale saranno stati forniti altri (esornativi) dettagli.

L'agg. μετεωροφανές è un *hapax*; il composto parrebbe assumere qui il significato concreto "che appare nell'aria"; da rilevare, tuttavia, che i composti in μετεωρο- spesso indicano ciò che è "sospeso nell'aria" nel senso traslato di "elevato" (cf. *e.g.* μετεωροκόπος, Cerc. 1.67 Livrea, "che ciancia di argomenti elevati"; μετεωρολέσχης, "che ha la testa tra le nuvole", "visionario", *e.g.* Aristoph. fr. 401 K.–A.; Pl. *Resp.* VI 489c 6; μετεωροπόλος, "che si occupa di cose elevate", Phil. Alex. *Spec.* 1.207), e che μετέωρος può indicare anche altezzosità e fierezza (*e.g.* Rufin. *AP* 5.21.5 = 7.5 Page, con Page 1978, 78), il che può non essere casuale in un passo finalizzato a esaltare l'audacia della τέχνη.

# PHILONIS BYZANTII

De Septem mundi miraculis Liber.

Luca Holstenio Interprete

## Sigla

B     =    Vat. Barb. Gr. 69 (saec. XVII), ff. 10r–19r
Pa    =    Par. Suppl. Gr. 796 (saec. XVII), ff. 3r–15r
Boess. =    Philonis Byzantii De septem mundi miraculis. Dionysius Salvagnius Boessius [...] ex ms. Vaticano publici iuris fecit, et Latinitate donavit, in Dionysii Salvagni Boessi [...] miscella, Lugduni, ap. Laurentium Anisson, 1661 (voluminis pars tertia, pp. 1–29).
Men.   =    Symbolica Dianae Ephesiae statua, a Claudio Menetreio [...] exposita, Romae, typis Mascardi, 1657 (p. 59, caput VI tantum) = Symbolica Dianae Ephesiae statua, a Claudio Menetreio [...] exposita [...], editio altera auctior, Romae, ap. Io. Iacobum de Rubeis ad Templum S. Mariae de Pace, 1688 (p. 47) = Thesaurus Graecarum antiquitatum, contextus et designatus a Jacobo Gronovio, VII, Ludguni Batavorum, ap. P. Vander, 1699 (pp. 389s.).

# PHILONIS BYZANTII

De Septem mundi miraculis Liber.
Luca Holstenio Interprete.

Septem mundi miracula fama quidem omnes norunt, sed oculis usurpant pauci. Nam ad Persas traiecto Euphrate magnum iter instituendum, adeunda Aegyptus, divertendum in Graeciam ad Eleos, Halicarnassus Caria civitas accedenda, petenda navi Rhodus, et in Ionia Ephesus lustranda est, ut longis per orbem erroribus circumactus, et itinerum labore fatiscens, tum demum 5 animi lubidinem expleas, ubi annis defectum vita destituit. Quocirca admiranda profecto res est eruditio, et magni muneris loco habenda, quod hominibus itinerum difficultate liberatis domi res praeclaras spectandas exhibeat, dum oculos animo addit, et rem admiratione dignam iisdem subiicit. Nam qui loca ipsa obit, semel haec inspicit, et simul atque discesserit, obliviscitur, 10 quod exquisitam operum pulchritudinem penitus perspectam non habeat, et particulares minutiae memoriam fugiant. Sed qui rem dignam admiratione, et accuratam structurae diligentiam legendo cognoscit, universum artis opus contemplatus, numquam delenda singulorum simulacra menti impressa servat, quod res insuetas animo perspexerit. Caeterum quod dico, nequaquam 15 a vero abhorrere videbitur, ubi mea oratio ordine septem mundi miracula, quam diligentissime fieri potest, perlustrans auditoris assensum impetraverit, ita ut oculis coram inspexisse sibi videatur. Sola enim haec caeteris rebus praeclaris nomen laudemque praeripuere, quas quidem mortales pariter vident, sed non pariter mirantur. Nam pulchritudo, solis instar, dum luce sua 20 praestinguit, reliqua spectari non patitur.

---

2 Euph- ex Eup- *Pa* | instituendum: adeunda *dist. BPa; sed hic et passim interpunctionis notae, quas B et Pa varie et inconstanter ponunt, tacite coriguntur ut sententiarum ratio postulat* 5 itinerum ex ite- *Pa* 8 domi res *in B vix legitur* 9 rem *B* : rem ex rim *Pa* 16 mea *B* : mea ex mee *Pa, u.v.* 18 oculis *B, Boessius* : eam *post* oculis *add. et statim del. Pa* | sibi videatur *B, Boessius* : sibi *om. P*

## Miraculum I.
### Hortus pensilis.

Hortus pensilis loco supra terram edito consitus in aere colitur, et solum implicitis arborum radicibus laqueatum desuper obtegit. Eum pilae lapideae sustinent, totumque inferius pavimentum caelato columnarum ambitu intercipitur. Desuper trabes ex palmis incumbunt, exiguo admodum spatio
5 a se invicem remotae. Hoc vero lignum solum inter alia putredini non est obnoxium, sed humore perfusum pressumque oneribus sursum incurvatur. Radicum quoque propagines sibimet ipsi implicans, extrinsecus adnascentes foetus propriis rimarum fissuris nutrit. Hisce multa ac profunda terra super infusa est, cui deinde arbores foliis patulae, hortisque maxime expetitae, flo-
10 rumque species variae ac multiplices innascuntur. Et quidquid tandem visu iucundissimum, fructuque suavissimum est. Colitur locus ille non secus ac campi, et operae culturaeque pretium rudis terrae instar reddit, licet solum quod colitur sub porticibus deambulantium vertici impendeat: verum cum superficies exterior pedibus calcetur, terra fornicibus vicina, ut in locis soli
15 profundissimi, immota atque illibata permanet. Aquae per canales ductae, cum fontes in locis editioribus habeant, partim recto ac declivi cursu labuntur, partim arctius compressae flexuoso meatu feruntur in altum, dum violento instrumentorum motu machinarum rotas circumagunt; quae in crebros magnosque fontes eductae, hortum universum rigant, imas plantarum
20 radices inebriantes, solumque continuo perfundentes humore. Inde et herba perpetuo virescit, et arborum comae, rorulenti humoris et clementium aurarum beneficio, tenellis frondibus suppullulant. Radix enim nulla umquam siti arescens, praeterlabentem aquarum humorem imbibit, nodisque varie implicitis sub terra oberrans, et humori vehiculum, et arboribus tuto succre-
25 scendi praesidium praebet. Delicatum regumque studio dignum opus, maximamque partem violentum, agricolarum labores supra spectantium capita suspensos esse.

---

*Caput totum vel sua sponte vertit vel alio ex fonte duxit Boessius Tit.* Miraculum I, numero postposito, BPa, sed cf. ad cap. sq. **3s.** ambitu intercipitur *in B vix legitur* **4** spatio B : spacio Pa **6** humore ... incurvatur *in B vix legitur* **7–9** ipsi implicans ... foliis patulae *in B vix legitur* **12** pretium Pa : precium B **17** arctius compressae B : compressae arctius Pa | meatu *in B vix legitur* **18** motu machinarum rotas *in B vix legitur* **20** continuo et humore *in B vix leguntur*

## Miraculum II.
## Pyramides iuxta Memphin.

Memphiticarum pyramidum structura quidem supra hominum vires, descriptio autem praeter eorumdem opinionem. Sunt enim montes montibus superimpositi, nec facile animus concipit quomodo ingentes quadratorum lapidum moles potuerint elevari, dubitantibus cunctis qua machinarum vi tam vasta operum pondera commota fuerint. Supposita autem basi quadrangulari saxa quidem illa, quae operi sustentando humi defossa sunt, superstructiones exteriores ordine decrescentes magnitudine aequant, opusque universum sensim in pyramidem et acuminis figuram coit; cuius altitudo est cubitorum trecentorum, sex vero stadiorum ambitus. Totum opus iuncturis tam apte commissum est, adeoque perpolitum, ut structura universa ex uno saxo concreta videatur. Lapidum vero diversa genera invicem sunt coniuncta. Hic quidem petra candida et marmorea, isthic Aethiopica et nigra, hanc haematites, ut vocant, lapis excipit, illum deinde varius, et ex viridi translucidus, ex Arabia, ut ferunt, allatus. Nonnulli vitreum colorem ex caeruleo splendescentem imitantur. Et post hosce alii, mali instar, quasi flavescunt; purpurei alii coloris sunt, haud absimiles iis quae marino conchyliorum murice inficiuntur. Caeterum stupori delectatio, admirationi artis praestantia, opumque profusioni magnificentia coniuncta est. Et altitudo quidem ascensus, iusti itineris instar, defatigat. Si quis autem in summo vertice consistens deorsum prospiciat, oculorum caligat vertigine. Colorum gratissimae varietati impensarum magnificentiam regiae opes adiunxerunt. Glorietur fortuna, dum credit se profusis sumptibus ipsa quoque sidera contingere posse. Per huiusmodi enim opera, vel homines ascendunt ad deos, vel dii ad homines descendunt.

---

*Tit.* Miraculum II, *hoc ordine,* B, *ut Pa quoque in primo capite* : II Miraculum, *inverso ordine, hic et abhinc Pa, ut B quoque a tertio capite* 1 structura *in B vix legitur* 2 enim montes montibus *in B vix legitur* 3s. quadratorum ... elevari *in B vix legitur* 7 exteriores *in B vix legitur* | ordine *B, Boessius* : ordines *Pa* 8s. cuius altitudo *et* sex vero *in B vix leguntur* 10 commissum *in B vix legitur* 12 isthic *BPa* : illic *Boessius* 13 varius, et ex *in B vix legitur* 15 post ... quasi *in B vix legitur* | mali instar *BPa* : mali, instar *inscite Boessius* 16 iis quae *Pa (in B vix legitur, sed* quae *spatio aptius quam* qui*)* : qui *Boessius* 17s. praestantia ... profusioni *in B vix legitur* 21 magnificentiam *in B vix legitur* 22 contingere *B, Boessius* : contigere *Pa* 23 enim opera, vel *in B vix legitur* | homines ascendunt ad deos *B, Boessius* : homines ad deos ascendunt *Pa* 23s. dii ad homines descendunt *B, Boessius* : dii ad ho *prim. P, sed statim,* ad ho *deleto,* dii descendunt ad homines

III Miraculum.
Iupiter Olympius.

Iovi in caelo quidem Saturnus, in Elide Phidias pater est. Nam illum natura immortalis genuit, hunc Phidiae manus, quae solae deos parere potuerunt. Foelix qui solus mundi regem vidit et fulminatorem illum aliorum exposuit oculis. Si tamen Iovem Phidiae filium vocari pudet, ars sane imagini
5 ipsius mater fuit. Eum in finem natura elephantos produxit, ut Phidias sectos belluarum dentes manu fingeret, et Africa elephantorum gregibus operi abunde sufficeret materiam. Et caetera quidem ex septem miraculis admiratione solum, hoc autem et veneratione prosequimur. Nam quatenus artis opus admirabile est, quatenus Iovis simulacrum sacrosanctum. Quapropter labor
10 quidem laudem habet, immortalitas vero cultum. O tempora Graeciae! Quae et opibus ad deorum ornamenta longe ultra sequentia saecula abundarunt, et artificem habuere immortalitatis auctorem, cui similem nulla in posterum aetas tulit. Deorum quoque aspectus mortalibus ostendere potuerunt, quos quicumque apud te spectaverit, apud alios non temere videat. Et Olympum
15 quidem longissimo intervallo Phidias superavit, quantum scilicet opinioni evidentia, narrationi cognitio, visus auditui praestat.

---

*Tit.* III Miraculum, *hoc ordine,* BPa; *cf. ad cap.* II 3 foelix BPa : felix Boessius 5 ipsius mater *in B vix legitur* 6s. operi abunde sufficeret materiam BPa : abunde materiam operi sufficeret Boessius 8s. quatenus ... sacrosanctum *in B vix legitur* 11 longe ... abundarunt *in B vix legitur* | saecula B, *u.v.,* Boessius : secula Pa 12 auctorem B : authorem Pa *(ex corr., prim. fort.* auto- *vel* aute-*),* Boessius 13 aspectus *in B vix legitur* 14 quicumque Pa : quicunque B, Boessius 15 intervallo B : intervallo *ex corr. (prim. fort.* intervi-*)* Pa

## IV Miraculum.
## Colossus Rhodius.

Rhodus insula alto in mari iacet. Quam olim in fundo demersam Sol in lucem protulit, detectam sibi propriam a diis postulans. Hic septuaginta cubitorum stat Colossus ad Solis instar effectus. Dei enim effigies ex signis illi propriis agnoscitur. Artifex tantum aeris operi impendit, quo metalla deficere potuissent. Nam in conflando opere universi orbis aeraria aderat. Numquid vero Iupiter Rhodios immensis opibus inundavit, ut eas Solis honori, numinis simulacrum e terra ad coelum usque educere aggressi, impenderent? Hunc opifex extrinsecus quidem iuncturis ferreis et quadratis lapidibus communivit, quorum vectes, queis interstitia coagmentantur, cyclopum malleis videntur elaborati. Et quicquid operis in occulto latet, maius est eo quod cernitur. Dubitat enim admiratione defixus spectator queis forcipibus vel cuismodi suppositis incudibus, aut quali operarum robore, tam vasta ferramentorum pondera cudi ac conflari potuerint. Caeterum, basi ex candido marmore supposita, primum illi pedes Colossi ad talos usque imposuit, quod proportionem iam animo concepisset quousque septuaginta cubitorum Deus esset exsurrecturus. Sola enim pedis planta alias statuas iam excedebat. Itaque caetera aliunde allata superimponi non poterant, sed tali pedibus erant superaffundendi ut, sicut in aedium structuris, universum opus in semetipso exurgeret. Atque eam ob caussam reliquas quidem statuas artifices prius effingunt, deinde membratim divisas conflant, tandemque in unum compositas erigunt. Hic autem parti prius fusae alterum membrum afficum, et huic conflato tertium superadditum, et sequens deinde membrum rursus eodem artificio elaboratum fuit. Neque enim singula membra aerea loco moveri potuissent, verum, cum super operis parte iam perfecta fusura fieret, et vectium interstitia, et iuncturarum compages servabatur; et saxa ad continendum opus apposita eo reddebantur firmiora. Sed ut operis formam immotam semper animo servaret, absolutis hoc modo Colossi membris, ingentem vim terrae ac pulveris circumaffudit, partem operis iam perfectam quasi sub terra occultans, ut sequentia in plano conflaret, ascendens paulatim ad extremum spei fastigium. Et aeris quidem quingentis, ferri autem trecentis talentis consumptis, Deum Deo similem fecit, magnum opus audaci animo librans: nam in mundo alterum Solem Soli opposuit.

---

2 diis *B, Boessius* : dii *Pa* 3 effectus *BPa* : effictus *Boessius* 5 opere ... aderat *in B vix legitur* 6 numquid *BPa* : nunquid *Boessius* 7 e terra *in B vix legitur* 7s. usque ... impenderent? *in B vix legitur* 17 tali *Pa, Boessius* : talis *B* | pedibus *om. Boessius* 18 superaffundendi *B, Boessius* : -fudendi *Pa* 19 caussam *B* : causam *Pa, Boessius* 20s. tandemque ... erigunt *in B vix legitur* 24 parte *ex* partes *Pa* 28 circumaffudit *BPa* : circum affudit *Boessius* 29 extremum *ex* extremua *Pa* 30 aeris quidem quingentis *B, Boessius* : quingentis quidem aeris *Pa* 30s. trecentis *et* consumptis *in B vix leguntur*

## V Miraculum.
## Muri Babylonis.

Semiramis ad maiestatem et splendorem regium abundavit divitiis: idcirco moriens pro thesauro orbis miraculum reliquit. Nam muris Babylonem cinxit, iactis trecentorum sexaginta stadiorum fundamentis, ita ut urbis ambitus cursorem diurnum defatigare posset. Sed non in magnitudine solum, verum
5 etiam in soliditate structurae et in latitudine interstitiorum admirabilitas consistit. Nam ex latere cocto et bitumine extructus est, et muri quidem altitudo quinquaginta cubitos superat. Curriculorum vero ea est latitudo ut quatuor currus quadriiuges uno eodemque tempore pertranseant. Turres crebrae ac continuae, et amplitudine sua numerosi exercitus capaces. Quocirca civi-
10 tas illa Persidis propugnaculum est, et universum quodammodo orbem in se complecti videtur. Tot hominum myriades intra universum eius ambitum habitant. Aliae vero civitates vix tantum terrae spatium excolunt, quantum Babylon habitationibus occupat. Et isthic solum incolae intra moenia peregrinantur.

---

3 urbis ambitus *BPa* : ambitus urbis *Boessius* 8 crebrae ac *B, Boessius* : c. et *Pa* 13 isthic *BPa* : illic *suo more Boessius* (cf. ad 2, l. 12)

## VI Miraculum.
## Templum Dianae Ephesiae.

Dianae Ephesiae templum unicum est deorum domicilium. Quisquis enim spectaverit, credet, permutatis invicem locis, mundum coelestem immortalium Deorum in terras demigrasse. Nam Gigantes vel Aloidae coelum conscendere aggressi, aggestis montibus non templum, sed Olympum struxere, ita ut labor inceptum, ars laborem audacia superet. Artifex enim, dimoto  5
solo quod suberat, actisque in immensam profunditatem fossis fundamenta altioribus cuniculis iecit, ita ut montium lapicidinas operibus subterraneis exhauriret. Sed strato inconcussae soliditatis firmamento, et praesupposito Atlante ad superincubituri operis pondera sustinenda, principio quidem crepidinem decem graduum extrinsecus posuit, quae basis elevatioris vice  10
fungeretur et ===

Caetera desunt.

---

7 lapicidinas B, *Boessius* : lapidicinas *Pa* 8 soliditatis *Men.* : stabilitatis BPa, *Boessius* 10s. quae basis elevatioris vice fungeretur *Men.* : erecto pro basi elevatiore BPa, *Boessius* (elevatore *Pa*)

# Appendice I

Riportiamo qui per completezza, a integrazione del nostro apparato, le lezioni singolari di L che – pur prive di qualsiasi valore autonomo – a volte rappresentano sensate quanto facili correzioni e spesso contribuiscono a certificare l'apografia del testimone. Si premettono le lezioni di P.

Pr. 1.4 Ἁλικαρνασσὸν] Ἁλικαρνασὸν
Pr. 2.9 καὶ τὸ παράδοξον·] καὶ τὸ παράδοξον, ὅτι
Pr. 2.9s. ὁ μὲν γὰρ ἐπὶ τοὺς τόπους] γὰρ omittitur
Pr. 2.10 ἴδεν] εἶδε
Pr. 2.13 φυλάσσει] φυλάττει
Pr. 2.13s. τοὺς ἐφ' ἑκάστου τῶν εἰδώλων τύπους] ἐφ' omittitur
Pr. 2.14 ἑώρακεν] ἑώρακε

1.1.2 ὠροφωκὼς] ὠρωφωκὼς
1.1.3 ὑφεστήκασιν] ὑφεστήκασι ‖ πᾶς ὁ κατάγειος τόπος ἐστὶ] πᾶς δὲ κατάγειος ὁ τόπος ἐστὶ
1.2.4 παντάπασιν] παντάπασι
1.2.8 ἀραιώμασιν] ἀραιώμασι
1.3.10 ποικίλαι τε καὶ παντοῖαι] καὶ omittitur
1.4.15 ὀροφώμασιν] ὀροφώμασι
1.4.16 γῆ] ἡ γῆ
1.5.26 βασιλεικὸν] βασιλικὸν

2.1.1 πυραμίδας] πυραμίδες
2.1.2 παράδοξον] litt. παρα in rasura, ut videtur (litterarum π et α vestigia supersunt, accentus extat)
2.3.13 Ἀραβίας] Ἀρραβίας
2.5.20 βασιλεικῷ] βασϊλικῷ
2.5.21 παρύφανκεν] παρύφαγκε

3.2.7 ἀγέλαις] ἀγέλας
3.4.12 ἐπλούτησεν] ἐπλούτησε
3.4.13 ἐνήνοχεν] ἐνήνοχε
3.4.15 πλεῖστον χρόνον] πολὺν χρόνον ‖ Φειδίας] ὁ Φειδίας ‖ νενίκηκεν] νενίκηκε

4.1.5 ἐδαπάνησεν] ἐδαπάνησε ‖ ἤμελλεν] ἤμελλε
4.2.9 εἰς τὸν οὐρανὸν] τὸν omittitur
4.2.11 κυκλώπιον] κυκλώπειον

4.3.15 ἀστραγάλων] ἀστραγγάλων
4.3.18 ὑπερέκυπτεν] ὑπερέκυπτε
4.3.18s. βαστάσαντα] βαστάσαν
4.4.21 πλάσσουσιν] πλάττουσι
4.4.22 χωνεύουσιν] χωνεύουσι
4.4.24 ἐπιδεδώμηται] ἐπιδεδόμηται ‖ καὶ τὸ μετὰ τοῦτο] τὸ omittitur
4.4.24s. τὴν αὐτὴν τῆς ἐργασίας] τῆς omittitur
4.4.25 ἔσχηκεν] ἔσχηκε
4.5.29 συντελεσθεῖσιν] συντελεσθεῖσι
4.5.34 ἀντέθηκεν] ἀντέθηκε

5.1.1 ἀπέθανεν] ἀπέθανε
5.1.2 ἐτείχισεν] ἐτείχισε
5.1.6 δεδώμηται] δεδόμηται
5.2.9 οἱ πύργοι δέξασθαι τοῖς χωρήμασι δυνάμενοι] οἱ πύργοι δυνάμενοι δέξασθαι τοῖς χωρήμασι
5.3.12 κατοικοῦσιν] κατοικοῦσι
5.3.14 ἀποδημοῦσιν] ἀποδημοῦσι

6.1.3 ἀπηρεῖσθαι in lin. : -ει- et -γα- s.l.] ἀπειργάσθαι
6.1.3s. παίδων οἳ τὴν εἰς οὐρανὸν ἀνάβασιν] παίδων εἰς οὐρανοὺς τὴν ἀνάβασιν

# Appendice II

Registriamo qui gli interventi testuali espliciti e impliciti attribuibili a Lukas Holste: il primo elenco comprende le correzioni che B e Pa offrono *in textu* o in margine; il secondo i passi in cui la traduzione di Holste di fatto anticipa una correzione proposta solo in seguito dagli editori. Un asterisco contrassegna gli interventi da noi accolti a testo.

## 1. Interventi testuali espliciti

Correzioni *in textu*:
Pr. 1.3 *καλοῖς] Ἠλίοις [= Ἠλείοις Pa]
4.3.19 *δὲ ἀεὶ] δ' ἔδει

Correzioni e annotazioni *in mg.*:
*1.3.13s. τήν τε ἀρόσιμον ὑπὲρ κεφαλῆς εἶναι τῶν ἐπὶ τοῖς ὑποστύλοις περιπατούντων: *videtur aliquid deesse*
1.4.21 τηροῦσιν] *mallem* τηροῦσαι
*3.3.10 ὅμοιον] ἴσ(ως) ὅσιον [in textu Pa]
*4.2.12 θαυμαστός] -στής, fort. praeeunte Allacci (uter prior incertus)
*5.1.4 κόπον] κόσμον [in textu Pa]
5.3.13 ἄλλην] ἴσ. ἄλλαι [in textu Pa]
*5.3.13 τηλικαύτην] ἡλίκην. *ita sententia non solum plana, sed etiam elegans, et* ταυτολογία *tollitur* [ἡλίκην *leg. ita sententia non solum plana, sed elegans, et odiosa* ταυτολογία *tollitur* Pa]

## 2. Interventi testuali impliciti

Pr. 3.17 μόνον] μόνα Hercher 1868, LXX; cf. Holste (= de Boissieu 1656, 8): «sola enim haec caeteribus rebus praeclaris nomen laudemque praeripuere, quas quidem mortales pariter vident, sed non pariter mirantur»
*2.1.3 ἀνάγκην] ἀναγωγήν Hercher 1858, 102; cf. Holste (= de Boissieu 1656, 14): «nec facile animus concipit, quomodo ingentes quadratorum lapidum moles potuerint elevari»
*2.3.10 ποικίλαι δὲ {καὶ πορφυραῖ}] πορφυραῖ del. Orelli 1816, 88; cf. Holste (= de Boissieu 1656, 14): «lapidum vero diversa genera invicem sunt coniuncta»
2.4.14s. ὡσεὶ μηλοβαφές ἐστιν] ὡσεὶ μηλοβαφεῖς εἰσιν Hercher 1858, 102; cf. Holste (= de Boissieu 1656, 16): «et post hosce alii mali, instar, quasi

flavescunt» (vd. anche Allacci 1640, 8; Brodersen 1992, 26s. torna al testo tràdito)

2.5.20s. βασιλικὸς πλοῦτος Hercher 1858, 102 (praeeunte Orelli: vd. *supra*, ad l.); cf. Holste (= de Boissieu 1656, 16): «regiae opes»

3.2.6 χορηγήσῃ] χειρουργήσῃ Orelli 1816, 94; cf. Holste (= de Boissieu 1656, 18): «ut Fidias sectos belluarum dentes manu fingeret»

4.1.4 μόνοις] συμβόλοις Hercher 1858, LXX; cf. Holste (= de Boissieu 1656, 20): «Dei enim effigies ex signis illi propriis agnoscitur»

*4.5.29 οὔπω συντελεσθεῖσιν P] οὔπω del. Hercher : οὕτω συντελεσθεῖσιν nos; cf. Holste (= de Boissieu 1656, 24): «absolutis hoc modo Colossis membris»

6.1.3–5 Γίγαντες γὰρ ἢ τῶν Ἀλωέως παίδων, οἳ τὴν εἰς οὐρανὸν ἀνάβασιν εἰργάσαντο, ὄρεσι χωννύοντες τὸν οὐ ναὸν ἀλλ' Ὄλυμπον] Γίγαντες γὰρ ἢ τῶν Ἀλωέως παίδων, οἳ τὴν εἰς οὐρανὸν ἀνάβασιν εἰργάσαντο, ᾠκοδόμησαν (vel sim.) ὄρεσι χωννύοντες τὸν οὐ ναὸν ἀλλ' Ὄλυμπον Orelli 1816, 120; cf. Holste (= de Boissieu 1656, 28): «nam Gigantes vel Aloidae coelum conscendere aggressi, aggestis montibus non templum, sed Olympum struxere»

# Bibliografia

Adam–Blanc 1989 = J.-P. Adam–N. Blanc, *Les sept merveilles du monde*, Paris 1989.

'Alī el-Sayed 2005 = A. 'Alī el-Sayed, *Un viaggiatore in Egitto nel XII secolo: le antichità nella Ifada di 'Abd al-Latif al Bagdadi*, «EVO» XXVIII, 2005, 325–338.

Allacci 1640 = L. Allacci, *Philo Byzantius de septem Orbis spectaculis, Leonis Allatii opera, nunc primum Graece et Latine prodit cum notis*, Romae 1640.

Allacci 1653 = L. Allacci, *Leonis Allatii Σύμμικτα, sive opusculorum Graecorum et Latinorum vetustiorum ac recentiorum libri duo*, edente, nonn. additis, B. Nihusio, Coloniae Agrippinae 1653.

Allison 2009 = J.W. Allison, *Cosmos and Number in Aeschylus' Septem*, «Hermes» CXXXVII, 2009, 129–147.

Altomare 2013 = B.M. Altomare, *Géographie et cosmographie dans l'Antiquité tardive. La tradition grecque et les modèles latins*, «DHA» XXXIX, 2013, 9–34.

Alwan 1979 = K. Alwan, *The Vaulted Structures of the so-called Hanging Gardens*, «Sumer» XXXV, 1979, 134–136.

Aly 1927 = W. Aly, *Die Entdeckung des Westens*, «Hermes» LXII, 1927, 299–341, 485–489.

Amato–Corcella–Lauritzen 2017 = E. Amato–A. Corcella–D. Lauritzen (éd. par), *L'École de Gaza: espace littéraire et identité culturelle dans l'Antiquité tardive. Actes du colloque international de Paris, Collège de France, 23–25 mai 2013*, Leuven–Paris–Bristol 2017.

Amato–Ventrella 2009 = E. Amato–G. Ventrella, *I Progimnasmi di Severo di Alessandria (Severo di Antiochia?)*, Berlin–New York 2009.

Amedick 2019 = R. Amedick, *Betriebsgeheimnisse antiker Mechaniker*, in M. Frass et al. (hrsg. v.), *Erfinder, Erforscher, Erneuerer*, Salzburg 2019, 67–81.

Arenz 2006 = A. Arenz, *Herakleides Kritikos "Über die Städte in Hellas". Eine Periegese Griechenlands am Vorabend des Chremonideischen Krieges*, München 2006.

Argentieri 2003 = L. Argentieri, *Gli epigrammi degli Antipatri*, Bari 2003.

Ash 2007 = R. Ash, *The Wonderful World of Mucianus*, «BICS» C, 2007, 1–17.

Asheri 1988 = D. Asheri, *Erodoto. Le Storie. Libro I. La Lidia e la Persia* (trad. di V. Antelami), Milano 1988.

Ashley 1980 = M. Ashley, *The Seven Wonders of the World*, Glasgow 1980.

Aujac 1966 = G. Aujac, *Strabon et la science de son temps*, Paris 1966.

Baldwin 1995 = B. Baldwin, *Pliny the Elder and Mucianus*, «Emerita» LXIII/2, 1995, 291–301.

Bammer 1972 = A. Bammer, *Die Architektur des Jüngeren Artemisions von Ephesos*, Wiesbaden 1972.

Bammer–Muss 1996 = A. Bammer–U. Muss, *Das Artemision von Ephesos. Das Weltwunder Ioniens in Archaischer und Klassischer Zeit*, Mainz am Rhein 1996.

Banks 1916 = E.J. Banks, *The Seven Wonders of the Ancient World*, New York–London 1916.

Barozzi 1572 = F. Barozzi, *Heronis Mechanicis liber de machinis bellicis* [...], Venetiis 1572.

Bassett 2004 = S. Bassett, *The Urban Image of Late Antique Constantinople*, Cambridge 2004.

Bast 1805 = F.J. Bast, *Lettre critique à mr. J.F. Boissonade sur Antoninus Liberalis, Parthenius et Aristénète*, Paris 1805.

Bast 1809 = F.J. Bastii *Epistola critica ad virum clarissimum Ionn. Franciscum Boissonade super Antonino Liberali, Parthenio et Aristaeneto* [...], Lipsiae 1809.

Bauer 1994 = E. Bauer, *Die Sieben Weltwunder*, Augsburg 1994.

Becchi 2010 = F. Becchi, *Sul De signis ps.-teofrasteo: struttura e paternità*, «MHNH» X, 2010, 119–138.

Becchi 2011 = F. Becchi, rec. Sider–Brunschön 2007, «Gnomon» LXXXIII, 2011, 19–28.

Beckby 1965–1967 = H. Beckby, *Anthologia Graeca*, I–IV, München 1965–1967².

Bekker 1823 = I. Bekker, *In Platonem a se editum commentaria critica; accedunt scholia*, Berolini 1823.

Belfiore 2011 = S. Belfiore, *Il geografo e l'editore. Marciano di Eraclea e i peripli antichi*, Roma 2011.

Belfiore 2013 = S. Belfiore, *Periplus maris Erythraei (2036)*, in H.-J. Gehrke–F. Maier (hrsg. v.), *Die Fragmente der Griechischen Historiker. Part V*, Leiden 2013, s.pp.

Benseler 1841 = G.E. Benseler, *De hiatu in scriptoribus Graecis*, Fribergae 1841.

Berger 2004 = A. Berger, *Georgios Kedrenos, Konstantinos von Rhodos und die Sieben Weltwunder*, «Millennium» I, 2004, 233–242.

Beringer 2016 = A. Beringer, *The Sight of Semiramis: Medieval and Early Modern Narratives of the Babylonian Queen*, Tempe, AZ 2016.

Bers 1974 = V. Bers, *Enallage and Greek Style*, Leiden 1974.

Berthold 1984 = R.M. Berthold, *Rhodes in the Hellenistic Age*, Ithaca, NY–London 1984.

Beschi 1986 = L. Beschi, *La scoperta dell'arte greca*, in S. Settis (a c. di), *Memoria dell'antico nell'arte italiana, III. Dalla tradizione all'archeologia*, Torino 1986, 293–372.

Bianchetti 2016 = S. Bianchetti, *The "Invention" of Geography: Eratosthenes of Cyrene*, in Bianchetti et al. 2016, 132–149.

Bianchetti et al. 2016 = S. Bianchetti–M. Cataudella–H.-J. Gehrke (ed. by), *Brill's Companion to Ancient Geography. The Inhabited World in Greek and Roman Tradition*, Berlin–Boston 2016.

Bianconi 2008 = D. Bianconi, *Cura et studio. Il restauro del libro a Bisanzio*, Alessandria 2018.

Biffi 2009 = N. Biffi, *L'Anatolia meridionale in Strabone. Libro XIV della Geografia*, Bari 2009.

Billerbeck 2008 = M. Billerbeck, *Sources et technique de citation chez Etienne de Byzance*, «Eikasmós» XIX, 2008, 301–322.

Billerbeck–Neumann-Hartmann 2017 = M. Billerbeck–A. Neumann-Hartmann, *Stephani Byzantii Ethnica*, V, Berolini–Bostoniae 2017.

Blass–Debrunner 1982 = F. Blass–A. Debrunner, *Grammatica del greco del Nuovo Testamento*, nuova ed. di F. Rehkopf, ed. it. a c. di G. Pisi, Brescia 1982.

Blomqvist 1974 = J. Blomqvist, *Juxtaposed τε καί in Post-Classical Prose*, «Hermes» CII, 1974, 170–178.

Blomqvist 1979 = L. Blomqvist, *The Date and Origin of the Greek Version of Hanno's Periplus*, Lund 1979.

Blum 1977 = R. Blum, *Kallimachos und die Literaturverzeichnung bei den Griechen. Untersuchungen zur Geschichte der Biobibliographie*, Frankfurt am Main 1977.

Boissonade 1817 = J.F. Boissonade, *Lucae Holstenii epistolae ad diversos, quas ex editis et ineditis codicibus collegit atque illustravit J.F. B.*, Parisiis 1817.

Bongrani Fanfoni 1997 = L. Bongrani Fanfoni, *Myos Hormos nel "Periplus Maris Erythraei"*, «Aegyptus» LXXVII, 1997, 53–59.

Bonniec–Gallet De Santerre 1983[12] = H. Le Bonniec–H. Gallet De Santerre, *Pline l'Ancien. Histoire naturelle. Livre 34*, texte ét. et trad. par H. Le B., comm. par H. G. De S. et par H. Le B., Paris 1983[12].

Bossina 2008 = L. Bossina, *Geografia e patriottismo neogreco tra Sette e Ottocento*, in Canfora et al. 2008, 390–420.

Bowe 2015 = P. Bowe, *A Deliberation on the Hanging Gardens of Mesopotamia*, «Garden History» XLIII, 2015, 151–167.

Braccini 2004 = T. Braccini (hrsg. v.), *Carmen choliambicum quod apud Ps.-Callisthenis Historiam Alexandri reperitur*, München–Leipzig 2004.

Bréguet 1969 = E. Bréguet, *Urbi et Orbi: un cliché et un thème*, in J. Bibauw (éd. par), *Hommages à Marcel Renard*, Bruxelles 1969, I, 140–152.

Brillante 2017 = S. Brillante, *Sur la réception des Géographes grecs à Byzance. Aréthas et un témoignage méconnu sur Hannon*, «Byzantion» LXXXVII, 2017, 133–141.

Brillante 2020 = S. Brillante, *Il Periplo di Pseudo-Scilace. L'oggettività del potere*, Hildesheim–Zürich–New York 2020.

Brodersen 1992 = K. Brodersen, *Reiseführer zu den Sieben Weltwundern. Philon von Byzanz und andere antike Texte*, Frankfurt am Main–Leipzig 1992.

Brodersen 1993 = K. Brodersen, *Ein Weltwunder auf gläsernen Füssen. Der Pharos von Alexandria in neuem Licht*, «Antike Welt» XXIV, 1993, 207–211.

Brodersen 1996 = K. Brodersen, *Die Sieben Weltwunder. Legendäre Kunst- und Bauwerke der Antike*, München 1996.

Brodersen 2000 = K. Brodersen, *Philon (17) von Byzanz*, in NP IX, Stuttgart–Weimar 2000, 857.

Brodersen 2012 = K. Brodersen, *Seven Wonders of the Ancient World*, in $OCD^4$, Oxford 2012, 1357.

Burkert 1992 = W. Burkert, *The Orientalizing Revolution: Near Eastern Influence on Greek Culture in the Early Archaic Age*, Cambridge 1992 (tit. or. *Die orientalisierende Epoche in der griechischen Religion und Literatur*, Heidelberg 1984).

Burnstein 1978 = S.M. Burnstein, *The Babyloniaca of Berossus*, Malibu 1978.

Burri 2013 = R. Burri, *Die Geographie des Ptolemaios im Spiegel der griechischen Handschriften*, Berlin–Boston 2013.

Bussac et al. 2012 = M.-F. Boussac–J.-F. Salles–J.-B. Yon (éd. par), *Autour du Périple de la mer Érythrée*, Lyon 2012.

Calderón Dorda 1986 = E. Calderón Dorda, *El problema del manuscrito único: a propósito de Partenio de Nicea y el cod. Palatinus gr. 398*, «Myrtia» I, 1986, 93–105.

Calderón Dorda 1988 = E. Calderón Dorda, *Partenio de Nicea. Sufrimientos de amor y fragmentas*, Madrid 1988.

Cambiano et al. 1992 = G. Cambiano–L. Canfora–D. Lanza (a c. di), *Lo spazio letterario della Grecia antica*, I/1, Roma 1992.

Cambiano et al. 1993 = G. Cambiano–L. Canfora–D. Lanza (a c. di), *Lo spazio letterario della Grecia antica*, I/2, Roma 1993.

Cameron 1993 = A. Cameron, *The Greek Anthology. From Meleager to Planudes*, Oxford 1993.

Canfora 2003 = L. Canfora, *La Biblioteca Palatina di Heidelberg e una lettera dimenticata di Leone Allacci*, «Byzantion» XCVI, 2003, 59–66.

Canfora 2010 = L. Canfora, *Il viaggio di Artemidoro. Vita e avventure di un grande esploratore dell'antichità*, Milano 2010.

Canfora et al. 2008 = L. Canfora, *Il papiro di Artemidoro*, con contributi di L. Bossina, L. Capponi, G. Carlucci, V. Maraglino, S. Micunco, R. Otranto, C. Schiano, e un saggio del nuovo papiro, Roma–Bari 2008.

Canfora et al. 2012 = C. Simonidis, *Opere greche*, I. *Eulyros di Cefalonia, Ἐθνικά / Ἀνθρώπινα. Liste di manoscritti greci (1848–1864)*, a c. di L. Canfora–M.R. Acquafredda–M. Caratozzolo–V. Cuomo, Bari 2012.

Capocci 1958 = V. Capocci, *Codices Barberiniani Graeci*, I (codd. 1–163), Romae 1958.

Casson 1989 = L. Casson, *The Periplus Maris Erythraei*, Princeton 1989.

Cataldi Palau 2008 = A. Cataldi Palau, *Studies in Greek Manuscripts*, Spoleto 2008.

Cataudella 2016 = M.R. Cataudella, *Some Scientific Approaches: Eudoxus of Cnidus and Dicaearchus*, in Bianchetti et al. 2016, 115–131.

Cavallo 2005 = G. Cavallo, *Da Alessandria a Constantinopoli? Qualche riflessione sulla 'collezione filosofica'*, «S&T» III, 2005, 249–263.

Cavallo 2007 = G. Cavallo, *Qualche riflessione sulla 'collezione filosofica'*, in C. D'Ancona Costa (ed. by), *The Libraries of the Neoplatonists*, Leiden–Boston 2007, 155–165.

Cerbu 1986 = T. Cerbu, *Leone Allacci (1587-1669). The Fortunes of an Early Byzantinist*, diss. Cambridge, MA 1986.

Cerbu 2014 = T. Cerbu, *Tra servizio e ambizione. Allacci studioso e bibliotecario nella corrispondenza con Antonio Caracciolo*, in Montuschi 2014a, 175–198.

Chandler 1881² = H.W. Chandler, *A Practical Introduction to Greek Accentuation*, Oxford 1881².

Christ–Schmid–Stählin 1924 = W. von Christ–W. Schmid–O. Stählin, *Geschichte der Griechischen Literatur*, II/2, München 1924.

Ciccolella 2000 = F. Ciccolella, *Cinque poeti bizantini. Anacreontee dal Barberiniano greco 310*, Alessandria 2000.

Clarke–Engelbach 1930 = S. Clarke–R. Engelbach, *Ancient Egyptian Masonry*, Oxford 1930.

Clayton–Price 1989 = P.A. Clayton–M.J. Price (a c. di), *Le sette meraviglie del mondo*, trad. it. Torino 1989 (ed. or. *The Seven Wonders of the Ancient World*, London 1988).

Condello 2009 = F. Condello, *Se il proemio tace: prove di traduzione su P. Artemid. I 1–II 26*, in L. Canfora (a c. di), *Il papiro di Artemidoro. Convegno Internazionale di Studio (Rovereto, 29–30 aprile 2009)*, Rovereto (TN) 2009 (= «Atti della Accademia Roveretana degli Agiati» s. VIII, IX, 2009), 55–82.

Condello 2012 = F. Condello, *Costantino Simonidis, o la pietas del falsario*, «Eikasmós» XXIV, 2013, 491–503.

Condello–Magnani 2019 = F. Condello–M. Magnani, *Il ms. Vat. Barb. Gr. 69 e lo Pseudo-Archiloco (frr. °°327 e °°328 W.²). Testo, contesto e ipotesi attributiva*, «RHT» n.s. XIV, 2019, 69–140.

Conrad 1996 = L.I. Conrad, *The Arabs and the Colossus*, «Journal of the Royal Asiatic Society» s. III, VI/2, 1996, 165–187.

Corcella 1992 = A. Corcella, *Geografia e 'historie'*, in Cambiano et al. 1992, 265–277.

Corso–Mugellesi–Rosati 1988 = A. Corso–R. Mugellesi–G. Rosati, *Gaio Plinio Secondo. Storia Naturale. V. Mineralogia e storia dell'arte, libri XXXIII–XXXVII*, Torino 1988.

Cotterell–Kamminga 1990 = B. Cotterell–J. Kamminga, *Mechanics of Pre-industrial Technology: An Introduction to the Mechanics of Ancient and Traditional Material Culture*, Cambridge 1990.

Counillon 2004 = P. Counillon, *Pseudo-Skylax. Le Périple du Pont-Euxin. Texte, traduction, commentaire philologique et historique*, Bordeaux 2004.

D'Alessio 1996 = G.B. D'Alessio, *Callimaco. Inni, Epigrammi, frammenti*, Milano 1996.

Dain 1954 = A. Dain, *La transmission des textes littéraires classiques de Photius à Constantin Porphyrogénète*, «Dumbarton Oaks Papers» VIII, 1954, 31–47.

Dain 1969 = A. Dain, *Luc Holste et la Collection romaine des Tacticiens grecs*, «REA» LXXI, 1969, 338–353.

Dalley 1993 = S. Dalley, *Ancient Mesopotamian Gardens and the Identification of the Hanging Gardens of Babylon Resolved*, «Garden History» XXI, 1993, 1–13.

Dalley 1994 = S. Dalley, *Nineveh, Babylon and the Hanging Gardens: Cuneiform and Classical Sources Reconciled*, «Iraq» LVI, 1994, 45–58.

Dalley 1996 = S. Dalley, *Herodotus and Babylon*, «Orientalische Literaturzeitung» XCI, 1996, 525–532.

Dalley 1997 = S. Dalley, *The Hanging Gardens of Babylon at Nineveh*, in H. Waetzoldt–H. Hauptmann (ed. by), *Proceedings of the 39th Rencontre Assyriologique International, Heidelberg 1992*, Heidelberg 1997, 19–24.

Dalley 2002 = S. Dalley, *More about the Hanging Gardens*, in Al-Gailani-Werr–J.E. Curtis–A. McMahon–J.E. Reade (ed. by), *Of Pots and Plans: Studies presented to David Oates*, Cambridge 2002, 67–73.

Dalley 2003 = S. Dalley, *Why did Herodotus not mention the Hanging Gardens of Babylon?*, in P. Derow–R. Parker (ed. by), *Herodotus and his World*, Oxford 2003, 171–189.

Dalley 2013 = S. Dalley, *The Mystery of the Hanging Garden of Babylon. An Elusive World Wonder*, Oxford 2013.

Dalley–Oleson 2003 = S. Dalley–J.P. Oleson, *Sennacherib, Archimedes, and the Water Screw: The Context of Invention in the Ancient World*, «Technology and Culture» XLIV, 2003, 1–2.

Davison et al. 2009 = C.C. Davison et al., *Pheidias. The Sculptures and Ancient Sources*, II, London 2009.

de Boissieu 1661 = D.S. de Boissieu, *Dionysii Salvagnii Boessii* [...] *miscella*, Lugduni 1661.

De Breucker 2003 = G. De Breucker, *Berossos and the Construction of a Near Eastern Cultural History in Response to the Greeks*, in H. Hokwerda (ed. by), *Constructions of the Greek Past*, Groningen 2003, 25–34.

De Breucker 2010 = G. De Breucker, *Berossos of Babylon (680)*, in I. Worthington, *Die Fragmente der Griechischen Historiker. Part III*, Leiden 2010, s.pp.

de Groot 1919 = A.W. de Groot, *A Handbook of Antique Prose Rhythm*, Groningen 1919.

de Terrebasse 1850 = A. de Terrebasse, *Relation des principaux évènements de la vie de Salvaing de Boissieu, premier président en la Chambre des comptes du Dauphiné, suivie d'une critique de sa généalogie et précédée d'une notice historique*, Lyon 1850.

Debrunner–Scherer 1969 = A. Debrunner, *Geschichte der griechischen Sprache*, II. *Grundfragen und Grundzüge des nachklassischen Griechisch*, zweite Aufl. bearb. v. A. Scherer, Berlin 1969.

Denniston 1952 = J.D. Denniston, *Greek Prose Style*, Oxford 1952.

De Stefani–Strano 2023 = C. De Stefani–G. Strano, *Constantinus Rhodius Ecphrasis Ecclesiae Sanctorum Apostolorum – Carmina Scoptica – Appendices. Theodorus Paphlago Carmina Scoptica*, Berolini–Novi Eboraci 2023.

Dewing 1910 = H.B. Dewing, *The Origin of the Accentual Prose in Greek*, «AJPh» XXXI, 1910, 312–328.

Diamantopoulu 2017a = L. Diamantopoulu, *Konstantinos Simonides: Literarische Fälschungen und die Erfindung der Nation*, in Müller et al. 2017, 27–51.

Diamantopoulou 2017b = L. Diamantopoulu, *Konstantinos Simonides: Leben und Werk. Ein tabellarischer Überblick*, in Müller et al. 2017, 305–325.

Diels 1904 = H. Diels, *Laterculi Alexandrini aus einem Papyrus ptolemäischer Zeit*, Berlin 1904.

Diels–Schramm 1919 = H. Diels–E. Schramm, *Philons Belopoiika. Viertes Buch der Mechanik*, Berlin 1919.

Diels–Schramm 1920 = H. Diels–E. Schramm, *Exzerpte aus Philons Mechanik B. VII und VIII (vulgo fünftes Buch)*, Berlin 1920.

Diels–Schramm 1970 = H. Diels–E. Schramm, *Herons Belopoiika (Scrift vom Geschützbau). Philons Belopoiika (Mechanik Buch IV und V)*, Leipzig 1970.

Diggle 2005 = J. Diggle, *Rhythmical Prose in the Euripidean Hypotheses*, in G. Bastianini–A. Casanova (a c. di), *Euripide e i papiri. Atti del Convegno internazionale di studi, Firenze, 10–11 giugno 2004*, Firenze 2005, 27–67.

Dijksterhuis 1956 = E.J. Dijksterhuis, *Archimedes*, Copenhagen 1956.

Dilke 1993 = O.A.W. Dilke, rec. Brodersen 1992, «CR» n.s. XLIII, 1993, 179s.

Diller 1937 = A. Diller, *The Vatopedi Manuscript of Ptolemy and Strabo*, «AJPh» LVIII, 1937, 174–184.

Diller 1952 = A. Diller, *The Tradition of the Minor Greek Geographers*, Oxford–New York 1952.

Diller 1954 = A. Diller, *The Scholia on Strabo*, «Traditio» X, 1954, 29–50.

Diller 1975a = A. Diller, *The Textual Tradition of Strabo's Geography*, Amsterdam 1975.

Diller 1975b = A. Diller, *Agathemerus, Sketch of Geography*, «GRBS» XVI, 1975, 59–76.

Diller 1983 = A. Diller, *Studies in Greek Manuscript Tradition*, Amsterdam 1983.

Dillery 2007 = J. Dillery, *Greek Historians of the Near East: Clio's 'Other' Sons*, in J. Marincola (ed. by), *A Companion to Greek and Roman Historiography*, Malden, MA 2007, I, 221–230.

Dillery 2015 = J. Dillery, *Clio's Other Sons: Berossus and Manetho, with an afterword on Demetrius*, Anna Arbor 2015.

Dilts 1994 = M.R. Dilts, *Hiatus in the Orations of Aeschines*, «AJPh» CXV, 1994, 367–373.

Dombart 1970 = T. Dombart, *Die Sieben Weltwunder des Altertums*, München 1970.

Dorandi 2014 = T. Dorandi, *Un'opera di Clearco di Soli sui Sette Sapienti? Rileggendo il PSI IX 1093*, «ZPE» CXC, 2014, 62–68.

Drachmann 1948 = A.G. Drachmann, *Ktesibios, Philon and Heron. A Study in Ancient Pneumatics*, Copenhagen 1948.

Drachmann 1958 = A.G. Drachmann, *The Screw of Archimedes*, in *Actes du VIIIe Congrès International d'Histoire des Sciences, Florence–Milan, 3–9 septembre 1956*, Vinci (Firenze)–Paris 1958, III, 940–953.

Dross-Krüpe 2020 = K. Dross-Krüpe, *Semiramis, de qua innumerabilia narrantur. Rezeption und Verargumentierung der Königin von Babylon von der Antike bis in die opera seria des Barock*, Wiesbaden 2020.

Dueck 2012 = D. Dueck, *Geography in Classical Antiquity*, Cambridge 2012.

Duffy 2014 = J.M. Duffy, *The Homilies of Sophronius of Jerusalem. Issues of Prose Rhythm, Manuscript Evidence and Emendation*, in E. Odelman–D.M. Searby (ed. by), *Ars Edendi. Lecture series*, III, Stockholm 2014, 49–69.

Durvye 2010 = C. Durvye, *Historiographie antique du siège de Rhodes par Démétrios (305–304)*, in N. Faucherre–I. Pimouguet-Pédarros (éd. par), *Les sièges de Rhodes de l'Antiquité à la période moderne*, Rennes 2010, 39–55.

Edwards 1985[2] = I.E.S. Edwards, *The Pyramids of Egypt*, Harmondsworth 1985[2].

Edwards 1991 = M.K. Edwards, *The Iliad. A Commentary, V. Books 17–20*, Cambridge 1991.

Ekschmitt 1984 = W. Ekschmitt, *Die Sieben Weltwunder*, Meinz 1984.

Fabricius 1707 = J.A. Fabricius, *Bibliothecae Graecae liber III*, Hamburgi 1707.

Fabricius 1843 = B. Fabricius [i.e. H.T. Dittrich], *Über Markianos aus Herakleia*, «RhM» II, 1843, 366–386.

Fabricius 1849 = B. Fabricius [i.e. H.T. Dittrich], *Arriani Alexandrini Periplus maris Erythraei*, Dresdae 1849.

Fabricius–Harles 1790 = J.A. Fabricius–G.C. Harles, *J.A. Fabricii Bibliotheca Graeca, sive notitia scriptorum veterum Graecorum* […], I, ed. nova […] curante G.C. Harles, Hamburgi 1790.

Fabricius–Harles 1795 = J.A. Fabricius–G.C. Harles, *J.A. Fabricii Bibliotheca Graeca, sive notitia scriptorum veterum Graecorum* [...], IV, ed. nova [...] curante G.C. Harles, Hamburgi 1795.

Fedeli 1985 = P. Fedeli, *Properzio. Il Libro Terzo delle Elegie*, Bari 1985.

Federspiel *et al.* 2017 = M. Federspiel–A. Cohen-Skalli–M. Decorps–Foulquier, *Pseudo-Aristote. Problèmes mécaniques. Des lignes insécables*, intr. de M. F., préf. de A. C.-S., avec la contribution de M. D.-F., Paris 2017.

Ferrari 1984 = G.A. Ferrari, *Meccanica "allargata"*, in G. Giannantoni–M. Vegetti (a c. di), *La scienza ellenistica. Atti delle tre giornate di studio tenutesi a Pavia dal 14 al 16 aprile 1982*, Napoli 1984, 225–295.

Filippo 2016 = A. Filippo, *Le clausole prosaiche in Gregorio di Nazianzo*, «BBGG» III s., XIII, 2016, 237–271.

Fleury 1996 = P. Fleury, *Traités de mécanique et textes sur les machines*, in C. Nicolet (éd. par), *Les littératures techniques dans l'antiquité romaine*, Vandoevreus-Genève 1996, 45–76.

Floridi 2014 = L. Floridi, *Lucillio. Epigrammi*, Berlin–Boston 2014.

Folliet 1992 = G. Folliet, *Lucas Holstenius (1596–1661). Un émule de Saint Augustin dans sa conversion au platonisme et au catholicisme*, in M.-O. Goulet-Caze–G. Madec–D. O' Brien (éd. par), Σοφίης μαιήτορες. *Chercheurs de sagesse: hommage à Jean Pepin*, Paris 1992, 627–649.

Fraser 1972 = P.M. Fraser, *Ptolemaic Alexandria*, I, Oxford 1972.

Frisk 1927 = J.I.H. Frisk, *Le Périple de la mer Érythrée, suivi d'une étude sur la tradition et la langue*, Göteborg 1927.

Froidefond 1971 = C. Froidefond, *Le mirage egyptien dans la littérature grecque d'Homère à Aristote*, Paris 1971.

Gabriel 1932 = A. Gabriel, *La construction, l'attitude et l'emplacement du Colosse de Rhodes*, «BCH» LVI, 1932, 331–359.

Gallazzi–Kramer–Settis 2008 = C. Gallazzi–B. Kramer–S. Settis, *Il papiro di Artemidoro (P. Artemid.)*, edito da C. G.–B. K.–S. S., con la collaborazione di G. Adornato, A.C. Cassio, A. Soldati, Milano 2008.

García Valdés *et al.* 2009 = M. García Valdés–L.A. Llera Fueyo–L. Rodríguez–N. Guillén, *Claudius Aelianus. De Natura Animalium*, Berolini–Novi Eboraci 2009.

Garlan 1973 = Y. Garlan, *Cités, armées et stratégie à l'époque hellénistique d'après l'oeuvre de Philon de Byzance*, «Historia» XXII, 1973, pp. 16–33.

Garlan 1974 = Y. Garlan, *Recherches de poliorcétique grecque*, Athenai–Paris 1974.

Gawlikowski 1990 = M. Gawlikowski, *Helios (in peripheria orientali)*, in *LIMC* V/1, Zürich–München 1990, 1034–1038.

Germain 1957 = G. Germain, *Qu'est-ce que le Périple d'Hannon? Document, amplification littéraire ou faux intégral?*, «Hespéris» XLIV, 1957, 205–248.

Geus 2016 = K. Geus, *Progress in the Sciences: Astronomy and Hipparchus*, in Bianchetti *et al.* 2016, 150–160.

Giacomelli 2021 = C. Giacomelli, *Ps.-Aristotele, De mirabilibus auscultationibus. Indagini sulla storia della tradizione e ricezione del testo*, Berlin–Boston 2021.

Giannini 1966 = A. Giannini, *Paradoxographorum Graecorum reliquiae*, Milano 1966.

Gille 1956 = B. Gille, *Machines*, in C. Singer–E.J. Holmyard–A.R. Hall–T.I. Williams (ed. by), *A History of Technology*, II, Oxford 1956.

Gisinger 1935 = F. Gisinger, *Marcianus von Herakleia*, in *RE Suppl.* VI, Stuttgart 1935, 271–281.

Goldhill 2012 = S. Goldhill, *Forms of Attention: Time and Narrative in Ecphrasis*, «CCJ» LVIII, 2012, 88–114.

González Ponce 2008 = F.J. González Ponce, *Periplógrafos griegos, I. Épocas Arcaica y Clásica, 1: Periplo de Hanón y autores de los siglos VI y V a.C.*, Zaragoza 2008.

González Ponce 2011 = F.J. González Ponce, *Hanno von Karthago (2208)*, in H.-J. Gehrke–F. Maier (hrsg. v.), *Die Fragmente der Griechischen Historiker. Part V*, Leiden 2011, s.pp.

Gow 1952[2] = A.S.F. Gow, *Theocritus*, I–II, Cambridge 1952[2].

Gow–Page 1965 = A.S.F. Gow–D.L. Page, *The Greek Anthology. Hellenistic Epigrams*, I–II, Cambridge 1965.

Gow–Page 1968 = A.S.F. Gow–D.L. Page, *The Greek Anthology. The Garland of Philip and some Contemporary Epigrams*, I–II, Cambridge 1968.

Gregis 2017 = G. Gregis, *Guarigioni di Asclepio a Epidauro*, «Axon» I, 2017, 111–129.

Grilli 1979 = A. Grilli, *Sul numero sette*, in *Studi su Varrone, sulla retorica, storiografia e poesia latina. Scritti in onore di Benedetto Riposati*, Rieti–Milano 1979, 203–219.

Gronov 1699 = J. Gronovius, *Thesaurus Graecarum antiquitatum*, VII, Ludguni Batavorum 1699.

Groom 1995 = N. Groom, *The Periplus, Pliny and Arabia*, «Arabian Archaeology and Epigraphy» VI, 1995, 180–195.

Guberti Bassett 2000 = S. Guberti Bassett, *"Excellent Offerings". The Lausos Collection in Constantinople*, «The Art Bulletin» LXXXII/1, 2000, 6–25.

Guiso 1997 = M.A. Guiso, *Geographi. I libri geografici di Lucas Holstenius nella Biblioteca Angelica*, Roma 1997.

Güngerich 1958[2] = R. Güngerich, *Dionysii Byzantii Anaplus Bospori, una cum scholiis X saeculi*, Berolini 1958[2].

Häfner 2003 = R. Häfner, *Götter im Exil. Fruhneuzeitliches Dichtungsverstandnis im Spannungsfeld christlicher Apologetik und philologischer Kritik (ca. 1590–1736)*, Tübingen 2003.

Håkanson 2014 = L. Håkanson, *Der Satzrhythmus der 19 Größeren Deklamationen und des Calpurnius Flaccus*, in Id., *Unveröffentlichte Schriften*, I. *Studien zu den pseudoquintilianischen Declamationes maiores*, hrsg. v. B. Santorelli, Berlin–Boston 2014, 47–130.

Haynes 1957 = D.E.L. Haynes, *Philo of Byzantium and the Colossus of Rhodes*, «JHS» LXXVII, 1957, 311s.

Headlam–Knox 1922 = W. Headlam–A.D. Knox, *Herodas. The Mimes and Fragments*, Cambridge 1922.

Hemsterhuis 1789 = T. Hemsterhuis, *Luciani Samosatensis opera graece et latine. Ad editionem Tiberii Hemsterhusii et Ioannis Frederici Reitzii accurate expressa, cum varietate lectionis et annotationibus*, II, Biponti 1789.

Hercher 1858 = R. Hercher, *Porphyrii philosophi De abstinentia et De antro Nympharum, Philonis Byzantii De septem orbis spectaculis*, Parisiis 1858.

Higbie 2017 = C. Higbie, *Collectors, Scholars, and Forgers in the Ancient World. Object Lessons*, Oxford 2017.

Hillgruber 1994 = M. Hillgruber, *Die pseudoplutarchische Schrift De Homero*, I, Stuttgart–Leipzig 1994.

Holleaux 1923 = M. Holleaux, *Polybe et le tremblement de terre de Rhodes*, «REG» XXXVI, 1923, 480–498.

Hörandner 1981 = W. Hörandner, *Der Prosarhythmus in der rhetorischen Literatur der Byzantiner*, Wien 1981.

Hörandner 2012 = W. Hörandner, *Pseudo-Gregorios Korinthios, Über die vier Teile der perfekten Rede*, «MEG» XII, 2012, 87–132.

Hörandner–Rhoby 2021 = W. Hörandner–A. Rhoby, *Metrics and Prose Rhythm*, in S. Papaioannou (ed. by), *The Oxford Handbook of Byzantine Literature*, New York 2021, 407–429.

Hultsch 1882 = F. Hultsch, *Griechische und Römische Metrologie*, II, Berlin 1882.

Hunter 2011 = R. Hunter, *The Gods of Callimachus*, in B. Acosta-Hughes–L. Lehnus–S. Stephens (eds), *Brill's Companion to Callimachus*, Leiden 2011, 245–263 (= ora in *The Layers of the Text. Collected Papers on Classical Literature 2008–2021*, Berlin–Boston 2021, 156–174).

Hutchinson 1995 = G.O. Hutchinson, *Rhythm, Style, and Meaning in Cicero's Prose*, «CQ» XLV, 1995, 485–499.

Hutchinson 2015 = G.O. Hutchinson, *Appian the Artist. Rhythmic Prose and its Literary Implications*, «CQ» LXV, 2015, 788–806.

Hutchinson 2018 = G.O. Hutchinson, *Plutarch's Rhythmic Prose*, Oxford 2018.

Immerwahr 1960 = H.R. Immerwahr, *Ergon. History as a Monument in Herodotus and Thucydides*, «AJPh» LXXXI, 1960, 261–290.

Irwin 1974 = E. Irwin, *Colour Terms in Greek Poetry*, Toronto 1974.

Isager 1991 = J. Isager, *Pliny on Art and Society. The Elder Pliny's Chapters on The History of Art*, Odense 1991.

Jacob 1993 = C. Jacob, *La geografia*, in Cambiano et al. 1993, 393–430.

Jacoby 1928 = F. Jacoby, rec. *Dionysii Byzantii Anaplus Bospori una cum scholiis X saec.*, ed. et ill. R. Güngerich, Berlin 1927, «Gnomon» IV/5, 1928, 262–268.

Jacono 1962 = C. Jacono, *Bibliografia di Leone Allacci, 1588–1669*, Palermo 1962.

Jones 2014 = K.H. Jones, *Alcaeus of Messene, Philip V and the Colossus of Rhodes*, «CQ» LXIV, 2014, 136–151.

Jordan 2014 = P. Jordan, *The Seven Wonders of the Ancient World*, London–New York 2014.

Katsifarakis–Avgoloupis 2013 = K.L. Katsifarakis–I. Avgoloupis, *A New Approach to the Description of a Babylonian Hydraulic Work by Herodotus*, «CQ» LXIII, 2013, 888–891.

Kazhdan 1991 = A.P. Kazhdan, *Paradoxography*, in *Oxford Dictionary of Byzantium*, Oxford 1991, III, 1583s.

Keeline–Kirby 2019 = T. Keeline–T. Kirby, *Auceps syllabarum. A Digital Analysis of Latin Prose Rhythm*, «JRS» CIX, 2019, 161–204.

Kerkhecker 1999 = A. Kerkhecker, *Callimachus's Book of Iambi*, Oxford 1999.

Kerschner–Prochaska 2011 = M. Kerschner–W. Prochaska, *Die Tempel und Altäre der Artemis in Ephesos und ihre Baumaterialien*, «JÖAI» LXXX, 2011, 73–153.

Kleingünther 1933 = A. Kleingünther, Πρῶτος εὑρετής. *Untersuchungen zur Geschichte einer Fragestellung*, Leipzig 1933.

Klock 1987 = C. Klock, *Untersuchungen zu Stil und Rhythmus bei Gregor von Nyssa. Ein Beitrag zum Rhetorikverständnis der griechischen Väter*, Frankfurt am Main 1987.

Koldeway 1914 = R. Koldeway, *The Excavations at Babylon*, London 1914.

Korenjak 2011 = M. Korenjak, *Pseudo-Skymnos (2048)*, in H.-J. Gehrke–F. Maier (hrsg. v.), *Die Fragmente der Griechischen Historiker. Part V*, Leiden 2011, s.pp.

Krauskopf 1990 = I. Krauskopf, *Helios/Usil*, in *LIMC* V/1, Zürich–München 1990, 1038–1047.

Kroehnert 1897 = O. Kroehnert, *Canonesne poetarum, scriptorum, artificum per antiquitatem fuerunt?*, diss. Regimonti 1897.

Kroll 1941 = W. Kroll, *Philon (49)*, in *RE* XX/1, Stuttgart 1941, coll. 54s.

Kuhrt 1987 = A. Kuhrt, *Berossus' Babyloniaka and Seleucid Rule in Babylon*, in A. Kurth–S. Sherwin-White (eds), *Hellenism in the East. The Interaction of Greek and non-Greek Civilizations from Syria to Central Asia after Alexander*, London 1987, 32–56.

Kurz 1970 = D. Kurz, Ἀκρίβεια. *Das Ideal der Exaktheit bei den Griechen bis Aristoteles*, Göttingen 1970.

La Penna 1959 = A. La Penna, *Scholia in P. Ovidii Nasonis Ibin*, Firenze 1959.

Lanowski 1965 = J. Lanowski, *Weltwunder*, in *RE* suppl. X, Stuttgart 1965, coll. 1020–1030.

Lanowski 1983 = J. Lanowski, *Les listes de merveilles du monde grecques et romaines*, in P. Oliva–A. Frolíková (eds), «Concilium Eirene» XVI/2, Prag 1983, 182–186.

Lanowski 1985 = J. Lanowski, *Zum Werk des Philon von Byzanz "Über die sieben Weltwunder"*, «Eos» 73, 1985, 31–47.

Lavagnini 1935 = B. Lavagnini, *Aloisiae Sigeae Toletana Satyra sotadica de arcanis Amoris et Veneris*, Catania 1935.

Laquer 1941 = R. Laquer, *Philon (42)*, in *RE* XX/1, Stuttgart 1941, coll. 50s.

Leaf 1902 = W. Leaf, *The Iliad. Books XIII–XXIV*, London 1902².

Lehmann-Haupt 1929 = C.F. Lehmann-Haupt, *Stadion (Metrologie)*, in *RE* IIIA/2, Stuttgart 1929, coll. 1930–1962.

Lehnus 2012 = L. Lehnus, *Incontri con la filologia del passato*, Bari 2012.

Lehnus 2016 = L. Lehnus, *Maasiana e Callimachea*, Milano 2016.

Lejeune 1947–1948 = A. Lejeune, *Codex Vaticanus Latinus 2975*, «Bulletin de l'Institut historique Belge de Rome» XXIV, 1947–1948, 123–137.

Leroy 2013 = P.-O. Leroy, *Deux manuscrits vaticans de la Géographie de Strabon et leur place dans le stemma codicum*, «RHT» n.s. VIII, 2013, 37–60.

Leroy 2018 = P.-O. Leroy, *Agathemeros (2102)*, in H.-J. Gehrke–F. Maier (hrsg. v.), *Die Fragmente der Griechischen Historiker. Part V*, Leiden 2018, s.pp.

Letronne 1814 = A. Letronne, *Récherches géographiques et critiques sur le livre De mensura Orbis Terrae, composé en Irlande, au commencement du neuvième siècle, par Dicuil; suivi du texte restitué par A. Detronne*, Paris 1814.

Letronne 1848 = A. Letronne, *Récueil des inscriptions grecques et latines de l'Égypte étudiées dans leur rapport avec l'Histoire politique, l'Administration intérieure, les Institutions civiles et religieuses de ce pays depuis la conquête d'Alexandre jusqu'à celle des Arabes*, II, Paris 1848.

Letta 1988 = C. Letta, *Helios/Sol*, in *LIMC* IV/1, Zürich–München 1988, 592–625.

Linant de Bellefonds–Prioux 2017 = P. Linant de Bellefonds–E. Prioux, *Voir les mythes. Poésie hellénistique et arts figurés*, Paris 2017.

Lipari 1990 = G. Lipari, *Il carteggio Ventimiglia-Allacci. Una vicenda editoriale del '600*, Messina 1990.

Litzika 1898 = C. Litzika, *Das Meyersche Satzschlussgesetz in der byzantinischen Prosa, mit einem Anhang über Prokop von Käsarea*, München 1898.

Lloyd 1989 = A.B. Lloyd, *Erodoto. Le Storie. Libro II. L'Egitto* (trad. di A. Fraschetti), Milano 1989.

Lorenzoni 1994 = A. Lorenzoni, *Paura verde e oro pallido (Ar. Pax 1176, Eup. fr. 253 K.–A., Com. adesp. frr. 390 e 1380A E.)*, «Eikasmós» V, 1994, 139–163.

Losacco 2017 = M. Losacco, *«Tous les livres confluaient vers lui, telles les eaux d'un fleuve»: notes sur la bibliothèque de Photius*, «MEG» XVII, 2017, 107–135.

Louis 1991 = P. Louis, *Aristote. Problèmes*, I, Paris 1991.

Maas 1902 = P. Maas, *Rhythmisches zu der Kunstprosa des Konstantinos Manasses*, «ByZ» XI, 1902, 505–512 (ora in *Kleine Schriften*, hrsg. v. W. Buchwald, München 1973, 426–434).

MacGinnis 1986 = J. MacGinnis, *Herodotus' Description of Babylon*, «BICS» XXXIII, 1986, 67–86.

Maddoli–Saladino 1995 = G. Maddoli–V. Saladino, *Pausania. Guida della Grecia. Libro V. L'Elide e Olimpia*, Milano 1995.

Mai 1853 = A. Mai, *Novae Patrum bibliothecae*, VI, continens [...] in parte II Leonis Allatii tres grandes dissertationes de Nicetis, de Philonibus et de Theodoris [...], Romae 1853.

Mallwitz 1964 = A. Mallwitz, *Die Werkstatt des Pheidias in Olympia*, Berlin 1964.

Mango–Vickers–Francis 1992 = C. Mango–M. Vickers–E.D. Francis, *The Palace of Lausos at Constantinople and Its Collection of Ancient Statues*, «Journal of the History of Collections» IV, 1992, 89–98.

Maragioglio–Rinaldi 1966: V. Maragioglio–C. Rinaldi, *L'architettura delle piramidi Menfite*, V, Rapallo 1966.

Marcotte 1986 = D. Marcotte, *Le périple dit de Scylax. Esquisse d'un commentaire épigraphique et archéologique*, «BollClass» VII, 1986, 166–182.

Marcotte 2000 = D. Marcotte, *Géographes grecs*, I. *Introduction générale. Pseudo-Scymnos, Circuit de la terre*, Paris 2000.

Marcotte 2007 = D. Marcotte, *Le corpus géographique de Heidelberg (Palat. Heidelb. gr. 398) et les origines de la 'collection philosophique'*, in C. D'Ancona Costa (ed. by), *The Libraries of the Neoplatonists*, Leiden–Boston 2007, 167–176.

Marcotte 2014a = D. Marcotte, *La 'collection philosophique': historiographie et histoire des textes*, «Scriptorium» LXVIII, 2014, 145–165.

Marcotte 2014b = D. Marcotte, *Priscien de Lydie, la géographie et les origines néoplatoniciennes de la 'Collection philosophique'*, «Journal des Savants» s.n., 2014, pp. 165–203.

Marenghi 1958 = G. Marenghi, *Arriano. Periplo del Ponto Eusino*, Napoli 1958.

Marsden 1969 = E.W. Marsden, *Greek and Roman Artillery. Historical Development*, Oxford 1969.

Marsden 1971 = E.W. Marsden, *Greek and Roman Artillery. Technical Treatises*, Oxford 1971.

Martelli 2019 = M. Martelli, *L'alchimista antico. Dall'Egitto greco-romano a Bisanzio*, Milano 2019.

Maryon 1956 = H. Maryon, *The Colossus of Rhodes*, «JHS» LXXVI, 1956, 68–86.

Masson 1994 = O. Masson, *Le faussaire grec C. Simonides à Paris en 1854, avec deux lettres inconnues de Sainte-Beuve et un récit du comte de Marcellus*, «Journal des Savants» s.n., 1994, 367–379.

Matijašić 2016 = I. Matijašić, *Scylax of Caryanda, Pseudo-Scylax, and the Paris Periplus. Reconsidering the Ancient Tradition of a Geographical Text*, «Mare Nostrum» VII, 2016, 1–19.

Mays 2008 = L.W. Mays, *A Very Brief History of Hydraulic Technology During Antiquity*, «Environmental Fluid Mechanics» VIII, 2008, 471–484.

McCabe 1981 = D.F. McCabe, *The Prose-Rhythm of Demosthenes*, New York 1981.

Mejer 1981 = J. Mejer, *Demetrius of Magnesia. On Poets and Authors of the Same Name*, «Hermes» CIX, 1981, 447–472.

Ménestrier 1657, 1688² = C. Ménestrier, *Symbolica Dianae Ephesiae statua*, Romae 1657, 1688².

Meyer 1891 = W. Meyer, *Der accentuirte Satzschluss in der griechischen Prosa vom 4.–16. Jahrhundert. Um einen Anhang ergänzt*, Göttingen 1891.

Miller 2015 = P.N. Miller, *Peiresc's Mediterranean World*, Cambridge, MA–London 2015.

Mirto 1999 = A. Mirto, *Lucas Holstenius e la corte Medicea. Carteggio (1629–1660)*, Firenze 1999.

Mittenhuber 2011 = F. Mittenhuber, *Hypotyposis (2021)*, in H.-J. Gehrke–F. Maier (hrsg. v.), *Die Fragmente der Griechischen Historiker. Part V*, Leiden 2011, s.pp.

Moggi–Osanna 2003 = M. Moggi–M. Osanna, *Pausania. Guida della Grecia. Libro VIII. L'Arcadia*, Milano 2003.

Montuschi 2014a = C. Montuschi (a c. di), *Storia della Biblioteca apostolica Vaticana, III. La Vaticana nel Seicento (1590–1700). Una biblioteca di biblioteche*, Città del Vaticano 2014.

Montuschi 2014b = C. Montuschi, *Le biblioteche di Heidelberg in Vaticana: i fondi Palatini*, in Montuschi 2014a, 279–336.

Moreno 1973–1974 = P. Moreno, *Cronologia del Colosso di Rodi*, «Archeologia Classica» XXV–XXVI, 1973–1974, 453–463.

Mosshammer 1976 = A. Mosshammer, *The Epoch of the Seven Sages*, «CSCA» IX, 1976, 165–180.

Moulton–Turner 1963 = *A Grammar of New Testament Greek*, by J.H. M., III. *Syntax*, by N. T., Edinburgh 1963.

Moyer 2002 = I.S. Moyer, *Herodotus and an Egyptian Mirage. The Genealogies of the Theban Priests*, «JHS» CXXII, 2002, 70–90.

Müller 1855 = K. Müller, *Geographi Graeci minores*, I, Paris 1855.

Müller 1861 = K. Müller, *Geographi Graeci minores*, II, Paris 1861.

Müller 1870 = C. Müller, *Fragmenta historicorum Graecorum*, V/1, Paris 1870.

Müller *et al.* 2017 = A. Müller–E. Andreas–L. Diamantopoulou–C. Gastgeber–A. Katsiakiori-Rankl (hrsg. v.), *Die getäuschte Wissenschaft. Ein Genie betrügt Europa – Konstantinos Simonides*, Wien 2017.

Müller–Ammon 1966 = A. Müller–R. Ammon, *Die Sieben Weltwunder. 5000 Jahre Kultur und Geschichte der Antike*, München 1966.

Müller-Römer 2008 = F. Müller-Römer, *A New Consideration of the Construction Methods of the Ancient Egyptian Pyramids*, «JARCE» XLIV, 2008, 113–140.

Munby 1956 = A.N.L. Munby, *The Formation of the Phillipps Library from 1841 to 1872*, Cambridge 1956.

Musso 1976 = O. Musso, *Sulla struttura del Cod. Pal. Gr. 398 e deduzioni storico-letterarie*, «Prometheus» II, 1976, 1–10.

Musti 1960 = D. Musti, *Leone Allacci*, in *DBI* II, 1960, 467–471.

Musti–Torelli 1986 = D. Musti–M. Torelli, *Pausania. Guida della Grecia. Libro II. La Corinzia e l'Argolide*, Milano 1986.

Naas 2002 = V. Naas, *Le projet encyclopédique de Pline l'ancien*, Rome 2002.

Nagel 1978 = W. Nagel, *Wo lagen die "Hängenden Gärten" in Babylon?*, «Mitteilungen der Deutschen Orient-Gesellschaft» CX, 1978, 19–28.

Naudé 1637 = G. Naudé, *Syntagma de studio militari*, Romae 1637.

Nicolai 1986 = R. Nicolai, *Il cosiddetto canone dei geografi*, «MD» XVII, 1986, 9–24.

Nisbet–Rudd 2004 = R.G.M. Nisbet–N. Rudd, *A Commentary on Horace, Odes, Book III*, Oxford 2004.

Norden 1915³ = E. Norden, *Die antike Kunstprosa vom VI. Jahrhundert v. Chr. bis in die Zeit der Renaissance*, Leipzig–Berlin 1915³.

Norden 1986 = E. Norden, *La prosa d'arte antica dal VI secolo a.C. all'età della Rinascenza*, ed. it. a c. di B. Heinemann Campana, con una nota di aggiornamento di G. Calboli e una premessa di S. Mariotti, Roma 1986.

Oberhelman–Hall 1984 = S.M. Oberhelman–R.G. Hall, *A New Statistical Analysis of Accentual Prose Rhythms in Imperial Latin Authors*, «CPh» LXXIX, 1984, 114–130.

Oleson 1984 = J.P. Oleson, *Greek and Roman Mechanical Water-Liftings Devices: The History of a Technology*, Toronto 1984.

Olshausen 2016 = E. Olshausen, *News from the East? Roman-Age Geographers and the Pontus Euxinus*, in Bianchetti *et al.* 2016, 259–273.

Olschki 1900 = L.S. Olschki, *Istruzione a Leone Allacci per il trasporto della Biblioteca Palatina di Heidelberg a Roma*, «La Bibiofilia» II, 1900, 140–146.

Omont 1882 = H. Omont, *Les septes merveilles du monde au Moyen Âge*, «Bibliothèque de l'école des chartes» XLIII, 1882, 40–59.

Omont 1883 = H. Omont, *Inventaire sommaire des manuscrits du Supplément grec de la Bibliothèque nationale*, Paris 1883.

Orelli 1816 = J.C. Orelli, *Philonis Byzantini libellus de septem Orbis spectaculis*, graece cum vers. lat. dupl. D.S. Boessii et L. Allatii, textum rec. [...] J.C. Orellius, Lipsiae 1816.

Orinsky *et al.* 1941 = K. Orinsky–O. Neugebauer–A.G. Drachmann, *Philon (48)*, in *RE* XX.1, Stuttgart 1941, coll. 53s.

Orsini 2005 = P. Orsini, *Pratiche collettive di scrittura a Bisanzio nei secoli IX e X*, «S&T» III, 2005, 265–342.

Otto 2009 = N. Otto, *Enargeia. Untersuchung zur Charakteristik alexandrinischer Dichtung*, Stuttgart 2009.

Page 1978 = D.L. Page, *The Epigrams of Rufinus*, Cambridge 1978.

Pajón Leyra 2011 = I. Pajón Leyra, *Entre ciencia y maravilla. El género literario de la paradoxografía griega*, Zaragoza 2011.

Pajón Leyra 2014 = I. Pajón Leyra, *The Order of the Seven Greatest Islands in the Laterculi Alexandrini (P.Berol. 13044r)*, «ZPE» CXCII, 2014, 85–88.

Palm 1955 = J. Palm, *Über Sprache und Stil des Diodoros von Sizilien. Ein Beitrag zur Beleuchtung der hellenistischen Prosa*, Lund 1955.

Panchenko 2006 = D.V. Panchenko, *Solar Light and the Symbolism of the Number Seven*, «Hyperboreus» XII, 2006, 21–36.

Papanikolaou 2009 = D. Papanikolaou, *The Aretalogy of Isis from Maroneia and the Question of Hellenistic "Asianism"*, «ZPE» CLXVIII, 2009, 59–70.

Papanikolaou 2012 = D. Papanikolaou, *IG V.2, 268 (= SIG 3 783) as a Monument of Hellenistic Prose*, «ZPE» CLXXXII, 2012, 137–156.

Papathômopoulos 1968 = M. Papathômopoulos, *Antoninus Liberalis. Les Métamorphoses*, texte ét. et trad. par, Paris 1968.

Pearson 1975 = L. Pearson, *Hiatus and Its Purposes in Attic Orators*, «AJPh» XCVI, 1975, 138–159.

Pearson 1978 = L. Pearson, *Hiatus and Its Effect in the Attic Speech-Writers*, «TAPA» CVIII, 1978, 131–145.

Peirano 2012 = I. Peirano, *The Rhetoric of the Roman Fake. Latin Pseudepigrapha in Context*, Cambridge 2012.

Penella 2009 = R.J. Penella, *Rhetorical Exercises from Late Antiquity: A Translation of Choricius of Gaza's Preliminary Talks and Declamations*, Cambridge 2009.

Perria 1991a = L. Perria, *Scrittura e ornamentazione nei codici della "collezione filosofica"*, «RSBN» n.s. XXVIII, 1991, 45–111.

Perria 1991b = L. Perria, *L'interpunzione nei manoscritti della "collezione filosofica"*, in D. Harlfinger–G. Prato (a c. di), *Paleografia e codicologia greca. Atti del II Colloquio internazionale Berlino–Wolfenbüttel, 17–20 ottobre 1983*, Alessandria 1991, 199–209.

Pfeiffer 1960 = R. Pfeiffer, *Ausgewählte Schriften*, München 1960.

Pfeiffer 1973 = R. Pfeiffer, *Storia della filologia classica dalle origini alla fine dell'età ellenistica*, intr. di M. Gigante, Napoli 1973.

Pimouguet-Pedarros 2003 = I. Pimouguet-Pedarros, *Le siège de Rhodes par Démétrios et "l'apogée" de la poliorcétique grecque*, «REA» CV, 2003, 371–392.

Pinto 2017 = P.M. Pinto, *Simonides in England: A Forger's Progress*, in Müller et al. 2017, 109–126.

Pinto 2022 = P.M. Pinto, *Da Costantino ad Alcibiade Simonidis. Morte e riapparizione di un falsario*, «QS» XLVIII/96, 2022, 158–194.

Pluchot 2016 = P. Pluchot, *Dénis de Salvaing de Boissieu, 1600–1683. Un Dauphinois du Grand siècle*, Le Moutaret 2016.

Podossinov 2011 = A. Podossinov, *Anonymi Periplus Ponti Euxini (2037)*, in H.-J. Gehrke–F. Maier (hrsg. v.), *Die Fragmente der Griechischen Historiker. Part V*, Leiden 2011, s.pp.

Polinger Foster 2004 = K. Polinger Foster, *The Hanging Gardens of Niniveh*, «Iraq» LXVI, 2004 = «RAI» XLIX/1, 2005, 207–220.

Pollitt 1974 = J.J. Pollitt, *The Ancient View of Greek Art. Criticism, History, and Terminology*, Washington 1974.

Prager 1974 = F.D. Prager, *Philo of Byzantium. Pneumatica*, Wiesbaden 1974.

Priestley 2014 = J. Priestley, *Herodotus and Hellenistic Culture. Literary Studies in the Reception of the Histories*, Oxford 2014.

Prioux 2007 = E. Prioux, *Regards alexandrins. Histoire et théorie des arts dans l'épigramme hellénistique*, Louvain 2007.

Radt 2009 = S. Radt, *Strabons Geographika, Band VIII. Buch XIV–XVII: Kommentar*, Göttingen 2009.

Rance 2013 = P. Rance, *Philo of Byzantium*, in R.S. Bagnall et al. (ed. by), *The Encyclopedia of Ancient History*, Malden, MA 2013, 5266–5268.

Reeve 1971 = M.D. Reeve, *Hiatus in the Greek Novelists*, «CQ» XXI, 1971, 514–539.

Rietbergen 1987 = P.J.A. Rietbergen, *Lucas Holstenius (1596–1661), Seventeenth-century Scholar, Librarian and Book-collector. A Preliminary Note*, «Quaerendo» XVII, 1987, 205–231.

Rietbergen 2006 = P.J.A. Rietbergen, *Power and Religion in Baroque Rome. Barberini Cultural Politics*, Leiden 2006, 256–294.

Ripellini 1993 = F.F. Ripellini, *Matematica, astronomia, meccanica*, in Cambiano et al. 1993, 305–343.

Robert–Robert 1971 = J. Robert–L. Robert, *Bulletin épigraphique*, «REG» LXXXIV, 1971, n. 621, 502–509.

Roby 2016 = C. Roby, *Technical Ekphrasis in Greek and Roman Science and Literature. The Written Machine between Alexandria and Rome*, Cambridge 2016.

Rohden 1875 = H. v. Rohden, *De mundi miraculis quaestiones selectae*, diss. Bonnae 1875.

Romer–Romer 1995 = J. Romer–E. Romer, *The Seven Wonders of the World: A History of the Modern Imagination*, London 1995.

Ronconi 2007 = F. Ronconi, *I manoscritti greci miscellanei. Ricerche su esemplari dei secoli IX–XII*, Spoleto 2007.

Ronconi 2008 = F. Ronconi, *Qualche considerazione sulla provenienza dei modelli della "collezione filosofica": note a margine del Paris. gr. 1962*, in D. Bianconi–L. Del Corso (a c. di), *Oltre la scrittura. Variazioni sul tema per Guglielmo Cavallo*, Paris 2008, 125–142.

Ronconi 2012 = F. Ronconi, *La collection brisée. La face cachée de la "collection philosophique": les milieux socioculturels*, in P. Odorico (éd. par), *La face cachée de la littérature byzantine. Le texte en tant que message immédiat. Actes du colloque international, Paris, 5–6–7 juin 2008 organisé par le centre d'études byzantines de l'EHESS*, Paris 2012, 137–166.

Ronconi 2013 = F. Ronconi, *La collection philosophique: un fantôme historique*, «Scriptorium» LXVII, 2013, 119–140.

Roos–Wirth 1967 = A.J. Roos–G. Wirth, *Flavii Arriani quae extant omnia*, I. *Alexandri anabasis, cum excerptis Photii tabulaque phototypica*, ed. A.J. R., addenda et corrigenda adiec. G. W., Lipsiae 1967².

Roos–Wirth 1968 = A.J. Roos–G. Wirth, *Flavii Arriani quae extant omnia*, II. *Scripta minora et fragmenta*, ed. A.J. R., addenda et corrigenda adiec. G. W., Lipsiae 1968².

Rose 1863 = V. Rose, *Aristoteles Pseudepigraphus*, Lipsiae 1863.

Ross 1975 = D.O. Ross, *Backgrounds to Augustan Poetry: Gallus, Elegy, and Rome*, Cambridge–New York 1975.

Rossi 1985 = V. Rossi, *Le sette meraviglie del mondo. I monumenti, i siti, gli artefici e la loro fine*, Pisa 1985.

Rotolo 1966 = V. Rotolo, *Il carme Hellas di Leone Allacci*, Palermo 1966.

Russo 1999 = S. Russo, *I gioielli nei papiri di età greco-romana*, Firenze 1999.

Sansone 1985 = D. Sansone, *The Date of Herodotus' Publication*, «ICS» X, 1985, 1–9.

Santoni 1983 = A. Santoni, *Temi e motivi di interesse socio-economico nella leggenda dei 'Sette sapienti'*, «ASNP» s. III, XIII, 1983, 91–160.

Santorelli 2017 = B. Santorelli, *Metrical and Accentual Clausulae as Evidence for the Date and Origin of Calpurnius Flaccus*, in M.T. Dinter–C. Guérin–M. Martinho (ed. by), *Reading Roman Declamation. Calpurnius Flaccus*, Berlin–Boston 2017, 129–142.

Sassi 1993 = M.M. Sassi, *Mirabilia*, in Cambiano et al. 1993, 449–468.

Schaper 2013 = R. Schaper, *L'Odissea del falsario. Storia avventurosa di Costantino Simonidis*, intr. di L. Canfora, con un saggio di L. Bossina, trad. it. Bologna 2013 (ed. or. München 2011).

Schenkeveld 1992 = D. Schenkeveld, *Prose Usages of ἀκούειν 'To Read'*, «CQ» XLII, 1992, 129–141.

Schepens–Delcroix 1996 = G. Schepens–K. Delcroix, *Ancient Paradoxography: Origin, Evolution, Production and Reception*, in O. Pecere–A. Stramaglia (a c. di), *La letteratura di consumo nel mondo greco-latino*. Atti del Convegno Internazionale, Cassino 14–17 settembre 1994, Cassino 1996, 375–460.

Schiano 2010 = C. Schiano, *Artemidoro di Efeso e la scienza del suo tempo*, Bari 2010.

Schiefsky 2015 = M.J. Schiefsky, *Techne and Method in Ancient Artillery Construction: the Belopoeica of Philo of Byzantium*, in B. Holmes–K.D. Fischer (ed. by), *The Frontiers of Ancient Science*, Berlin 2015, 613–651.

Schmid 1887 = W. Schmid, *Der Atticismus in seinen Hauptvertretern von Dionysius von Halikarnass bis auf den zweiten Philostratus*, I, Stuttgart 1887 (rist. Hildesheim 1964).

Schmid 1889 = W. Schmid, *Der Atticismus in seinen Hauptvertretern von Dionysius von Halikarnass bis auf den zweiten Philostratus*, II, Stuttgart 1889 (rist. Hildesheim 1964).

Schmid 1893 = W. Schmid, *Der Atticismus in seinen Hauptvertretern von Dionysius von Halikarnass bis auf den zweiten Philostratus*, III, Stuttgart 1893 (rist. Hildesheim 1964).

Schmid 1896 = W. Schmid, *Der Atticismus in seinen Hauptvertretern von Dionysius von Halikarnass bis auf den zweiten Philostratus*, IV, Stuttgart 1896 (rist. Hildesheim 1964).

Schmid 1897 = W. Schmid, *Der Atticismus in seinen Hauptvertretern von Dionysius von Halikarnass bis auf den zweiten Philostratus*, V, Stuttgart 1897 (rist. Hildesheim 1964).

Schnabel 1924 = P. Schnabel, *Berossos und die babylonisch-hellenistische Literatur*, Berlin 1924.

Schöne 1893 = R. Schöne, *Philo Byzantius. Mechanicae Syntaxis libri quartus et quintus*, Berolini 1893.

Schott 1891 = D.A. Schott, *De septem orbis spectaculis quaestiones*, diss. Ansbach 1891.

Schramm 1972 = W. Schramm, *War Semiramis assyrische Regentin?*, «Historia» XXI, 1972, 513–521.

Serrai 2000 = A. Serrai, *La biblioteca di Lucas Holstenius*, Udine 2000.

Shalev 2006 = D. Shalev, *The Role of εὑρήματα in the Lives of Diogenes Laertius, and Related Literature*, «Hermes» CXXXIV, 2006, 309–337.

Shipley 2011 = G. Shipley, *Pseudo-Skylax' Periplous. Text, Translation and Commentary*, Exeter 2011.

Shipley 2017 = D.G.J. Shipley, *Pseudo-Skylax (2046)*, in H.-J. Gehrke–F. Maier (hrsg. v.), *Die Fragmente der Griechischen Historiker. Part V*, Leiden 2017, s.pp.

Shorrock 2014 = R. Shorrock, *A Classical Myth in a Christian World: Nonnus' Ariadne Episode (Dion. 47.265–475)*, in K. Spanoudakis (ed. by), *Nonnus of Panopolis in Context*, Berlin–Boston 2014, 313–332.

Sicherl 1991 = M. Sicherl, *Epistolographen-Handschriften kretischer Kopisten*, in *Scritture, libri e testi nelle aree provinciali di Bisanzio. Atti del Seminario di Erice (18–25 settembre 1988)*, Spoleto 1991, 99–124.

Sider–Brunschön 2007 = D. Sider–C.W. Brunschön, *Theophrastus of Eresus. On Weather Signs*, Leiden–Boston 2007.

Silberman 1995 = A. Silberman, *Arrien. Périple du Pont-Euxin*, texte ét. et trad. par, Paris 1995.

Simonides 1864 = K. Simonides, *The Periplus of Hannon, King of the Karchedonians, Concerning the Lybian Parts of the Earth Beyond the Pillars of Herakles* […], London 1864.

Smith 1995 = R.M. Smith, *A New Look at the Canon of the Ten Attic Orators*, «Mnemosyne» s. IV, XLVIII, 1995, 66–79.

Sojer 2006 = C. Sojer, *Il manoscritto autografo di Leone Allacci della Biblioteca Gambalunga di Rimini*, «Schede Umanistiche» XX, 2006, 120–149.

Sojer–Gastgeber 2013 = C. Sojer–C. Gastgeber, *Das Stammbuch des Lukas Holste (1616–1623). Bericht aus dem Forschungsprojekt Peter Lambeck*, «Biblos» LXII, 2013, 33–56.

Staden 1998 = H. von Staden, *Andréas de Caryste et Philon de Byzance. Médecine et mécanique à Alexandrie*, in G. Argoud–J.-Y. Guillaumin (éd. par), *Sciences exactes et sciences appliquées à Alexandrie*, Saint-Étienne 1998, 141–172.

Stadter 1967 = P.A. Stadter, *Flavius Arrianus: the New Xenophon*, «GRBS» VIII, 1967, 155–161.

Stadter 1976 = P.A. Stadter, *Xenophon in Arrian's Cynegeticus*, «GRBS» XVII, 1976, 157–167.

Sterling 1992 = G.E. Sterling, *Historiography and Self-Definition: Josephos, Luke-Acts and Apologetic Historiography*, Leiden 1992.

Stork 2008 = H.W. Stork (hrsg. v.), *Lucas Holstenius (1596–1661). Ein Hamburger Humanist im Rom des Barock. Material zur Geschichte seiner Handschriftenschenkung an die Stadtbibliothek Hamburg*, Husum 2008.

Stramaglia 1997 = A. Stramaglia, *Sul Περὶ θαυμασίων di Flegonte di Tralle: problemi di tradizione, lingua ed esegesi*, «SCO» XLV, 1997, 191–234.

Surace 2014 = D. Surace, *Vita e opere di Leone Allacci*, in Montuschi 2014a, 199–204.

Susemihl 1891 = F. Susemihl, *Geschichte der griechischen Literatur in der Alexandrinerzeit*, I, Leipzig 1891.

Swift 2019 = L. Swift, *Archilochus. The Poems*, Oxford 2019.

Tamizey de Larroque 1894 = P. Tamizey de Larroque, *Lettres de Peiresc, V. Lettres de Peiresc à Guillemin, à Holstenius et à Menestrier. Lettres de Menestrier à Peiresc, 1610–1637*, Paris 1894.

Thumb 1901 = A. Thumb, *Die griechische Sprache im Zeitalter des Hellenismus. Beiträge zur Geschichte und Beurteilung der Koine*, Strassburg 1901.

Traina 1987 = G. Traina, *Il mondo di C. Licinio Muciano*, «Athenaeum» LXV, 1987, 379–406.

Usher 2010 = S. Usher, *Eurhythmia in Isocrates*, «CQ» LX, 2010, 82–95.

Valiavitcharska 2013 = V. Valiavitcharska, *Rhetoric and Rhythm in Byzantium. The Sound of Persuasion*, Cambridge 2013.

Vannicelli 2001 = P. Vannicelli, *Herodotus' Egypt and the Foundations of Universal History*, in N. Luraghi (ed. by), *The Historian's Craft in the Age of Herodotus*, Oxford 2001, 211–240.

Varani 2014 = G. Varani, *Lucas Holstenius: un intellettuale europeo della prima età moderna, studioso di Altertumswissenschaft fra Umanesimo e Controriforma*, «Lexicon Philosophicum» II, 2014, 127–155.

Vasunia 2001 = P. Vasunia, *The Gift of the Nile. Hellenizing Egypt from Aeschylus to Alexander*, Berkeley 2001.

Vatri 2017 = A. Vatri, *Orality and Performance in Classical Attic Prose. A Linguistic Approach*, Oxford 2017.

Vatri 2020 = A. Vatri, *The Nature and Perception of Attic Prose Rhythm*, «CPh» CXV, 2020, 467–485.

Vegetti 1992 = M. Vegetti, *Aristotele, il Liceo e l'enciclopedia del sapere*, in Cambiano et al. 1992, 587–611.

Vegetti 2013 = M. Vegetti, *Galeno. Nuovi scritti autobiografici*, Roma 2013.

Verhasselt 2018 = G. Verhasselt, *Die Fragmente der griechischen Historiker Continued, IV/B. History of Literature, Music, Art and Culture, 9. Dikaiarchos of Messene [No. 1400]*, Leiden–Boston 2018.

Virgilio 1980 = B. Virgilio, *Logografia greca e storiografia locale pseudepigraphos in età ellenistica*, «SCO» XXIX, 1980, 131–167.

Voigtländer 1975 = W. Voigtländer, *Der Jüngste Apollontempel von Didyma (IstMitt, Suppl. 14)*, Tübingen 1975.

von Arnim 1912 = M. von Arnim, *De Philonis Byzantii dicendi genere*, diss. Greifswald 1912.

von Arnim 1927 = M. von Arnim, *Index verborum a Philone Byzantio in Mechanicae Syntaxis libris quarto quintoque adhibitorum*, Lipsiae 1927.

Walbank 1957 = F.W. Walbank, *A Historical Commentary on Polybius, 1. Commentary on Books 1–6*, Oxford 1957.

Waldis 1920 = J. Waldis, *Sprache und Stil der großen griechischen Inschrift vom Nemrud-Dagh in Kommagene (Nordsyrien). Ein Beitrag zur Koine Forschung*, diss. Zürich–Heidelberg 1920.

Webb 2009 = R. Webb, *Ekphrasis, Imagination and Persuasion in Ancient Rhetorical Theory and Practice*, London 2009.

Wescher 1874 = C. Wescher, *Dionysii Byzantii De Bospori navigatione quae supersunt una cum supplementis in geographos Graecos minores*, Parisiis 1874.

West 1998 = M.L. West, *Homeri Ilias: Rhapsodiae I–XII*, I, Berolini–Novi Eboraci 1998.

Whitehead 2016 = D. Whitehead, *Philo Mechanicus. On Sieges*, Stuttgart 2016.

Wilckens 1723 = N. Wilckens, *Leben des Gelehrten Lucae Holstenii [...]*, Hamburg 1723.

Winter 1992 = F.E. Winter, *Philon of Byzantion and the Hellenistic fortifications of Rhodos*, in S. van de Maele–J.M. Fossey (ed. by), *Fortificationes antiquae*, Amsterdam 1992, 185–209.

Winterbottom 2011 = M. Winterbottom, *On Ancient Prose Rhythm: the Story of the Dichoreus*, in D. Obbink–R.B. Rutherford (ed. by), *Culture in Pieces. Essays on Ancient Texts in Honour of Peter Parsons*, Oxford 2011, 262–276.

Wiseman 1983 = D.J. Wiseman, *Mesopotamian Gardens*, «Anatolian Studies» XXXIII, 1983, 137–144.

Wiseman 1984 = D.J. Wiseman, *Palace and Temple Gardens in the Near East*, «Bulletin of Middle Eastern Culture Center in Japan» I, 1984, 37–43.

Wiseman 1985 = D.J. Wiseman, *Nebuchadnezzar and Babylon*, Oxford 1985.

Yalouris–Visser-Choitz 1990 = N. Yalouris–T. Visser-Choitz, *Helios*, in *LIMC* V/1, Zürich–München 1990, 1005–1034.

Young 1955 = D. Young, *Professor Aubrey Diller's Researches in the Tradition of the Minor Greek Geographers*, «Scriptorium» IX, 1955, 281–290.

Zaccaria 2021 = P. Zaccaria, *Felix Jacoby. Die Fragmente der Griechischen Historiker Continued. IV A: Biography. Fascicle 5. The First Century BC and Hellenistic Authors of Uncertain Date [Nos. 1035–1045]*, Leiden–Boston 2021.

Zimmermann 2019 = M. Zimmermann, *I luoghi più strani del mondo antico*, Torino 2019.

Zimmermann–Rengakos 2014 = B. Zimmermann–A. Rengakos (hrsg. v.), *Die Literatur der Klassischen und Hellenistischen Zeit*, II, München 2014.

Zuliani 2022 = F. Zuliani, *Schede per la biografia di Costantino Simonidis*, «QS» XLVIII/96, 2022, 195–228.

# Index verborum[1]

ἀγωγή: 44, 50, 77 n. 291, 102
ἀδύνατος: 49, 67 n. 267, 69 n. 270, 72 n. 280, 76 n. 291, 104, 122
ἀθανασία: 49 n. 194, 54, 69 n. 270, 73 n. 284, 106, 114, 170
ἀθάνατος: 62 n. 238, 69 n. 270, 72 n. 280, 106, 145 n. 44
ἀκοή: 37 n. 138, 49, 62, 69 n. 270, 72 n. 279, 77 n. 291, 106
ἀκρεμών: 65, 77 n. 291, 102
ἀκρίβεια: 37, 67 n. 266
ἀκριβής: 37, 50, 52 n. 204, 66, 74, 100
ἀκροατής: 36, 40, 81 n. 302, 100, 122
ἀναβαίνω: 49, 50, 54, 69 n. 270, 72 n. 279, 73 n. 283, 89 n. 333, 104, 108, 110, 146, 159s., 172
ἀνάβασις: 46, 51, 68, 71 n. 277, 104, 114, 120, 142, 171, 183, 185
ἀνάγκη: 47 n. 183, 53s., 102, 104, 127, 138, 184
(ἀνα)θλίβομαι: 45, 47 n. 183, 50, 52, 77 n. 291, 102, 127, 129 n. 24
ἀνατροχάζω: 44s., 47 n. 183, 48, 76 n. 291, 92 n. 346, 102, 127
ἄνθος: 46, 63 n. 244, 102, 134, 140
ἁπαλός: 65, 102
ἄπιστος: 38
ἀποδημέω: 20, 48, 49, 77 n. 291, 100, 112, 117, 119, 166, 183
ἀποδημία: 69 n. 270, 71 n. 277, 77 n. 291, 100, 119
ἀπολείπω: 48, 50, 73 n. 283, 74, 76 n. 291, 102, 112
ἄρουρα: 47 n. 183, 49, 73 n. 283, 76 n. 291, 102, 127, 133
ἀσάλευτος: 47 n. 183, 77 n. 291, 81 n. 301, 110, 114, 160, 162

ἀσφάλεια: 46 n. 182, 47 n. 183, 67 n. 266, 69 n. 270, 74, 77 n. 291, 112, 114, 162, 165
ἄσφαλτος: 51 n. 199, 112, 163, 165
Ἄτλας: 45, 96 n. 361, 114, 169, 170 n. 82
βάθος: 46, 77 n. 291, 102, 104, 114, 133, 141s.
βάρος: 46, 48, 52, 73 n. 283, 77 n. 291, 81 n. 301, 102, 104, 108, 114, 129 n. 24, 135, 159
βασιλεύς: 26 n. 97, 50, 53 nn. 204s., 60 n. 232, 81 n. 301, 106, 130, 144, 147
βασιλικός: 49 n. 192, 50, 53, 72 n. 282, 74, 77 n. 291, 81 n. 301, 102, 104, 112, 130, 132, 138, 141–143, 162, 166, 182, 185
βάσις: 71 n. 277, 92 n. 346, 104, 108, 114, 137 n. 39, 148, 159, 172
βαστάζω: 50, 73 n. 283, 76 n. 291, 96 n. 361, 108, 110, 183
βία: 48, 53, 104, 135
βιάζω: 53 n. 205, 120
βίαιος: 50, 53, 76 n. 291, 102, 130, 132, 166
βιαίως: 53
βίος: 11, 47, 52 n. 204, 64, 71 n. 277, 77 n. 291, 100, 106, 146 n. 48
βλέπω: 18 n. 64, 37, 49, 59, 69 n. 270, 74, 76 n. 291, 100, 108, 122–124
βολή: 18 n. 64, 61, 73 n. 283, 108, 157
Γίγας: 50s., 54, 73 n. 284, 114, 171, 185
γνῶσις: 49, 62, 69 n. 270, 72 n. 279, 106
δαψιλεύω: 72 n. 279, 77 n. 291, 106, 149–151
δείκνυμι: 36 n. 135, 48, 53 n. 204, 61, 72 n. 279, 73 n. 284, 74, 76 n. 291, 100, 106, 119s., 121, 146, 147, 151
δεκάβαθμος: 38, 43s., 114, 170

---

[1] Questo indice e i seguenti sono selettivi. Vi sono inclusi solo i termini, i passi, i temi e i personaggi più rilevanti, o che sono stati discussi più estesamente. Il rimando è sempre al numero di pagina; il numero di nota è esplicitato solo quando esso non sia facilmente desumibile dal corpo del testo.

δημιουργός: 54, 106
διαίρεσις: 69 n. 270, 110, 160, 162
διαλάμπω: 48, 51, 73 n. 283, 74, 100, 124
διάπηξ: 45, 59, 108, 159
διαπλεύω: 20, 48, 77 n. 291, 100, 119
διαπορέω: 48, 104, 135
(δι)ασφαλίζω: 48, 69 n. 270, 77 n. 291, 108, 110, 160s.
διάφυσις: 48, 52 n. 203, 67 n. 266, 77 n. 291, 81 n. 301, 102
διάχλωρος: 45, 104, 136, 140s.
διήνεμος: 46, 68, 102
διιππεύω: 64, 74, 112, 164
δροσοπαγής: 43, 46, 68, 72 n. 280, 102
δυσεπινόητος: 44s., 46, 48, 64, 104, 135, 138
ἐγκατοπτρίζομαι: 44, 52 n. 204, 74, 100
εἰκών: 48, 53 n. 204, 58, 61, 73 nn. 282s., 106, 108, 138, 146, 147, 148, 150, 155, 157
ἐλέφας: 62, 72 n. 280, 77 n. 291, 106, 145 n. 47, 149–151, 161
ἐμπλοκή: 52 n. 203, 72 n. 279, 76 n. 291, 102, 133s.
ἐνάργεια: 36s., 49, 51, 62, 69 n. 270, 73 n. 283, 106, 161
ἐναργής: 26, 36 n. 135, 67 n. 267
ἐναργῶς: 36, 74, 81 n. 302, 100, 122
ἐνεπιδημέω: 20, 48, 77 n. 291, 92, 100, 119
ἐνέργεια: 37, 39, 46 n. 179, 47, 52 n. 204, 69 n. 270, 74, 100, 121
ἐξεργασία: 37, 39, 46, 52 n. 204, 69 n. 270, 96 n. 361, 100, 121
ἐξομοιόω: 48, 104, 139
ἔπαινος: 36 n. 135, 39s., 49 n. 194, 54, 59s., 69 n. 270, 72 n. 280, 74, 76 n. 291, 100, 106, 122–124
(ἐπ)(απ)ερείδω: 45, 69 n. 270, 73 n. 284, 114, 162, 170, 183
ἐπαπορέω: 48, 59, 108
(ἐπ)έρχομαι: 20, 48, 50, 52 n. 204, 69 n. 270, 77 n. 291, 96 n. 361, 100, 119, 168 n. 80
ἐπιβολή: 49, 53 n. 205, 69 n. 270, 108, 114, 138, 157, 158s., 172

(ἐπι)δωμάω: 46, 51, 65, 72 n. 282, 74, 77 n. 291, 104, 108, 112, 138, 140, 165, 172, 183
(ἐπι)λανθάνομαι: 37, 48, 52 n. 204, 67 n. 265, 69 n. 270, 72 n. 280, 74, 100, 112, 119
ἐπίπεδος: 67 n. 266, 110, 130, 161s.
(ἐπι)πλάσσω: 65, 77 n. 291, 108, 183
ἐπιτερπής: 48, 69 n. 270, 102, 132
ἐπιφύω: 48, 66, 72 n. 280, 77 n. 291, 102
(ἐπι)χωνεύω: 42 n. 163, 45, 108, 159, 183
(ἐπι)χωννύω: 42 n. 163, 51, 71 n. 277, 114, 138, 171, 185
ἐργασία: 54, 81 n. 301, 96 n. 361, 102, 108, 110, 127, 132, 160, 162, 183
ἔργον: 10 n. 39, 36 n. 135, 37, 38, 46, 48, 49 n. 194, 52 n. 204, 53 n. 205, 54, 66, 68 n. 269, 69 n. 270, 72 n. 279, 73 n. 283, 74, 76s. n. 291, 81 n. 301, 96 n. 361, 100, 104, 106, 108, 110, 114, 132, 135, 138, 146, 151, 159s., 169, 172
εὐθύδρομος: 44, 67 n. 266, 102
ζάω: 47, 64, 71 n. 277, 100
ἡμεροδρόμος: 45, 46, 68, 74, 112
θαλασσοβαφέω: 44, 65, 104, 139
θαλασσοβαφής: 44, 65
θαῦμα: 3s., 7 n. 25, 11, 38, 124
θαυμάζω: 4 n. 6, 18 n. 64, 37, 39, 47 n. 183, 49, 52 n. 204, 66 n. 263, 69 n. 270, 74, 100, 106, 121, 122s., 124, 147
θαυμάσιος: 34 n. 128, 94 n. 353, 143
θαυμαστής: 38, 47, 48, 59, 77 n. 291, 91 n. 340, 108, 124, 184
θαυμαστός: 34, 37, 38 n. 143, 39, 46 nn. 179 e 182, 49, 66 n. 263, 67 n. 266, 69 n. 270, 71 n. 340, 72 n. 280, 74, 91 n. 340, 100, 104, 108, 112, 119, 142s., 184
θέαμα: 1, 3s., 5, 8, 10, 13, 36s., 39, 43, 47 n. 183, 49, 57–59, 71 n. 277, 74, 78, 81 n. 302, 89, 100, 106, 112, 117s., 121–124, 125 n. 1, 129, 131, 146s., 164, 168

θεμελίωσις: 45, 74, 77 n. 291, 81 n. 301, 104, 112, 114, 148
θεσπέσιος: 51, 108, 137s., 142, 156
θεωρία: 36s., 74, 81 n. 302, 100, 122, 132
ἱστορέω: 39, 49, 52 n. 204, 59 n. 229, 69 n. 270, 72 n. 280, 74, 76 n. 291, 100, 104, 121s.
ἱστορία: 34, 36 n. 135, 49, 51, 57 n. 221, 62, 69 n. 270, 72 n. 279, 106, 138, 161
καιρός: 50, 61, 72 n. 279, 106, 112, 130, 144, 151, 164
καλύπτω: 66, 77 n. 291, 114, 169, 171
κατάγειος: 48, 52 n. 203, 102, 110, 119, 129s., 133s., 161s., 182
(κατα)θεωρέω: 37s., 47s., 59, 72 n. 282, 73 n. 283, 74, 77 n. 291, 100, 102, 104, 108, 124, 127, 132, 141s., 166
καταπληκτικός: 49, 66 n. 263, 104, 142s.
κατεξετάζω: 48, 65, 72 n. 279, 104, 135, 138
(κατ)οικέω: 48s., 69 n. 270, 73 n. 282, 74, 77 n. 291, 112, 166, 183
κατῶρυξ: 45s., 71 n. 277, 104, 114, 148
καυχάομαι: 50, 64, 77 n. 291, 104, 130, 142s., 144, 172
κεραυνοῦχος: 44, 53 n. 204, 72 n. 279, 106, 145, 147
κινέω: 52 n. 204, 53, 60 n. 232, 73 n. 285, 81 n. 301, 108, 160
κίων: 81 n. 301, 102, 129
κόπος: 46, 54, 68, 71 n. 277, 74, 76 n. 291, 88 n. 330, 96 n. 361, 100, 104, 112, 119, 142, 184
κόσμος: 49 n. 192, 50, 53 n. 204, 68 n. 267, 69 n. 270, 73 n. 284, 77 n. 291, 88 n. 330, 100, 106, 108, 110, 112, 114, 119, 130, 137, 147, 170, 184
κοχλιοειδής: 44, 68 n. 267
κοχλιοειδῶς: 44, 68 n. 267, 76 n. 291, 102, 127
κρηπίς: 114, 170, 172
κρύπτω: 59s., 66, 67 n. 265, 108, 110, 130, 161s.
κυαναυγής: 46, 63 n. 244, 64, 68, 72 n. 280, 73 n. 284, 104, 141

κυκλώπιος: 59, 108, 182
λευκός: 49, 69 n. 270, 77 n. 291, 104, 108, 136, 140
λίθινος: 5 n. 12, 81 n. 301, 102, 126 n. 7, 129, 159
λίθος: 46, 48, 53 n. 205, 71 n. 277, 72 n. 282, 76 n. 291, 104, 108, 131, 134, 135 n. 30, 136, 137 n. 39, 138s., 141, 148, 159
μακάριος: 50, 53 n. 204, 106, 130, 146
μαρμαρῖτις: 45, 49, 69 n. 270, 77 n. 291, 104, 108, 140
μεγαλεῖος: 49, 54, 66 n. 263, 72 n. 280, 104, 142s.
μεγαλόδωρος: 39, 69 n. 270, 72 n. 280, 74, 100, 119
μέγεθος: 46, 52 n. 203, 54, 68, 73 n. 283, 74, 104, 112, 119, 120, 132, 138, 142, 145 n. 46, 169
μετεωροφανής: 44, 114, 172
μηλοβαφής: 44, 47 n. 186, 72 n. 280, 73 n. 284, 77 n. 291, 104, 141, 184
μίμημα: 49 n. 194, 69 n. 270, 106, 147, 151
μνήμη: 51, 52s. n. 204, 67 n. 266, 72 n. 279, 74, 76 n. 291, 100
μοσχεία: 44, 102, 127
μοχλεύω: 48, 73 n. 283, 76 n. 291, 81 n. 301, 104, 135
μοχλός: 59, 69 n. 270, 81 n. 301, 108, 110, 159s.
ναός: 51, 54, 61 n. 236, 71 n. 277, 73 n. 284, 76 n. 291, 114, 135, 169, 171, 185
νῆσος: 47, 60 n. 232, 76 n. 291, 108
νοτερός: 47 n. 183, 48, 102, 133
νοτία: 48, 72 n. 280, 102
ὀβελίσκος: 10 n. 39, 45, 46, 48s., 77 n. 291, 108, 159
ὁδοιπορία: 46, 49, 68, 74, 76 n. 291, 100, 104, 119, 142
ὀδούς: 62, 106, 149–151
οἰκοδομία: 46 n. 182, 53 n. 205, 67 n. 266, 69 n. 270, 74, 112, 165
οἰκοδομούμενα (τά): 64, 108, 159

οἴκοι: 38, 39 n. 151, 61 n. 236, 73 n. 284, 74, 76 n. 291, 100, 114, 119, 121
οἰκουμένη: 48, 69 n. 270, 76s. n. 291, 112, 166
ὄμμα: 36s., 49, 64, 74, 100, 119-121, 134, 146 n. 52
ὀργανικός: 53, 54 n. 206, 102, 127
ὄψις: 5 n. 12, 34, 36 n. 133, 37, 49, 59, 61s., 69 n. 270, 71s. n. 277, 73 nn. 282 e 284, 76s. n. 291, 100, 104, 106, 126 n. 7, 141s., 151
παιδεία: 39, 69 n. 270, 72 n. 280, 74, 100, 119
παντοῖος: 67 n. 266, 102, 140, 182
παράδοξος: 10 n. 39, 37, 49, 51, 52 n. 204, 57 n. 221, 69 n. 270, 72 n. 280, 73 n. 283, 74, 76 n. 291, 100, 104, 106, 119-122, 144, 151, 182
παραπλησίως: 47, 73 n. 283, 74, 96 n. 361, 100, 102, 124, 127
παρατροχάζω: 48, 102
παρθένος: 3 n. 5, 64, 102, 133
παρυφαίνω: 46, 104, 141s., 143, 182
πατήρ: 26, 49, 69 n. 270, 73 n. 282, 77 n. 291, 106, 120, 146 nn. 48 e 50
πελάγιος: 47, 76 n. 291, 108
(περι)πατέω: 48, 72 n. 280, 102, 127, 132, 133, 184
περιτροχάζω: 48, 50s., 81 n. 301, 102, 127
πέτρη: 48s., 69 n. 270, 73 n. 283, 76 n. 291, 81 n. 301, 104, 108, 110, 138, 140, 160
πῆγμα: 69 n. 270, 110, 160
πιστεύω: 50, 104, 130, 142s., 172
πιστός: 36, 38, 74, 76 n. 291, 81 n. 302, 100, 122
πλίνθος: 51 n. 199, 74, 112, 159, 163, 165
πλούσιος: 49, 66 n. 263, 72 n. 280, 104, 142s.
πλουτέω: 47 n. 183, 49 n. 192, 72 n. 280, 77 n. 291, 106, 112, 137s., 142, 147, 162, 182
πλοῦτος: 51, 81 n. 301, 104, 108, 134, 138, 141-144, 156, 161, 185
ποικίλος: 47 n. 183, 67 n. 266, 102, 104, 136s., 138-141, 182, 184

πολύστατος: 44, 73 n. 285, 74, 112, 164, 166
πολυτέλεια: 104, 141-144
πονέω: 66 n. 263, 96 n. 361, 110, 130, 161
πόνος: 26, 49, 54, 59, 60, 66, 69 n. 270, 72 n. 280, 76s. n. 291, 96 n. 361, 102, 106, 108, 114, 127, 132, 143, 166, 168 n. 80, 172
πορφύρεος: 47 n. 183, 104, 138-141, 184
πορφυρίζω: 104, 136, 139, 141
προσηγορία: 26, 39s., 60, 67 n. 265, 74, 100, 122-124
πρόσοψις 37, 67 n. 267, 69 n. 270, 102, 104, 130, 132, 141-143
προσπλέω: 20, 48, 100, 119
πρόσωπον: 91 n. 340, 102, 132
προτείχισμα: 63 n. 242, 74, 112, 164
προτελέω: 48, 66, 110, 160
πυράγρα: 48, 65, 108
ῥαιστηροκοπία: 44, 59, 108
ῥέμβω: 52 n. 203, 102, 133s.
ῥίζα: 46, 52 n. 203, 67 n. 266, 77 n. 291, 81 n. 301, 102, 133s.
ῥίζωμα: 102
σήκωμα: 51, 69 n. 270, 77 n. 291, 110, 160s.
σπανίζω: 45, 73 n. 283, 108, 158, 169
σπάνιος: 49, 59, 69 n. 270, 71 n. 277, 72 n. 279, 100
σπάταλος: 50, 53, 72 n. 282, 81 n. 301, 102, 130, 132, 166
στυλογλύφος vel στυλόγλυφος: 43, 102, 129-132
συμφυία: 48, 73 n. 283, 77 n. 291, 104, 138
(συμ)φυλάσσω: 48, 52 n. 203, 62 n. 238, 74, 76 n. 291, 100, 102, 133, 182
σύμφυσις: 48, 72 n. 279, 102
σύναρμος: 45, 72 n. 279, 104, 135, 138
συντελέω: 48, 110, 160s., 183, 185
σχεδία: 45, 69 n. 270, 77 n. 291, 108, 110, 159s., 162
σχῆμα: 10 n. 39, 69, 72 n. 279, 104, 127 n. 16, 146 n. 48, 160

τεῖχος: 9, 11, 49, 65 n. 257, 70 n. 273, 74, 112, 163–166
τέρμα: 64s., 77 n. 291, 110
τερπνός: 34, 49, 66 n. 263, 104, 142s.
τέχνη: 5 n. 12, 48s., 52 n. 204, 53s., 69 n. 270, 73 n. 282, 74, 76s. n. 291, 100, 104, 106, 114, 143s., 146 n. 48, 148, 150s., 156, 168, 170, 172
τεχνίτης: 47s., 54, 59 n. 229, 60 n. 232, 73 n. 282, 77 n. 291, 81 n. 301, 106, 108, 114, 131, 145 n. 46, 146, 155, 158, 160s., 167, 169
τιμή: 49 n. 194, 54, 69 n. 270, 77 n. 291, 106, 108, 138, 142
τύπος: 52 n. 204, 72 n. 279, 74, 76 n. 291, 100, 182
ὑαλίζω: 64, 73 n. 284, 104, 136, 141
ὕλη: 106, 149–151
ὑπεράνωθεν: 64, 102
ὑπέργειος: 48, 73 n. 284, 81 n. 301, 102, 104, 130, 162
ὑπερδέξιος: 40, 102, 128
ὑπόνοια: 37, 49, 62, 69 n. 270, 106
ὑπόστυλος: 72 n. 280, 102, 127, 131s., 184
ὕψος: 54, 70 n. 273, 74, 81 n. 301, 104, 112, 120, 163, 165
φιλοτέχνημα: 50, 53s., 72 n. 282, 77 n. 291, 81 n. 301, 102, 130, 132, 166

φιλότεχνος: 49, 53 n. 205, 66 n. 263, 72 n. 280, 81 n. 301, 104, 142s.
φυή: 46, 52 n. 203, 102, 133s.
φύσις: 34 n. 129, 42, 46, 48, 53s., 62, 67 n. 267, 68, 69 n. 270, 72 nn. 280 e 282, 73 n. 284, 76 n. 291, 81 n. 301, 92s. n. 346, 96 n. 361, 102, 104, 106, 134, 138, 140, 141, 146 n. 50, 149–151
φυτεία: 49, 73 n. 284, 77 n. 291, 102, 130
χαλκός: 6 n. 19, 48, 53 n. 205, 73 n. 282, 108, 110, 154, 158, 169
χαλκούργημα: 48, 69 n. 270, 77 n. 291, 108
χείρ: 47, 69 n. 270, 72 n. 279, 106, 146 n. 51, 168 n. 80
χειρουργέω: 106, 149s., 185
χορηγέω: 62, 106, 149–151, 185
χορηγία: 81 n. 301, 104, 141–143, 150
χωνεία: 45, 66 n. 263, 67 n. 266, 110, 130, 160–162
χώνευμα: 69 n. 270, 108
χώρα: 48, 50, 67 nn. 266s., 69 n. 270, 73 n. 283, 76s. n. 291, 96 n. 361, 102, 112, 166
χώρημα: 74, 112, 166, 183
ψυχή: 36, 49, 52 n. 204, 64, 66 n. 264, 67 n. 265, 72 n. 280, 74, 96 n. 361, 100, 119, 121s.

# Index locorum

adesp. *AP* 6.171 = *HE* 3908–3915: 152 n. 58
adesp. *AP* 9.210: 138
adesp. *APl* 159.3s.: 168 n. 80
Agath. 3: 25 n. 93
Antip. Sid. *AP* 7.23.3 = *HE* 248: 45 n. 177
Antip. Sid. *AP* 9.58 = *GPh* 583–590: 9, 13 n. 48, 39 n. 150, 125 n. 1
Antip. Sid. *AP* 9.790 = *GPh* 591–596: 168, 171
[Arist.] *De signis*: 22s.
[Arist.] *De ventis* (fr. 250 Rose = 363 Gigon): 18s. n. 68, 20, 22s., 24s.
Arr. *Cyn.*: 19 n. 68, 20 n. 72, 21 n. 76, 23, 26 n. 95, 29s., 35
Arr. *Eux.*: 17 n. 63, 19 n. 68, 20 n. 72, 21 nn. 76–78, 23, 25, 26 n. 96, 29–32
[Arr.] *Eux.*: 19 n. 68, 22 n. 81, 23–26, 29–31s., 35, 81s.
[Arr.] *Erythr.*: 17 n. 63, 19 n. 68, 21 nn. 76s., 23, 25s., 79 n. 292
Beda il Venerabile, *PL* 90.961: 8 n. 30, 12
Call. fr. 196 Pf.: 144, 146s.
Call. fr. 407 Pf.: 7
Call. *Hymn. Ap.* 58–64: 12
Cassiodoro, *Variae* 7.15.4s.: 12
Chor. Gaz. 1.16: 39 n. 151
Chor. Gaz. 6.34: 38 n. 149
Christod. *AP* 2.121–123: 53 n. 205
*Chron. Pasch.* p. 464 Dindorf: 60 n. 232
*Chron. Pasch.* p. 492 Dindorf: 60
[Clem.] *Hom.* 12.14.4 Rehm–Strecker: 47 n. 184, 65 n. 253
Clitarch. *FGrHist* 137 F 10: 163
Constant. Porphyr. *De adm. imp.* 21 Moravcsik: 6 n. 19, 54, 154 n. 69, 155
Constant. Rhod. *Descr. Ss. Apost.* 636–674: 135
Ctes. *FGrHist* 688 F 1b: 163–165
Curt. Ruf. 5.1.26: 163
Curt. Ruf. 5.1.32–35: 125s.
D. Chrys. 12: 145 n. 44, 146

Dicuil, *De mensura orbis terrae*: 41 n. 157
Diod. Sic. 1.63s.: 134–137
Diod. Sic. 2.7s.: 128, 163–165
Diod. Sic. 2.10: 125s., 128s., 132, 159
Diod. Sic. 2.11.5: 10
Diod. Sic. 3.39.4: 47 n. 185
Diod. Sic. 5.23.1: 47 n. 185
Diod. Sic. 20.92.1s.: 53 n. 205
Diog. Laert. 2.103s.: 167
Dion. Byz. 1, p. 1 Güngerich: 34
Dion. Byz. 2, p. 1 Güngerich: 34 n. 129
Epiph. *Haer.* 64.27.7 (2.444 Holl–Dummer): 62 n. 238
Eus. *Chron.* p. 147 Helm: 6 n. 17, 60
Eus. *Chron.* p. 209 Helm: 60
Gemin. *APl* 205.5s. = *GPh* 2388s.: 48 n. 187
Georg. Cedr. *Comp. hist.* 196.20 (1.326 Tartaglia): 8 n. 30
Georg. Cedr. *Comp. hist.* 344.6 (2.557 Tartaglia): 62 n. 239
Georg. Mon. *Chron.* p. 190 de Boor: 68 n. 267
Georg. Mon. *Chron.* pp. 781s. de Boor: 67 n. 265
Gregorio di Tours, *De cursu stellarum* 2 e 4 (*MGH*, Script. rer. Merov., 1.2.407s.): 8 n. 30, 12
Greg. Naz. *AP* 8.177: 11, 13 n. 48, 125 n. 1
Greg. Naz. *AP* 8.184: 13 n. 48
Greg. Naz. *Or.* 43 (*PG* 36.580): 11
Hanno *Peripl.*: 15 n. 55, 19 n. 68, 21 nn. 75s., 23–26, 95
Hdt. 1.178–185: 4, 163–165
Hdt. 2.124–128: 4s., 134–137
Hdt. 2.134: 4s., 135–137
Hor. *carm.* 3.30.1s.: 11
Hyg. *fab.* 223: 10, 145 n. 47, 153, 163
*Il.* 1.528–530: 145
*Il.* 2.667–670: 51, 156
Ios. Fl. *AJ* 1.174.4 = *Ap.* 1.149.5: 163, 165

Ios. Fl. *AJ* 10.226 = *Ap.* 1.141: 5 n. 12, 125 nn. 1, 3s., 126 n. 7, 128 n. 23, 138
Iul. Aeg. *AP* 9.738.3: 53 n. 205
Iul. Aeg. *AP* 9.798: 53 n. 205
Luc. *Hist. conscr.* 51: 36 n. 135
Luc. Amp. *Mem.* 8: 10s., 163
Marc. *Men. Peripl.* 4 (*GGM* 1.567): 26
Mart. *spect.* 1: 12
Nonn. *D.* 47.274–294: 158
*Od.* 11.315s.: 51, 138, 168, 172
*Orph. lith. kerygm.* 16.8 Halleux–Schamp: 46 n. 179
Ov. *Fast.* 2.684: 164
Ov. *Ibis*: 83s., 92, 94
Paul. Sil. *S. Soph.* 617–646: 135
Paus. 4.31: 169
Paus. 5.11: 145s.
*P. Berol.* inv. 13044v (LDAB 6897 = MP³ 2099 + 2068): 8
Phil. Byz. *Bel.* 49.1–6 Diels–Schramm: 81 n. 302
Phil. Byz. *Bel.* 50.37–40 Diels–Schramm: 81 n. 301
Phil. Byz. *Bel.* 51.15–23 Diels–Schramm: 59 n. 229
Phil. Byz. *Bel.* 58.43–45 Diels–Schramm: 81 n. 301
Phil. Byz. *Bel.* 59.19s. Diels–Schramm: 81 n. 301
Phil. Byz. *Parasc. et poliorc.* 84.13–15 Diels–Schramm: 81 n. 301
Phil. Byz. *Parasc. et poliorc.* 87.16s. Diels–Schramm: 81 n. 301
Phil. Byz. *Parasc. et poliorc.* 92.18 Diels–Schramm: 81 n. 301
Phil. Byz. *Parasc. et poliorc.* 102.20–22 Diels–Schramm: 81 n. 301
Philipp. *APl* 81 = *GPh* 3082s.: 146
Philostr. *Epist.* 34: 150
Plaut. *Poen.* 1271s.: 150
Plb. 18.18: 52 n. 203
Plin. *NH* 5.62: 167

Plin. *NH* 7.125: 167
Plin. *NH* 33.76: 137
Plin. *NH* 34.41: 6 nn. 15s., 59, 153–155
Plin. *NH* 36.80s.: 135, 137
Plin. *NH* 36.83: 8 n. 30
Plin. *NH* 36.95s.: 167, 169
Plin. *NH* 36.101–118: 12
Plot. *Enn.* 4.4.35: 46 n. 179
[Plut.] *Fluv.*: 26 n. 95, 79 n. 292, 131
Posidipp. 68 A.–B.: 154 n. 66, 155
Proc. *Aed.* 1.1.60: 136
Proc. *Hist. arc.* 8.7–10: 53 n. 205, 159
Prop. 3.2.18–26: 11
Prop. 3.9.15: 145
Quint. 12.10.9: 147
Rufin. *AP* 5.15.1s. = 4.1s. Page: 150
Sen. *Cons. Polyb.* 1.1: 12
Sext. Emp. *Adv. math.* 7.107s.: 154 n. 66
Strab. *Crestomazia*: 18, 20, 33
Strab. 1.1.23: 52s. n. 204
Strab. 3.1.9: 8 n. 30, 11
Strab. 4.4.6 (= Posid. fr. 34 Theiler): 47 n. 185
Strab. 8.3.30: 11, 53 n. 204, 145, 147
Strab. 14.1s.: 9 n. 33, 10s., 153, 155 n. 72, 167
Strab. 15.1: 46
Strab. 15.3: 163, 165
Strab. 16.1.5: 11, 125 nn. 1 e 3, 126s., 163s.
Strab. 17.1: 8 n. 30, 11, 127 n. 14, 137
Suet. *Cal.* 22.3, 57.1s.: 148
Syn. *Epist.* 101 Garzya: 19 n. 70
Syn. *Epist.* 119 Garzya: 19 n. 70, 28 n. 110
Theocr. 16.99s.: 165
Theon *Prog. Rhet. Gr.* 2.118 Spengel (= p. 66 Patillon): 36 n. 133
Theophan. *Chron.* p. 345 de Boor: 6 n. 19, 154 n. 69
Vitr. 6.7.6: 169s.
Xen. *Cyr.* 7.5.11s.: 52, 129 n. 24

# Index nominum et rerum notabilium

## Lingua e stile

aggettivo o participio sostantivato + gen.: 66s., 160
adynaton: 47
agudeza: 49
antitesi: 49, 69s., 123
apostrofe: 81 n. 302, 151
asianesimo: 69, 70 n. 275, 76 n. 290
asindeto: 50, 51 n. 199, 130, 143, 165
atticismo: 46 n. 178, 63, 66 n. 263, 80 n. 300
bisticcio fonico: 3s. n. 6, 46s., 124
chiasmo: 69, 70 n. 272, 89 n. 333
clausole accentuative: 75–77
clausole ritmiche: 71–75
dittologia: 139s.
*Du-Stil*: 81
enallage: 46
epifrasi: 69, 121
ἔχω (uso perifrastico di): 46, 67s.
*figura etymologica*: 46, 48, 96 n. 361
γάρ (uso del): 50, 124

genitivo "corografico": 51s.
genitivo di separazione: 160
hapax: 43–45, 65, 80 n. 300, 96, 130, 145, 166, 170, 172
iato: 48 n. 189, 50s., 57, 63, 70s., 74, 102, 104, 108, 112, 114, 133, 140, 150, 158, 161, 165, 171
*Ich-Stil*: 81 n. 302
*imitatio*: 79 n. 295
ipercorrettismo: 51
koinè: 46 n. 178, 47 n. 186, 48 n. 189, 63 n. 244, 66 n. 263, 67, 80 n. 300
metonimia: 47, 146
ossimoro: 49, 162
parallelismi: 69s., 72 n. 280, 121
perifrasi: 46, 63, 67s., 69, 96 n. 361, 134, 159, 160
*persona loquens*: 81 n. 302
*variatio*: 69 n. 270, 124
*Wir-Stil*: 81 n. 302

## Manoscritti e papiri

Barb. Gr. 134: 14 n. 52
Barb. Gr. 261: 86
Laur. Plut. LX 3: 15 n. 55
Lond. Add. 19391: 16s., 20 n. 72, 26 n. 95, 51, 95, 99, 120, 122, 142, 150, 152, 158, 171, 182s.
Marc. Gr. IV 58: 22 n. 83, 23 n. 85
Pal. Gr. 398: 14–36, 99, *passim*
Papiro di Artemidoro: 96s.
Par. Gr. 2951: 15 n. 55
Par. Suppl. Gr. 443: 16 n. 60, 19, 21 n. 79, 23 n. 85, 26–28
Par. Suppl. Gr. 796: 85–93, 174
P. Berol. inv. 13044v (LDAB 6897 = MP3 2099 + 2068), *Laterculi Alexandrini*: 8s., 59, 167

Roma, BNC Vittorio Emanuele II, Ges. 419: 90 n. 339
Vallicell. B 38 I: 14 n. 51
Vat. Barb. Gr. 69: 85–93, 174
Vat. Gr. 1594: 18 n. 65
Vat. Gr. 2231: 23 n. 85
Vat. Lat. 2975: 90 n. 339
Vat. Lat. 11482: 90 n. 339
Vat. Urb. Gr. 82: 16 n. 60
Vatoped. 655: 16s., 18 n. 68, 22 nn. 81 e 83, 23 n. 85, 28, 95
Vindob. Hist. Gr. 4 (*olim* 14): 30 n. 116
Vindob. Phil. Gr. 100: 18 n. 65

## Personaggi storici, mitici e divinità

'Abd al-Latïf al-Bagdadi: 137
Adad-Neraris III: 163 n. 74
Adam, Jean-Pierre: 84
Adriano: 19 n. 68, 60s.
Aftonio: 76 n. 290
Agatemero: 18 n. 68, 20, 22, 24s.
Alessandro Magno: 8, 163, 165, 167 n. 77
Allacci, Leone: 14s., 17, 55s., 79 n. 294, 83–86, 90–92, 94 n. 351, 95, 100, 102, 104, 108, 110, 112, 114, 120s., 124, 132, 141, 151, 161, 171, 184
Aloadi: 115, 168, 171s.
Anassimene di Lampsaco: 79 n. 295
Anastasio: 61
Annone: 15 n. 55, 19 n. 68, 24–26, 95
Antipatro (di Sidone?): 9s., 11, 13, 168
Antipatro di Tessalonica: 9 n. 34, 168 n. 79
Apelle: 146 n. 51, 150
Apollonio di Perge: 81 n. 302
Archimede: 81 n. 302
Areta: 15 nn. 55, 57
Aristotele: 18 n. 65, 22s. n. 83, 37, 56
Arriano di Nicomedia: 17 n. 63, 19 n. 68, 20 n. 72, 21, 25, 28–33
Artemidoro di Efeso: 11 n. 40, 22 n. 82, 26s., 32, 82
Artemisia: 5
Atanasio di Alessandria: 62 n. 238
Barberini, Francesco: 14 n. 52
Barberini: 14, 55, 83, 86, 91
Barozzi, Francesco: 86s.
Bartholdi, Frédéric-Auguste: 154 n. 67
Basilio il Grande: 11
Belo: 163 n. 74
Bessarione: 94
Blanc, Nicole: 84
Bossina, Luciano: 52 n. 204
Caligola: 148
Callimaco di Cirene: 7s., 144, 145 n. 46
Carete di Lindo: 54 n. 208, 155
Casaubon, Isaac: 15
Cefala, Costantino: 155s. n. 72
Chefren: 4, 136, 137 n. 37

Cheope: 4, 136
Chersifrone di Cnosso: 167
Chorier, Nicholas: 84 n. 312
Commodo: 60s.
Corcella, Aldo: 38 n. 149
Coricio di Gaza: 63
Cosma Indicopleuste: 91 n. 341
Costantino di Rodi: 8 n. 30, 135s.
Costantino VII Porfirogenito: 15, 54, 155
Ctesia: 163–165
Curzio Rufo: 126
Dalley, Stephanie: 41
de Boissieu, Dénis de Salvaing: 56, 83–97, 110, 112, 114, 119s., 139, 160, 166, 171
De Stefani, Claudio: 104, 144
Demetrio (addetto al tempio di Diana): 167
Demetrio di Magnesia: 55 n. 210
Demetrio Poliorcete: 53 n. 205, 59 n. 229, 154
Dicuil: 41 n. 157
Diller, Aubrey: 17, 19s., 24, 31
Dinocrate: 167
Diodoro Siculo: 12 n. 46, 40, 51, 53 n. 205, 60, 67, 68 n. 267, 126–128, 155, 164, 170
Dione di Prusa/Crisostomo: 63 n. 244, 76 n. 290, 146
Dionigi di Bisanzio: 17 n. 63, 19 n. 68, 21 n. 77, 23, 25, 26 n. 98, 27s., 29 n. 112, 34, 83
Ecateo di Abdera: 163 n. 74
Eliano tattico: 86
Eliano: 63 n. 244
Elio Aristide: 76 n. 290, 156 n. 73
Eliodoro: 70
Epifanio di Salamina: 62, 145
Erodoto: 1, 4–7, 11 n. 42, 12 n. 46, 26 n. 97, 38, 40, 51, 125, 128, 134, 136s., 153 n. 62
Erostrato: 167 n. 77
Fabricius, Johann Albert: 56s.

Fidia: 5, 7–12, 36 n. 135, 40, 47, 53s., 62, 106s., 144–152, 156, 158, 168, 178, 185
Filippo V: 152 n. 58
Filolao: 3 n. 5
Filone di Bisanzio (Meccanico): 1s., 42 n. 162, 45, 48 n. 189, 49, 55 n. 212, 56–58, 59 n. 229, 60, 67 n. 266, 70, 77–82, 86
Filone di Eraclea: 57
Filone di Gadara: 87, 90
Fozio: 21s., 33 n. 127
Gabriel, Albert: 42
Galeno: 68 n. 268, 82 n. 303
Giganti: 114s., 168, 171s., 181, 185
Gilles, Pierre: 27, 28 nn. 104 e 106
Giorgio Cedreno: 8 n. 30, 62, 145
Giuliano: 86
Gregorio di Nazianzo: 11, 13, 76
Gregorio di Nissa: 76
Gregorio di Tours: 8 n. 30, 12
Gregorio XV: 14
Grineo: 23 n. 83
Harles, Gottlob Ch.: 57
Haynes, Denys Eyre Lankester: 42
Heinsius, Nicolas: 91 n. 342
Helios: 5, 60s., 108s., 152, 155–158
Holste, Lukas: 14s., 17, 18 n. 64, 19 n. 70, 27 n. 102, 31 n. 119, 38 n. 143, 41, 50 n. 195, 54–56, 83–96, 99, 100, 102, 106, 108, 110, 112, 114, 117, 119s., 123s., 129, 132–134, 136 n. 31, 138–143, 149–151, 156–162, 166, 171–181, 184s.
Imerio: 76
Jordan, Paul: 42s.
Kroll, Wilhelm: 58, 65 n. 257
Lachete di Lindo: 54 n. 208, 155 n. 72
Lauso: 7, 145, 148
Leone Filosofo: 15s. n. 57
Leone l'Armeno: 67 n. 265
Lisippo: 150, 155
Ludovisi, Ludovico: 14 n. 51
Luigi XIII: 92
Luisa Sigea da Toledo: 84 n. 312
Mai, Angelo: 55 n. 211

Malichas/Malichus II: 23 n. 88
Marciano di Eraclea: 19–32, 35, 82s.
Marcotte, Didier: 19–21
Maryon, Herbert: 42
Massimiliano I di Baviera: 14
Mausolo: 5, 9
Ménestrier, Claude-François: 56, 85 n. 313, 89–91
Menippo di Pergamo: 22 n. 82, 26–28, 30–32, 82
Metagene: 167
Micerino: 4, 136s.
Moreno, Paolo: 43
Muciano, Caio Licinio: 153 n. 62
Müller, Karl: 17
Napoleone: 137
Naudé, Gabriel: 55 n. 211, 91 n. 342
Nebukadnezar II/Nabucodonosor: 42 n. 159, 125s.
Nicomede di Bitinia (= Nicomede III?): 28
Omero: 3, 8, 51, 65 n. 258, 147
Omont, Henri: 84
Orazio: 11 n. 42
Orelli, Johann Conrad: 57
Paolo Silenziario: 63, 135
Pausania: 60 n. 233, 145, 146 n. 49
Peiresc, de, Nicolas-Claude Fabri: 15 n. 56, 41, 56 n. 213, 85, 87s., 90, 91 n. 340, 92–94, 136 n. 31
Peonio di Efeso: 167
Planude, Massimo: 155s. n. 72
Pletone: 94
Plinio il Vecchio: 12, 135 n. 27, 153–155, 166s., 169
Porfirio: 57
Prassitele: 48 n. 187, 146 n. 51, 150, 168 n. 80
Prisciano: 20
Procopio di Cesarea: 31, 32 n. 124, 53 n. 205, 63, 136
Procopio di Gaza: 63
Proro di Cirene: 3 n. 5
Pseudo-Dicearco: 27, 30s., 82
Pseudo-Porfirio: 86
Pseudo-Scilace: 27, 82s.

Index nominum et rerum notabilium 219

Pseudo-Scimno: 27 n. 102, 28, 30s.
Rohden, Hermann von: 57
Ronconi, Filippo: 21s.
Sammu-ramat: 163 n. 74
Samsi-Adad V: 163 n. 74
Satiro paradossografo: 94
Saumaise, Claude: 15, 95
Semiramide: 10, 53, 55, 112s., 125 n. 4, 126, 156, 158, 163, 165, 180
Senaquerib: 125
Senofonte: 30 n. 115, 52, 156 n. 73
Settimio Severo: 23 n. 86
Simonidis, Costantino: 16, 95s.
Sinesio: 19 n. 70, 28 n. 110
Sofocle di Sunio: 56 n. 216
Solino: 12 n. 46
Stefano di Bisanzio: 19s., 23 n. 86, 28s., 32, 83
Stesicrate: 167
Stoicovič, Johannes: 14 n. 50

Strabone: 11, 12 n. 46, 22 n. 81, 24, 28s., 33 n. 127, 42 n. 159, 53 n. 204, 60, 128, 145 n. 46, 147 n. 53, 153 n. 63, 156 n. 73
Temistio: 76
Teodoro di Samo: 167
Teopompo: 79 n. 295, 167 n. 77
Tito: 12, 60 n. 232
Tolemeo, Claudio: 16 n. 60, 18 n. 65, 22 n. 81, 24
Tolemeo II Filadelfo: 8, 35 n. 130
Tolemeo III Evergete: 153 n. 61, 154 n. 65
Urbano VIII: 92
Valerio Massimo: 167 n. 77
Vespasiano: 60s.
Vossius, Isaac: 91 n. 342
Zenone di Bisanzio: 61
Zeus: 44, 51, 62, 106–109, 146, 147 n. 53, 156, 158

## Popoli, luoghi e monumenti

Africa: 24 n. 91, 25, 178
Alessandria: 8, 11, 28 n. 107, 157
Alicarnasso: 5, 9s., 20, 101, 117s.
Amburgo: 84
Apollo (altare di): 12
Apollo (tempio di): 170
Arabia: 105, 136, 177
Artemide Efesia (statua di culto di): 167
*Artemision*: 5–7, 9–12, 43, 54, 61, 80, 114s., 117, 156, 166–172, 181
Asia: 118
Athos: 16, 95
Babilonia: 1, 4–6, 9–12, 39 n. 150, 40, 42 n. 159, 51, 63 n. 242, 112s., 117s., 125s., 128, 129 n. 24, 132, 138, 155, 162–166, 170, 180
Biblioteca Apostolica Vaticana: 14, 15 n. 53, 87
Biblioteca Barberina: 14 n. 52, 15 n. 53
Biblioteca Inguimbertina di Carpentras: 88
Biblioteca Palatina di Heidelberg: 14
Biblioteca Vallicelliana: 14 n. 51

Bisanzio: 1, 17 n. 63, 19 nn. 68 e 70, 20, 23 n. 86, 27–29, 32–34, 55, 58, 70, 78s., 82s., 148
Bosforo: 25, 28
British Museum: 16, 95
Busiri (villaggio): 137
Campanile di Giotto (Firenze): 41 n. 157
Campidoglio: 12
Cappadocia: 28
Caria: 20, 100s., 175
Cipro: 79 n. 293
Cirenaica: 157
Colosseo: 12
Colosso di Rodi: 5–7, 9–12, 40, 42s., 47, 51, 53 n. 204, 54, 56 n. 213, 58–61, 65 n. 256, 80, 108–111, 117, 129 n. 25, 144, 152–163, 167, 179
Costantinopoli: 3, 7, 14 n. 50, 16, 61, 148
Creso (tempio di): 5 n. 13, 167 n. 78
Delo: 12
Didyma: 170
*domus Cyri regis*: 11s.
Ecbatana: 11

Edessa: 6 n. 19
Efeso: 5–7, 9–11, 20, 43, 61, 100s., 114s., 117s., 156, 166–168, 171
Egitto: 1, 4, 9, 11, 12 n. 42, 20, 100s., 117, 134 n. 26, 137
Elei: 20, 100s., 117
Emesa: 6 n. 19
Eros di Tespie: 48 n. 187
Eufrate: 20, 100s., 117, 127s., 163 n. 74, 175
Europa: 14, 24 n. 91, 56
faro (di Alessandria): 8, 11, 157
Gerusalemme: 12
giardino pensile: 4, 5 n. 12, 6, 9–11, 39 n. 150, 40–42, 52 n. 203, 64, 80, 90 n. 339, 102s., 117, 125–134, 138, 176
Giza: 4s., 41 n. 157
Goti: 7 n. 20
Grecia: 8, 20, 27, 61, 79 n. 293, 95 n. 359, 100s., 106s., 117, 134 n. 26, 148, 151
Heidelberg: 14, 16, 19s., 83
Il Cairo: 136s.
Ionia: 20, 100s., 175
*Lauseion*: 61s.
Libertà (statua della): 154 n. 67
Magna Grecia: 79 n. 293
Mamelucchi: 137
Mar Rosso: 17 n. 63, 19 n. 68, 25
Mausoleo: 5, 9–12, 117s.
Medioriente: 5
Mediterraneo: 4, 20
Menfi: 10, 44, 104s., 134–144, 155, 172, 177
Mesopotamia: 8
mura (di Babilonia): 1, 4, 9–12, 40, 51, 80 n. 298, 112s., 117s., 125 n. 4, 128, 155, 162–166, 170, 180
Ninive: 42 n. 159, 125, 127s. n. 18
Noè (Arca di): 12
Olimpia: 5, 7, 10, 62, 146, 148
Olimpo: 9, 62, 106s., 114s., 168, 171s.
Palatinato: 14
Persia/Persiani: 4s., 20, 63 n. 242, 100s., 112s., 117, 126, 128 n. 22, 164
piramidi: 1, 4s., 9–12, 40s., 44, 47, 54s., 63, 80 n. 298, 88 n. 328, 104s., 117, 128 n. 19, 134–144, 155, 172, 177
Ponto Eusino: 17 n. 63, 19 n. 68, 20 n. 72, 21 n. 78, 22 n. 81, 25, 28, 34
Qasr el-Lebia: 157
Rodi/Rodiesi: 5–7, 8 n. 30, 9–11, 20, 40, 42, 47, 51, 53 n. 205, 54, 56 n. 213, 58, 59 n. 229, 60, 100s., 108–111, 117s., 129 n. 25, 144, 152–162, 167, 179
Roma: 3, 12, 14, 15 n. 53, 55s., 83, 87 n. 322, 90 n. 339, 92, 148, 164, 174
Salomone (tempio di): 12
San Pietroburgo: 16 n. 60
Semiramide (obelisco di): 10
Tebe d'Egitto: 11
Tebe: 3
Tura (cave di): 136
Turchia: 47 n. 185
Vicino Oriente: 8
Zeus di Fidia: 5, 7, 9–12, 36 n. 135, 40, 48, 54, 61s., 69, 106s., 117, 144–152, 168, 178

## *Topoi*, immagini e temi

Archimede (vite di): 42 n. 159, 127s., 169 n. 81
aristotelismo: 16, 18
*armchair traveller*: 2, 39 n. 151
artista "padre" dell'opera: 47s., 146
avorio: 62, 144s., 147, 149
calcare: 136
*codex*: 118
"collezione filosofica": 15s., 18 n. 65, 22 n. 80
"*corpus* A" (o "*corpus* di Heidelberg"): 19, 24, 27–30, 33–36, 39
"*corpus* D" (o "*corpus* di Marciano"): 19s., 21 n. 79, 24, 26–31, 33, 35, 95
crepidine: 43, 115, 170, 181
cuneiforme (scrittura): 6, 125, 126 n. 6
*diorthosis*: 21, 29

*ekphrasis*: 36, 39 n. 151, 47, 53s., 63, 135, 146, 153 n. 64, 168 n. 80
errori da maiuscola: 18 n. 64, 123, 159s.
errori da minuscola: 18 n. 64, 119, 157
gimnosofisti: 8
granito: 136, 137 nn. 37s.
"gruppo B" (collezione filosofica): 15s. n. 57
*hypotyposis*: 18 n. 68, 20, 22, 24s.
*imitatio*: 79 n. 295
*kollema*: 118
*mimesis*: 37, 79 n. 295
*mirabilia*: 1s., 3 n. 6, 4s., 7s., 11 n. 42, 12s., 33, 38, 56, 83s., 117
*miraculum*: 8 n. 30, 12, 14 n. 52, 85–87, 89, 92, 173–181
(neo)platonismo: 16, 18
"occhi dell'anima": 36, 64, 100s.
paradossografia/paradossografi: 2s., 7, 18, 20, 33, 35, 37–39, 51, 57, 90, 94, 126 n. 10, 165

*performance*: 40s., 74s.
περὶ ὁμωνύμων (trattatistica): 55
Peripato: 1, 10 n. 38
periplo/periplografia: 17 n. 63, 19–21, 23, 25, 26–30, 32–35, 39, 61, 82s., 95, 117–119
*pinax/pinakes*: 1, 18 n. 68, 29, 33 n. 125
*processability*: 40 n. 155
*ratio corruptelae*: 18 n. 64
rimpianto per la morte del sommo artista (di età classica): 150
sette (valore simbolico del): 3s., 8, 10 n. 38
*spectacula*: 3 n. 6, 55 n. 212, 90
*subscriptio*: 17 n. 63, 23, 29
σχήματα λέξεως: 69
terremoto: 6s., 58–61, 153, 169
*Vastor/Vassor*: 90
*volumen*: 17 n. 63, 118

www.ingramcontent.com/pod-product-compliance
Lightning Source LLC
Chambersburg PA
CBHW020230170426
43201CB00007B/376